U0453243

南开大学中外文明交叉科学中心
南开大学梅田善美日本文化研究基金 资助项目

南開大学梅田善美
日本文化研究基金
Umeda Yoshimi Japanese Culture Research Fund, NKU.

善美原典日本研究文库
日本哲学与宗教史料集
刘岳兵 主编

日本哲学资料集

[美] 詹姆斯·W.海思克
[美] 托马斯·P.卡苏利斯
[美] 约翰·C.马拉尔多 —— 主编

张政远 —— 等译

上册

JAPANESE PHILOSOPHY: A Sourcebook

中国社会科学出版社

图字：01-2024-4211 号

图书在版编目(CIP)数据

日本哲学资料集：全二册／(美)詹姆斯·W.海思克，(美)托马斯·P.卡苏利斯，(美)约翰·C.马拉尔多主编；张政远等译. -- 北京：中国社会科学出版社，2025.7. -- (善美原典日本研究文库). -- ISBN 978-7-5227-3922-9

Ⅰ. B313-53

中国国家版本馆 CIP 数据核字第 20257EV478 号

Japanese philosophy: a sourcebook/ edited by James W. Heisig, Thomas P. Kasulis, John C. Maraldo
@ 2011 University of Hawai'i Press
The simplified Chinese translation rights are granted by University of Hawai'i Press

出 版 人	季为民
责任编辑	韩国茹
责任校对	张爱华
责任印制	张雪娇

出　　版	中国社会科学出版社
社　　址	北京鼓楼西大街甲 158 号
邮　　编	100720
网　　址	http://www.csspw.cn
发 行 部	010-84083685
门 市 部	010-84029450
经　　销	新华书店及其他书店

印刷装订	北京君升印刷有限公司
版　　次	2025 年 7 月第 1 版
印　　次	2025 年 7 月第 1 次印刷

开　　本	710×1000　1/16
印　　张	86
插　　页	4
字　　数	1408 千字
定　　价	678.00 元(全二册)

凡购买中国社会科学出版社图书，如有质量问题请与本社营销中心联系调换
电话：010-84083683
版权所有　侵权必究

"善美原典日本研究文库"编辑委员会
（按拼音排序）

顾　　问：王金林　王守华

主　　编：刘岳兵

编委会成员：江　静　李　卓　刘　轩　刘雨珍
　　　　　　刘岳兵　吕顺长　莽景石　乔林生
　　　　　　宋志勇　王宝平　王　勇　杨栋梁
　　　　　　尹晓亮　张玉来　赵德宇

回归原典，与史料肉搏

——编纂"善美原典日本研究文库"缘起

回归原典！与史料肉搏！

这口号已经喊了有十多年吧，但一直是雷声大雨点小。之所以一直没有太大的动静，一是因为要系统地整理、译注某一方面的史料，并不是件容易的事，这是可想而知的；二是没有碰到可以促使我下决心尽快动作起来的机遇。前者是急不得的，史料的译注，是基础性工作，必须仔细认真，力求尽善尽美；而后者是可遇不可求的。

是的，我们将这个"文库"命名为"善美原典日本研究文库"，其中的"善美"当然可以理解为尽善尽美。对善、美的标准的理解，我们还在不断的修为中提升；实事求是、精益求精、追求卓越，是我们立身为学的基本态度。

其实，"善美"也是一个日本友人的名字，他叫梅田善美。我们设立此文库，并以他的名字命名，是为了纪念和感谢梅田夫妇为中日文化交流事业所作的无私奉献。梅田夫妇曾经致力于支持和推动浙江大学日本文化研究所、浙江工商大学东方语言文化学院和东亚研究院的中日学术和文化交流工作，并于2013年6月，梅田善美先生的夫人梅田节子女士在南开大学设立"南开大学梅田善美日本文化研究基金"（简称"善美基金"）。该基金设立之时，善美先生已经逝世两年多了。在2020年，即善美先生逝世10周年之际，我们开始筹划编纂本文库。

原典（the original text）一词，《辞海》里虽然还没有收录，但是学界已经比较常用了。给我印象最深的，是日本的中国思想史研究者积十数年之功而推出的六卷本《原典中国近代思想史》（西顺藏编，岩波书店1976年、1977年），而经历了三十多年之后，又出版了七卷本的《新编原典中国近代思想史》（岩波书店 2010 年、2011 年）。六卷本的《总序》中对之所以选择按照原典来编纂思想史这种形式有这样的解释："为了打破日本学界、论坛上被视为权威、作为常识的认识框架，深化中国认识，进而去改变日本认识，与其对鸦片战争以来中国人的思想活动进行评价、解说，首先将史料原原本本地提供出来，让每个读者都能够直接接触到，与之搏斗，这样不是更为紧要吗？"只有回归原典、与史料肉搏，才能打破陈规，更新范式，推陈出新。日本人认识中国是这样做的，中国人认识日本，何尝不需要这样做。

我们相信"每一件史料都在呢喃细语，都有自己的思想"。而历史之学就是"一种倾听，一种体察，一种理解"。种种史料，散在于史海中，有些在现在看来可能极为"荒谬"，在当时却"司空见惯"；有些在现在的中国可能被视作极为"反动"，而在当时的日本却"理所当然"。历史之学不仅要对"荒谬"和"反动"的史料作出解释，而且也要对与之相应的"司空见惯"和"理所当然"的史料作出说明。广义地说，任何历史遗存都可以被当作史料，为历史学研究所用。这里所说的"原典"，既强调史料的"原始性"，即是指第一手史料，同时也强调史料的"典型性"，即是指有代表性的史料。成为某一学科、某一领域的范式的研究著作，也可以纳入原典中。而收入本文库的原典，都是系统的，而不是零散的。通过阅读本文库，读者可以对某一历史现象、或某一学科领域、或某一具体问题的发展历程或研究状况有系统的了解。这是编委会的共同心愿，也是我们编纂本文库的理想。

本文库的编委，一部分是"善美基金"管理委员会的教授，一部分是梅田善美先生生前与浙江大学交流时结识的好友，也都是中国学界日本史、日本哲学和中日文化交流史领域的代表性学者。本文库作为中日文化交流的结晶，同时作为善美基金的重要成果，经过编译者和出版者的共同努力，一定可以为中国学界、论坛，也期待为民众、为每一位有心的读者提供一个认识和了解日本，同时也反思中国及中日关系的值得信赖的读本。

现在机遇来了，我们奋力前行！

刘岳兵
辛丑清明节

（原文发表于《中华读书报》2021 年 6 月 16 日第 10 版）

总目录

上 册

英文版编者序 ·················· 1
中文版编者序 ·················· 3
英文翻译者名单 ················ 5

本书架构 ························· 1
传统思想 ························ 35
佛教传统 ························ 41
禅 ······························· 111
净土宗 ·························· 193
儒家传统 ························ 239
神道与国学 ····················· 379

下 册

作为现代学术的哲学 ·········· 467
京都学派 ························ 553

二十世纪哲学 ·················· 715
附加主题
文化与同一性 ················· 937
武士道思想 ··················· 1037
女性哲学 ····················· 1047
美　学 ······················· 1105
生命伦理学 ··················· 1225
参考资料 ····················· 1241

中译本后记 ··················· 1349

上册目录

英文版编者序 ··· 1
中文版编者序 ··· 3
英文翻译者名单 ··· 5

本书架构 ··· 1
本书框架 ··· 3
历史综论 ··· 6
对哲学的定义 ·· 19
翻译哲学概念 ·· 25
编辑方针 ·· 31
鸣　谢 ·· 33

传统思想 ·· 35
圣德太子 ·· 37

佛教传统 ·· 41
综　论 ·· 43
空　海 ·· 51
觉　鑁 ·· 61
明　惠 ·· 66
日　莲 ·· 70
早期觉悟论争 ·· 75

慈云尊者	86
石津照玺	90
中村元	96
玉城康四郎	103

禅　111

综　论	113
道　元	119
梦窗疏石	136
一休宗纯	143
泽庵宗彭	148
铃木正三	152
至道无难	157
盘珪永琢	161
白隐慧鹤	166
今北洪川	172
铃木大拙	175
久松真一	181
唐木顺三	187

净土宗　193

综　论	195
法　然	201
亲　鸾	206
清泽满之	218
曾我量深	226
安田里深	233

儒家传统　239

| 综　论 | 241 |
| 藤原惺窝 | 250 |

林罗山 ································ 255

　　中江藤树 ······························ 265

　　山崎暗斋 ······························ 272

　　熊泽蕃山 ······························ 276

　　山鹿素行 ······························ 282

　　伊藤仁斋 ······························ 290

　　贝原益轩 ······························ 299

　　佐藤直方 ······························ 309

　　浅见䌹斋 ······························ 314

　　新井白石 ······························ 318

　　荻生徂徕 ······························ 322

　　石田梅岩 ······························ 333

　　安藤昌益 ······························ 336

　　富永仲基 ······························ 347

　　手岛堵庵 ······························ 352

　　三浦梅园 ······························ 357

　　二宫尊德 ······························ 362

神道与国学 ································ 379

　　综　论 ································ 381

　　贺茂真渊 ······························ 390

　　本居宣长 ······························ 395

　　富士谷御杖 ····························· 410

　　平田笃胤 ······························ 424

　　大国隆正 ······························ 437

　　折口信夫 ······························ 448

　　上田贤治 ······························ 458

英文版编者序

首先，请允许我祝贺你们开始一个雄心勃勃的项目：将《日本哲学资料集》翻译成中文。

我向你们致敬，而不是简单地对你们努力工作的成果表示感谢，这听起来是一个自负的说法。像托马斯·卡苏利斯和约翰·马拉尔多一样，当我听到你们正在组建一个团队来承担这项任务的消息时，我确实感到很谦卑。但事实是，在所有这些年的会议、通信和单调而艰巨的编辑工作中，我们没有人感到这本书在任何真正意义上是属于我们的。恰恰相反。如果有的话，那就是看到我们的名字出现在封面上时仍会感到有点不好意思。书一出版，我们就知道，它不再像我们一开始预期的那样属于我们了。

在工作中的某个时刻，我们意识到，我们所做的事情真正重要的不是编纂我们自己的原创文集，而是开辟一个哲学公域。我认为《资料集》是一个实验的记录，它将学术机构长期以来努力将其隔开并由精英专家团把控的东西汇集在一起，形成了一种无人区。这意味着将哲学的定义剥离到表皮之下，在所有区别于传统的习惯和附属品之下，唯一重要的是那些定义智慧探索的基本问题的皱擦，以及在我们这一直认为是非哲学的习语为框架中发现熟悉的哲学思想时所带来的震撼。

我们的问题是如何保持这个公共空间的开放性。与日本哲学的对话持开放态度的学生和教师，必然会挖掘《资料集》的索引和文本，用于他们自己的考察或比较研究。而这也是应该的。但是，如果没有发现和保存一个真正的哲学公域，专业知识的阴影将继续笼罩着让完全不同的思想模式平等地接触哲学的基本问题并对其加以说明的尝试。

如果翻译是哲学的公共空间的生命之血脉，那么由专家监督并为满足专家们的升职而定制的翻译就是公域的死亡。我们为《资料集》设想的读者不仅是已经从事哲学研究的学者，而且是那些寻找新的观察方式的人，他们对掌握异国的行话没有兴趣，也没有必要守护学术界在西方哲学和东亚哲学之间建立的围墙。因此，我们选择了尽可能地为翻译提供一个更平易的触及点。我们对结果并不完全满意，但我们的心是在正确的地方。在《资料集》西班牙文版的准备过程中①，我不禁注意到，很多地方我们可能在英文原版中做得更好。同时，我一次又一次地对许多人充满了感激之情，没有他们的无私帮助，我们永远无法完成这个项目。

我希望中译者能有和我们一样的愉快和兴奋的经历。我毫不怀疑，东亚的哲学研究和更广泛的哲学公域将因你们的努力而变得更加丰富。

James W. Heisig

2017 年 8 月 30 日

（张政远译）

---

① 西班牙文版 La filosofía japonesa en sus textos 已于 2016 年出版。

中文版编者序

《日本哲学资料集》（*Japanese Philosophy：A Sourcebook*）由美国夏威夷大学出版社于 2011 年发行，为英语学界最具权威的日本哲学文献。本书内容包括：导论、日本儒学及佛学思想、日本神道与国学思想、现代日本哲学（如：京都学派）以及当代日本哲学思潮等。涉及的哲学家包括：空海、道元、法然、亲鸾、藤原惺窝、林罗山、伊藤仁斋、荻生徂徕、本居宣长、平田笃胤、西周、福泽谕吉、中江兆民、井上哲次郎、西田几多郎、田边元、西谷启治、九鬼周造、和辻哲郎、丸山真男、广松涉、柄谷行人等。

作为一册资料集读者除了可以阅读跨越古今的日本哲学文献，亦可以了解英语学界如何解读日本哲学。本书以抛砖引玉的方式提供日本哲学重要文献的翻译。其中一个主要目的，是成为日本哲学课的参考书，让教师们可以有一册全面的教材，同时亦让同学们可以熟悉日本哲学史的发展，从历史角度深入思考日本哲学家们的思索，了解日本哲学的多样性。

编辑方面，本书提供了一个主题索引，它是一个很好的工具，让读者能够在日本一千二百多年的哲学史中，整理出思想的脉络。另一方面，本书尽量网罗了整个日本哲学传统——不仅包括从 19 世纪后半期引入的西方哲学，还包括日本主要传统的佛教、儒家和神道的哲学思想。每个传统的哲学意义都有一个广泛的概述，每个选题都附有作者的简短传记和关于将作品置于其适当背景下的有用信息。大部分的辅助材料，包括近四分之一的篇幅，都是关于其他章节没有明确涉及的主题的原创解释文章：文化同一性、武士道思想、女性哲学家、美学、生命伦理学。

本书各章的开头皆提供了综述，以深入浅出的方法介绍其主要内容及参考文献。本书还附有详尽的词汇表、作者年表和主题索引。专家们可以在全面的书目和总索引中找到与日本名称和术语的出处及汉字有关的信息。

毫无疑问,《日本哲学资料集》是日本哲学研究不可或缺的必读之书。本书已出版了西班牙文和韩文翻译,中译本的面世将为中国的日本哲学研究提供新的方向。对哲学研究、日本研究以至文化研究的学者来说,它将成为一种不可或缺的参考资料。

刘岳兵　张政远

2024 年 1 月 20 日

英文翻译者名单

AHT Arthur H. Thornhill Ⅲ　美学
AM Abe Masao　阿部正雄　京都学派
AS Aihara Setsuko　京都学派　二十世纪
AW Ann Kathryn Wehmeyer　神道
BDS Barry D. Steben　儒学
BWD Bret W. Davis　京都学派　二十世纪
CAI Christopher A. Ives　京都学派　二十世纪
CAR Curtis A. Rigsby　二十世纪
CCY Cheung Ching-yuen　二十世纪
CWB Carl W. Bielefeldt　禅学
DAD David A. Dilworth　现代
DAT Dale A. Todaro　佛学
DEL Dennis E. Lishka　禅学
DLG David L. Gardiner　佛学
FG Frédéric Girard　佛学
GB Geoffrey Bownas　二十世纪
GCH G. Cameron Hurst　现代
GCG Gerard Clinton Godart　现代
GK Gereon Kopf　京都学派　二十世纪
GP Graham Parkes　京都学派　二十世纪
GMF Galen M. Fisher　儒学
GTC Gosho Translation Committee　佛学

HK Hilda Kato　美学

HO Herman Ooms　儒学

HU Hirano Umeyo　平野梅代　前现代

HWS Huh Woo-Sung　许佑盛　现代

HY Hayashi Yoshihiro　林贵启　生物伦理

IJM Ian James McMullen　儒学

IL Indra Levy　文化与同一性

IML Izumikawa Mari L.　泉川麻里　二十世纪　美学

JA Joyce Ackroyd　儒学

JAS Janine Anderson Sawada　禅学　儒学

JAT John A. Tucker　儒学

JCM John C. Maraldo

JE Jurgis S. A. Elisonas　文化与同一性

JH Jamie Hubbard　佛学

JIS Jacqueline I. Stone　佛学

JJ Joel Joos　二十世纪

JMS Jeff M. Shore　禅学　美学

JNR Jean-Noël Robert　佛学

JS Jan Swyngedouw　神道

JSO Joseph S. O'Leary　禅学　二十世纪

JVB Jan van Bragt　净土宗　京都学派

JWK John W. Krummel　二十世纪

JWH James W. Heisig

KE Kiyooka Eiichi　清冈暎一　现代

KN Kazashi Nobuo　嘉指信雄　二十世纪

KaS Kato Shuichi　加藤周一　儒学

KiS Kitagawa Sakiko　女性哲学

KoS Kobori Sōhaku　小堀宗柏　禅学

KōS Kōsaka Shirō　高坂史朗　京都学派

LS Leonard Swidler　文化与同一性

MET Mary Evelyn Tucker　佛学

MFM Michael F. Marra　京都学派　二十世纪　美学

MH Matsumaru Hisao　松丸寿雄　禅学　二十世纪

MLB Mark L. Blum　佛学　禅学　净土宗

MT Mark L. Teeuwen　神道

MP Michael Pye　儒学

MR Minamoto Ryōen　源了圆　儒学

MY Matsudo Yukio　松户行雄

NAW Norman Waddell　禅学

NH Nara Hiroshi　奈良博　美学

NS Nagatomo Shigenori　长友繁法　二十世纪

NT Nakajima Takahiro　中岛隆博　现代　二十世纪

OB Oleg Benesch　武士道

PBW Paul B. Watt　佛学　净土宗

PBY Philip B. Yampolsky　禅学

PEN Peter E. Nosco　神道

PF Peter Fluecklger　神道

PJA Pamela J. Asquith　二十世纪

PLS Paul L Swanson　佛学

RB Robert H. Brower　美学

RdM Richard Demartino　禅学

RDM Rosemary D. Mercer　儒学

RF Robin Fujikawa　女性哲学

RFC Richard F. Calichman　文化与同一性

RFS Ruth Fuller Sasaki　禅学

RHB R. H. Blyth　禅学

RJJW Robert J. J. Wargo　二十世纪

RMO Rosemary Morrison　二十世纪

RMÜ Ralf Müller　京都学派

RMR Richard M. Reitan　现代

RR Rein Raud　禅学

RTA Roger T. Ames　综论

RTy Royall Tyler　禅学

RVM Roger Vansila Munsi　佛学

RWG Rolf W. Giebel　佛学

SF Sueki Fumihiko　末木文美士　佛教

SHY Samuel Hideo Yamashita　儒学

SLB Susan L. Burns　神道

SMB Steven M. Bein　二十世纪

SN Sey Nishimura　神道

ST Saitō Takako　斋藤多香子　现代

TC Teruko Craig　女性哲学

TH Thomas Hare　美学

TK Terao Kazuyoshi　寺尾芳寿　美学

TPK Thomas P. Kasulis

TR Tsunoda Ryūsaku　角田柳作　儒学

TY Takeuchi Yoshinori　武内义范　京都学派

TYK Thomas Yūhō Kirchner　禅学

VM Viren Murthy　二十世纪

VV Valdo Viglielmo　京都学派

WB William Bodiford　禅学

WJB Willem J. Boot　儒学

WM Watanabe Manabu　渡边学　二十世纪

WNH Wilburn N. Hansen　神道

WRL William R. Lafleur　美学

WSY Wayne S. Yokoyama　佛学　禅学

WTB William Theodore de Bary　儒学

YM Yusa Michiko　京都学派　女性哲学

YT Yasunaga Toshinobu　安永寿延　儒学

（张政远译）

（中译者姓名见各项目文末）

本书架构

本书框架

不同文化背景的人实际上有着不同的思维方式，这一观点迟迟未能进入西方哲学的核心。在过去的一个多世纪里，人类学家、社会学家、心理学家和认知科学家经常研究这个问题，并对研究结果进行比较。但直到最近，西方的大多数哲学家都将自己排除在这场争论之外，他们往往认为哲学的思维方式是普遍的、跨文化的。另一些哲学家则相反，他们认为哲学是西方的东西，在其他地方寻找哲学的意义不大。无论哪种说法，"非西方哲学"都被视为矛盾的说法。

与此同时，日本研究很少专门关注日本文化的哲学层面，通常只是将其放在文学、宗教、政治、思想史或艺术等学术著作的背景或边缘加以处理。尽管几十年来，专门研究印度哲学和中国哲学的书籍在亚洲研究的发展中发挥了核心作用，但日本哲学却并非如此。这种疏忽给人留下的印象是，即使与亚洲邻国相比，日本也没有过多地进行哲学思考、分析和论证。事实上，在许多通俗读物中，日本的浪漫主义形象也明确地表明了这一点。日本文化在西方世界面前的形象是俳句、禅院、茶道、武术、木版画、小说，以及最近的动画和漫画。然而，在这些现象的背后，是强大的思想和价值批判传统，没有比"哲学"更好的词来形容它们了。因此，关注日本哲学不仅可以拓宽和加深我们对哲学的理解，也可以拓宽和加深我们对日本的理解。

为了解决这些问题，本资料集首次以单行本的形式提供了跨越整个日本历史的多种思想传统的各种文本译本。我们的工作假设是，文化遗产的哲学本质—它的分析形式、对区别的使用、论证模式、对重点问题的选择—无法通过研究任何特定时期任何特定作者的任何一部作品来充分了解。相反，只有通过了解日本思想家是如何相互论证的，他们的思想传统是如何在数百年间发展的，以及个人和传统在历史上是如何对来自亚洲大陆或西方的新思想做出回应的，才能更好地理解日本思想家作为哲学家的价值。这本资料手册不仅试图为西方研究日本哲学建立参数，还旨在向那些对文化和系统性思维如何在与西欧截然不同的复杂文学传统中相互作用这一问题感兴趣的读者提供帮助。

在今天的日本，人们对哲学的认识极为模糊。首先，它代表了对西方哲学主流思潮的细致研究，以及大量的次要思潮，其中一些思潮受到的关注与其在其诞生地文化中所享有的关注不成比例。一个多世纪前，随着这门学科在大学中占据一席之地，其研究范围扩大到伊斯兰、俄罗斯和犹太思想，更不用说对与之相伴的神秘传统的浓厚兴趣了。

其次，日本学者不仅仅把西方哲学作为一个历史和客观的课题来研究，他们还采取自己的批判立场，根据自己的经验和思想史做出调整和贡献。在少数值得注意的情况下，他们对哲学做出了重大贡献，引起了全世界的关注。然而，大多数情况下，这种变化更为微妙，主要针对该领域的专家。在这两种情况下，哲学文本的主要读者都是日本人。国外学者通过翻译了解到的只是整个贡献的一小部分，而且往往远不具有代表性。

第三，在西方学术进入日本之前，日本就有与佛教、儒教、艺术表现形式和神道相关的传统理论和实践体系。这些体系包含对语言、真理、人性、创造力、现实和社会的理解，并以各种方式加以解释和论证。对于今天的许多日本人来说，这些可能不是现代学术意义上的"哲学"，但它们与我们在英语中称之为"印度古典哲学"或"中国古典哲学"的传统并行不悖。它们是日本现代思想发展的文化背景的一部分。现代日本思想家通常会通过自己的思维模式、审美感受和宗教体验来过滤西方哲学中的许多内容，这一点并不奇怪。这种过滤属于任何地方伟大思想和伟大哲学体系的故事；当它们在不同文明之间来回穿梭，从一个时代到另一个时代时，它们会被改造、重新定位，甚至彻底颠倒。

然而，日本的哲学史也有其与众不同之处。其中最明显的一点是，学术哲学，乃至西方和世界其他大部分国家所熟知的大学制度本身，直到大约一百五十年前才出现。因此，"哲学"这一专业术语被用来称呼从根本上说是舶来品的东西。长期的冲突和综合导致了西方哲学的各种形式，而这些形式作为完整的思想体系传入日本，日本的思想家们与这些形式隔绝开来，他们起初倾向于接受西方舶来品，与其说是将其视为可以对话的同行，不如说是将其视为需要尊重和适当关注的外国贵族。日本学者从未忘记，当扫盲传入日本时，这门被称为哲学的西方学科已经进入了第二个千年，这进一步加强了他们的接受态度。

对《资料集》的目标而言，更重要的是日本哲学作为一门现代学科在对思想进行批判性评价时所借鉴的本土资源。这些资源不同于西方传统哲学的资源。至少直到最近，日本人的思想中基本上还没有那些隐含在宗教经文、文学、戏剧、艺术和语言中的思想方式，这些思想方式贯穿于从国外获得的西方哲学文本的字里行间和表面之下。取而代之的是不同的、同样丰富多彩的思考和评价方式。对西方思想史家来说透明的假设，对日本人来说往往是不透明的，反之亦然。

向日本思想家开放的资源范围与日本文化本身一样广泛而深厚，任何试图对其进行概括的尝试从一开始就充满了危险。了解这些资源的方法之一，是在日本思想史中探寻哲学"亲缘关系"即全面的世界观、道德价值观的系统化、分析和论证方法，以及对我们所认为的有关人类存在和现实的普遍问题的思考。这就是我们在《资料集》中为自己设定的任务。

《资料集》分为篇幅不等的两个部分。第一部分是历史部分，涉及日本思想史上主要传统的哲学资源：佛教、儒教、神道和本土研究以及现代学术哲学。第二部分是"其他主题"，选取了一些其他地方没有详细论述的经常性主题，这些主题跨越了日本传统思想流派的界限。在确定采用这种双重方法介绍材料时，我们意识到，在任何文化背景下讲述哲学故事，不仅要尊重各学派内部论点和主题的发展，还要考虑到与传统重叠的重要话题，以及哲学与其他形式的知识话语的交汇点。

（张政远译）

历史综论

哲学的历史记述涉及思想随着时间的顺序发展,以及那些为回应其所属时代的特定社会情况和挑战的思想的适时性。"时序发展观"以一个特定思路随着时间发展,强调进行哲学探讨的进步方面。新思想是在旧思想的基础上,通过扩展、修改甚至排斥旧思想而产生,思想流派通过这种方式出现。而"时序发展观"聚焦于一群意见相同或是不同但有共通点的思想家身上:他们探究一连串问题、技术词汇、分析的形式和观点的差异。

例如,在现代西方,如果我们把约翰·奥斯汀(J. L. Austin)关于语言的论点视为对伯特兰·罗素(Bertrand Russell)、路德维希·维特根斯坦(Ludwig Wittgenstein),以及其他逻辑实证主义者的思想的回应;又或者跟随让-保罗·萨特(Jean-Paul Sartre)的论点及把萨特的论点与马丁·海德格尔(Martin Heidegger)和埃德蒙德·胡塞尔(Edmund Husserl)的思想联系起来,那么理解奥斯汀关于语言的论点是完全自然的。同样地,在日本的背景下,根据伊藤仁斋和林罗山等儒家前辈的角度来看荻生徂徕的哲学,又或者用中世纪思想家亲鸾和法然等净土宗前辈的眼光阅读现代净土宗佛教思想家清泽满之的哲学,是最为自然的。

无论一个思想家对总体的历史如何具有洞察力及影响力,仅凭这一点而言很少能保证该思想家能够在哲学史上占有一个重要思想家的席位。为此,我们还必须考虑其思想的适时性。那些能够进入历史概述和像本书这样的资料集的伟大哲学家,是其见解不仅推动哲学思想向前发展,并对其所处时代周遭环境及精神作出具有洞察力回应的人。

由于在本书中那些按照时间顺序编排的选定章节并没有提及适时性的观点,一个关于日本哲学发展的时代和背景的简短历史综论能有助于我们理解适时性的观点。它至少可以让我们窥看到在历史上每一位日本思想家背后的时代精神，而关于这些思想家的选定章节在本书后面部分都被收录了。因此，我们可以知道有哪一些社会、政治和经济因素影响了每一个主要日本历史时期的思想家，无论他们对不同的哲学流派的认同为何，在同一世纪的每一位日本主要人物写作背景下的问题是什么。虽然以下的历史综论因为过于简短而无法深入讨论这些问题，但将通过在本资料集中的每个哲学传统下的概述，以及在资料集的相应章节中处理的每个思想家的简介，提供补充。

史前时期至公元794年

明显地，在日本引入书写方法之前，我们很难宣称日本已经有哲学的存在。即使当时曾出现有可能被归类为哲学的思想，也没有办法将其记录下来留存后世。然而，我们所知道的是，史前日本本土的精神取向属于日本哲学思想在随后几个世纪中形成的一般背景。

鉴于考古证据和在四五世纪偶尔到访日本的中国访客的浅陋描述，学者一般假设未有文字记录的日本文化属于万物有灵的文化：古代日本人认为世界充满了令人敬畏的灵魂或"精神力量"。在这种灵魂的轨迹特别明显时——无论是在自然界中的某个物体中，在一个特殊的人内，在一个幽灵内，还是在一个天神内——它被称为"神"，并在仪式、艺术和建筑中被给予恭敬的待遇。即使说出来的话也会产生超出说话者的能力，即"言灵"或"魂"的言语。

在6世纪和7世纪，随着汉文文本开始从大陆（通常是通过朝鲜移民和商人）进入日本，日本人采用了汉文作为他们的书写语言。日本人经常像中国人那样通过阅读经典，一般是当时儒家传统所谓的经典文本，学习汉文。大约在同一时间，佛教进入了日本，而日本人最初主要是被佛教在文化和仪式上的贡献所吸引。来自朝鲜和中国的移民，包括一些佛教僧侣和许多工匠，介绍了令日本宫廷贵族着迷的异国佛教诵经、建筑、仪式、雕塑和绘画。这很快便引起了日本人对用汉文书写的佛教文本的兴趣。

因此，到了7世纪初，知识文化在贵族精英（以及偶尔不是贵族背景的佛教僧侣）间形成。到了7世纪的第一个或第二个十年，这种精英文化已经发展到宫廷有能力为管治国家的朝臣编写一套"宪法"。如亚里士多德（以及自此以后的大多数西方哲学历史学家）说泰勒斯声称"水是万物的本原"是西方哲学的起源，我们则可以说，圣德太子的《十七条宪法》标志着日本哲学的诞生。该宪法已作为序言收录于本资料集内。

虽然今天的证据显示，传统传记，甚至是圣德太子的存在，可能只不过是传说而并非历史，但最令我们感兴趣的是《十七条宪法》文本本身而不是其作者。首先，即使有一些学者认为《十七条宪法》的作者在种族上并不是日本人而是宫廷内的外国抄书吏，《十七条宪法》也绝对是日本的产物。当时以及接下来的几个世纪，大多数的日本法律和法规都是从中国模式的法典直接复制或修改而成的。《十七条宪法》是不同的：它与那些法律和法规几乎没有任何关系。相反，它为朝臣订定了额外的法律态度和行为，这些元素使合法和权力集中的国家达至"和谐"。在精神上它像儒家思想，但与儒家思想不同的是，宪法并没有强调主要通过"礼"（即仪式、礼仪）来实现和谐。相反，它强调佛教个人发展和修行的价值观。事实上，有人提议佛教应该成为国教。

亚里士多德将泰勒斯置于希腊哲学的诞生时期，因为泰勒斯试图用物质的术语而非依赖宗教或神话故事去解释世界。从那时起，亚里士多德认为，该前进方向是为希腊哲学家设定的。在日本，《十七条宪法》有类似的范式价值。因为第一次有一位日本思想家脱离了仅仅借用大陆思维的思想和制度，提出了一个把两个传统的一致之处进行整合的思想。基本上，《十七条宪法》认为宫廷的行为应遵循儒家规范，但在心理上和精神上应该培养佛教的无我和控制情感。《十七条宪法》认为，只有一个无我的佛教徒才能成为一个有成就的儒家朝臣。佛教是为了个人的心理和精神发展而设，而儒家思想则为社会订立标准。这里的哲学模式是人们可以从外部借鉴思想和价值观，但目标是将它们整合成为新的东西——一个更适合日本文化背景的系统。这是大多数日本哲学家从那时起一直遵循的路向。

在圣德太子去世后不久，他所属的坚定拥护佛教的苏我家族就失去了权力。7世纪余下的时间是一个政治动荡时期，那时一再有人试图建立一个改良自中国模式的可行的刑法和民事法律制度。从证据看到，这个时期欠缺哲学的创造力。在奈良时期（710—794），随着帝国的权力中心开始呈现，日本开始看起来更像一个统一的国家，实现了更大程度的社会稳定。日本人首次在奈良市建立了首都。在此之前，由于死亡被视为污染性的本土禁忌，皇帝宫殿必须在皇帝或皇后去世后重置。以中国首都长安为蓝本的大首都城市建设带来了佛教中心数量的迅速增加，这些佛教中心不像寺院那种修行中心，而是汇聚了大量汉文佛教文本进行研究的学术机构。通过这种方式，日本知识分子开始发展佛教用语的复杂知识并令他们自己熟悉了解各种佛教哲学体系。然而，从哲学的角度来看，日本人大体上处于借用和同化的阶段，只有有限的创造性反思和改造。

奈良时期还编纂了两部大型编年史，即《古事记》和《日本书纪》。后者用汉文编写，更紧密地遵循中国编年史的风格。它的叙述始于天地开辟，但对最早有历史记录时期的宫廷事件作出了最详细的描述。相比之下，《古事记》更加强调神话和史前史。这也是一个早期的实验，通过使用汉字作为表示语音而非语义的单位来发展日本语的书写方式。结果有时变成了人们几乎无法理解的日本语和汉语的混合体，直到 9 世纪，日本人通过发明两种纯粹语音音节：平假名和片假名，成功地找到了令人满意的日本语书写方式。这两部编年史编纂了创世纪故事并建立了一个天皇家庭来自天照大神的意识形态，为日后皇室统治的神道理据提供了意识形态的基础。

总之，在圣德宪法（以及归因于圣德太子的关于佛教经典的三个评论）之后，哲学在 7 和 8 世纪几乎没有发展。尽管如此，日本的学问研习机构，特别是在首都的佛教研习中心，正在获取创造性思维的原材料，为日本佛教哲学在 9 世纪初［主要通过空海（774—835）和最澄（767—822）的努力］的突破发展奠定了基础。

平安时期（794—1185）

在平安时期，权力更加集中于宫廷和首都，而首都亦已迁往京都。这是一个过渡时期，在此期间，日本由重复地输入更多中国的文化、哲学和宗教传统，转向把中国的文化、哲学和宗教传统同化和重新塑造成为一种独特的日本文化表现形式。在接下来的世纪中，大多数日本思想家都将平安时期视为日本创造性思想和审美活动开花的时期。虽然宫廷和政府制度，以及佛教寺院机构都保留了大部分中国模式的上层结构，但平安时期的思想家更加自由地进行创新，推动更加适应本土情况的思想和价值观，包括特意恢复被前几代人忽视的古代万物有灵的元素。佛教的学术的寺院机构与宫廷的知识分子和美学家进行了广泛的互动交流，成为精英的哲学中心。

由空海创立的真言宗和由最澄创立的天台宗是平安时期最具创造性的佛教思想中心。我们可以在他们的哲学分析中分辨出三个焦点。第一，他们试图理解在过去的三个世纪中流入日本的各种各样的佛教思想、文本和修行方式。天台宗的解释是建基于中国天台宗对佛教的教义和文本［特别是以智顗（538—597）为中心］的分类之上的。同时，真言宗遵循空海的分类，即其所谓的"十住心论"。这两个宗派各自利用自己的释经学的分类来证明自己比其他佛教宗派更优越和更全面。空海的分析甚至包括来自大陆的非佛教传统（主要是儒家思想和道家思想）。他们的分类系统的目的并不是要反驳其他宗派，而是要把其他宗派定位在一个单一的阶层中，并将天台宗或真言宗置于顶层的位置。因此，其他宗派的教义并没有被认为是错误的，而被认为是更大及更全面的教义的不完整部分。

第二个主要的哲学主题，也是佛教的焦点，涉及觉悟的本质及其与宗教修行的关系。密宗的影响在这里是决定性的。一方面，真言宗主张只有少数人才懂的佛教相对于大众易明的佛教具有优越性。大众易明的佛教被认为受制于知识的理解，因而不能包含整个人（即身体和心灵）。参与神秘的仪式（对曼荼罗的沉思），做出神圣的手势，以及诵咒被视为在身体和理智上更充分地参与现实本身的运作。它的目的是体现理解，而不是用超脱的头脑来观察和分析它。用空海的语言来说，觉悟就是"使用及通过这个身体来实现的"，是一个与真正的智性理解不可分割的过程。另一方面，日本的天台宗传统通过越来越多地将从大陆传入的大众易明的天台教义与密宗相结合，而与其中国的传承不同。虽然真言宗认为密宗是所有佛教教义和修行（包括大众易明的佛教）的基础，天台宗却通常认为密宗和大众易明的佛教为互补关系，坚持让学生精通二者。真言宗和天台宗的哲学倾向于关注诸如应用实践和顿悟之间的关系、肉体和理智的结合、觉悟的形而上学基础、言语与现实之间的关系，以及人的本性与现实的本质之间的相连等问题。

第三，平安时期的佛教徒也参与了当时通常以崇拜神灵为特征的本土万物有灵论，这一传统最终发展成为神道的一个关键方面。尽管万物有灵的取向仍然深刻地影响着日本人对自然的感受，但很少有教义和理智的发展可以被视为独特地属于神道。主要采用佛教密宗类别的真言宗和天台宗，能够将大量的万物有灵的相关思想纳入它们自己的系统，包括神灵是更深刻的佛教现实的表面化表现的想法，于是开启了一种一直持续到17世纪或18世纪的佛教—神道关系。与此同时，神道的一些哲学分析学派在同一时期形成，虽然它们借鉴佛教的分析，但它们拥有一个独特的神道解释。然而，在大多数情况下，神道的知识传统几乎完全被佛教密宗所吸收，直到中世纪的镰仓时期才开始形成一套自己的体系。

对于他们来说，平安宫廷的知识分子讨论了关于理论和实践的类似问题，尽管他们的讨论一般是从审美观点出发，包括尤其是对诗歌的批判性分析：如诗歌是如何产生的？语词与事物之间的关系是什么？创意如何将创新与传统形式的技艺互相结合？虚构和现实之间的关系与非虚构和现实之间的关系有何不同？他们的分析从未完全脱离宗教问题。事实上，诗学理论一次又一次地提出有关审美敏感性如何能够增强对无常和无我等佛教教义的理解的问题。

镰仓时期（1185—1333），室町时期（1333—1568）和桃山时期（1568—1600）

从平安时期末期过渡到随后的镰仓时期是一个去中心化的时期。宫庭的政治影响力变得越来越弱。在京都花费越来越多时间的贵族们已经让武士负责管理其所有的地方领土。最终，武士（通常由被排除在直接血统之外的皇室家族的远方军团领导）接管了对省级领土的控制并互相发动了战争。这在1192年源赖朝建立第一个军政府（即镰仓封建制度或幕府）时达到了顶峰。从那时起，控制政府的是战士，而不是宫庭贵族，而当时主要的行政机关都搬到了镰仓。京都仍然是宫廷和官方首都的所在地。尽管对于文化、知识和宗教机构来说，幕府的支持变得越来越重要，京都仍然保留了其作为主要文化中心的地位。好像内部战争的破坏还不够，京都又遭遇了一系列不幸的灾难：台风、瘟疫、火灾和地震。随着镰仓时代的来临，首都的气氛变暗了。随着京都昔日的热情和信心消退，那综合了平安佛教思想家与他们的宇宙愿景的宏大哲学合成体似乎变得不那么重要了。随着日本的统治者和平民百姓寻求渡过动荡时代的道路，哲学思想变得更加重视个人与存在。

随着平安宫廷看到它作为知识活动中心的影响力被侵蚀，佛教僧侣的学术中心也步向衰落。在平安时期初期，佛教徒主要向受过教育的精英们发表他们的著作，即平安朝臣和其他学者僧侣。然而，渐渐地，严肃高雅和复杂的学说开始更直接地与自佛教首次进入国家时就蓬勃发展的流行佛教和民间习俗产生相互作用。结果，佛教思想家发现自己面对两群受众：受过有限教育的普通百姓，以及有教养的精英知识分子。

在镰仓时期，把这两个佛教思想世界并列在一起已经是司空见惯的事情。一个明显的例子是，人们相信国家已进入一个被称为末法的堕落时代，即佛教的教义不再能被深入理解，而佛教的修行也无法以有利于觉悟的方式进行。当时是应该采取非常措施的时候。这种想法背后的绝望感（或者至少是可能出现的绝望感）对于普通人和哲学家来说均是显而易见的。甚至那些不同意这样理解当时历史情况的人，例如道元等禅宗哲学家，仍得承认绝望的时期需要一种不同的、更集中的修行方式。镰仓时期的所有新的精神传统几乎都强调将佛教的复杂修行简化为更简单的形式，例如援引阿弥陀佛的名字，或者只是静坐冥想，或仅仅信靠《妙法莲华经》的拯救力量。

在这里，镰仓哲学家们旨在处理的两个社会领域的问题也起了作用。对于一般信徒而言，专注于单一修行的重大优势在于它是开放给所有人的，而不论其教育背景，这与真言宗和天台宗的苛刻和复杂的仪式不同。更大的哲学问题是如何向其他受众，即受过教育的精英，尤其是其中的佛教学者，解释这种修行的合理性。个人修行本身属于全面的天台宗和真言宗的组成部分，但现在的主张是单一的修行足以达致觉悟。更重要的是，每个新的镰仓宗派——净土宗、禅宗、日莲宗——都必须证明它们的单一修行，以及只有它们自己的修行才真正有效。这引起了其他问题，影响所有宗派的一般问题，包括如何解释觉悟的获得。觉悟究竟是通过做某事还是通过停止做某事来达致的？人们是否需要假设唤醒的道路需要推行"始觉"？又或者它承认从一开始就存在的"本觉",而不须理会个人做什么?这两种观念存在中世纪日本佛教思想中,人们经常同时持有这两种观念,这需要一些哲学上的理由来解释人们如何可以在逻辑上持有两个这样明显地相互排斥的观点。

其他要求分析和解释的问题与特定宗派有关。对于像净土宗和日莲宗这样提倡末法理论的传统,出现了一系列相互关联的问题:末法是不是一个真正的历史事件?如果是这样,它暗示着什么样的历史意义?又或者它是否只是描述一种精神上的态度?如果是这样,它背后的心理变化是什么,以及它们如何被赋予一般的哲学有效性?像禅宗这种拒绝末法理论的宗派的包袱是,如何解释在那个时代佛教修行是如此困难。如果起因不在于历史,而在于人类的失败,那么失败的本质是什么,以及如何克服?另一组与特定宗派有关的问题涉及单一修行。如何描述特定修行中所涉及的精神上的态度的特性?例如,净土哲学家亲鸾认为诵念阿弥陀佛的名字(念佛)源于一种称为信心或信念的特殊正念认知状态。这"信心"究竟是什么,而它又如何适应更广泛的大乘佛教对心灵、思想和情感的理解?它是如何在有意地修行和熟练地放弃意志之间取得传统平衡?怎么能说它最终达致觉悟,如是这样与现实接触呢?与此同时,禅宗大师道元反而认为坐着冥想或坐禅是觉悟唯一需要的东西。但是冥想中达到的精神状态是什么,而它与更广泛的大乘佛教的修行教义作为手段和达至觉悟作为目标有什么关系?是什么东西令坐禅成为最佳的修行方法?

虽然佛教哲学集中在上述类型的问题上,但在美学方面也有发展,在美学上渗透着佛教的敏感性,但本质上更世俗化。从13世纪到16世纪,新的美学表达模式和理论正在形成(如和歌诗学),茶道和能剧等新的艺术形式正在兴起,每一种形式都需要关于本身的哲学反思。与佛教思想的发展并行,人们更加关注表现和欣赏艺术所涉及的心态。一位艺术家如何培养创造性表达的正确态度?传统与创新之间的适当平衡是什么?是否有可能表达清楚创作过程的步骤?艺术家与现实之间或表演与观众之间的关系是什么?艺术与模仿的区别是什么?在解答这些问题时,特别是在室町和桃山时期,哲学家愈来愈依赖禅宗的佛教思想和隐喻。

江户时期或德川时期（1600—1868）

从 14 世纪到 16 世纪，武士团体之间的权力斗争时断时续。只有在德川家族的幕府成立后，才为国家带来了持久的和平。几乎在整个江户时代（1600—1868），日本严格限制自身与外面世界的接触，将其对外关系局限于朝鲜和中国，并将其与西方接触限制在与荷兰的涉及极少量贸易的协议上。由天主教传教士在 16 世纪传入日本的基督教修行活动被禁止了。德川幕府与地方的大名谈判并达成协议，赋予地方大名相当大的自治权，但也为自己保留了某些霸权权力。将军建立了一个高度官僚的政府，给予官员对日本社会（从教育制度、商业以至宗教机构等）前所未有的监督权力。实现和平带来了全国贸易的增长和城市作为商业活动中心的崛起。这些大城市——尤其是江户（今东京）、大阪和京都——也成为主要的文化和知识中心。教育新兴商人阶级的需要使位于城市的世俗学院成为进行哲学活动的主要中心。

这个时代最重要的知识输入是从中国输入宋明儒学思想。15 世纪，特别是 16 世纪，日本知识分子（其中许多是禅宗僧人）曾前往中国并带着新文本回国，那些新文本当中包括伟大的宋明儒学思想家朱熹（1130—1200）和王阳明（1472—1529）的著作。宋明儒学哲学家通过扩大传统儒家范畴，集道家、佛教和儒家思想于大成。他们将儒家对适当行为和社会和谐的关注与道家和佛教的形而上学和心理学思想相结合，构建出道德价值观和自然现象的认识论框架。这些思想的传入为日本哲学带来新的词汇和一系列新的问题：形式或原则（理）与生成力或生命能量（气）之间的形而上学关系是什么？是否如朱熹声称，原则是决定力量？又或者是原则只不过是日本思想家贝原益轩提出的气的运行的抽象概念？最后大多数日本人追随贝原益轩的思想，但问题的整体框架和用于解释它们的词汇源于中国传统。

西方科学从 16 世纪开始涌入，并在整个江户时代以"兰学"为名取得进展，对自然界感兴趣的哲学家数量正在增长。例如，山片蟠桃（1748—1821）这样的商人阶级思想家对自然现象的常识性观察以及对接受历史和道德的解释抱有怀疑的态度，并坚持认为它们跟他称为"中心"的普遍理论原则有关系。如何对自然现象及其相互作用进行分类也促成了有创意的和独特的日本方法，如三浦梅园（1723—1789）的条理学理论，它以一个由对立思想组成的复杂目录的辩证动态来解释自然现象。与此同时，日本的数学、天文学和医学都在寻找自己的方向。像关孝和（1640—1708）这样的数学家在代数研究中取得了一些突破，而这些突破有时比西方的类似突破来得更早。起初，天文学和医学较多源自中国的思想，但在西方天文学和解剖学于16和17世纪输入后，对中国思想的依赖开始逐步减少。然而，西方医学的真正影响直到现代才出现。总而言之，与当时西方的发展相比，江户时代出现的科学突破很少能持续下去。然而，科学模式作为对自然界的理性和实证研究方法，使日本能够在西方科学在现代时期的议程变得重要时，迅速吸收西方科学。

由于需要稳定社会秩序，以及为不断增长的城市人口提供一套明确的价值观，江户时代最具创造性的哲学思想主要集中在道德、社会和政治理论上。儒家思想，以其宋明儒学思想及其古典复兴形式，主导着知识分子的精神世界及其主要问题：人类必不可少的德性是什么？这些德性是从学习而来还是与生俱来？德性与感情或情绪有何关系？什么是达致和谐的社会关系的理想结构？德性，比如说忠诚，是价值吗？还是情感？像伊藤仁斋（1627—1705）和荻生徂徕（1666—1728）这样的儒家哲学家蔑视理学家对形而上学理论的沉思，但也追随那些专注于回归古代儒家术语基本含义的理学家。他们的语言哲学认为，通过理解关键术语的含义、功能和相互关系，人们可以清楚地理解世界和谐的基础及其全部伦理含义和合乎逻辑的理由。他们使用的方法虽然在形式上属于文献学的方法，但在目的上属于哲学和道德。他们还把这种方法应用于日本本土文本和术语的研究。

受到来自新一代儒家学者采用的方法的启发，国学把语言文字学和对古代日本文本（主要是古典诗歌和《古事记》这一编年史）的仔细阅读作为重塑所谓日本本土——即"神道"——的答案，并以之回答儒家学者提出的许多问题。19世纪初期，国学传统中的某些思潮将哲学研究转变为研究以建立帝国为中心的日本种族意识形态。

虽然儒家哲学和国学研究界定了江户时期思想的知识视野，但佛教更关注制度的发展，其中一些发展具有哲学意义。例如，德川时期的和平使许多失业的武士可以过平民的生活，其中一些人受吸引转而成为佛教僧侣，特别是临济禅宗的僧侣。作为回应，我们发现江户时期的禅宗思想家如泽庵（1573—1645）和铃木正三（1579—1655）明确提到了武士的价值观和死亡的重要性，并把它们当作主要精神主题。与儒家价值观越来越明确的公开对话，包括禅宗大师如盘珪永琢（1622—1693）和白隐慧鹤（1686—1769），他们都在努力解释禅宗原则与日常生活的关系以及和孝道等儒家价值观的关系。

一些哲学思想家，如前面提到的三浦梅园，以及富永仲基（1715—1746）和二宫尊德（1787—1856），不容易被分类为当时属于儒学、佛教或本土研究三个伟大传统中的任何一个。三浦梅园基本上建立了自己的一套不属于任何一个学派的系统，富永仲基严厉批评了全部三个学派，而二宫尊德发现可以很方便地将三个学派视为互相补充。为了简单起见，我们将这些江户时期哲学家的选定章节放在本资料集关于儒家思想的部分，因为儒家思想比任何其他学派都更能界定这个时代的知识分子的对话。

还有一点与讨论江户时期的思想有关——《武士道》或武士品性的地位问题。虽然人们普遍认为这个传统源于江户时期初期，但事实上，我们通常认为的武士道思想体系是现代的构造。这个传统在本书"附加主题"部分的专属章节中会得到更全面的解释。

现代时期（1868 年至今）

政府的相对封闭政策在西方国家要求日本向全球开放贸易的背景下结束，从而引致 1868 年德川幕府的倒台及恢复帝制。为了保护自己的国家不被西方列强殖民统治，日本自己进行了工业和军事方面的现代化。政府派出最精英的年轻知识分子前往欧洲和美国，以获得现代化所需的知识和技能。西方思想的知识，与医学、工程学、农业、邮政系统和教育一起被认为是一种手段，用以理解现代社会的基础，以及西方科学技术背后的思想。当然，这涉及对西方哲学的深入认识。在对英国功利主义和美国实用主义感兴趣的短暂时期过后，日本的哲学家们开始向德国寻求指导。哲学研究离开了德川学院和佛教学术中心而进入了新建立的世俗大学，它采取了西方学术的学科形式，称自己是"希哲学"，作为"爱智"（philo-sophia）的一个笼统翻译。虽然最初被定义为对西方哲学的研究，但是由于日本哲学家开始偏离西方制度以形成他们自己的哲学立场，"希哲学"慢慢地具有了自己的内涵，通常作为对西方思想的直接批评。在这些背景下，人们对 19 世纪末和 20 世纪初非常成功的现代化进程产生了新的信心。

首先，日本就现代化明确表达的指导原则是：借用西方的技术和科学，但保持亚洲的价值观。然而，随着这个进程的展开，许多日本顶尖的知识分子都清楚地认识到，现代化带来了许多与传统的佛教、儒家和神道价值观背道而驰的观念，包括自我、社会、知识、教育和道德观念。在许多方面，这一现象在重新思考妇女在日本的地位这一点上最为明显。与其他东方和西方国家一样，日本的现代化提高了人们对性别分析的敏感度。19 世纪末和 20 世纪初的西方女权运动对日本历史上第一次获得高等教育和出版机会的女性知识分子产生了深远的影响。一方面，女性思想家在前现代学派的日本思想的父权制和经常是厌恶女性的意识形态的挑战下重新定义自己，另一方面又要抗拒欧美女性运动中许多关于自我和社会本质的假设。这种内涵丰富的思考并不符合哲学的学术范畴，因为它与社会、政治的直接行为交织在一起。因此，我们在"附加主题"部分中为这一主题分配了专属的章节。

为了回应西方的新思想，许多日本学院中的哲学家完全放弃了前现代的传统作为他们思想的来源，完全投入对西方主要人物的详细阐述和批评中；即使在今天，他们也可能占日本哲学教授的大多数。那些用完全西方的模式在做哲学学问的日本哲学家，由于他们的思想在用西方语言撰写的哲学论文中已有很多的论述，因此这些哲学家的思想并不属于本资料集所涵盖的范畴。日本生命伦理学是个例外。虽然日本的大多数科学哲学完全符合该学科的西方模式，但生命伦理学在本质上跨越了科学与文化或社会价值之间的界限。因此，日本哲学家经常为这个西方领域带来新的视角。出于这个原因，我们在本资料集的"附加主题"部分中加入了关于生命伦理学的章节。

与大多数哲学家相比，一些日本哲学家渴望将新引入的西方哲学学科嫁接到前现代的日本思想上。西方哲学与传统价值观的冲突产生了很多新的问题：人们能否提出一种既具有原创性又全面的认识论，而这种认识论会把西方经验论和逻辑放在一个适当但又处于主流的"亚洲"思想和价值观之下的位置？人们是否可以制订一种可行的道德规范，将行为者置于一个个体相互依存的社会中而不是孤立和离散的个体中？人们能否构建以回应方式为基础的艺术解释，而这种回应方式也作为知识和道德行为的基础？人们可否想象一个允许个人表达而不对激进个人主义作假设的国家政治理论？除了这些基本问题，人们也极关心一个更基本的问题：文化是什么，以及文化如何影响哲学的发展？

这类日本哲学家的大多数并非代表返回前现代的思维方式，他们致力于以具有说服力的一般性的合理的理由，以对不止日本乃至世界各地的人都能明白的语言来回答这些问题。这并没有阻止20世纪上半叶的民族主义理论家将这些思想扭曲成为以种族为中心的军国主义服务，并在整个过程中玷污日本哲学的整体形象。向着"错误的方向"进行哲学研究而可能招致的监禁或死亡的威胁，甚至影响了最具创意的日本思想家，使他们中的一些人变得沉默，另一些人接受妥协，并使人们对尚未被完全推广的哲学领域产生怀疑。

在整个战后时期，很多日本哲学家继续专注于西方哲学的学术研究。在这些情况下，无论是现代还是当代的欧陆哲学传统，以及对西方哲学史的研究，都比英美的分析哲学方法更能引起人们的注意。在本资料集中读者会发现，特别是自20世纪60年代起，有个别人士和哲学家从包括西方科学、心理分析和现象学，以及传统亚洲思想和医学的广泛来源中吸收他们的思想，以探索引发思考的新方向。这一现象是《十七条宪法》中开创的模式的另一个例子：在传统继续存在的背景下，对外国思想进行同化和适应。

（高慧君译）

对哲学的定义

定义哲学

  作为一部关于日本哲学的著作，《资料集》旨在挑战"哲学"现有定义的局限性，并通过精选文本展示一些独特的日本哲学。换句话说，它以文本的形式支持这样一个论点：早在 19 世纪中期"哲学"一词被创造出来以指代舶来的哲学学科之前，日本就已经拥有根植于其思想史的坚实的哲学传统，这种传统为日本提供了与西方哲学传统相当但截然不同的资源。正如本书该部分的概述所示，在明治时代的讨论中，针对将哲学一词用于"非西方"传统（如本书所讨论的传统）的批评确实发挥了作用。然而，作为《资料集》整体框架的一部分，应该首先说明将这些传统中的思潮称为哲学的积极而令人信服的理由。

反思哲学的理由

  首先，哲学本质上是一门不断发展的学科，它因不同时代和文化带来的多元视角而变得丰富，又因任何试图将其用于特定政治、经济或宗教制度的尝试而变得贫乏。在"西方"传统的背景下，我们也总是谈论"正在形成的哲学"。因此，对哲学的追求，与不断努力将过去与新的思维模式和批判性评估方法相结合密不可分。

  同时，由于哲学植根于它试图理解的世界，它永远无法获得一个确定的外部立场，从而像脱离文化和语言表达一样提出观点。从这个意义上说，哲学的定义与在独特文化中实践哲学是密不可分的。此外，哲学——如果广义上指对深奥难解的问题进行批判性研究，例如，什么是最好的生活方式、什么是真理以及我们如何能够最好地认识真理、我们对彼此负有哪些义务——是一种普遍存在甚至世界性的现象，在高度发达的文化中尤为如此。因此，没有先验的理由说哲学仅限于任何一种文化背景下的解释方式，无论是地中海地区的古典文化还是所谓西方世界的现代文化。相反，我们的挑战在于理解各种有时截然不同的环境中哲学的背景和规则。只有当我们确定理解了答案所针对的问题后，我们才能判断哲学答案的好坏。为此，我们应研究那些系统阐述哲学思想，而非为特定个别问题提供临时解决方案的思想家。通过理解批判性、系统化思想家的哲学工作，我们能够更好地揭示其答案所依据的前提和推理规则。

在现代之前的日本，这些哲学工作很少与西方的相吻合。这使得今天的读者很难认知日本哲学研究中的分析、论证、推理和争论风格，并将其与古希腊哲学研究区分开来。当前学术哲学中一个主要的假设是，哲学思维应限于欧洲起源的理性形式，但应具有普遍性和适用性。为了打破这种强加的观念，《资料集》尝试与理性在截然不同的传统中呈现出的形式进行对抗。我们不应简单地认为日本儒家、佛教和本土主义思想家不懂推理、解释和分析，而应承认、批判并适当吸收他们截然不同的贡献。

我们的挑战并非最近才有的。随着西方对东方哲学的了解日益加深，这种挑战已经酝酿了两个多世纪。此外，我们试图挑战边缘化的知识霸权姿态，它们与西方哲学自诞生以来所蕴含的精神背道而驰。

哲学，尤其是康德以来的哲学，以本质上的自我反思为荣。经济学和历史学等学科可以应用于尚未形成自身理论的文化。但哲学却并非如此。正是因为哲学本质上是批判性的自我意识，它无法应用于隐性、虚拟或未言明的推理模式。换句话说，事后才声称"发现"哲学思想本身就是自相矛盾的。然而，如果我们过于严格地应用哲学标准，认为哲学本身始终具有自我意识，那么我们就必须将前苏格拉底、希腊和中世纪思想家的整个群体排除在西方哲学经典之外，甚至可能将卢梭和与他同时代的许多其他现代人排除在外，更不用说中世纪的犹太、中国和印度思想家了。相反，如果我们想要维持哲学与思考之间的决定性联系，反思其自身的假设和局限性，那么研究其他传统的责任就是揭示其批判性思考和自我理解的模式，不受我们自身传统的影响。

日本意义上的哲学

作为自我反思传统的实践者，现代日本思想家对哲学一词至少存在四种不同的理解，它们都是对历史上与西方和亚洲非日本传统相遇的自觉回应。因此，每种定义都反映了一个特定的日本式问题。

首先，明治时代的批评家们断然否认日本拥有自己的哲学，因此，日本哲学被用来指代日本学者以欧洲方式进行的哲学研究。这些学者主要包括在学术界任职的专业哲学家，他们研究柏拉图、康德、海德格尔、詹姆斯、柏格森、罗蒂、德里达和其他西方哲学家的著作，并在此过程中加入自己的批判和改良。他们可以像其他任何哲学家一样"原创"，因此他们的工作并没有什么"日本特色"。简而言之，第一种意义上的日本哲学只是指由日本人演绎的希腊-欧洲古典哲学。除了少数例外，这些哲学家通常不会分析甚至引用他们自己传统的文本；即使他们这样做，也不会声称这些本土来源符合"哲学"的标准。对他们来说，哲学的方法和主题必须源于西方。

这种在日本盛行的英美-欧陆哲学方法对哲学施加了过于严格的限制，掩盖了哲学一直在"非哲学"传统的影响下发展的事实。基于这些原因，严格研究西方传统哲学的日本哲学家基本上被排除在《资料集》之外。

其次，在另一个极端，日本哲学是指在引入欧洲术语及其相关学科之前形成的日本古典思想。只要这种思想涉及终极现实或事物最普遍的原因和原则，它就被认为是哲学。第二种意义上的哲学可能源于中国思想或与之相关，但并不受欧洲哲学的影响。因此，日本哲学的先驱之一井上哲次郎声称，他在日本前现代的儒家思想流派中发现了真正的哲学，并认为他们对基本问题的关注与西方哲学中涉及的问题相当。

第二种哲学方法虽然对确定基本问题很重要，但往往偏离了对自我重构之本性的关键认识。这种哲学在《资料集》中占有相当大的比重，特别是在前现代时期，但最终，通过后来更具方法论意识的哲学思想来看，这种哲学才是最有趣的。

日本哲学的第三种意义承认哲学方法和主题主要源于西方，但坚持认为它们也可以应用于前现代、前西方化的日本思想。从这种意义上实践日本哲学的人，主要将其理解为一种重构、阐释或分析某些客观上可被认定为哲学性的课题和问题的努力。涉及道元关于存在与时间的哲学或空海关于语言的哲学的著作就是这种第三种含义的例子。诚然，需要熟练的实践才能识别前现代著作的哲学内涵，并运用现代哲学术语和方法来研究它们。此外，即使以英式-欧式哲学与现代日本文本之间或多或少明确对话的形式进行交流，现代哲学的先决条件也往往起着决定性的作用。

日本少数哲学家允许进行双向批判的平衡对话。这些思想家在本资料集中占有显著地位，他们不仅根据现代哲学解读日本传统文本，还运用前现代的概念和区分来阐明当代西方哲学，并提出解决现代或当代哲学问题的替代方法。无论这些努力是追溯性地发掘日本传统思想中的哲学，还是更进一步地利用这种思想作为当前哲学实践的资源，其目的都是包容：即使日本传统成为新兴的更广泛哲学传统的一部分。人们会想到大森正藏通过重新诠释言灵论来重新审视语词与事物之间的关系；或者汤浅泰雄根据日本佛教文献对身心问题进行的重新考察。因此，第三种意义上的日本哲学是指对当今哲学带来影响的传统和当代日本思想。

这种对哲学的第三种理解不仅承认西方哲学起源于希腊的历史事实，还承认通过吸收非哲学来源和资料（包括亚洲思想史）而实现的丰富性。它还将哲学理解为一种未完成的解构和重建工作，是激进化的质疑的延续，而激进化的质疑一直是其自我理解的标志。总的来说，本《资料集》的选文原则倾向于哲学的第三种意义。然而，这种日本哲学定义的明显缺点在于，它没有提供具体标准来选择所需的全部文本和资源，以使《资料集》成为一本具有代表性的选集。

日本哲学的第四种也是最后一种含义集中于那些使其与非日本哲学明显不同的特质。这里的日本哲学是指不仅相对自主和创新，而且表现出"明显的东方或日本特色"的思维，高桥里美和下村寅太郎在 20 世纪最著名的哲学家西田几多郎的成就中发现了这种特色。这种方法突出了日本对哲学做出的独特贡献，但同时也被批评为一种倒置的东方主义：这种评价偏向于日本事物，而对非日本事物抱有成见，并轻视历史变体的重要性。从哲学定义的政治学角度来看，对日本哲学的第四种意义的这种批评，最终却支持了剥离哲学的日本性的尝试，将剩下的东西简化为西方知识殖民主义的残余。从这个角度来看，日本哲学的第四种意义可以被视为一种后殖民主义尝试，旨在识别和重视日本思想和价值观中殖民前的那些部分。无论如何，试图在哲学家的思想中找到日本元素，其目的是引起人们对超越东西方的思想来源的关注，而其中日本哲学对不同来源的哲学来说也有其独到之处。

显然，哲学的第四种定义很容易忽视创新和独特差异的情况。然而，考虑到这种容易经受的责难，我们可以将某些基本取向概括为一般的或典型的"日本"。无论日本哲学具有何种独特性，它都不一定意味着陷入民族自豪感的虚荣之中。相反，批判性地认识塑造其思维的历史、文化和语言条件，是确定哲学思维的原创性或创造性贡献的必要条件。

最后，在对文本本身进行研究之前，无法事先制定出一系列判定为哲学的标准。为了达成新的定义以避免恶性循环，只有通过对哲学下暂定的定义与接受历史记录作为挑战这些定义的启发之间的相互作用才能实现。从这个意义上讲，编写本卷与其说是提出分类建议，不如说是进行思想实验。它为正在进行的哲学实践提供了资料，而不仅仅是我们称之为哲学的特定研究领域中的历史资料集。

暂定的假设

由于这是一本资料集，它无法反映关于如何解释一位作者与另一位作者，或作者与传统间的各种争论，除非这些争论包含在摘录的文本中。同样，它并不旨在代表特定人物的整个思想。相反，我们试图选择具有一般哲学意义的文本，即使这意味着选择那些原本被认为是次要的文本。更明显的是，没有人比编辑们更清楚有多少内容被遗漏了，即使是在这本超过 50 万字的书中。例如，在确定收录标准时，我们将选择范围限定为 1950 年之前出生的在世哲学家。这种武断的决定部分是不可避免的，部分只是反映了编辑的兴趣和偏好。

与此同时，在重新定义哲学的实验背后，有一些暂定的假设，这些假设在前文中只是被间接地暗示了。在这里，我们可以简单地将它们列出，而不需要更充分的论证。

首先，就哲学本质上是持续的和对话性的而言，它依赖于文本及其在文化与传统内部和之间的传播。翻译与下一世代的进一步同化是哲学实践的重要组成部分。

其次，选择和翻译这些文本作为日本哲学范例的这个项目需要进行一定程度上对语言进行调整，包括语义上的和句法上的。首要目标是确保沟通的清晰度，这反过来又需要一定的余地，以适应该领域专家的惯用术语。这种平衡非常微妙。一方面，严格忠于原本词汇很容易产生只有通过大量连续的注释才能被一般读者理解的文本。这种方法不符合《资料集》的初衷。另一方面，翻译不应为了更贴近读者而扭曲原文，因为主题和探究方法与公认的哲学实践之间的差异和相似之处同样重要。这一同化过程假定哲学是通过形成对比和阐明替代方案来发展的，而这一过程既源于对文本的阅读和质疑，也源于对语言和历史专业知识所能提供的更全面背景的探究。我们希望译文能够帮助读者深入思考文本，而不仅仅是阅读文本。此外，由于哲学定义是《哲学资料集》的目标之一，因此该书本身也是一个未完成的项目。我们面临的挑战是让文本本身为确定和发展对哲学含义的更广泛理解提供标准。

最后，熟悉西方哲学的读者需要对这几页中所描述的新鲜形式的展望保有自己的理解。传统的现代西方哲学经典或多或少地系统地假设了一种普遍的逻辑，这种逻辑有利于追求理论科学的自身发展：它寻求一种根据固定规律或独立于人类技艺的自然而变化的现实，一切都是为了客观和合理的知识。尽管如此，我们仍然需要考虑文化逻辑的可能性，即命题与语言表达不可分割，现实是实际存在的，而不仅仅是从一开始就确定下来的，知识是实用且可转变的，自然界和人类世界紧密交织在一起。换句话说，传统上，哲学被认为是永恒的、反思性的、论述性的、解析性的、理性的、怀疑的，旨在通过对立来澄清，关注原则，并通过合理的推理或演绎得出明确的结论。而接触日本哲学需要一种思维风格，这种风格更强调有机性、生成性、隐喻性、关系性、融合性，旨在揭示语境的来源和潜在的模糊性，并将否定作为转变视角的一种方式。

（杨杰译）

翻译哲学概念

为了让没有日本历史和语言背景的读者阅读，我们需要把日本哲学翻译成英语，即必须将文本从一种语言转换为另一种语言。原始语言对概念之形成显然是非常重要的，但是如果要使这些概念能够接触到更多读者，并获得尽可能多的哲学读者的关注，那么可靠的翻译就是决定性的关键。假若阿奎那对亚里士多德的阅读被忽视，是因为他以拉丁文阅读，会发生什么？又假若只有那些能够阅读丹麦文的哲学家才被容许利用齐克果的概念，他的影响又会是如何？然而，用西方语言阅读空海或道元还是不同于阅读齐克果。毕竟他是欧洲哲学传统的一部分，而且他对许多英语、德语、法语、西班牙语或意大利语的读者所阅读的哲学著作都非常熟悉。更重要的是齐克果与读者都有着犹太—基督教、希腊—罗马世界观的共同背景，与源于中国、韩国和印度的空海或道元的世界观非常不同。至于现代日本哲学家，他们很多在海外受过训练，对西方哲学语法有深入的了解。这也是西方比较重视现代日本哲学而不是前现代日本哲学的原因之一。尽管如此，相比于柏拉图、托马斯·阿奎那、笛卡尔、大卫·休谟、康德、黑格尔，大多数现代日本哲学家的知识背景与空海、道元、亲鸾、林罗山、荻生徂徕、本居宣长更为相似。

这便给我们带来第二个更困难的翻译任务：连接西方哲学读者与日本原始思想间的假设间隙。我们可以做的有两件事，首先，每当我们试图了解来自任何传统的哲学家时，我们都必须密切注意他们试图回答的问题。从另一个传统或时代的哲学家的角度去回答我们提出的问题是很容易出错的。如道元关于心身一体的学说，既不像笛卡尔的二元论，亦不像亚里士多德物质与形式不可分割的理论。要了解道元的哲学，我们至少必须从他的哲学所要解决的问题开始理解，例如禅的实践与觉悟的关系，以及人是否能通过思想或身体成为佛陀。

显而易见的证据不是为了让读者不安,然而,人们关于西方哲学的专门训练越多,便越难去对来自非西方传统的文化和思想知识的假设产生共感。讽刺的是,这种共感的缺乏是对哲学创始理想的背叛。柏拉图和亚里士多德以雅典人为核心,他们并不会考虑是否忽略了小亚细亚米利西人的想法。而托马斯·阿奎那亦会忽略他那个时代的阿拉伯人和犹太神学。另一方面,莱布尼兹研究了宋明儒学思想,因此预先建立的和谐足以帮助阐明他的思想。而黑格尔、叔本华和埃默森则不会忽略通过传教士和学者翻译的从印度传给西方的思想。然而,在过去的一两个世纪中,为了确保在大学中的地位,哲学已被装备成为一种有自己的"科学"基础和方法论的学术性的知识与学问。结果,当西方哲学学生阅读到日本哲学家没有回答他们在西方哲学中看到的东西时,他们会变得不安。在某些情况下,他们甚至无法理解对日本哲学家来说最明显的问题是什么。

因此,我们至少需要把日本传统中普遍的假设和动机作为日本哲学思想的普遍倾向。这里所提供的不是一种要本质化"他者"的思想的东方主义计划,恰恰相反,它是去解构西方哲学读者隐藏的假设,特别这些假设并不属于我们正在阅读的日本思想家。如果不跨越自己领域,便无法正确地以适当的方法来归纳日本哲学。总而言之,我们以下列主题为地标去交涉的那条道路、那个传统跟西方哲学很不一样。

倾向内部而非外部的关系

历史上大多数日本哲学家倾向于内部而不是外部关系。假如我说"a 和 b 是相关的",以外部关系模型解释就是,假设 a 和 b 可以独立存在,而它们之间的关系则需要第三因素 R 来连接。相比之下,以内部关系模型来解释,"a 和 b 是相关的"则意味着 a 和 b 本质上是相互联系或重迭的,而 R 就是 a 和 b 的分享部分。如果我们预设现代西方哲学传统倾向于外部关系,那么历史上大多数日本哲学家就是倾向于用内部关系来进行思考。尽管在西方或日本两种传统内都可以找到这两种思维方式,但认识到这种基本取向上的差异，可以帮助我们推迟仓促判断，并有助于将注意力带到合适的根源。

以认知者与认知对象之间的关系为例。在外部关系下，哲学家假定主体（认知者）和客体（认知对象）是独立存在的，它们通过创建第三因素联系在一起，那因素就被称为"知识"，而各种理论的出现就是用来解释怎样令知识成为"真理"。如果我们以内部关系来思考的话，"知识"代表的并不是去联系独立存在的认知者和认知对象的东西，而是认知者和认知对象之间相互依存的重迭。知识越广阔，重迭便越大，而认知者和认知对象就越不可分割。最理想的情况是认知者和现实之间完全贯通，这样在意识与现实之间就没有隔碍。这样的知识模式偏向于参与和实践而不是观察和分析。强调外部关系的知识模型涉及在认知者和认知对象之间建立联系，强调内部关系的模型则重视消除或至少渗透认知者与认知对象之间的人为边界。

首先，上述推论的基本定位是理想的认知者不是以冷淡、分离和不关心的心理状态而是整个人地参与。如果知识是一种内在联系，那么它既是肉身又是思想，既涉及具体的用法又涉及抽象的推测。这反映在日语中的主要单词之一"心"（kokoro）上，它带有情感敏感性和理性思维的含义，即身体和精神行为发生分歧之前的含义。进一步说，如果人们认为人类是整个世界的一部分，那么对世界的了解，归根结底就意味着去了解自己。

其次，上述推论是要关注知识的传播。假设知识 R 可以充当认知者 a 与认知对象 b 间的外部连接，这意味着它基本上是客观和独立的，是可以从一个独立的思想系统传递给另一个独立的思想系统。然而，如果内部关系是基础关系的话，教师和学生形成了独立实践的统一体，让领悟得以传递和理解。这种关系在指导者的领导下把一个个体的自我性在现实中融入塑造为另一个个体——思想、言语和行为——以理解真理。在西方，这种学习方式类似师徒关系，很多是以信息作为知识的积累。

最后，内部关系的基本取向是强调了解知识是如何产生的，而不是单纯地了解知识是什么。例如日本诗较少注重于要表达一首好诗的特征，而是去回溯完结一首好诗的轨迹。"过程"的优先性不仅表现在艺术上，而且在哲学讨论中都具有相当重要的作用。

整体与局部的全息图

倾向于追随内部关系的影响超过了认识论。它触及一系列哲学性问题，因为它联系着另一个日本哲学的指导性假设：整体和部分的统一。在对外关系模型中，我们可以说，整体由各个部分以及它们相互连接的关系而组成。这一点可以由原子论中对某件事情的理解体现出来。它将整体分解为最小的部分，然后分析这些部分的性质，最后解释这些离散的部分如何以外部关系相互连接。另一种"全息"方法，是在每个部分都能看到"整体的内接"，像每个细胞的 DNA 都包含整个细胞组成部分的遗传蓝图。部分既是整体的一部分，同时整体也包含在部分中，这一点就只有部分之间是内部关系而非外部相关时才可能。这一全息图思维虽然在西方哲学传统中并不是完全不存在，却是日本既定的思考方式。

这在佛教思想家中虽然最为明显，但更加根本地植根于万物有灵的宗教实践。在现代西方，当我们找到代表整体的一部分时，我们倾向于认为它只是一种表象、一种语法的图像。而在日本人的思想中，全息关系通常被认为是一种直接和事实，就像 DNA 把每个细胞与整个身体联系在一起一样的事实。

降格论证

内部关系的偏好以及整体和部分之间的相互依存，也可以反映在降格论证的逻辑中。这里，对立立场不会被驳斥，它们会被接受为整个图像一部分的事实。就是说，它们不会否认相对立场，而是将其划归所主张的更完整观点的边缘部分之中。

另一种反驳论证的争论形式在西方国家甚至有趣地在印度都非常普遍。这种争论形式的目的是通过证明基础上或逻辑上的错误来消除对立的立场。反驳论证不证自明地接受排中律和矛盾律。前提是假设没有犯下范畴上的错误，即只有 p 或非 p 为正确，它们不能同时和以相同的方式成为正确的。因此在反驳论证中，如果能证明对立立场是错误的，那么自身立场就得到了肯定而无需再多讨论。

在日本哲学中较常见的"降格论证"有其自身的优势。在逻辑上，它能扩大讨论的范围。即使认为对方的观点在某些方面是不正确的，然而，它也是一种真实的观点，而自身的真实理论也必须能够解释它的存在。它有义务去表明那个"真实"是以什么方式出发的，即在大前提上，那些局部或错误的观点也是可能的。而修辞上，降格论证看起来像是和平性或调和性的，而不是争论性或对立性的，但是实际上我们会通过降格论证，来比较哪个位置在哪个位置之上。降格论证确实参与了一种合成，但这合成的目的并不是要显示各立场的互补性，反而是指出一个位置比另一个位置较为优越。这种论调在日本的知识史上很普遍，并在一定程度上有助于解释为什么现代日本对黑格尔辩证法思想会持久地着迷，也引领我们到达一个最具普遍化的重要分别。

哲学在事物之间

黑格尔的辩证法利用扬弃（sublation）来转化对立位置，从而使它们的外在关系的绝对对立变成更加融合的内部关系的合成。尽管那些现代日本哲学家应该明白这一点，然而，在基本原理上则有着很大分歧。他们宁愿把问题指向辩证法那里，而不是拥抱黑格尔的由历史的开展迈向未来终极目的这一视野。假若黑格尔以把那些对立带入一个终极的统一去总结整个西方传统，那么日本哲学家便会被牵引到合乎逻辑的地方，而完整的本体论或经验基础便会从那个现实中分裂成部件，并成为相互排斥的极性。因此，回到前面的例子，有关心身问题不是去询问心智和独立于它所建立的联系的关系问题，而是在提问实质的身心合一，怎样成为独立和相对的物质之间的连接联系。

在思考单一完整现实的抽象多元化的过程中，日本哲学家并不是要去建立一个指向远古的、当事物还未分离前的历史病因的诊症。他们重视回归"此时此地"的经验，从而认识现实的原始统一性。这种实践哲学对事物之间的偏爱源于现实中的抽象概念的缺口。这是一种他们必须回答的哲学的抽象所产生的实验性的突破。在这里使用否定的（不是单纯的否定的）语言，它的意义在本质上必须是无意义，而存在和成为世界的基础必须在本质上是空虚、虚无。就如往常一样，正因为语言在某程度上也可以成为完全肯定的东西，因此以西方语言来看时会令人觉得较难理解。在所有的思想和反思中，相较佛教对现实所使用的"自身"或"自体"的表达，西方读者可能较为偏向威廉·詹姆斯的模糊混沌暗示。

（陈宽欣译）

编辑方针

我们在编辑构成本书的两百多个文本时，力求使读者尽量避免阅读到不一致的译文，使文本总体上更具可读性，同时允许有多种风格和解释。这种平衡是一种微妙的平衡，需要本卷的三位编辑在结构和内容上充分合作。从一开始，我们就决定最好省去一些专家可能期望的技术性处理。如果在译文中加入的词语只是调整句法或指定一个主语，那么通常用来衬托它们的方括号就被省略了。所有其他注释都保持在最低限度，并将其归入脚注、过渡性评论或词汇表。所有这些都是为了让更多的读者更顺畅地阅读这些文本，同时又不放弃对原文的忠实。出于同样的原因，我们对现有译本的措辞也进行了相当随意的调整，而没有引起任何注意。如果对已出版的译本进行大幅修改，则在卷末相应的参考书目中予以说明。

此外，通篇还采用了以下惯例。

评论：在少数情况下，特别是在古典佛教思想家中，编者在选定的段落中插入了评论，以帮助缩写文本的过渡段落。这些评论被摘录并以斜体字显示。[①]

脚注：为了尽量减少脚注，编辑们提供的有关技术术语、文本和历史人物的信息只在第一次出现时提供，并放在方括号中。属于原文的脚注则不加括号。

人名：通常日本人、中国人和韩国人的名字都是先写姓氏，后写人名。由于日本人经常用个人名字、艺术名称或圣职名称来称呼经典人物（例如，本居宣长通常被称为宣长），因此在结尾的索引中增加了一个交叉参考。中文名字一般都有中文发音，这意味着要调整一些采用日语发音的现有译本。在

[①] 中文本用仿宋体显示。——译者注

这种情况下，两个名字都在最后的索引中被引用。

词汇表：本卷中出现频率较高的术语，以及许多读者可能不熟悉的术语，都被汇集到词汇表中，根据需要给出了日语、汉语和梵语的对应词，以及一个简短而概括的定义。这些术语在一章中首次出现时都用括号（）标出，除非它们在上下文中有定义。在文本中，尽可能地采用了英语的对应词。日文和梵文中已被普遍使用的术语一般不加变音符号，只有少数例外（例如，nirvāṇa 和 kōan）。词汇表中术语出现的页面在每个条目的末尾都有。

年表：本卷末尾有一个作者年表，以帮助读者找到各个思想家所属的时代。由于认识到学者们对某些历史时代（例如德川时代）的起止日期存在小的分歧，这里的日期已经根据《讲谈社日本百科全书》进行了标准化。所有汉字和日本文字（平假名和片假名）在文中都被省略了。专名、地名和音译术语的汉日书写形式在词汇表或总索引中提供。中文名称和术语都统一用拼音转写。

书目：完整的书目信息在卷末的"参考书目"中提供。如果有相关作者的作品集，则使用这些作品来引用原文。在更容易获得的标准文集中出现的选段也被确定为如此。文中引用的中国古典作品被列入书目开头的缩略语中，同时还列出了一个或多个标准的英文版本。

参考书目：参考书目由四部分组成。（1）文本中使用的缩写；（2）书目中使用的缩写；（3）主要节选中引用的文本和翻译的完整信息；（4）文本中简要引用的其他来源。

索引：如果要探索一个术语，可以从词汇表开始，在那里你可以找到定义和在资料集中出现的完整列表。如果对哲学概念感兴趣，可以从主题索引开始，在这里你可以找到一个总的计划，其中有特定的主题与书中的正文相互参照。如果要搜索专有名词、经典作品的标题或特殊术语，可以在"总索引"中找到一份完整的参考列表。

（张政远译）

鸣　谢

我们需要向所有帮助我们完成这一项目的人表示感谢。首先是马克·布卢姆、约翰·塔克和马克·蒂厄文在协调佛教、儒教和神道部分的翻译方面进行了长期和无私的合作。

在过去的几年里，他们一次又一次地将时间和学术判断力投入这项任务中，超出了我们的预期。同样，我们还要提到迈克尔·马拉（美学），以及游佐道子和北川景子（女性哲学家），他们对超出我们能力范围的问题提供了专业知识。特别感谢奥列格·贝奈施和林贵启准备了关于武士思想和生命伦理学的文章，我们也要感谢浮边加奈子为这些页面提供的原始图画，并感谢大卫·怀特对排版后的稿件进行的仔细校对。

我们感到遗憾的是，除了一般性的致谢之外，我们没有办法向许多译者和撰稿人表示感谢，他们忍受了我们的编辑怪癖和对细节的无休止的询问，而没有对这本书的总体目标失去信心。特别是来自世界各地的几十位学者，他们参加了在日本和国外举行的研讨会，讨论资料集的结构和内容，将他们的专业知识用于该项目，并支持我们完成该项目，使我们不断意识到一本超过50万字的书是由比我们更多的头脑和双手完成的。他们在所有方面都毫无错误地帮助了我们，我们自己也很好的整理了他们的成果。

如果没有日本科学促进会为期三年的大量资助，没有罗氏基金会的慷慨补充拨款，没有南山宗教文化研究所工作人员的持续支持，这本书甚至都不可能被想象出来。如果没有帕特·克罗斯比和夏威夷大学出版社一贯的编辑技巧和鼓励，本书就不会得以问世。

编者于加泰罗尼亚普里特山

2010年8月1日

（张政远译）

传统思想

圣德太子

把任何单一的历史人物或事件看作某一文化中哲学的开始都是愚蠢的。不过，对哲学传统的任何处理都必须从某个地方开始，我们可以从亚里士多德那里得到如何进行的线索。亚里士多德在叙述他自己对知识遗产的发展时，将米利都的泰勒斯封为第一位哲学家（《形而上学》），直到今天，大多数西方哲学史都遵循亚里士多德的教导。他认为泰勒斯是希腊最早的思想家，他不仅寻求对一切事物的解释，而且是基于自然而不是超自然或神话的解释，是基于理性和观察而不是基于奥林匹斯神的故事。对亚里士多德来说，这种特征是他和他的同时代人所继承的哲学遗产的缩影。那么，我们从中得到的教训是，我们考虑一个传统的哲学起源并不是为了重现哲学开始时的某个原始时刻，而是通过选择一个古代人物或文本作为象征性的、对后来的东西起到启发作用的哲学性质的背景。

将此应用于日本的哲学传统，可以从《十七条宪法》开始，长期以来，人们认为它是由传奇人物圣德太子（574？—622？）在604年颁布的。这部作品在哲学上几乎没有比泰勒斯关于万物皆水和万物皆有灵的说法更复杂的内容。然而，宪法是许多日本哲学家在随后的14个世纪里所做工作的典范。

首先，它试图协调来自不同来源的不同思想，在一个更全面的体系中赋予每一种思想其功能，以回应日本当时的特殊需要。对圣德来说，儒家思想教导人们正确的社会行为和政府领导，而佛教则教导人们自我了解和控制内在动机。其次，宪法强调了社会和自然界之间的连续性，敦促人类按照自然界的模式和周期行事。最后，它把追求真理作为一项集体事业。具体而言，宪法劝告说：

（1）我们彼此之间并没有什么不同，因此洞察力可能来自我们中的任何一个人；因此，包括所有真实的东西和排除虚假的东西同样重要。

（2）关于赢得争论的慷慨激昂的利己主义动机会使我们误入歧途，无法找到真理；以及

（3）我们通过合作和综合而不是对抗来最有效地思考和弥补彼此的弱点。

总的来说，这可能是一个哲学方法的"前言"（prolegomenon），因为我们可以找到前苏格拉底时的希腊人。就像前苏格拉底学派对西方的作用一样，宪法为日本哲学传统中的大部分内容奠定了基调。

[TPK]

圣德太子　十七条宪法

一曰，以和为贵，无忤为宗。人皆有党，亦少达者，是以或不顺君父，乍违于邻里。然上和下睦，谐于论事，则事理自通，何事不成。

二曰，笃敬三宝。三宝者〔佛法僧也，〕则四生之终归，万国之极宗。何世谁〔一作何〕人非贵是法，人鲜尤恶，能教从之，其不归三宝，何以直枉。

三曰，承诏必谨。君则天之，臣则地之。天覆地载，四时顺行，万气得通；地欲覆天，则致坏耳。是以君言臣承，上行下效，故承诏必慎，不谨自败。

四曰，群卿百僚，以礼为本。其治民之本，要在于〔一作乎〕礼。上不礼而下非齐，下无礼以必有罪，是〔一有以字〕君臣有礼，位次不乱，百姓有礼，国家自治。

五曰，绝飨弃欲，明辨诉讼。其百姓之讼，一日千事。一日尚尔，况乎累岁。须治讼者，得利为常，见贿厅谳，便有财〔一有者字〕之讼，如石投水，乏者之诉，似水投石，是以贫民，则不知所由，臣道亦于焉阙。

六曰，惩恶劝善，古之良典。是以无匿人善，见恶必匡。其谄诈者则为覆国家之利器，为绝人民之锋刃。亦佞媚者，对上则好说下过，逢下则诽谤上失。其如此人，皆无忠于君，无仁于民，是大乱之本也。

七曰，人各有任，掌宜不滥。其贤哲任官，颂音则起，奸者在官，祸乱则繁。世少生知，克念作圣。事无大小，得人必治，时无急缓，遇贤自宽，

因此国家永久，社稷勿危。故古圣王，为官以求人，为人不求官。

八曰，群卿百僚，早朝晏退，公事靡盬，终日难尽。是以迟朝不逮于急，早退必事不尽。

九曰，信是义本，每事有信。其善恶成败，要在于信，群〔一作君〕臣共〔一有信何事不成群臣字〕无信，万事悉败。

十曰，绝忿弃瞋，不怒人违。人皆有心，心各有执，彼是则我非，我是则彼非，我必非圣，彼必非愚，共是凡夫耳。是非之理，谁〔一作讵〕能可定，相共贤愚，如环无端。是以彼人虽瞋，还恐我失，我独虽得，从众同举。

十一曰，明察功过，赏罚必当。日者赏不在功，罚不在罪，执事群卿，宜明赏罚。

十二曰，国司国造，勿敛百姓。国靡二君，民无两主，率土兆民，以王为主，所任官司，皆是王家〔一无家字〕臣，何敢与公赋敛百姓。

十三曰，诸任官者，同知职掌。或病或使，有阙于事，然得知之日，和如曾识，其以非与闻，勿妨公务。

十四曰，群〔一作臣〕卿百僚，无有嫉妒。我既嫉人，人亦嫉我，嫉妒之患，不知其极。所以智胜于己则不悦，才优于己则嫉妒。是以五百岁之后，乃今遇贤，千载以难得一圣，其不得贤圣，何以治国。

十五曰，背私向公，是臣之道矣。凡〔一有夫字〕人有私必有恨，有恨必非固〔一作同〕，非固〔一作同〕则以私妨公，恨起则违制害法，故初章云，上和下睦〔一作上下和睦〕，其亦是情欤。

十六曰，使民以时，古之良典。故冬月有闲，以可使民，从春至秋，农桑之节，不可使民。其不农何食，不桑何服。

十七曰，大事不可独断，必与众宜论。小事是轻，不可必与众，唯逮论大事，若疑有失，故与众相辩，辞则得理矣〔一无矣字〕。

［RTA］

（张政远译）

佛教传统

综　　论

　　在过去的 14 个世纪中，塑造日本哲学的三种伦理宗教文化源流——神道教、儒家和佛教——中，佛教在塑造日本人如何思考人类存在的最困难和最普遍的问题方面影响最大。在古代和中世纪时期，这三个体系之间的关系是和谐的。当时，日本的神道相关的神灵崇拜解决了保护和生育等实际问题，而儒家思想则构成了伦理、政治理论和教育的基础，关于哪种形式的儒家思想应该是规范性的，几乎没有争论。相比之下，在同一时期，佛教徒参与了活跃的知识分子辩论，当时辩论弥漫在日本社会的各个方面。相反，在 17—19 世纪，当类似的辩论在儒家与和神道教有关的本土研究思想家之间升温时，佛教徒将大部分注意力集中在语言学、学说的系统化和机构的建设上。为了反映这种历史模式，本资料集所选择的大多数前现代佛教思想家都早于 1600 年，即江户时代的开始，而大多数前现代儒家和神道思想家都晚于江户时代。

　　早在 4 世纪，佛教就开始由韩国和中国的个别移民家庭传入日本，但其真正的影响则始于 6 世纪中叶日本天皇与朝鲜百济国王之间的政治联盟。在50 年内，佛教的有力交流正在进行，并扩展到其他朝鲜国家和中国本土。当时，中文是所有三个国家的佛教经文及其注释的通用语言。因此，汉语成为整个东亚地区佛教思想的通用交流语言，这一现象一直持续到 19 世纪。日本在 9 世纪为自己的语言发明了一种音标，但主要限于诗歌和小说，直到 13 世纪才开始接受用日语而不是汉语来表达佛教思想。虽然日语的佛教文字并没有取代汉语成为经文的语言，但当时出现了一些最具原创性和影响力的日本宗教和哲学思想家。

　　在大多数佛教社会中，我们直到现代才看到"哲学"和"宗教"之间的区别，这在很大程度上是因为佛教传统本身在介绍自己的教义时通常使用辩证法和分析法，从而把社会上的哲学思想吸收到其教义中。在这一点上，日本也不例外。此外，佛教在每个国家采取的特殊形式，同样是由接受国的哲学偏好和当时进口宗教的特殊发展状态决定的。就日本而言，佛教之前其宗教生活的"古老"模式是一种万物有灵论，在这种模式下，人类基本上被视为自然界的一个组成部分。生命和死亡被理解为自然过程，既不需要形而上学的理由，也不需要探究其目的论意义。大多数学者发现，日本古代宗教思想中的超越意识普遍很弱：强大的或有影响力的个人被期望在死后成为神，留在地球附近，指导和保护活着的人。作为对人类及其在世界中的地位的一种基本的积极看法，这种假设是，死者并没有完全消失，而是仍然参与到生者的事务中。然而，佛教的到来提出了一系列关于生与死、超验的神灵，以及不仅是个人存在而且是整个世界的目的论的严肃问题。此外，伴随着佛教的到来，当时还有一些历史的意外，将产生长远的影响。

一个是关于历史的概念本身。印度佛教以历史意识薄弱而闻名，通常很少对文本、图像或寺庙、神龛和佛塔等建筑场所进行测算。相比之下，中国佛教反映了中国人对时间标记的关注。因此，我们通常有图像或建筑完成的时间、文本复制或印刷的时间等记录。为了应对中国北方对佛教的严重迫害，以及来自印度的各种关于历史衰落的建议，中国佛教徒在6世纪末开始相信，有一个固定的历史时期序列，标志着他们的宗教传统在创始人释迦牟尼佛死后的衰退。他们相信他们正在进入第三个时期即"佛法的最后时代"，在日本一般被称为"末法"。这一理论意味着解脱或救赎的可能性大大降低。这正是中国佛教开始显著改变韩国社会，并从韩国进入日本的时候。矛盾的结果是，正当佛教完全改变韩国社会，并将在日本做同样的事情时，日本人却把佛教当作一个不是在上升而是在下降的宗教体系来接受。伴随着佛教思想在日本的传入，这种最初的危机感引起了人们对生活及其变化可能性的不甘心。然而，某种思想的自由也来自一种心态，即"绝境需要绝招"。

日本佛教思想的一个重要但并不总是明确的预设是对每个人的普遍救赎的根深蒂固的信念。在最初的印度佛教中，有一种假设，即每个人最终都能或都将得到解脱，但这并不是在这一生中可以期待的。业力现实是这样的，每个生命都有不同的时间表，这意味着虽然有些人可能在这一生中实现"涅槃"，但大多数人需要在未来的几生中才能达到这个目标。

当佛教向东进入中国、朝鲜和日本时,印度人对转世的这种推测发生了变化,因为它与东亚人对死者的信仰直接相抵触。在印度的"轮回"概念中,今生的"业力"决定了未来的重生,但并不一定能在不同的重生中保持与同一个家庭的联系;事实上,即使在同一个国家重生也是很罕见的。然而,在佛教传入前的日本,死者在仪式上被转化为负责保护家庭的祖先。因此,在一个人的业力决定的转世是不可侵犯的意义上,祖先崇拜在哲学上就成为一个问题。即使有人真的达到了涅盘,成为菩萨,菩萨的慈悲心也是平等地针对所有众生的——不仅仅是人类,当然也不是专门针对自己的家人。因此,期望你的祖先成为菩萨后能有这样的特殊考虑是毫无意义的。

然而,日本从朝鲜和中国的佛教前辈那里学到的思维方式,已经在反对完全接受业力方面具有决定性。7 世纪的中国人创造了一些解释范式,强调能够加速解脱的做法,这种想法颠覆了个人储存的业力中固有的道德必然性。在一个世纪内,这些新形成的理解体系在日本深深扎根,形成了日本最主要的佛教哲学传统的基础——华严、天台、真言、禅宗、净土和日莲宗,所有这些宗派都主张任何人都有可能获得神圣的力量,在今生或下一世达到涅盘这一终极目标。在这方面,9 世纪时,两个敌对佛教教派的僧侣最澄和德一(781?—842?)之间就一种佛教理论进行了有趣的辩论,该理论根据个人的内在精神潜力进行分类。德一的法相宗接受了标准的印度五类模式,在梵语中称为种姓(gotra),最后一类是无种姓(agotra),意思是"无类"。德一按照严格的教义路线争辩说,从业力上讲,这最后一类人生来就没有任何获得涅盘的可能。但最澄胜出,他的天台宗信奉一套不同的经文,教导人们普遍具有"成佛"的潜力,无论某人以何种方式出现,从而完全摒弃了五种姓理论。

现今一些西方读者在学习日本佛教思想时可能会遇到一个困难,那就是它的论证风格通常是以佛教经典注疏的模式为基础的。除了少数例外,这种模式要求哲学陈述必须与经典相关联。然而,在论说这一点时,重要的是要指出,日本的思想家们有机会接触到数以百计的印度经文和注释性的论文,以及数以百计的在中国撰写的注释性的佛教文章。因为这些都被赋予了几乎同等的权威性,所以日本思想家有广泛的材料可以选择,而且,鉴于佛教传统中丰富的宗教和哲学观点,人们可以为极其广泛的立场找到证明文本。因此,一旦满足了证明文本的标准,就可以从连贯性、全面性、实用性以及对反对立场的批评力度等方面来评估论证的力度。其主要的缺点是，参与辩论需要接受严肃的教育，要致力于学习中文这种外语的复杂学说体系，而中文本身又充斥着鲜为人知的梵语词汇。

从 6 世纪开始，印度佛教徒在 pramāṇa（知识的有效来源）的基础上发展了自己的认识论和逻辑学传统。这些印度的知识理论类似于一些西方的认识论体系，但这些作品很少出现在中文译本中，而那些出现在中文译本中的作品也相当难读。因此，佛教逻辑从未在东亚包括日本站住脚。主要的障碍可能是语言上的。梵语思想家们经常区分由同一动词词根形成的各种名词和分词之间的微妙含义，从而为哲学分析开发了一个极其丰富和细微的词汇表。然而，对于像古典汉语这种缺乏语言学类似物的非词性语言来说，这种语言哲学上的区别根本不可能以任何直接的方式来表达。这只是印度论证风格严重依赖语言分析的一个例子，这种倾向在关于逻辑的论文中尤为明显。相比之下，当时的中国人缺乏讨论语法的词汇，其意义则主要是基于词序和语义环境。因此，尽管印度佛教逻辑学对后来的印度和中国西藏地区的思想产生了重大影响，但直到 20 世纪，东亚都没有形成积极的逻辑学研究传统。

绝大多数日本佛教思想家并没有探究获取知识的规则，而是试图解释我们所知道的或所得到的东西的意义。因此，他们的写作倾向于解释学或美学的基调，在假定的历史衰退理论中提供希望。真言宗的创始人空海（774—835）是第一个将密宗或"金刚乘"思想系统地引入日本的人。它对仪式的力量的关注在日本产生了持续的影响，一直到今天。空海也是一位一流的诗人和书法家，他特别能够解释这种形式的佛教所特有的复杂的象征性语言。他的著作是哲学探究的丰富源泉，但总是在大乘佛教教义的范围内，因此总是有些行话的味道。

在空海身上，我们看到了日本人对我们称之为"密教"的长期迷恋的开始，在这种视角下，原本中性或含糊不清的宗教概念被揭示为含有反映更深刻、更"真实"的现实的一个层面。同样的元素，无论是在个人思维过程的内部，还是外部世界的一部分，在佛经中都有世俗的、外在的意义，在《金刚经》中则有宗教的、深奥的意义，其中一些论文本身需要只有入门者才能获得的深奥的解码公式。

例如，业（karma）是由思想、语言和行动这三种"行为"创造的。由于业力是将我们捆绑在三摩地,即转世轮回中的东西,人类经验的这三个领域充其量也就只具有一个模糊的道德地位。然而,从神秘的角度来看,空海认为,仪式使修行者能够将这三者与宇宙中的菩萨所制定的对应物结合起来,而菩萨不仅与真正的现实完全一致,而且实际上是真正现实的体现。人类可以认识到菩萨行为的力量,但其深奥的功能和意义是无法从智力上理解的。仪式将修行者自己的言语、思想和行动与菩萨身上的"三大奥秘"相协调,拉近了它们之间的距离。这样一来,这些仪式就表达了一种总体性甚至全息性的普遍性的本质,在这种普遍性中,整体存在于每个部分。这样一来,佛祖的身体、众生的身体和信徒个人的身体都凝聚在一个多层次的意义结构中。从这个角度来看,个人与作为救世主形象的菩萨之间的神话关系就具体化为个人的"身心灵",从而成为接触神圣的途径。由于理论上任何人都可以成为菩萨,这个过程被理解为开启了一个人自身精神潜力的不可见层面。顾恺之将此称为"于此身中成佛"。

主要由于空海和他同时代的最澄(767—822)的贡献,平安时代(794—1185)的思想家开始认真研究佛教哲学。空海创立的真言宗和最澄创立的天台宗之间出现了竞争,它们各自反映了中国佛教思想和实践在当时的不同发展。到了 11 世纪,天台宗已经发展成为日本的主导宗教形式,主要是通过首都贵族的支持,他们通常将自己的第三和第四个儿子送到天台寺。天台寺的寺院位于离宫廷只有一天路程的山顶上。在哲学上,这两个教派都是非常多元化的,在研究和实践方面有很大的自由度,这并不妨碍教派的发展,在每个教派中都有多个小的教派,每个教派都致力于一个特定的解释学传统。到了 11 和 12 世纪,天台宗在日本使所有其他形式的宗教或哲学研究相形见绌,但它的霸权是建立在不连续的解释路线的折衷主义上的。因此,举例来说,在天台宗的名义下,人们可以进行外道、内道、净土或禅宗的研究和实践,也可以专注于寺院规则、辩论或意识理论。

随着 12 世纪平安宫廷政治和社会的崩溃,出现了新的观点,最终使这些古老的宗教形式黯然失色。这些新的形式通常被称为"镰仓佛教",这是历史学家对这个时代的称呼,即镰仓时代(1185—1333)。所有这些新的思想和实践形式都是从天台宗的宗教遗产中产生的,它们都延续了早期的普遍性和宗派主义的遗产。历史学家倾向于关注他们的机构足迹,但在哲学上,他们都体现了某种形式的如来藏（Tathāgatagarbha）学说，这些学说在印度中期的大乘经文中都有体现。如来藏一词的字面意思是"佛陀的子宫"，与两个关键的信条有关：众生在自身深处拥有成佛的种子，众生被拥抱在佛陀的隐喻子宫中，"佛陀看众生就像看自己的孩子一样"。这一教义非常符合中国古代从"本质"和"功能"的角度理解世界的方式；这本身就是镰仓时期之前在中国、朝鲜和日本撰写的天台宗注释性文本中常用的解释学工具，其中许多文本也构成了镰仓佛教新思想的哲学基础。

虽然镰仓佛教以强调修行和宗教体验的重要性而闻名，但这种倾向是由于人们感到需要以牺牲其他修行方法为代价来致力于某些修行方法，这种态度本身就是哲学论证的结果。我们可以把这看作一种外在的、反对在平安时代非常流行的神秘主义心态的复苏。例如，法然（1133—1212）基本上创立了镰仓时期专注于一种实践和信仰的论证风格。他与真言宗的密教思想家觉鑁（1095—1143）的生活重叠了十年。觉鑁同样致力于同一个菩萨"阿弥陀佛"相联系——觉鑁认为阿弥陀佛就在个人之中，与空海相呼应，他认为阿弥陀佛使三界和涅盘同时在自己身上融合起来。相比之下，法然则明确地将阿弥陀佛视为存在于他的净土中，那是一个人们渴望达到的另一个地方。他们都教导人们对阿弥陀佛的虔诚，但对这种做法的含义似乎有非常不同的想法。法然认为，祈求阿弥陀佛或"念佛"是有效的，因为任何人都可以这样做，但觉鑁的阿弥陀佛显然是针对专门的修道者。本能的学生亲鸾（1173—1263）进一步质疑这种念佛法门的作用，强调先"听闻教法"的重要性，它能赋予信徒的念佛法门以力量，这反过来又赋予了信徒自己力量。欣然这一代人用"自力"和"他力"作为解释宗教经验的方法，这种方法在他同时代的道元禅师（1200—1253）和日莲（1222—1282）身上也可以看到。

在镰仓时期，不可避免的衰落和普遍的解脱之间的矛盾达到了顶峰，这可能就是为什么这些新的佛教方法有如此持久的影响，法然和日莲直接使用末法学说来证明他们经常显得激进的新方法，而亲鸾和道元则坚持认为他们的学说适用于任何时候的任何人。所有这些镰仓时期的佛教流派今天都在我们身边，他们的解释学观点对许多人来说仍然是可信的。

平安和镰仓佛教思想家的第二个矛盾是，一方面是修行作为开悟的手段的必要性，另一方面是有情和无情的众生在某种意义上已经拥有开悟的想法。

这后一种"始觉"的概念是我们在 20 世纪日本佛教的辩论中仍然可以发现的几种观念之一。

现代佛教中有一批利用经典资源来解决具体的当代问题的思想家，就像现代西方宗教思想家利用基督教和犹太教的经文一样。在慈云尊者（1718—1804）的著作中，我们已经看到了这种训诂学转变的先例。经文典故依然存在，但它们是以用日常语言表达的对社会和个人问题的评论为基础的。在 20 世纪，石津照玺问，宗教经验在我们的时代需要什么样的存在模式？中村元提出，传统佛教认为佛法是一种普遍的"自然法则"，对伦理法则只是人类惯例的主流观点提出疑问。玉城康四郎提供了一个基于冥想经验的类型学，以重新思考哲学思维的主要转折点。在这里，就像本卷的其他部分一样，我们看到佛教世界中最引人注目的现代日本哲学家是那些与净土宗或禅宗有密切联系的人，或者在许多情况下，与二者都有联系。对这两个传统的单独概述将详细说明它们各自的关注。

延伸阅读

Abe, Ryūichi. *The Weaving of Mantra: Kūkai and the Construction of Esoteric Buddhist Discourse* (New York: Columbia University Press, 1999).

Bielefeldt, Carl. *Dōgen's Manuals of Zen Meditation* (Berkeley: University of California Press, 1988).

Blum, Mark. "The *Sangoku-Mappō* Construct: Buddhism, Nationalism, and History in Medieval Japan," in Richard Payne and Dan Leighton, eds., *Discourse and Ideology in Medieval Japanese Buddhism* (London: Routledge, 2006), 31-51.

Groner, Paul. *Saichō: The Establishment of the Japanese Tendai School* (Honolulu: University of Hawai'i Press, 2000).

Payne, Richard. "Awakening and Language: Indic Theories of Language in the Background of Japanese Esoteric Buddhism," in Payne and Leighton, *op. cit.*, 79-96.

Stone, Jacqueline. *Original Enlightenment and the Transformation of Medieval Japanese Buddhism* (Honolulu: University of Hawai'i Press, 1999).

Tanabe, George. *Myōe the Dreamkeeper: Fantasy and Knowledge in Early Kamakura Buddhism* (Honolulu: University of Hawai'i Press, 1992).

[MLB]

(张政远译)

空　　海

空海（774—835）

空海可能是日本最有名的佛教人物，他创立了日本的密宗（金刚乘）——真言宗。空海以其书法、中国文学批评和系统的汉字字典而闻名，是一位卓越的礼仪大师，是无数传说的主角，也是平安时代日本新兴政体中的一个有影响力的人物。他被追封为"弘法大师"。他出生在远离日本文化中心的四国岛上的一个下层贵族家庭，791年，他进入位于首都长冈京的大学寮、学习中国古典文学和儒家思想，为在宫廷官僚机构工作做准备。由于对这种学术性的知识方法不满意，几年后他退出了该课程，在日本的山区和偏僻地区进行精神探索。在偶然看到一本《大毗婆沙论》时，空海被这本深奥的文本中所暗示的另一种认识模式所震撼。它不是像外道哲学那样只从智力上研究世界，而是提出了一种洞察力，这种洞察力产生于通过涉及整个人、身体和"心灵"的个人实践与现实过程的充分接触。他于804年前往中国，向中国真言宗大师惠果（746—805）学习，惠果最终将他视为传法大阿阇黎。

他在朝廷的宗教、社会、政治和文化领域的重要影响始于815年左右。大约在那个时候，空海获赐在高野山建立一个真言宗的寺院，还写下了他的第一篇哲学论文《辨显密二教论》，开始了他的哲学创作生涯。他把在中国学到的密教传统系统化，同时，他促成了一套宗教事相仪轨，以借用广大无际的"大日如来"之精神力。大日如来的梵文为 Mahāvairocana。空海的天才在于他利用哲学为仪式实践提供了形而上学和认识论上的理由。他对形而上学、知识、语言和"身—心"关系进行了彻底的新分析。他对日本思想的主要哲学贡献之一是反对主流的大乘佛教观点，即菩萨开悟经验的最终方面——他的"法身"——是一个抽象的原则，是无形的，无法用语言或思想来表达。空海声称，法身是个人的：它是大日如来。像其他任何人一样，大日的活动是思想、语言和行为的功能，因此，这个宇宙的佛陀是精神寄托的脉动源泉，通过一种从其思想、语言和身体发出的神圣能量，滋养着所有的生命体。因此，对现实的洞察力来自真言宗佛教徒的身、口和意——所谓的三个"神秘"或"亲密"——与宇宙现实或大日的融合。

他在这里发现的中心思想包括：论证了咒语比普通语言在揭示最深层的本体论真理方面的优越性；整合了仪式性的手势（mudrā）、神圣的言语（mantra）和想象性的视觉（mandala）的象征性实践的功效；将所有已知的哲学流派根据其洞察力水平分为一个等级系统，并解释了仪式实践如何为我们对自身经验的理解打开解放和狂喜的层面。总而言之，空海运用哲学来加强人类生活中仪式实践的力量。

[DLG]

（张政远译，蔡欣荞校）

辨显密二教论①
空海 815

夫，佛有三身，教则二种；应化开说，名曰显教。言，显略逗机；法佛谈话，谓之密藏。言，秘奥实说；显教契经，部有百亿。分藏，则有一十五十一之差。言乘，则有一二三四五之别。谈行，六度为宗；告成，三大为限。是则大圣分明，说其所由。

若据《秘藏金刚顶经》说，如来变化身，为地前菩萨及二乘凡夫等，说三乘经法。他受用身，为地上菩萨，说显一乘等，并是显教也。自性受用佛，自受法乐故，与自眷属，各说三密门，谓之密教。此三密门者，所谓如来内

---

① 英文版节录了《辨显密二教论》《即身成佛义》《声字实相义》和《秘藏宝钥》，以下将直接引用空海原文，中文翻译直接引自《大正新修大藏经》，由何燕生点校，特此说明。——译者注

证智境界也。等觉十地，不能入室，何况二乘凡夫，谁得升堂?!故《地论》《释论》，称其离机根；唯识·中观，叹言断心灭。如是绝离，并约因位谈，非谓果人也。何以得知？经论有明鉴故。其明证，具列如后。求佛之客，庶晓其趣。纵使触显网，以羝番；雍权关，以税驾。所谓化城之宾，爱杨叶儿，何能得保无尽庄严、恒沙己有？至如弃醍醐而觅牛乳，掷摩尼以拾鱼殊；寂种之人，膏肓之病，医王拱手，甘雨何益？若有善男子善女人，一嗅斯芸，秦镜照心，权实冰解。所有明证，虽经论至多，且示一隅，庶有裨于童幼。

问曰："古传法者，广造论章，唱敷六宗，开演三藏；轴剩广厦，人僵卷舒；何劳缀斯篇，利益如何？"答："多有发挥，所以应纂。先匠所传，皆是显教；此是密藏，人未多解。是故戈钓经论，今为一手镜。"

问："显密二教，其别如何？"答："他受用应化身随机之说，谓之显也。自受用法性佛说内证智境，是名秘也。"

问："应化身说法，诸宗共许。如彼法身，无色无像，言语道断，心行处灭，无说无示。诸经共说斯义，诸论亦如是谈。如今何你谈法身说法，其证安在乎？"答："诸经论中，往往有斯义。虽然文随执见隐，义逐机根现而已。譬如天鬼见别，人鸟明暗。"

问："若如汝说，诸教中有斯义，若如是者，何故前来传法者不谈斯义？"答："如来说法，应病投药；根器万差，针灸千殊。随机之说，权多实少。菩萨造论，随经演义，不敢违越。是故天亲《十地》，驰因分可说之谈；龙猛《释论》，挟圆海不谈之说。斯则随经兴词，非究竟唱。虽然传显法将，会深义而从浅，遗秘旨而未思；师师伏膺，随口蕴心；弟弟积习，随宗成谈。争募益我之矛，未遑访损己之剑?!加以释教渐东夏，自微至著；汉明为始，周天为后。其中间所翻传，皆是显教；玄宗、代宗之时，金智广智之日，密教郁起，盛谈秘趣。新药日浅，旧疴未除，至如《楞伽》法佛说法之文，《智度》性身妙色之句，驰胸忆而会文，驱自宗而取义。惜哉！古贤不尝醍醐。"

问："义若如是者，何等经论说显密差别？"答曰："《五秘》《金峰》《圣位经》《遮那》《楞伽》《教王》等，《菩提》《智度》《摩诃衍》。如是经论简择说。"

问者曰："请闻其证。"答曰："然矣。我当为汝，飞日轮而破暗，挥金刚以摧迷。"问者曰："唯唯欲闻：龙猛菩萨《释大衍论》云：'一切众生从无始来，皆有本觉，无舍离时。'何故众生先有成佛、后有成佛、今有成佛？亦有勤行，亦有不行？亦有聪明，亦有暗钝？无量差别？同有一觉，皆悉一时发心修行，到无上道。本觉佛性，强劣别故，如是差别？无明烦恼厚薄别故，如是差别？若言如初者，此事则不尔。所以者何？本觉佛性，圆过恒沙之诸功德，无增减故。若言如后者，此事亦不尔。所以者何？一地断义，不成立故。如是种种无量差别，皆依无明而得住持，于至理中无关而已。若如是者，一切行者，断一切恶，修一切善，超于十地到无上地，圆满三身，具足四德。如是行者，为明无明？如是行者，无明分位，非明分位。若尔清净本觉，从无始来，不观修行，非得他力；性德圆满，本智具足；亦出四句，亦离五边。自然之言，不能自然；清净之心，不能清净；绝离绝离。如是本处，为明无明？如是本处，无明边域，非明分位。若尔，一法界心，非百非，背千是，非中；非中，背天；背天，演水之谈，足断而止。审虑之量，手亡而住。如是一心，为明无明？如是一心，无明边域，非明分位。三自一心，摩诃衍法，一不能一；假能入一，心不能心；假能入心，实非我名，而立曰我；亦非自唱，而契于自。如我立名，而非实我；如自得唱，而非实自。玄玄又玄，远远又远。如是胜处，为明无明？如是胜处，无明边域，非明分位。不二摩诃衍法，唯是不二摩诃衍法；如是不二摩诃衍法，为明无明？……"

即身成佛义
空海 824

问曰："诸经论中，皆说三劫成佛。今建即身成佛义，有何凭据？"答："秘密藏中，如来如是说。彼经说云何？《金刚顶经》说：'修此三昧者，现证佛菩提。'此三昧者，谓大日尊一字顶轮王三摩地也。"又云："若有众生遇此教，昼夜四时精进修，现世证得欢喜地，后十六生成正觉。"

谓此教者，指法佛自内证三摩地大教王。欢喜地者，非显教所说初地，是则自宗佛乘之初地，具说如《地位品》中，十六生者，指十六大菩萨生。具如地位品说。

又云："若能依此胜义修。现世得成无上觉。"

又云："应当知自身，即为金刚界；自身为金刚，坚实无倾坏，我为金刚身。《大日经》云：'不舍于此身，逮得神境通。游步大空位，而成身秘密。'"

又云："欲于此生入悉地，随其所应思念之。亲于尊所受明法，观察相应，作成就。"

此经所说悉地者，明"持明悉地"及"法佛悉地"。大空位者，法身同大虚而无碍，含众象而常恒，故曰大空。诸法之所依住，故号位。身秘密者，法佛三密，等觉难见，十地何窥！故名身秘密。又龙猛菩萨《菩提心论》说："真言法中，即身成佛故，是说三摩地法；于诸教中，阙而不书。是说三摩地法者，法身自证三摩地。诸教者，他受用身所说显教。"又云："若人求佛慧，通达菩提心，父母所生身，速证大觉位。依如是等教理证文，成立此义。如是经论字义差别云何？"颂曰：

六大无碍常瑜伽，四种曼荼各不离。
三密加持速疾显，重重帝网名即身。
法然具足萨般若，心数心王过刹尘。
各具五智无际智，圆镜力故实觉智。

释曰：此二颂八句，以叹即身成佛四字。即是四字，含无边义；一切佛法，不出此一句，故略树两颂，显无边德。颂文分二：初一颂叹即身二字，次一颂叹成佛两字。初中又四，初一句体，二相，三用，四无碍。后颂中有四，初举法佛成佛，次表无数，三显轮圆，后出所由。谓六大者，五大及识。《大日经》所谓"我觉本不生，出过语言道；诸过得解脱，远离于因缘；知空等虚空，是其义也"。……

声字实相义
空海 817

一、叙意，二、释名体义，三、问答。

初叙意者，夫如来说法，必藉文字；文字所在，六尘其体。六尘之本，法佛三密即是也。平等三密，遍法界而常恒。五智四身，具十界而无缺。悟者号大觉。迷者名众生。众生痴暗，无由自觉。如来加持，示其归趣。归趣之本，非名教不立。名教之兴，非声字不成。声字分明而实相显。所谓声字实相者，即是法佛平等之三密，众生本有之曼荼也故。大日如来说此声字实相之义，惊彼众生长眠之耳；若显若密，或内或外，所有教法，谁不由此门户！今凭大师之提撕，抽出此义，后之学者，尤研心游意而已。叙大意竟。

次释名体义，此亦分二。

一、释名，二出体义。初释名者，内外风气，才发必响，名曰声也。响必由声，声则响之本也；声发不虚，必表物名，号曰字也。名必招体，名之实相。声字实相，三种区别，名义。又，四大相触，音响必应，名曰声也。五音·八音·七例·八转，皆悉待声起。声之诠名，必由文字。文字之起，本之六尘。六尘文字，如下释。

若约六离合释，由声有字；字则声之字，依主得名。若谓实相，由声字显，则声字之实相，亦依主得名。若谓声必有字，声则能有，字则所有，能有字财，则有财得名。声字必有实相，实相必有声字。云互相能所，则得名如上。若言声外无字，字则声，持业释。若言声字外无实相，声字则实相，亦如上名。此义《大日经疏》中具说，临文可知。若道声字、实相，极相迫，近不得避远，并邻近得名。若道声字假而不及理，实相幽寂而绝名，声字与实相异；声空响而无诠。字上下长短而为文。声将字异，并相违立名，带数阙无。

如上五种名中，相违约浅略释；持业·邻近，据深秘释。余二通二释。

二、释体义，又二。初引证，后释之。

初引证者，问曰："今依何经成立此义？"答："据《大日经》，有明鉴。""彼经何说？"其经法身如来说偈颂曰：

> 等正觉真言，言名成立相。如因陀罗宗，诸义利成就。有增加法句，本名行相应。

问："此颂显何义？"答："此有显密二意。显句义者，如疏家释，密义中，又有重重横竖深意。故颂中引喻，说如因陀罗宗，诸义利成就。因陀罗者，亦具显密义。显义云：'帝释异名。'诸义利成就者，天帝自造声论，能于一言具含众义，故引以为证。世间智慧犹尚如此，何况如来于法自在耶！若作秘密释者，一一言，一一名，一一成立，各能具无边义理。诸佛菩萨，起无量身云；三世常说一一字义，犹尚不能尽，何况凡夫乎！今且示一隅耳。颂初等正觉者，平等法佛之身密是也。此是身密，其数无量。如《即身义》中释，此身密则实相也。次真言者，则是声；声则语密。次言名者，即是字也；因言名显，名即字故，是则一偈中声字实相而已。若约一部中，显斯义，且就《大日经》释。此经中所说诸尊真言，即是声也。阿字门等诸字门，及《字轮品》等，即是字。《无相品》及说诸尊相，文并是实相。复次，约一字中释此义者，且梵本初阿字，开口呼时，有阿声，即是声。阿声呼何名？表法身名字，即是声字也。法身有何义？所谓法身者，诸法本不生义，即是实相。已闻经证，请释其体义。颂曰：

　　五大皆有响，十界具言语。六尘悉文字，法身是实相。

"释曰：颂文分四。初一句，竭声体；次颂，极真妄文字；三尽内外文字，四穷实相。

"初谓五大者，一地大，二水大，三火大，四风大，五空大。此五大具显密二义。显五大者，如常释。密五大者，五字、五佛及海会诸尊是。五大义者，如《即身义》中释，此内外五大，悉具声响；一切音声，不离五大；五大即是声之本体，音响则用。故曰五大皆有响。次，十界具言语者，谓十界者，一、一切佛界；二、一切菩萨界；三、一切缘觉界；四、一切声闻界；五、一切天界；六、一切人界；七、一切阿修罗界；八、一切傍生界；九、一切饿鬼界；十、一切捺落迦界；自外种种界等，摄天鬼及傍生趣中尽。《华严》及《金刚顶》《理趣释经》有十界文，此十界所有言语，皆由声起；声有长短高下，音韵屈曲，此名文；文由名字，名字待文。故诸训释者云文即字者，盖取其不离相待耳。此则内声文字也。此文字，且有十别，上文十界差别是。此十种文字真妄云何？若约竖浅深释，则九界妄也，佛界文字真实。故经云真语者·实语者·如语者·不诳语者·不异语者。此五种言，梵云曼荼罗。此一言中，具五种差别故，龙树名秘密语；此秘密语，则名真言也。

译者，取五中一种翻耳。此真言诠何物，能呼诸法实相，不谬不妄，故名真言。其真言，云何呼诸法名？虽云真言无量差别，极彼根源不出大日尊海印三昧王真言。彼真言王云何？《金刚顶》及《大日经》所说字轮字母等，是也。彼字母者，梵书阿字等乃至呵字等是。此阿字等，则法身如来一一名字密号也，乃至天龙鬼等，亦具此名。名之根本，法身为根源。从彼流出，稍转为世流布言而已。若知实义，则名真言；不知根源，名妄语；妄语则长夜受苦，真言则拔苦与乐。譬如药毒迷悟，损益不同。"

问曰："龙猛所说五种言说，今所说二种言说，如何相？"答："相、梦、妄、无始者，属妄摄；如义，则属真实摄。已说真妄文字竟。

"次，释内外文字相。颂文六尘悉文字者，谓六尘者，一色尘，二声尘，三香尘，四味尘，五触尘，六法尘。此六尘，各有文字相。初色尘字义，差别云何？颂曰：

　　显形表等色，内外依正具。法然随缘有，能迷亦能悟。

"释曰：颂文分四。初一句举色差别。次句表内外色，互为依正；三显法尔随缘二种所生。四说此种种色，于愚者为毒，于智者为药。初句显形表等色者，此有三别。一显色，二形色，三表色。一显色者，五大色是；法相家说四种色，不立黑色。依《大日经》，立五大色。五大色者，一黄色，二白色，三赤色，四黑色，五青色；是五大色，名为显色；是五色，即是五大色。如次配知。影光、明暗、云烟、尘雾、及空一，显色，亦名显色。又，若显了，眼识所行名显色。此色，具好恶、俱异等差别。《大日经》云：'心非青、黄、赤、白、红、紫、水精色，非明非暗。'此遮心非显色。次，形色者，谓长短、粗细、正、不正、高下是。又，方、圆、三角、半月等是也。又，若色积集长短等分别相是也。《大日经疏》云：'心非长非短非圆非方者，此遮心非形色。'三，表色者，谓取舍、屈申、行住、坐卧是。又，即此积集色生灭相续，由变异因，于先生处，不复重生，转于异处。或无间，或有间；或近，或远，差别生。或即于此处，变异生是。又，业用为作转动差别，是名表色。《大日经》云：'心非男非女'者，亦遮心非表色，是亦通显形色。又云：云何自知心？谓或显色，或形色；若色、受、想、行、识。若我，若我所，若能执，若所执中求不可得者，此明显形表色之名；显形如文可知，自下即是表色也，取舍业用为作等故。如是一切显形表色，是眼所行、眼境界、眼识所行、眼识境界、眼识所缘、意识所行、意识境界、意识所缘，名之差别。如是差别，即是文字也。各各相，则是文故，各各文，则有各各名字，故名文字。此是三种，色文字，或分二十种差别。前所谓十界依正色差别故……"

秘藏宝钥
空海 830

悠悠悠悠太悠悠，内外缣缃千万轴；
杳杳杳杳太杳杳，道云道云百种道。
书死讽死本何为，不知不知吾不知。
思思思思圣无心，牛头尝草悲病者；
断灾机车愍迷方，三界狂人不知狂。
四生盲者不识盲，生生生生暗生始；
死死死死冥死终。

至如空华眩眼，龟毛迷情，谬著实我，醉心封执；渴鹿野马，奔于尘乡，狂象跳猿荡于识都，遂使十恶，快心日夜作；六度逆耳，不入心。谤人谤法，不顾烧种之辜。耽酒，耽色，谁觉后身之报！阎魔狱卒，构狱断罪；饿鬼禽兽，焰口挂体；轮回三界，跉跰四生。大觉慈父，观此何默！是故，设种种药，指种种迷，意在此欤！于焉修三纲五常，则君臣父子之道，有序不乱；习六行、四禅，则厌下欣上之观，胜进得乐。唯蕴遮我，八解六通。因缘修身，空智拔种。无缘起悲，唯识遣境，则二障伏断，四智转得。不生觉心，独空虑绝，则一心寂静，不二无相。观一道于本净，观音熙怡；念法界于初心，普贤微笑；心外矿垢，于此悉尽。曼荼庄严，是时渐开；么咤惠眼，破无明之昏夜；日月定光，现有智之萨埵。五部诸佛，擎智印森罗；四种曼荼，住法体骈填。阿遮一睨，业寿之风定。多击三喝，无明之波涸。八供天女，起云海于妙供；四波定妃，受适悦于法乐。十地不能窥窬，三自不得齿接。

秘中之秘，觉之又觉。吁吁不知自宝，狂迷谓觉，非愚而何?！考慈切心，非教何济！投药在此，不服何疗！徒论徒诵，医王呵叱。尔乃九种心药，拂外尘而遮迷；金刚一宫，排内库而授宝。乐、不乐，得、不得，自心能为；非哥非社，我心自证而已；求佛萨埵，不可不知。摩尼、燕石、驴乳牛醐，不可不察，不可不察！住心深浅经论明说，具列如后。颂曰：

  归命金刚内外寿，离言垢过等空因。
  作迂慢如真乘寂，制体簇光莲唄仁。
  日幢华眼鼓勃驮，金宝法业歌舞人。
  捏铸克业威仪等，丈夫无碍过刹尘。
  我今蒙诏撰十住，顿越三妄入心真。
  襄雾见光无尽宝，自他受用日弥新。
  輆祖求伽梵，几邮到本床。
  如来明说此，十种入金场。
  已听住心数，请开彼名相。心名后明列，讽读悟迷方。

第一异生羝羊心。凡夫狂醉，不悟吾非。但念淫食，如彼羝羊。
第二愚童持斋心。由外因缘，忽思节食。施心萌动，如谷遇缘。
第三婴童无畏心。外道生天，暂得苏息。如彼婴儿，犊子随母。
第四唯蕴无我心。唯解法有，我人皆遮。羊车三藏，悉摄此句。
第五拔业因种心。修身十二，无明拔种。业生已除，无言得果。
第六他缘大乘心。无缘起悲，大悲初发。幻影观心，唯识遮境。
第七觉心不生心。八不绝戏，一念观空。心原空寂，无相安乐。
第八如实一道心。一如本净，境智俱融。知此心性，号曰遮那。
第九极无自性心。水无自性，遇风即波。法界非极，蒙警忽进。
第十秘密庄严心。显药拂尘，真言开库。秘宝忽陈，万德即证。
……

[RWG]

（何燕生译注）

觉 鑁

觉鑁（1095—1143）

觉鑁是继空海之后真言宗最富创造性和影响力的哲学思想家。他出生于九州岛，于京都仁和寺出家。从底层升为真言宗之中心——高野山——的住持。觉鑁在推行制度、学说和实践改革的过程中，遭遇了越来越大的阻力。这造成了教派的分裂：觉鑁一派最终演变为新义（新教法）真言宗。

觉鑁将日渐盛行的阿弥陀佛也就是净土信仰传统融入真言宗之中。在以下选段中，觉鑁重申：作为大日如来智慧的化身，阿弥陀佛在真言宗中的重要性。通过强调"一心"和批判性思考之间的动态过程，觉鑁宣称：净土信仰是一条融入大日如来之法身的道路。在觉鑁的分析中，最重要的两个结论是：此世即为阿弥陀佛之净土，而真言宗可以提供一套皈依阿弥陀佛的独特的修行方式。

[TPK]

阿弥陀秘释

觉鑁 149—52

如真言宗传统教说，① 阿弥陀佛者，是自性法身观察智体，一切众生觉了通依也。自证一心，观见诸法实谛。自证诸法，遍知众生心品。是故一心体

---

① 日文原文中并无此句说明。——译者注

相，悉摄二谛①而无差。九界色心，同备五智而森罗。然则四曼圣众，本住五蕴，假身常恒。三密（意密、语密、身密）诸尊，常居九识，妄心无边。

一心即诸法，佛界众生界不二而二。诸法即一心，佛界众生界二而不二。又是心是佛，本来一体，更不可求。是心作佛，迷却智显，即身成佛。

至如己身外说佛身，秽土外示净刹，为劝深着凡愚，利极恶众生也。随机说法，秘实义，显浅略。法身实说，开实智，遮执情。故悟一心深源，九品心莲，等开九识净心。证三密现觉，五佛相好，同成五根色身。谁远望庄严宝刹？谁遥期微妙色相乎？

空海言：②迷悟在我，身、口、意③外无佛身。真妄一如，五道内得极乐。觉此理趣，即时心是名观自在菩萨。于有为无为诸法，即觉一心平等，理无障碍故。此心究竟，离分别取着，而证性德一心故。名为阿弥陀如来，是大意也。

次释名号。天竺称阿弥陀，唐翻无量寿、无量光等。凡有十三翻名，是则显教所用义。但密宗义，一切名言，无非如来密号。虽然就十三翻名释实义……

接下来觉鑁依次解释了十三个译名，并得出如下结论：

是故十方三世诸佛菩萨名号，悉一大法身异名。又十方三世诸佛菩萨，皆大日如来差别智印。乃至一切众生所出言语，无非密号名字。迷之名众生，悟之名佛智。是故唱"阿弥陀"三字，灭无始重罪。念阿弥陀一佛，成无终福智。如帝网一珠，顿现无尽珠像；弥陀一佛，速满无边性德也。

次释字相字义。"阿"字一心平等本初不生义。"弥"字一心平等无我大我义。"陀"字一心诸法如如寂静义。

接下来觉鑁进一步提供了四种关于此三字组合的释义，并得出如下结论：

---

① 二谛：真理和迅速引导凡夫开悟的临时教法。
② 日文原文中并无此句。——译者注
③ 日文原文中使用"三业"的表述。——译者注

如是差别法门即名字相。又如是字相，互无定相，如帝网珠不可取舍，一心平等不可得故，是即名字义。是故离字义无字相，离字相无字义。取彼舍此，取此舍彼，妄心分别。

厌娑婆欣极乐，恶秽身尊佛身。是名无明，又名妄想也。纵虽浊世末代，常观平等法界，岂不入佛道乎！

[TPK]

明秘密释①

觉钞 1143，176-7，219-21（261-2，325-7）

逸见逸闻之类，逐见佛闻法于此生；一观一念之流，果离苦得乐即于身。况复信根清净殷勤修行，是则大日如来之觉位取于反掌，弥陀善逝之净土期于往生。称名之善犹如是，观实功德岂虚哉！

显教释尊之外有弥陀，密藏大日即弥陀极乐教主。当知十方净土皆是一佛化土，一切如来悉是大日。大日②弥陀同体异名。阿弥陀之极乐，③ 大日之密严，④ 名异一处。

妙观察智神力加持，大日体上现弥陀之相。凡得如是观，上尽诸佛菩萨贤圣，下至释天龙鬼八部，无非大日如来之体。开五轮门显自性法身，立九字门标受用报身。既知二佛平等，岂终贤圣差别哉？安养·兜率同佛游处，密严·华藏一心莲台。惜哉，古贤诤难易于西土；悦哉，今愚得往生于当处。重述秘释意只在此，往生难处有执使然而已。

问　答⑤

问：依五轮门机有几种机？

---

① 日文原文题目为《五轮九字明秘密释》。——译者注
② 日文原文为"毗卢"。——译者注
③ 日文原文为"极乐"。——译者注
④ 日文原文为"密严"。——译者注
⑤ 日文原文为"问答觉疑门"。——译者注

答：有二种机。一上根上智期即身成佛；二但信行浅期顺次往生，就此行者亦有多。正往生密严净土，兼有期十方净土。

问：何故念诵大日为十方净土亲因？

答：此五字真言者，十方诸佛之总咒，三世萨埵之肝心。故持诵所及，十方净土、弥勒之所、阿修罗窟等，同九字真言行者。于佛名号，更勿作浅略思。若入真言门时，诸言语皆是真言，无不为"阿弥陀"！何况所立者，以三句法门摄诸行业。① 总诸佛·菩萨·金刚天等皆有本种子②……

问：诸教亦以三业修善为往生业。今宗三密具足，其意如何？

答：法佛三密甚深细，显教妙觉非所知。
　　智身六大极玄广，密宗圆智独能证。
　　一道无为寂光佛，惊怖希哉断言语。
　　三自本觉帝珠尊，恭敬弃证求真觉。
　　报佛如来默不答，变化善逝秘不谈。
　　补处等觉迷其境，饮光受职隔彼域。
　　形体色质即身密，动寂威仪是密即。
　　音韵声响皆语密，粗细言语悉真言。
　　染净心识开心密，迷悟分别莫非智。
　　说默情意皆意密，轮圆具足遍法界。
　　事事理理本不二，邪正观念无非定。
　　色色心心自无异，圆现涉入等虚空。
　　密行任莫令见闻，秘法妄无令传授。
　　浅智滥显失福故，劣慧均净获罪故。
　　无根秘箧于泉底，不信定摧实际故。
　　非机闭谈于喉内，生疑必堕无间故。
　　非惜婴儿于莫邪，唯恐妄想是害生。

---

① 日文原文在此句之后有一段文字分别解释字意，英文版删减。——译者注

② 种子：佛教以此强调能生一切法的功能。日文原文直接使用"种子"一词，英文译者意译为"生一切神圣之智慧"。——译者注

非秘显人义瑜伽，偏非不信只招灾。
莫轻勿疏三部宝，可重应崇三密珍。
能归深入心莲海，大信玄仰觉月空。

[DAT]

（贾思京译）

明　　惠

明惠（1173—1232）

　　明惠继承了真言宗和华严宗二宗的传统，兼顾佛教传统和时代新趋势，是一位具有独创性和执着精神的思想家。明惠的众生得救论试图唤起对无继承权者以及社会边缘人的关注；与此同时，他批判念佛修行带来的道德放纵，并反对对思想家法然"异端"净土思想的曲解。与之相对，明惠领导了戒律复兴运动，并倡导"佛光观"——强调来世重生于净土世界而非如空海所释的此世成佛。明惠进行了大量的弘法活动，并撰著论文、经文评注、诗歌、仪制和辩论手册，致力于以抽象的教义概念指导宗教、社会及政治现实。

　　在此选录的《致岛的一封信》[①] 一文由其弟子喜海（1178—1251）整理而成。在该文中，明惠强调苅藻岛是意念中众生因果之产物。通过发现其所在，并邀其进入"自己内心"，他提出一种观点——众生皆已觉悟，众生皆因自性自质超脱。只有否定了知者与客体智慧的分离，个体才能到达与万物——甚至一株樱花树——沟通的境界。该文强调了明惠最深沉的内心感受：作为万物众生中的一员，超脱差别，皆存于圆满之存在——佛陀——之中。

[FG]

---

　　① 本选段选自《高山寺明惠上人行状》，《致岛的一封信》系英文版本自拟题目。——译者注

致岛的一封信
明惠 1197, 36-39

先思自体为岛, 是联系欲界之法, 显形二色之种类, 眼根之所取, 眼识之所缘, 八事①具生之体也。遍性则智觉, 无人不是也; 智性则理遍, 无处不存也。

理则真如也, 真如则法身也。法身无差别之理, 与众生界无异。然非情者纵为非情, 与众生不隔思。何况国土身即如来十身之随一, 非卢舍那妙体之外之物。六相②圆融无障碍之法门之谈, 即岛自体则国土身也。

出别相门时, 即是众生身、业报身、声闻身、缘觉身、菩萨身、如来身、智身、法身、虚空身也。岛自体乃十身之体, 则十身互周遍, 故圆融自在, 脱因陀罗网。高居思议之外, 远超识知之境。于《华严经》十佛之前, 参悟岛之禁令, 依正无碍, 一多自在, 因陀罗网重重无尽, 周遍法界不可思议, 圆满究竟十身具足。

云卢舍那如来者, 何求之于岛自体之外? 住处居于莲华藏庄严世界海一微尘之中, 十方刹遍。所说之教即十倍无尽之法门, 主伴具足之《华严经》也。不立三昧而转法轮, 不动道树而登六天, 勿需求之于外, 何者非岛自体乎?

然我今时虽净普贤之净眼, 开法界法尔之觉, 执情非情之情, 只见分明之前总相之国土身。不见别相之细微身、重重无尽因陀罗网之姿。加之我的想法肤浅, 似乎将我和汝等无情识者区分开来。然而作为一个十分值得你信赖的朋友, 思其情状, 非异于岛而存自性之物。彼无明不觉力所生之住相之四相③中, 因分别事识、细分位之智相之力用, 于自心所现境上妄现分别影像也。

是则无明睡眠未醒之间, 大梦所现梦念之境界也。同为无自性之体, 因为都是无自性体, 就不会出现相异之有情体。既然皆为有情众生, 就应像亲

---

① 八事: 指四种基础物质即地、水、火和风, 以及四种派生产物即视觉、嗅觉、味觉、触觉。
② 六相: 六种特定现象的特征, 即总、别、同、异、成和坏。
③ 四相: 分析事实之六相中第六相坏相所示的四种暂时状态(生、住、异、灭), 这种状态的持续即无知导致的无明。

近之人般同等对待。

往昔久经日月，每当我怀恋你，希望再次相见时，便想起同游于海滨之事，这些事情记忆犹新。然而彼时亦有为无常转变之随一。今时亦不过往日之梦也。

如此，心浮生死无常之变，哀觉天亲论主于《俱舍论》中，为破正量部师所言身表业色即以体行动之说，故结之以诸有为法有刹那尽。内心侦破此道理，有为诸行刹那转灭，其心澄静。我感到天亲论主亲临具现，心意相通，如遇故知。如此述来，泪浮于眼睑，生灭无常之法门铭记于心地。怀此恋慕之心，却相见无期，实非我本意。

凡本觉山脚披圆满觉之花，法性空中悬修生智之月，法界皆即此相。依正二报互无碍也。一多自在，则一尘之中见无尽法界。彼此圆融，则无尽法界乃唯一真心也。我等习性之前，真如海之际，转识之浪甚高，心原园之中，分明之识衰微。醉无明之酒，难乘六度之船。生动念之病，无力握智慧之剑。诚哀哉，悲哉！漫漫生死之大海，尚未渡一分；郁郁烦恼之稠林，犹未剪一枝。

如此，执天狗之取相，弥升三界之爱宕山。① 引地狐之业相，愈绕六道稻荷②之冢。初无来途，何日归舍？我等如此，无论贤愚，无论怎样做，不登无念之位，就永不得般若之智。此道理之前，虽为非情，恋恋不舍之时，寄予此消息。非独彼一人，高尾中门之侧，有数株樱树，月明之夜，常与一株倾谈。离境不见之时，思之恋之。欲寄之消息，以告诸事。有时怀有此念，樱树口不能言，却寄之消息，实在荒唐，故克制此非分之举。友人亦赞同此举之荒唐。与宝州之自在海师相伴而渡岛，与大海之海云比丘交友而游心，夫复何求？③ 如此述来，为我意中之事。实为梦中旅友，醒后空留遗恨，然启悟法界法门之彼者是真友人。

---

① 天狗：一种魔物，据说其在尘世会带来不幸，但在神圣世界中却象征利益。三界：以山作为象征的三种世界，分别为欲界、色界和无色界。

② 稻荷：五谷神，象征丰收，狐狸是其信使。但在佛教中，狐狸欺骗众生，将之引入歧途。

③ 自在海师（自在主童子）和海云和尚是善财童子遍访善知识过程中拜访的两位精神导师，记录在《华严经》之《入法界品》中。

但恨如此思之，一心动转而四相梦念未醒。身之所行不似前述之言。入真如随缘门，存违自顺他之义，然无明不归本门，亦不失无体即空之义。法身位之菩萨出观之时，起法执分别。渐临伏道位，生起事心。渐登胜进道，竭尽根本心。无明之风止息，终至性海之浪停歇之时。

渐入证理修行之次第，渐渐断除，渐渐证得也。比起有心人，我更喜欢和真正的游意者交谈，正是这一点吸引着我。若看来世，它就像往昔从土地里挖出来古事般。其等是古事，今事适今时。如此言之，似存希望。然而修和合僧之律仪，住同一法界，不思傍友之心，则不存摄护众生之心。凡过非过之事也。

[FG，RVM]

（贾思京译）

日　莲

日莲（1222—1282）

在镰仓时代（1185—1333）[①]诸多新佛教运动创立者之中，日莲因其对当时宗教、政治权威的尖锐批判而夺人眼目。日莲教学建立在原始的《法华经》解读之上，兼承天台、密教传统。他提出通过念诵简单口诀——南无妙法莲华经——表示对《法华经》之妙法的虔诚，以此达成"佛国土"的目标。此后，日莲的学说派生出诸多流派。例如，在近代日本，日莲的学说以佛教个人主义的形式复兴；另外，在20世纪20年代至30年代，日莲的学说在右翼军国主义发展过程中扮演了重要角色。其教学思想亦是20世纪居士佛教建立的关键，如灵友会、立正佼成会和创价学会。

日莲出生于一个渔民家庭，12岁时离家投身当地的天台宗寺院——清澄寺，并于四年后出家。自1239年至1253年，他不断精进其佛学研究，最初是在镰仓，其后前往京都和比睿山。在完成学业之时，日莲在清澄寺发表了公开宣言，谴责当时流行的法然的念佛修行，并以自己的咒文取代之。面对宗派住持以及地方官员的愤怒，日莲只得前往镰仓继续传教。1260年他的作品《立正安国论》再次挑战了宗教势力和世俗势力中的最高权威，迫害也随之而来。他曾一度被判处流放和斩首。基于佛教经义中众生解脱的可能性，日莲认为宗教的一个目的即改革社会。在此范例中，宗教不仅是死亡的准备工

[①] 镰仓时代始于1185年，是以源赖朝击败平家，在镰仓建立幕府为标志；始于1192年，则是以后鸟羽天皇正式册封源赖朝为征夷大将军为标志。——译者注

作,还是一种社会成约。在以下选段中,我们可以看到正统教义和纯正行动之间的亲密联结,这也贯穿了日莲动荡的一生。

[MY]

佛教对当代问题的看法

日莲 1264,1199-1200,1202(68-9,71-2),1266,472-3(308-9),1275,1276(473-4),1277,1466(1121-2),N.D,1597(1126)

道德行为

人类是否有能力通过道德行为为自身和世界带来有意义的改变呢?我们是否知道"善"的确切定义?我们身处的特殊历史环境是如何影响我们对"善"的理解的?通过提出这些问题,日莲挑战了这一假说——我们认知中蕴蓄着行善即真善的观念,并且提供了一种替代的宗教解说。

如来灭后,今及二千二百余年,五浊炽盛者年久,藉事为善者几希。纵有作善之人,行一善,而重造十恶,终是行小善而造大恶,心思修大善而起慢心,成得如此世间。

而距如来出世之国,隔二十万里①山海,偏东之日域边土小岛,乃夫人出生之地。五障云深,三从诫重,作为女人之身,能致信用于《法华经》,弥为珍贵。

象征与符号

通过象征和比喻来获取知识和权力,因此在象征之中就会产生一种压缩:将宏大的意象压缩进细微的表述中,或者反之。但这种经学解读仅适用于日莲所秉持的权威认知中。

---

① 里:一里相当于四千米。

首言《法华经》，八卷、一卷、一品、一偈、一句乃至唱诵题目，须知其功德皆同。譬如大海之水，虽一滴亦纳无量江河之水；如意宝珠，虽一珠而雨万宝；百千万亿之滴水、粒珠亦同。《法华经》一字如滴水、粒珠，乃至万亿之字，亦如万亿之滴水、粒珠。

诸经诸佛之一字、一名号，如江河之一滴、山海之一石。江河之一滴不具无量之水，山海之一石不备无量石之德。

女人的地位

作为一种共识性传统，在女性地位问题中，佛教包含诸多混杂的信息。在佛教传入日本之时，许多源自印度和中国的社会偏见已然扎根于佛教之中。日莲与一些同代人对此持有异议。他从佛教自身寻求合理的知识基础，以此强调女性的平等地位。下列讨论将集中在月经上，这也反映了前佛教时代的传统——特别是在日本——流血被视为对个人和环境的污染。

有月事时，不得读经。礼敬七字，念诵一乘妙典，然未面本尊，是不得体乎？此只限于月事之日数，能许之乎？事毕后须经几日可为读诵？

此事是一切女人皆所不审而常为寻问者。又，自昔于女人之不审，为答者虽多，而一代圣教未见明说之故，无人得能明举其证文。

在世之时，多有盛年女人为尼，亦行佛法，然并无以月水时而受嫌之事。以此推量，云月水者，非外来之不净，只女人生理，为续生死之胤者也。又或如为长患乎？例屎尿等出自人身，善为处理，又何所忌焉？同此理也。是以，印度、尸那等，亦未闻有甚忌之者。

女人成佛之事，《法华经》之外更无许者。尔前经实为忌惮女人。

故《华严经》云："女人地狱使，能断佛种子；外面似菩萨，内心如夜叉。"《银色女经》云，三世诸佛眼堕大地，法界诸女人无成佛之期。

……

如《法华经》以前诸经，如人中、天上之女人绝无成佛之思。然龙女、畜生道之众生，不改戒缓之姿而即身成佛，实乃不可思议也！……

抑或读此经一文一句，书一字一点，尚成出离生死、证大菩提之因也。

伦理与社会

当佛教道德原则与地方习俗冲突时，个体将如何回应？即便在许多问题上采取了强势的道德立场，日莲在此表现出他在伦理与道德问题上的相对主义立场。

当我们仔细研读经文、经论，就会发现一个教训，即入乡随俗……此教训意味着，只要不是严重的亵渎行为，即使一个人有些背离佛教教义，也比违反国家礼仪和风俗要好。

历史意识与解脱

在日莲时代的日本，"历史"这一概念并非意味着世界真理——作为至高无上的分配原则或契约精神的组成部分——的演变，而是表明无可回避的衰退，社会以及其组成成员之个体的持续堕落。这一变化是自然的，并且不可避免。它并非任何堕落的结果，也并非对人类过错的惩罚。然而接受这一事实，就意味着重新思考人类的位置：鉴于教义本质上的无望，必须发现一条新的道路前往神圣世界。这是一种从无望中实现自我解脱、社会解放的方法，同样也是对宗教、学问、实践等意义的重新思考。此主题下的论述主要包含两个方面：（1）证明历史倒退是真实的；（2）揭示一条突破困境的道路。因此，关于"末法"的讨论促使人们去思考它对人类和社会、社会内部的权力关系的影响，以及实践的意义和它所能实现的效果。

然正法之时教行证三者兼备，像法之时仅有教行而无证，今入末法，仅有教而无行证，在世结缘者无一人，权实二机皆悉失去。此时乃浊恶当世，始应以本门之至要寿量品之南无妙法莲华经为下种，植于逆谤人心中。此乃"是好良药，今留在此，汝可取服，勿忧不差"所言之意。

……

问：如上所言正像末法之教行证各自有别。如何解妙乐大师所言"末法之初冥利不无，且据大教可流行时"？

答： 此文之得意，谓正像得益之人，显益因在世结缘之故也。今于末法之时，初得下种，故为冥益。教行证已不似小乘、权大乘、尔前、迹门之时。现无有得证果之人。如妙乐所释，冥益者，人不知不见。

宗教与社会

根据佛教教义，凡夫皆有佛性，皆可成佛。日莲认为宗教的一个目标是改革社会。在此范式中，宗教不仅是死亡的准备工作，还是一种社会成约。日莲对此进行了积极的回应，将之与大乘佛教的"瑜伽"传统相结合。

天台承之云："一切世间治生产业，皆与实相不相违背。"云云。所谓智者，不于世间法之外行佛法，善体世间治世之法。

真道不离于世间事法。《金光明经》云："若深识世法，即是佛法。"《涅槃经》云："一切世间、外道经书，皆是佛说，非外道说。"

妙乐大师更引《法华经》第六卷之经文"一切世间治生产业，皆与实相不相违背"，而张显其义，释之云："彼之二经，虽是深心之经，然较《法华经》为犹浅。彼释世间法依于佛法，《法华经》不然，世间法即是佛法全体。"

尔前经之意，心生万法，譬心为大地，草木如万法；《法华经》不然，谓心即大地，大地即草木。尔前诸经之意，"心澄如月，心净如花"；《法华经》不然，乃"月即是心，花即是心"之法门也。即以此事，须知，白米非白米也，是命也。

[GTC，MLB]

（贾思京译）

早期觉悟论争

"早期觉悟"这个佛教术语作为一个代表日本于实践"觉悟"一题上的变化的非宗派概念,在日本佛教思想的发展史上起着很特别的作用。它是大乘佛教中展示"成佛"潜能及希望的"佛性"的延伸语。这个术语的歧义和演绎上的差异令它在英语上有不同的翻译。"早期觉悟"是最普遍的翻译,但它有很强烈的时间性含义,意味着一种被复原或被揭露的原始或原本状态,从而完全实践觉悟或成佛。"先天觉醒"和"内在觉悟"有一种实质主义的含义,显然与佛教对实质自我的否定和对所有事物的相互依赖及"关系性起源"一说相违背。

日本天台宗的发展包含了一系列特别的口头思想传教,被称为"早期觉悟思想",是一组根据众生(或所有东西,包括没有感情的生物,例如树木和石头)原本或天生都有潜质觉悟成佛一说的思想。这个思想最终得出的结论是:所有生物已经觉悟,生来本是佛。

最后的思想——生来本是佛,亦被称为"绝对不二",是对立面的完整特性。这不只是传统大乘佛教对立面之间的必要联系或相互关系中的不二,例如大与小、光与黑、无知与觉悟;在这个传统概念下,一对对立面的一面都会"依赖"另一面,没有小就没有大,有无知才有觉悟,如此类推。对于天台宗创始人智𫖮(538—597)而言,这些对立面"不是一也不是二,却同是一和二","不是完全不相同也不是完全相同","不二却不同"。在绝对不二的原本的觉悟传统中,却有对立面的总识别:无知是觉悟,充满激情的烦恼是佛的智慧,这个充满焦虑的生死循环即是涅槃,这个污秽的世界本是净土。这就是对立面简单的完整特性的逻辑。

有些现代学者视早期觉悟等于绝对不二一说为大乘佛教的顶点,而其他学者则将其视为佛教教义的腐败，甚至不视之为佛教之说。然而，直至今时今日，无人能否认它在日本思想史中的重要性和在日本意识或世界观中的普及性。以下是它的历史简介。

《大乘起信论》中的"早期觉悟"

"早期觉悟"的中文术语是在影响深远的论书《大乘起信论》中第一次出现的，那是一部传说为著名古印度诗人马鸣菩萨所造的论著，但实际上是大约于第5或第6世纪在中国编著，是《涅槃经》中提倡的"众生皆有佛性"学说的一个本土翻译版本。这个术语与"初期觉悟"以及"已实现"或"已获得"的觉悟一起被使用和定义。也就是说，有一种"早期觉悟"可被理解为天生去觉悟的潜质或众生本已觉悟的"早期"状态；还有另一种透过各种修行或"实践"去"实现"或"获得"的觉悟。关于这些术语和思想的中心段落非常简洁，含糊不清，可以有各种理解，但大概可被归纳如下：

> "觉悟"的意思：心神的本质不受实际的思想束缚。不受思想束缚的特征就像一无所有的空间，到处都是却不在任何一个地方，是现实的唯一特征，也是"如来"未分化的佛身。以"佛身"为基础的觉悟被称为"早期觉悟"。为什么？因为早期觉悟的意思是和已获得的觉悟相对的，而已获得的觉悟事实上是和早期觉悟一样/相等的。已获得的觉悟的意思是：基于早期觉悟之上有非觉悟的实际状态。因为有非觉悟，我们才可以谈及觉悟。[T32，576b]

虽然"早期"觉悟和"已获得"或"已实现"的觉悟有各种翻译，但明显不能分开去理解，亦可被视为根本不二。最终在日本天台宗中，这个根本不二被理解为所有事物本已觉悟。

中世纪的早期觉悟争论

传播天台宗至日本的使者最澄（767—822）和法相宗的僧侣德一（781—842?）开展了一场关于佛性的著名争论。德一写了一篇《谈佛性》的短论，最澄则以一篇《破除对〈妙法莲华经〉的误解》的论文回应。他们在四年间进行了日本佛教历史上其中一场最重要的教义争论。最澄提倡的普世佛性观念，正是《妙法莲华经》中所阐述的理想：众生都注定有佛的最高觉悟；而德一则支持瑜伽行唯识学派的诠释：人类可被分为五类不同的潜力，包括没有想过要成佛的人。这些文章中的论点相比起哲学更贴近文本和权威，即辩论的主线是引用传统经文和论文来支持各自的立场，所以我们这里没有作为哲学论证例子的摘抄。最澄所宣扬的普世佛性可以说已经成为日本佛教的规范，在中世纪讨论早期觉悟的论文中加以拓展。

早期觉悟思想的发展在天台宗中尤其显著，于中世纪更有一场被称为"早期觉悟之门"或"天台宗早期觉悟思想"的独立运动。平安及镰仓时代晚期（10—13世纪）出现了关于早期觉悟的文献，大多引述了天台宗著名人物，例如最澄、源信（942—1017）和良源（912—985）的文本。这些文献包括《真理的伟大信条》，是一篇引述最澄的文章，以早期觉悟的角度阐释最重要的天台宗教义；《早期觉悟的赞美诗》引述了良源和源信的注释；还有像《修禅院传教的私人笔录》的文章引述最澄，包含了有关早期觉悟思想的口头传教、修行和承传细节。在这些文献中，口头传教和它们的承传为其重心，也包含了透过"禅的思想"或"冥想思绪"对理解和实践觉悟的主观诠释。

早期觉悟思想建基于大乘佛教的轮回特性（相互关联和非差异化）及觉悟或成佛的福分，继而进化成绝对不二的精神及对世俗的完全肯定。这个理想通常以一句短语表达出来："山川草木皆可成佛"，这句短语不断在日本文学、艺术、舞台剧和佛学中出现。这个宗教思想蕴含着一个日本佛学史上几乎毫无疑义的假设，且继续在今时今日的日本世界观中拥有不可挑战的地位。

在极具影响力的《涅槃经》中，佛性被推崇为一种"法"或存在于轮回个体当中的一种离散现象，就像一粒业力种子，令人可以由普通凡人变成佛。这是印度式哲学。由于植物被认为没有情感，它们没有意识活动，不会产生好或坏的因果报应；因此，印度佛教的植物世界不存在轮回的概念，也不需要解放。然而，在中国，植物的佛性概念在7世纪由吉藏（549—643）提出，由湛然（711—782）拓展开去。很多人以心理层面去理解佛性的基本概念，而不是本体论层面，这点在日本引起不少争议。在空海的密宗学说中，语言的象征性用法中有一种自由是其他佛教学说没有的。一个世纪后，敌派天台宗分裂为密宗和显宗，使这个问题明确地得到解决。

同时，在 12 和 13 世纪，法然导入的净土宗被视为反对早期觉悟思想的宗派。虽然法然和他的弟子都是天台宗的僧侣，但他们强调苦难的存在性现实，以及人是无法独力获得解放的；对于净土宗来说，早期觉悟顶多是一个无用的论题，但中世纪时期对净土宗团体的打压证实了早期觉悟此时已经变成规范。

以下章节反映了这场争论的范围之广，从中世纪到今时今日都没有停止过。

［PLS］

普世佛性
最澄 1480，71-2

以下部分摘录自《修禅院传教的私人笔录》，最澄强调透过冥想实践修行者和佛的素性或不二本质。

首先要解释的是一心三观的基本概念。修炼摩诃止观者需要在摩诃止观的教义和修行规条中静下心来；每个尘埃般的现象同时是空的，也是存在的，而"中间"则完全没有情感。当看透了这个三观的崇高真理，就会明白没有需要修炼和实践的东西。在修炼和实践的时候，关于"开始"或"起源"有什么需要去讨论？内在和外在都是神奇地分不开来的；外在条件和内在想法或冥想互相都是平静的。所有思想的出现都和感官体验有关，你不应依恋这些事物。一个位于三观而没有杂念的人是个真正的修炼摩诃止观者，所以人应该在三观的世界中生存，没有任何依恋，亦不要视三观为可达到的境界。修炼者应在以下三个层次去培育三观：第一，在指定时间和地点；第二，在日常生活的所有方面；第三，在死亡之时。

一心三观的三个层次中，第一是在指定时间一念无明去冥想，修炼者需准备和布置一个修行的地方，预留一段指定的时间去修行，例如七天，长至一百天。以下是布置修行地方的步骤：准备一个小房间，避免接近吵闹及多人流的地方。在四个墙壁上供奉显示诚心的图像；在北面挂上释迦牟尼，让他指导你的修行；在西面挂上阿弥陀佛，以宣扬冥想的智慧；在南面挂上圣观音，以达至不倒退的境界；在东面挂上文殊菩萨，他会保护你和击退邪神妖魔。修炼者应面向阿弥陀佛的图像。

每张图像前应放置一面镜子；当佛祖和菩萨回应和来临，即通过正当的原因和条件出现时，修炼者的影像和菩萨或佛祖的影像会在镜子中呈现为一体。因此，如果修炼者有一心三观作为内在条件，而以出现在镜子里与佛祖或菩萨合二为一作为外在条件，就会产生内在和外在的融合并完成使命（成佛）。献花、烧香、半莲花坐，还有专心一念于一个物件，白天和晚上各做三次。

当你花上七天进行这样的修行，你应在第一天培养"众生与佛之合体的冥想"。如果思想是所有现象的本质，那么众生与佛就是在一念中结合；他们是如何有一个本质或身体的呢？供奉的圣像和修炼者出现在同一面镜子中是由于众生与佛的不二特性。如果众生与佛真的是不同，而不是不二，他们怎会出现在同一面镜子里呢？光明和黑暗是不同的，所以有光明就没有黑暗，有黑暗就没有光明。如果众生与佛的本质是不同的，他们在镜中的影像应该也是分明的。因此，修炼者的身体、语言及精神活动与供奉事物的三重活动并不是不同的。冥想此事的修炼者自身就是觉悟中的崇高法体，即是佛身；他永世都从一个无知凡人的思维中得到解放，亦摆脱了凡人的本质。

[PLS]

真　如
源信，不详 120-1，124-5，130-1，133-4（204-9）

《真如》这本 12 世纪的著作不是源信编写的，而是后代缅怀源信而著的书。它着重于绝对不二，强调"草木、砖石、山河、大地、大海和空间"与佛是相等的，他们拥有"真如"为基本要素。

《摩诃止观》第一部说道："所有形态和味道无一不是'中道'的，都是属于自我的境界以及佛和众生的领域。"［T46，1c］"自我的境界"是修炼者的思想；"佛的领域"意指十方的佛；"众生"即是所有有情感的生物；"所有形态和味道"即是所有没有情感的生物,包括草木、砖石、山河、大地、大海和空间。所有生物无一不处于中道;这个特性的术语有很多:真如、实相、宇宙、法身、法性、如来和大义。在这些术语中,我现在会选择用"真如",然后澄清在很多佛经和论文中解释过的冥想中道的真意。

如果你希望尽快成佛或无碍地诞生于极乐净土,你要想"我的思想正是真如的法则"。如果你思考这个穿越宇宙的真如是你的本质,你就是宇宙;不要想真如以外的事情。当你觉悟了,宇宙十方的佛祖和所有菩萨都存在于你内心。当你不知道自身是真如与否,你应当寻求自身以外的佛陀;当你知道真如和你自己是一体的,那么释迦牟尼、阿弥陀佛、药师佛、十方的佛祖、普贤菩萨、文殊菩萨、圣观音、弥勒菩萨和其他菩萨全都与你一体。此外,《妙法莲华经》、其余八千个教义法门、十二种经文、佛陀和菩萨各种各样获取觉悟的修行、他们所成就的德行、通过自我修养和教导他人所获得的无限功德……有什么不是在自身体内呢?

当人这样想,所有事物都是思想的一环,所有修行都存于一念和一刻的思想中,他就能理解所有事物:这叫作"坐禅",亦即"修正果";由于他没有摒弃此身去成佛,也叫作即身成佛。这就像龙王的八岁女儿一样,她听完《妙法莲华经》的法则,知道所有事物都是单一的真如,就立即唤起了得到觉悟的愿望,在一刻中修成正果。另外,如果人冥想真如和希望往生极乐净土,就一定会如愿往生。原因是:成佛十分困难,因为人要通过自我修养和教导他人,然后累积足以充满宇宙的无限功德才能成佛;但要往生极乐净土则十分简单,即使是罪孽深重的人,如果他们在临终前全心全意地念诵"南无阿弥陀佛"十次,就一定可以往生。

因此,当人冥想真如,他甚至能快速成佛,而那是很困难的一件事;而他毋庸置疑地能往生极乐净土,那却是很简单的!正因如此,无论如何都希望往生极乐净土的人应该要冥想真如。一百人当中有一百人能够往生,绝对可以……

……

有人问:我不明白一切众生本来是佛这回事。如果一切众生本来是佛,人就不会下决心经历各种艰难痛苦的修行去成佛,也不会有六道轮回,即地狱、饿鬼、畜生、阿修罗、人和天。《妙法莲华经》中说:"我以佛的眼睛看六道众生沦为贫困至极的凡夫俗子，毫无功德和智慧。"［T9，9b］此外，现象不会超越它们实际上看起来的样子。现实中有人、马、牛、狗和乌鸦，还有蚂蚁和蝼蛄，又怎能说这些生物本来是佛呢？人们都认为"佛"拥有三十二相八十种好，是一个不受限制的存在，其超自然力量和智慧超越所有其他人，这正是他受到如此尊重的原因。像蚂蚁、蝼蛄、狗和乌鸦这样的生物又怎会值得如此尊重和被推崇为佛陀呢？

对于以上疑问的辩解可能是：我们自身和他人一开始就是单一现实，就是真如的原则，而没有地狱、畜生等之分。然而，一旦有无明，就会在这个没有歧视的法则中衍生出各种歧视。只在个人的规范中思考真如或宇宙的话，我们会分辨自己和他人，这个和那个，激起五欲六尘。我们走近符合自己所愿的事物，就会唤起贪婪这种罪孽；走近不符合自己所愿的事物，就会唤起愤怒这种罪孽；走近自己不是喜欢也不是不喜欢的事物，就会唤起愚昧这种罪孽。在这三种毒物——贪婪、愤怒和愚昧之上，就会唤起八万四千种罪孽。唤起这些罪孽后，我们会进行各种行为：行善道就会体验天、人和阿修罗三善道的报偿；行恶道就会招惹地狱、饿鬼和畜生三恶道的报应。

这样的话，众生和其六道的无情感环境就会出现。在六道轮回中，我们会随意视不是自我的自己为自我，所以面对反对我们的人就会唤起愤怒，我们会辱骂、打击，甚至杀害他们，这样就不能终结生死轮回；接近同声同气的人就会唤起占有的爱，世世代代都被义务和感情相互联系。在这种情况下，轮回也不会终结，就是说生死轮回是不知道真如是自我的结果，也是任意划上自己和他人、这个和那个的界别的后果。当你冥想"真如是我的本质"，就没有事物不是你自己，自己和他人又怎会是不一样的呢？如果你意识到自己和他人没有不同，谁会唤起罪孽和恶道，继续生死轮回呢？

……

因此，如果当你在走路、站立、安坐或躺卧，或做任何动作时，你冥想"我是真如"，那就是成佛了。有什么会阻碍这种冥想呢？你要知道真如是需要所有方面的冥想，不论是僧侣或俗人、男人或女人，所有人都应该这样去冥想。当你供养你的妻子、孩子和仆从，甚至是饲养牛、马和其他六种家畜，由于众生都是真如，如果你冥想这些生物就是真如，你就是供奉所有十方三世的佛祖、菩萨及众生，无一例外。这是由于没有事物在真如法则之外，蚂蚁和蟋蛄等众生都是真如，即使喂食给一只蚂蚁也等于立下供奉十方佛祖的功德。

这不拘限于施舍他人；由于我们自身是真如，每一刻的思想都贯通彼此，和所有现象都紧紧相扣，一个人自身已包含所有十方三世的佛祖和菩萨，富有百凡、千界及三千道，一个也不缺。因此，当你进食时进行这样的冥想，施舍的功德就会立即充满宇宙，而由于一次修行相等于所有修行，一次修行的施舍功德也包含其他功德；由于因果是不二的，所有因果阶段的修行都会同时变成实践阶段的德性，所以你就是最高境界的菩萨、完美觉悟的如来。

真如不单是生物，草木等无情感的物象都是真如。因此，当人供奉一朵花或点燃一炷香给一个佛祖，由于"所有形态和味道无一不是'中道'的"，那朵花或那炷香正是真如，穿透整个宇宙。而由于被供奉的佛祖正是真如，那个佛祖就是所有佛祖，十方的所有佛祖无一例外都立即收到该供奉物……当人以一样小小的供奉物冥想真如，例如一朵花或一炷香，他的功德就会变得庞大无比。更甚者如果诵咏佛祖的名字一次，或阅读、抄写一句或一段佛经，思考每个字都是真如法则所获得的功德更是大得无法形容。

由于众生都是真如，包括自己和他人，就都是佛陀；由于草木、砖石、山河、大地、大海和空间全都是真如，无一不是佛陀。往天空看，天空是佛陀；往地下看，大地是佛陀；转向东面，东方是佛陀；南方、西方、北方、四个罗盘方位、上下……都是佛陀。

[JIS]

植物的佛性
觉运及良源 1336，309-10 页

以下部分摘录自一场觉运与良源之间的模拟辩论，这两位 10 世纪的天台宗高僧讨论植物中是否存有佛性，并延伸如下问题：植物或无情感生物会否经历与有情感生物同样的成佛过程。两位高僧都认同将植物与生来自有佛性的各生物看齐。

问：植物和树木没有可以冥想的思维，那又怎能说它们有志于得到解放，进行各种适当的修行，然后成佛呢？

答：……通过菩萨成佛这一说法曾受到争议：草木生命皆有四种样相——生、老、病与死。所以我们知道当草木渴望得到解放和进行修行时，它们会像有情感的生物一样去修行。如果说有情感的生物渴望通过修行获得解放，草木亦如是。

而且，在我们天台宗的教义中，我们学会所有有情感和无情感的生命都拥有休息和前进这两种素质：休息时就不会有欲望和修行；而前进时就有。在凡人和佛祖这两个层面上都有世间真理和超然真理；有个人修行的功绩，也有针对他人心灵蜕变的修行的功绩，草木无一例外。

……

问：有人说虽然原则上草木有佛性，但事实上它们不能拥有佛性。那它们如何获得佛性的智慧和进行唤醒佛性的修行呢？

答：如果你已经认同原则上佛性是存在的，那你应该知道事实上它们有佛性。有人可能理解"佛陀的两个身体——佛身和他的存在是永在的"这句为认同这个想法，这是无形真如的奇妙法则。

有情和无情不是两种东西。有情感的生物是"中道"，所以有符合佛性的"智慧"和修行。草木都是中道，所以它们都同样拥有佛性。如果不是这样，在中道的法则上我们会犯二元性的错误。

……

问：如果草木渴望得到解放和为此修行，那为什么没有任何它们擅于修行的例证呢？这令我们总结出它们没有渴望得到解放或修行的经历。

答：它们的愿望和修行有很多不同的形态。从"一行代万行，一念代万念"的角度看，我们可以说没有现象是缺乏渴望得到解放和修行的德性的，因为所有现象都已觉悟出愿望、修行及成佛的本质。在我看来这很简单：你并未明白"前进"这个学说是基本教义的一部分。休息这一环就更重要，因为不渴望得到解放和修行的有情或无情生命都可能会行动，而其行动令他们变得有如此愿望。最终你会明白的。

[MLB]

批判佛教

袴谷宪昭 1989，9-10；松本史朗 1989，5-8（169，171-2）

不二及早期觉悟的概念虽然在日本思想中被广泛接纳，但偶尔都会受到批评性反对意见。由曹洞宗佛教学者袴谷宪昭及松本史朗发起的一个叫作"批判性佛教"的近期运动对早期觉悟思想的绝对不二作出哲学性批评。袴谷点出佛教的三个特征有违视早期觉悟为绝对不二的想法：

1. 佛教的基本教义是缘起（pratītya-samutpāda），源自印度哲学的"真正的我"。任何表示一个潜在物质（作为意象）的思想及认同意象的哲学都叫作"dhātu-vāda"（本体/基体论）。"dhātu-vāda"的例子有印度哲学的"真正的我"、中国哲学的"自然"和日本的"早期觉悟"，这些思想都有违佛教的缘起。

2. 佛教的道德要求是要无私奉献（anātman/无我）他人。任何崇尚自我、忽略他人的宗教或哲学都有违佛教的理念。"草木山河皆成佛，众生本是佛"这个原来的"觉悟思想"未能达到这个道德要求。

3. 佛教要求以信念、文字和智能去选择缘起的真理。禅对于文字的敏感度比起佛教更贴近中国哲学，而早期觉悟思想中不可言喻的"真如"容不下文字、信念或批判性思考。

[PLS]

"Dhātu-vāda"是松本所创的新梵语，他认为早期觉悟思想的绝对不二不能单纯地被接受。

现在大家都知道"buddha-dhātu"是"佛性"原来的梵语，它出现在《大般涅槃经》的一句话"众生皆有佛性"中。尽管有这样一个说法，佛性仍普遍被认为是"成佛的可能性""佛的本性"或"佛的本质"。而我不能理解这一点。"dhātu"的语源清楚地表示它的意思是"放东西的地方""基础"

和"所在地",完全没有"本性"或"本质"的意思。

……

总结来说,"Dhātu-vāda"的基本结构是容纳多种现象的单一所在地(dhātu)。我们亦可叫它作"生成一元论"或"基础现实主义"……"Dhātu-vāda"结构的身份认同和非歧视讽刺地肯定和绝对化实际差异,在日本的"早期觉悟"中亦有出现……

重点是:释迦牟尼的缘起学说只可被理解为与多元世界的单一基础或原因对立,即与"Dhātu-vāda"的思想对立。

[JH]

(高慧君译)

慈云尊者

慈云尊者（1718—1804）

  慈云尊者是江户时代（1600—1868）佛教改革的领头人、学者和辩护人。当时，佛教集团正忙于德川幕府强加的大量任务，如保存当地居民的登记册、举行葬礼和追悼会。慈云以历史上的佛陀为典型，以佛教哲学为基础，致力于恢复传统的寺院生活。为了研究早期佛教，他利用日本有限的资源学习梵文，并编写了《梵文研究指南》，共 1000 章。这是一部在日本近代史上无与伦比的著作。在向居士和僧侣团体的说法中，慈云强调了佛教的基本原理，试图超越宗派分歧，回归"佛陀在世时的佛教"。尽管他受戒于真言一派，但与禅宗的密切关系为他赢得了广泛的听众。

  在接下来的文章中，慈云简要评论了《金刚经》中的经文："《金刚经》是一部'智慧经'，旨在唤起人们对'菩萨心'和矛盾碰撞的欣赏。菩萨虽理解实相的空虚和精神建构的本质，但仍持无尽最上广大利生的发心。菩萨'应有所教住'，但众生'应无所住'，诸部般若甚深之义尽此一句。"1758 年至 1771 年，慈云于东大阪府生驹山隐居时曾宣说此法。的确，所有佛经的意思都包含于此。

[PBW]

应无所住而生其心

慈云尊者 1758，351-360

  因曾被问及《金刚经》中一偈文"应无所住而生其心"，故今日宣说此法。般若便是智慧，此智慧非世智聪辩，乃人自己本来明了之一念心。此一念心本来清净，进入过去之过去、未来之未来、现在之现在，不生不灭，暂不住之物。若透彻此理，乃《金刚经》本来之无所住也。若自身少分信解之，亦能获安乐之所。然信解非易事……

误解者见青、黄、赤、白后，再视方、圆、三角时，便觉青、黄、赤、白之心已灭，反生方、圆、三角之心。见色后闻声、闻声后嗅香、嗅香后尝味、尝味后缘善恶、邪正、是非、得失之念，觉前念灭于刹那，后念不断新生。见目前之松，尔后又见一茅，便觉松之心已灭，而茅之心油然而生。此乃影像境界相之变迁。

自心不着本来生灭之相，与生死无关。于诸佛不增，于众生不减。遍满十方法界，亦不壮伟。虽入方寸，亦不狭小，是为金刚。传闻世间有金刚宝一物，金石击之亦不可催，反可毁坏金石诸物。火不可烧之，水不可浸之。又，方寸之宝中尽显一由旬之山、河、大地、有情、非情之影像。

此自心金刚宝亦如其。不受生、住、异、灭之作用，不受嗔恚烈火之坚摧，亦不受爱欲河水之浸润。隐于方寸之中，现一切世界之影像。于一念心上，照破万物。对佛陀，三世诸佛离言说心念，成自心之相。对众生，一切众生离言说心念，成一己之法门。乃至对山、河、大地、草、木、丛林，离言说心念，成就大涅槃，获真如实相。此乃般若也。三世诸佛于此成就无上正等正觉。《心经》言："得阿耨多罗三藐三菩提。"十方菩萨于此修习六度万行，利益众生。《心经》言："心无挂碍，远离颠倒梦想。"声闻缘觉于此观四谛十二因缘，证有余、无余涅槃。是名大声闻。此乃波罗蜜。

波罗蜜意乃到达彼岸，为菩萨之境界。若言境界，似亘二途，此诸佛直达彼岸，乃菩萨之境界也。若言境界，尚有能缘所缘。然菩萨已达彼岸。缘众生界，生大慈悲，众生界亦直达彼岸。

此乃般若波罗蜜甚深不可思议也，唯佛独有之境界。假令十地等觉菩萨亦不可窥知，况二乘凡夫邪。唯实相智慧也，以无相"三昧"得入。故大圣世尊诸大弟子中，为智慧第一之舍利弗与无净空行之须菩提宣说。

此《金刚经》为佛于须菩提之开示：菩萨心降伏之相、对治之相、心所住之相、心无住之相。一部之要害（或紧要）乃此"应无所住而生其心"一句。诸部般若甚深之义尽此一句，一切修多罗之义尽于此中，修行者之一切对治门、证得门尽于此中。

众多古德对此文思维拈提。假令今时之人受持诵读、思维拈提，便为可贵之语、有利益之语。若真正之人仅闻一度，必阔然大悟。曹溪惠能大师亦一度闻此，便获大悟。假令小根略机未至其位之人一念信受，此文乃为真修行地之真种子也，且应为生死解脱之远因缘也……

前文云："不应住色生心，不应住声香味触法生心，应生无所住心。"此中之色，乃山、河、大地、草、木、丛林、有情、非情。一切眼中之物，或可分拆之物，总称色与名。至于生其心之词，试问，若见青草，可生青绿之心否？若见高山，可生高耸之心否？若见男、女、大、小，可生善恶之心否，可立名取貌否？

色元来离言说心念，为究竟解脱之物。何时将目前之草称为草？何时将其视为草？何时将其称为青？何时将其视为青？唯依世间有文字言句，有智解情量，以此衡量彼，以彼分别此，互相比拟计度。假以似草之相显现，假以似青之相显现，有妄念想象之相假住于世间。然此妄念想象本与目前境界之相无关。妄念想象即为妄念想象，无所住。目前之境界唯是目前之境界，无所住。本非名色之物，况应住于心底、生于心底之物邪？名为名，无所住。相为相，无所住。

一切众生皆误识山、河、大地、男、女、大、小，更生一重无明烦恼。分别可爱、不可爱之相，于可爱相起贪欲，于不可爱相起嗔恚。甚至沉溺财色，瞒心昧己，玷污他人，损人害己。乃至见佛，信其三十二相八十随形好。故《楞严经》① 言，佛告阿难，汝以何因缘发心？阿难答云，见佛之三十二相发心。佛陀斥责言，发心之初既成大错。见佛之神通妙用而生稀有之心，受物支使，目受蒙骗。闻佛说法而生诠释疏解之心，受物支使，耳受蒙骗。故佛经云："不应住色生心，不应住声香味触法生心，应无所住而生其心。"

要之，住色之可爱、不可爱相而生心之人乃凡夫。住色之断常空有相而生其心者乃外道。见声闻苦空无常无我之诸色相，分拆色，穷极色之边际，

---

① 《大佛顶如来密因修证了义诸菩萨万行首楞严经》，705 年出版。是 *Śūraṃgama sūtra* 的中文译本，常被用作冥想指南。

出离三界，证有余无余之涅槃，住择灭无为我空偏真之理而生心，此为二乘劣慧。为对破此迷，便说"应无所住而生其心"。

诸菩萨达诸法之无自性，起三大僧祇之行①，修十波罗蜜，度无量众生。犹为处地为之无明所覆，亦不能解脱。为对治此迷，说"应无所住而生其心"。所谓处地之无明，乃住此心。初地之菩萨虽功德无量无边，犹住檀波罗蜜生心。二地乃至十地之菩萨各功德无量无边，然各生静戒、忍辱、精进、禅定、般若、方便、愿海、神力、智慧之心。断一分无明，证一分中道。譬如尺蠖之屈伸。于十方世界，历八相成道，普度众生，犹住所化之众生而生心。为对破是等之无明，说"应无所住而生其心"。

于此中需自行审查。此色住于世间，毫无边际。此声显于万物，不起不灭。此香通遍三世，却无住处。此味遍满虚空，亦无障碍。此触含入粗细，应绝取舍。隐显此法之迷悟。

可否不生心？若不生心，则为木头顽石。可生心否？若生心，依然为凡夫外道也。应无所住而生其心，如何为之？此心可有前际？可有后际？住内？住外？抑或住中间？

一切众生为本来涅槃之姿，一切山、河、大地、草、木、丛林本来为菩提之体。此为无所住之心。要行即行，要坐即坐。行即为如来之行，坐即是如来之坐。望开眼见色，三世诸佛皆现于此，说声清净句乃菩萨之位。开耳根闻声，乃至起心，缘善恶、邪正、是非、得失，三世诸佛出现于此，说欲清净句乃菩萨之位。

依何如是十方法界唯一色，无自无他。十方法界唯一声，无生无灭。乃至十方法界唯一法，不浅不深。三世诸佛为自身之异名。色、声、香、味、触、法乃自心之异名。毗卢遮那佛于自心成无上正等正觉，阿弥陀佛于自心建立极乐世界，观音势至于自心普度众生。

[PBW]

（殷晨曦译）

---

① 三大阿僧祇劫，传统的理解是菩萨变成佛的时间。

石津照玺

石津照玺（1903—1972）

作为东京帝国大学的一名本科生，石津照玺专攻宗教学研究。他的老师中有国际知名的日本宗教研究先驱姉崎正治（1873—1949）和岛地大等（1875—1927），他们激发了石津对天台佛教哲学分析的兴趣。石津在东北大学任教至1965年，尔后又在庆应义塾和驹泽大学任教，于1972年去世。

石津是研究克尔凯郭尔和海德格尔的专家，其最著名的宗教哲学著作在晚年出版。但他最具原创性的作品可能是1947年出版的《天台实相论研究——探索存在的极相》。石津大胆地尝试了用现代哲学术语来表达天台宗哲学的核心原则：实相。石津区分了三个世界：自我与他人的领域，以及两者碰撞并交织在一起的"第三世界"。如下文所示，这些领域中的每一个都与天台宗三谛之一相关联：空、假、中。正是在这最后的"中"的领域里，一个人才能以其终极形式达到存在，也就是说，悟到"实相"。西田几多郎的"场所逻辑"和海德格尔的"个体就是世界的存在"的影响是显而易见的，古代天台学说和现代哲学术语在思想和词汇上令人眼花缭乱的相互作用，使他为佛教哲学史做出了复杂而令人印象深刻的贡献。

[JNR]

实相论所显之端的

石津照玺 1947，15-17，129-131

佛所取得的成就是一种稀有难解的法。唯佛才能究尽佛一事，尚无法言说。这是诸法实相的情境。所谓诸法实相，乃万物于现实存在时的样态，为存在物的极相。如此般于当下维持万物原来的样态，为涅槃境地。要约此极处端的，便得如下结论。

诸法实相论虽可观物，然常以主观姿态对待。在现实生活中究其根本原因时，我们发现自己于此时此地正奔向与所处现实最接近的地方。对于我们各自来说，正因实相时刻具有本然样态，交织出爱憎苦乐及世间所有处世姿态的场面。生活终极面，除其所在之处，别无他处。因此，无法脱离、替代、逃避的现实贯穿众人生活的终始。此时此地也可以被认为是"诸法实相"开显的地方。

那么，这种具体、现实性的真实本质又如何。一般来说，我们所处的现实场面是究极的场面，但通常我们并没有真正意识到我们在现实中的位置，并自觉地以现实状态去面对现实。在事物没有自觉，没有清晰认知的现实中，若想如实悟出本来面貌，便要考虑种种观念与行仪方便等，这是后面的问题。例如在极为普通的场合，先建立自我，再与他人对峙。或因他物与自我相对，所以先建立自我。在现实生活中，这种自我与他人的区分是预先建立起来的。但是，自我这一领域的周边，即将自我与他人领域分开的界限或边界，我们时而自觉，时而反之。目前的问题在这一领域里，因此，我们先不要着急对其界限的探讨。只要指出在现实中定位的事实预设的两个自我即可。一个自我维持他与另一个的区别和边界，另一个与这个自我相对峙。

在这两个领域中，如果以自我领域为中心来分析的话，普遍说来，一方面认为是心或主观的领域；另一方面，认为心和主观是对方之物，是他物，是客观之物。因此，假设自己的领域是第一世界，那与之相对的对方的、其他领域便当作第二世界。（这里的世界没有特殊意义，乃范围、间隔之意）其次，虽说是对方之物，他人之物，实际上，是自我将其当作对方来看待。这些通常是存在于自我关系与交涉中的东西。我们不妨把这种自我与对方相互碰撞、组合并存在于现实中的场面假设为第三世界。

简而言之，实际生活中，每时每刻都存在于现实中的具体场面，并不是上述的第一或第二世界、领域。事实上，第三世界、第三领域不属于自我，不属于对方，是二者相结合的地方。在实相论中，自我、对方、心、物以及此外万端之事态事相，只要存在于现实中，就能看出它们都存在于第三世界中。

心之作用

因此，在这样的场面中，出现了我们现实生活事态的究极样态——即存在的样态是怎样的，以及如何理解、如何思考等问题。关于这一点，最开始是通过心，由心来显现，这是十分方便的。

即使在现实方面的理论中，就像许多深刻的哲学和宗教思想通过观念论或唯心论来展现一样，在实相论中，也有想要通过心灵的方式或依靠心灵来展现现实情况的倾向。但是，虽说都是心，因此而产生的意义也有很多，不能一概而论。虽有各种学派，其论调也各种各样，其中也存在从唯心心性这种形而上的观念性的东西来谈论现实的情况，或者把现实情况还原为观念性的东西来讨论的情况。若想根据它的实相来描述现实、具体的第三世界，无论在形而上学的意义上还是在心理学的意义上，都不应该立即从思维和心理上来说明，或者以它们为依据来说明。这样一来，就偏离了前面所提到的现状。

当然，作为形而上学的定式，提出唯心和心性是很自然的。但是，在我们看来，天台的实相论，如前所述，是要将现实场面的实相呈现出来，期待着在真实的当下，真实地生活，真实地看待。所以从这样的主张来看，这种说法是不合理的。另外，为了显示实相，提出这样的说法，就需要某种理论。那么，从实相论来看，在什么意义上可以说是以心为媒介或通过心灵来阐明第三世界、第三领域的呢？虽然实相论以心为媒介或通过心灵来描述第三世界，但无论于心理学还是于形而上学，这种理论绝不会以心或心灵为依托而成立。而且，我们也不会认为事物会在心这一舞台上运作。

它与思想，特别是修行方面有关，通过心灵来描述现实事态的状态，既方便又扼要。因此，为了方便起见，试着把第三世界中所面临的实际情况靠近内心世界。实际上，现实具体的第三世界，无法与假定的第一个心灵本身的世界直接往来。两者相距甚远，实际上心本身或事物本身并不是作为本身而存在的。因此，现实中并不存在第一或第二世界。第一、第二世界是为了帮助我们从一般所说的心灵本身的世界开始探索，以便一窥第三世界。从这个意义上来说，第三世界将被赋予"掌握"第二世界的能力。沿着这条路线，我们也能够把握第二世界中的物的世界。在所谓心具三千、色具三千的问题上，这是显而易见的。

因此，为了证明第三世界的位置，特别是为了阐明它与心灵世界的关系，试着考虑一下镜像的比喻。可以将我们现实存在的第三世界中与对方面对面交锋的场面比作镜像的世界。诚然，有使像显现出来的东西，但镜子只能将那个东西作为像反射到镜面。从这一角度来看，这个东西本身不能直接成为问题。就镜子而言，当前现实的存在状态即第三世界，不在像外。我们无法住于像外，而且这个像随时都在镜面上。因此，像也会根据镜面或镜的明暗浓淡而被涂上各种颜色，存在不同的细微差别。将这一问题作为心的问题来说，我们的心或自我意识中的特定现象，被心的状态所着色，它服务于这些现象的场所、地点。换句话说，这是交织着当时精神状态的真实表现。

用镜子来比喻的话，镜子表面的影像世界就是我们的现实场面。而镜子里的形象，则是我们内心中事物的形象，是心中事物的存在方式和状态。于是，这种心灵的场面，将成为我们现实生活中最为具体的终极场面。

但是，在这里，我们必须对镜子这一面进行思考。就我们的现实场面而言，我们必须仔细推敲心灵场面和意识层面的东西。没有像，镜面或亮度也能存在，但心不像镜面那样是固定之物。心灵本身或者心灵的轨迹，可能确实是暂时的，但在现实中，心无论何时都与某种事物有关，这是它的本质存在方式。

这一点在实相论中一再强调，关于智与境的关系、不可思议的境界、法界的所在和实际情况，都会成为问题。心不孤生于世，必定托缘于境而存在，并依靠它无限期存在。总之，就像镜子一样，作为事物、现象所在的心灵场所或心灵面，于现实中是不存在的。在现实处，心灵实际上只有将它作为一个客体，与所面对的事物产生关系时才会真实存在。

像这样，当我们审视内心的场面，将其作为对方在现实中具体出现在我们面前的场面或场所，就会发现这样的场面并不具体。这就意味着，在朝着具体的极点前进时，就必须舍弃上述的心灵场面。用镜子来比喻，就是把像的部分去掉，把镜子本身扔掉，把相当于像所依托的镜子表面的心灵场面舍弃掉。只有这样，特定于心灵的地方和真实、具体的存在方式才能显现出来……

三个世界与三个真理

如果现实事态归根结底存在于第三世界这样的轨迹和模式之中，我们究竟该如何理解呢？这又是什么意思呢？这就引出了"空"的问题。归根结底，既然捕捉到了这一点，就只有追究下去。因为这是物体自身的领域，所以可以在对方或自己的世界中捕捉到。但是第三世界位于不同于第一和第二世界的层次上，两者是相距甚远的领域。举个恰当的例子，就像钟声和撞钟是两回事。我们不能从钟的任何部分感知钟声。我们不能理解任何事物在其自身实相中的轨迹，而只能从具体存在的那一点出发，即从第三世界出发，因为第三世界从根本上是我们无法理解的构造或存在方式。无论是对方之心还是自我之心都无法解释它。作为一个位于这两个世界之外的领域，无论从哪一方接近，它仍然是一个超出我们理解的构造。此处的终极意义可以被比作幻影或幻觉。从我们的角度无法相对地确定现实中实际的终极场面，"空"抑制了其应有的状态。像这样，现实并不存在于相对的规定中，也无法在相对的规定中被找到。"空"为大乘佛教的属性，在大乘佛教中形成实相论的特质。特别是对无作体空的认识……

这样的空虚不是虚无的。如果把现实事态原封不动地归结起来，就会发现它是空的。而且，现实并非无具体的常处，它是在各种各样的情况和事态中都存在。这些可以用"假"来描述。当我们考察这个真实具体的常处时，我们发现它是一个第三世界，它不属于事物本身的领域。但是，将普通领域之外的东西称为"空"或"假"，不外乎是对此作出的相对性规定。局限于第一和第二世界的东西，不能充分表达第三世界的存在方式。为了传达这第三领域的存在，我们需要谈论"中"。这些"空"和"假"的意思并没有区别。我们所处地方的存在模式被看作"中"，将"空""假"的状态结合在一起。也就是说，所谓"中"，不过是超越了一切相对性的规定，处于从它们中被解放出来的状态。

这样，我们现实存在的地方就处于一个超越决定的地方和状态。这是"中"的真实含义，同时也是"空"的真实含义，亦是"假"的真实含义。在"中"里面，"空"和"假"没有区别，在"空"里面，"假"和"中"也不会消失。超越一切相对存在者的领域的状态就是"空"，它一直存在。真实存在就是"假"，是"中"的真实状态……

研究的态度与用意

我们的研究不是所谓的历史性研究，也并非教理、宗义的研究。它的唯一目的是用实相论回答我们所提出的问题。简单来说，这个问题是这样的：存在的终极基础到底是什么，可以使每个主体都能够参与一种特定的宗教体验？当宗教构成存在的本质时，现实中主体的存在方式又是什么？

即此问题与宗教的本质真实性和最终依据有关。我们可以推测如下：宗教的本质事实性和原始真实性存在于自我超越性存在的地方，也就是说，存在于一个以存在实体的虚无为标志的地方，并且存在者在那里保持原有的存在……正是在超越自我存在的轨迹中超越了自我以及对方的领域，在作为个体的自我构想的虚无中，宗教根本的、原始的根据才能被思考。

我们认为我们的研究领域是宗教哲学，因此没有直接对教义学或宗义学进行考察。我们可以把天台的实相论转移到这一研究领域来寻求问题的答案，但这绝不意味着要从既定或特殊的立场来评论或解释天台教义。我们不得不直接参考祖文祖释的原义，可如此一来，只能把我们所理解的东西再次回归到祖文祖释中叙述。然而，此叙述并非天台宗义的祖述，而是在上述领域中，为了解答上述问题所得出的结果。我们最关心的不是我们的叙述是否与传统的天台教理、宗义相一致，而是在坚持初衷的情况下，我们能走多远。

[JNR]

（殷晨曦译）

中村元

中村元（1912—1999）

中村元是 20 世纪佛学和印度哲学的主要代表人物之一。1936 年在东京帝国大学完成本科学业后，他继续攻读博士学位，1943 年发表论文《早期吠陀哲学史》，随后在东京帝国大学担任教职。1973 年退休后，担任了两年的日本文化大臣。虽然之后又担任了行政职务，但他将余生献给了佛教研究。中村元从未被局限于狭窄的领域，他的著作涵盖了东方和西方、古代和当代的思想史。他非凡的语言技能和学习能力——用英语和日语写作——使其作品为国内外广大读者所接受。与此同时，他投身于严谨的学术工作，编纂了三卷本的《佛教语大词典》。作为思想史家，中村很少对特定的哲学问题进行深入研究，但他是一位举世无双的思想家，向世界展示了如何平等对待东西方哲学，揭示了东方思维，使之与欧洲的世界观、价值观齐头并进。在"二战"战败后的道德混乱时期，中村元在《日本宗教的现代性》等作品中，从理性的、现代的立场出发，重新思考传统观念和宗教。继丸山真男在现代思维中寻找人类行为与"自然秩序"对立的根源之后，中村以更广阔的视角对其结论的简单性提出了质疑。这两个问题都反映在下面的节选中。

[SF]

世界文化与民族文化

中村元 1998，270-340

过去世界上存在各种各样的民族文化。然而在今天，由于世界逐渐成为一个整体，这似乎提出了单一世界文化的问题。与此同时，世界文化的单一性与民族文化的多元性之间的关系也开始成为问题。现在，在我国的知识分子中，世界文化即西方文化的见解占主导地位。的确，近代历史上西方统治世界的现实，与世界一体化一样，都属于常识。在政治上和经济上，没有一个民族或国家能够脱离西方而生存。此外，在学术、艺术等领域，西方文化的影响也是决定性的。世界虽单一化了，但同时也被认为西洋化了。然而，当世界的单一化在影响、支配和使用物质自然方面上是显而易见的同时，各民族的语言、道德、宗教、艺术、习俗等方面，其精神习性却有难以改变的地方。例如，15世纪末西方人来到印度，最终这个国家被西方人所控制，尽管他们的统治很巧妙，基督徒的数量也没有超过总人口的百分之二。大多数民众信奉着远古时代的传统信仰。邻国中国的情况也大致相同。东方各民族即使受到西方思想或文化的影响，也不会轻易改变其思维方法或思维倾向，这不能简单将此归结为东方人的落后性或停滞性问题。

这也许是不好的倾向，然正因有此倾向，「亚洲的落后很难消失。」这样的论点也是可以成立的吧。但无论如何也不可否认事实的严重性。但这并不是说东方的人民和文化全面停滞或全面落后。在某种情况下，也有与西洋平行进步的一面。在某些方面，世界上主要的诸民族都经历着共同的进步过程。这些在宗教、道德、社会制度、政治组织等方面也得到认可。虽然世界朝着同一方向发展，但民族的区别并没有消失。鉴于这些差异依然存在，我们需要继续认为西方的民族和文化是独特的。

主张西洋化即世界化的人有以下见解："东方诸文化归根结底从属于西方文化。东方人的各种思维方法的特性，最终会被西方的思维方法征服。西方文化具有普遍性，而东方文化却没有普遍性。"然而，否认普遍性意味着什么？很明显，西方近代兴起的那种科学知识和技术，在形式上没有任何变化，实际上很容易被理解和吸收。但是就其他文化领域而言，我们真的能坚持这样的观点吗？即西方的文化产物都可以被视为具有普遍性，而其他民族的文化产物皆不具备这种普遍性吗？纵观人类历史，就会发现在古代，东方思想已经对西方思想产生了影响。到了近代，通过翻译，西方已经获得了关于东方思想的相当详细的知识。从那以后，东方思想对法国以及德国思想的形成产生了相当显著的影响。

另外，仅就东方内部而言，过去也进行过大规模的文化交流。佛教几乎传到了全亚洲，而儒学在多大程度上界定了日本的现实生活，则是一个需要进一步研究的问题。但无论如何，儒学在过去日本的现实社会生活中具有某种规制力乃毋庸置疑的事实。由此可见，怎么能说造成这种普遍自觉的教说和理论缺乏普遍性呢？

那么，在今后新世界的建设中，日本文化将占据怎样的位置呢？

日本文化的位置

日本人极不擅长抽象、系统地思考问题。日本自古以来就缺乏体系性的哲学，伦理学也没有在日本的精神基础上得到培育。印度伦理学"因明"传入日本后，不知不觉中成为训诂注释之学，甚至成为寺院中仪式上的装饰。

因此，在文化意识上，如此引人注目的色彩、雕刻、建筑、庭园等方面都获得了国际的认可，但其系统思想的感染力至今尚未达到被世界承认的程度。日本的宗教和思想，且不说欧美各国，对邻近的亚洲国家来说，仍完全不为人所知。只有一小部分禅学思想为人所知，当中其中一个原因可能是语言障碍。

话说回来，日本人的思想难道不具有世界性吗？它是否具有使其他国家和人民无法接受的性质？即使日本人在抽象的思考上有些拙劣，但日本民族在岛国上生活了两千多年，这是不争的事实。既然活着，就一定有被实践理解的思想。现在很多所谓的"知识分子"认为，日本人的思维方式极端不可思议，应该通过引进西欧的思维方式来去除或者进行改革。特别是战败这一决定性的打击，使这种主张更占上风，将标准放在了西欧。这种倾向在所谓的"知识分子"中尤为明显。

但是，虽说要引进西欧的思维方式，具体以什么为标准呢？同样是在西方，持有不同思想立场的人们相互对立，互不相容。而美国人、英国人、法国人等，都认为自己是最优秀的，轻蔑其他民族。因此，对于我们日本人来说，不能盲目采用具有特殊思想立场的人的意见。

自然秩序与作为的伦理
中村元 1956，331—341

达摩，如前所述，指"人类行为的规范、规矩"，在汉译佛典中被译为

"法"。它永远是妥当的,且被认为是行为的规范。但对于其实质内容,却有截然不同的见解。

根据婆罗门教徒的见解,祭司、王族、庶民、隶民这四个阶级的身份有上下等级之分,在宇宙形成时就已经固定了下来。每个阶级都有自己的义务。(1) 婆罗门族祭司学习《吠陀经》,为自己及他人进行祭祀、布施及受施。(2) 王族要保护人民、布施、为自己举行祭祀、学习《吠陀经》,不受在物质世界中追求肉欲快乐的污染。(3) 对庶民来说,要保护家畜、布施、为自己举行祭祀、学习《吠陀经》、从事商业、放贷业以及农业。(4) 隶民毫无怨言地服务以上三个阶级。严格按照婆罗门圣典的规定执行,遵守四个阶级的差别,对于我们来说,这就是达摩。

然而,与婆罗门教对立的佛教宣称此种行为并不符合达摩。它主张人类之间存在的阶级、种姓差别是随意捏造的,完全没有意义。在早期佛教圣典最古老的一层中,有如下立论:即人的身体各个部分,不管属于哪个阶级,都没有丝毫不同。逐一说明之后,明确地表明:

"人类不存在与生俱来的(身份)特征区别。其他的生类都有自己的区别,但人类没有。人与人之间的差异只在于名称……世上姓和名无非文字。"(《经集》610-611,648)

《阿摄恕经》将雅利安人的社会构成与西印度希腊人之间的社会结构剧变进行了对比,以全面否定种族差别为主题。后世的《金刚针论》特别强调了否认种姓制度的理论。它主张,所谓国家,是远古人类通过相互商议、契约而建立起来的东西;所谓"国王",原本就是人民用收益所雇用的人。

因此,佛教的社会观理应作为伦理的一部分,但它又主张真实的理法是永远存在的。例如,缘起的理法,流传着这样的定型句:

"无论诸如来显现与否,其本性仍实际存在,有法住性,有法定性,有相依性,如来知之而通达。"(《经集》11.25.3) 这种观念一直被后世的佛教所继承。(T38, 893c)

因此,佛教严肃地对待永恒有效的法的权威,甚至将其置于佛陀权威之上。佛陀能够成为佛,乃其为佛法的化身。诸神也赞叹佛法,信奉佛法。

这种思想唤起了人们对雨果·格劳秀斯(1583—1645)思想的思考。雨果·格劳秀斯所说的自然法与实定法不同,是可以从哲学角度理解的法律。

基于人性的法律在任何地方对任何人都是一样的，自然法是不变的，神也不能改变它。的确，即使没有神，只要有人，自然法便能成立。就表现手法而言，佛教与西方的自然法理论有相似之处，佛教并不把规范人与人之间行为关系的法律作为问题，而是有一种将世人行为乃至生存成立的基本条件仅限于个人存在的内部并作为问题的倾向。

虽然现在不深入探讨这个问题，但以上思想与朱子学者的立言非常类似。林罗山（1583—1657）认为，君臣父子夫妇之伦是"设令宇宙外复有宇宙，苟有人而生其间"，无始无终之应有秩序，五伦五常乃"古往今来，存于天地间之物"。另外，熊泽藩山（1619—1691）说："圣人未教之时，此道已行。"

如果把这种共通的思维方法考虑进去，是否也可以认为佛教在承认人为伦理的同时，还设定了永恒的理法呢？

那么，在佛教思维中，伦理变革是如何成为可能的呢？佛教认为，世人原本就脱离了永远有效的真实理法，恣意制定了错误的制度，故须重新实现真实的理法，这就是政治实践的意义所在。原始佛教认为，理想的状态建立在佛法（达摩）的基础上，而政治应该是"不杀、不害、不胜、不使胜、不悲、不使悲，一向行法"。且理想的帝王是"依法治国"，这种理想的典型例子便是阿育王。

阿育王与众佛教徒一样，确信世界上存在人类应该遵守的普遍理法，被称为"法"（达摩）。只要人类存在，此法则便永远有效，这是"自古以来的法则"，同时也是"只要日月存在"就应该永远遵守的东西。正如他自己所说，阿育王追求"修法"，并希望众人"弘扬佛法"。政治要为人民的利益而努力。他从谋求"世人的利益安乐"中找到了最大的喜悦。另外，他也认为这是国家的义务。他写道："实际上，没有比造福世人更崇高的事业了。"他甚至大胆宣称："以达摩为基础的政府始于我，阿育王。"他不仅按照法的理想统治广大领土，还向自己领土以外的国家派遣使节，试图将法施加给其他国家，以成为精神、道德意义上的世界之王为目标，并以此为荣。因此，我们于阿育王身上发现了本应实现而尚未实现的永恒真实的理法观念，这一观念与可能使政治改革得以实现的人为伦理并不矛盾，实际上是相即之物。阿育王的这种思考方式，至少在主观意识方面，原封不动地存在于现代印度的政治领袖之中。

当然，佛法的理论已经被用作了既存社会组织的理论，有可能被视为变革的障碍，实际上在后世的印度佛教中也出现了这种危险。根据后代的佛典，国王应该重视旧有的传统，遵守过去的旧法。"所谓依前过去旧法，不断先得。"（T17，317b）《涅槃经》说：

"譬如有王，欲如法治，令民安乐，咨诸智臣，其法云何？诸臣即以先王旧法而为说之。王既闻已，至心信行，如法治国，无诸怨敌，是故令民安乐无患。"（T12，754b）

在这里，旧有的习惯法或法规都是正当的，被"旧的东西都是好的"这一思维方式所支配。后世的佛教徒一般都把过去当作理想的世界来赞美，把现世看作堕落的末世（末法思想）。事实上，后世的佛教在现实生活中也绝非保守主义，其发展轨迹如实地反映了这一点。但其理论显然是保守的。这一方面可能与当时普遍的传统思想有关，另一方面也可以理解为是对当时婆罗门教逐渐巩固种姓制度的抵抗。另外，也可能是与印度民族自古以来传统上向往永恒性、不变性的思维方式的显著特征有关。至于是哪一种，一时难以决定。

尽管这种现象被承认，佛法作为永远妥当的思想未必会阻碍变革。近代印度改革的领导者们认为，在阶级秩序方面，达摩代表人类平等的立场。认为现有的社会秩序不是基于达摩，自己必须开始一场以达摩为基础的改革。近代印度的社会变革，已经与西方机械文明接触，作为其中一环，被投入世界经济、政治、文化的整体机制中，但达摩观念一直支配着近代印度改革运动者的意识。在这一点上，《薄伽梵歌》的影响尤为显著。

然而，达摩的观念是否真的能充分表达人类永恒妥当的理法观念，恐怕仍然是个问题。而且，这种理法会随着时代、社会方式、生活环境的不同而以不同的形式出现，所以很难用纯粹的形式来把握。在这种情况下，可以说比较纯粹地将尊重人格、爱、慈悲、平等、共同等观念，确立为政治基础上应该存在的原理性东西。尽管如此，在这种理法具现化的诸形态与关联构造的基础上加以理解，难道不是留给学者们的任务吗？从以上的研究中可以看出，印度思想的达摩与中国思想的自然有着很大的不同。

从汉译佛典来看，假设万物源于"自然"的"自然外道"作为异端学说而遭到排斥。根据这种说法，万物是依"自然"这一外部的、超越性的原理产生的，而根据佛教的说法，万物是通过因缘和合产生的（缘起说）。汉译佛典也承认佛与菩萨的智慧和慈悲是"显现"意义上的自然，但根据佛教理论，也应该理解为是因某种因缘而出现的。安藤昌益（1703—1762）指责临济这样的佛教徒不懂"互性"和"自然"（T43, 262c）的道理。但他所阐述的互性之说，与《中论》《华严经》的理论有显著的相通之处，这一点非常有趣。

与达摩相同的"法"的观念，也以同样的方式支配着日本的佛教。日本佛教很少与政治运动联系在一起。因此，基于"法"观念的改革运动或许缺乏实例，但绝非没有。与封建统治势力抗争最为显著的日莲（1222—1282），是一个重视"正法"权威的人，他甚至说："佛法即道理，道理即胜主之物。"在这里，道理被认为凌驾于君主之上。这种思想在其他形式下，也支配着与武士抗争的一向宗徒。在这一点上，或许可以与实行"法治"的中世纪西方相比。但进入近世以后，出现了基于"法"的观念、以社会改革为目标的佛学家。在至道无难（1603—1676）《猿法语》一书中，可以看到否认私有财产制或封建性社会构成的立言。此外，铃木正三（1579—1655）还主张，所有的职业都有绝对的显现意义。具体来说，是为救济非人阶级，谴责其差别待遇，并针对斩杀和殉死的恶习而发表反对论。但事实证明，改革并不容易。

至于近世日本佛教改革运动的挫折，还不能简单将其归因于佛教徒把自己建立在儒家思想的基础上。但我认为这方面的研究也同样重要。丸山的研究以探讨知识阶级的政治思想为主。我们在思考这一点的同时，也应该把平民的政治意识当作问题。为什么没有从民众自身中出现改革运动呢？即使有少数先觉者提倡改革，若民众不跟从，也无济于事。因此，分析民众在政治中的服从心理状态也很重要。近世统治民众的佛教与民众的政治意识有着怎样的关联，难道不应该作为一个重要的问题被讨论吗？

[WSY]

（殷晨曦译）

玉城康四郎

玉城康四郎（1915—1999）

  1940年，玉城康四郎于当时的东京帝国大学毕业，1959年留任本校，1976年退休，之后在东北大学和日本大学任教。玉城与久松真一、西谷启治一样，是日本佛教哲学的杰出代表之一。作为早期佛教的专家，他还讲授现代印度思想、德国唯心主义、荣格心理学和当代科学哲学等多种学科。他不仅对现代佛教有详细的了解，还迫切要求更多地关注宗教经验和哲学思想。在他年轻的时候，就开始了自己的禅宗之路，并在此基础上发展了一种融合东西方、新旧思想的独特哲学。随着1961年的博士论文对"心"这一概念的展开，他对思想史的兴趣催生了诸如《东西方思维的基础是什么》（1983）和《比较思维研究》（1985）等书，下文也摘录了其中的一段。

  对玉城来说，客观学问是"对象式思考"，禅宗冥想反之，乃"个人式思考"。在他生命的最后几年里，这个问题以一种特殊的方式占据了他的注意力。这样的思想将身体和心灵结合在一起，不仅包含了无意识的心灵，而且达到了宇宙根与枝的真理。只有一个主体从事一种思想，使"纯粹、无形的生命"显露出来，才能觉醒。"人类自身的彻底转变"使他接受了传统佛教关于"业力体"的概念——体和心在这个世界上代表了过去业力的成熟——并增加了"法显"的永恒维度，它表达了无限过去万物在时间世界的融合。

[SF]

佛教与个人

玉城康四郎 1982，301–304

禅宗所谓的"见性"，毋宁说是性见，性被看见。以此追溯到佛教的原点，用佛陀的话说就是"佛法显灵"。若此事在自己的禅定中反复上演，日复一日地尝试理解它，不知不觉中，佛陀、经典的形象便会消失。同时，除了佛陀之外，苏格拉底、恩培多克勒和赫拉克利特，中国经典中备受尊崇的代表人物，还有耶稣和保罗，尽管他们的表达方式不同，但在本质上是相同的。也就是说，禅定与觉醒到自我乃人类的普遍形式有关，从那一点开始，佛教术语"禅定"可以用一般术语"全人格式思维、推理"或"全人格式参与"解释。

更进一步说，有一种对象性思维和推理对人类是通用的，这与另一种同样普遍的、涉及整个人的思维和推理的形式形成了对比。后一种思维方式至少早在东方和西方的古典时代就被认可了。它是借助印度瑜伽和佛教的禅定等既定方法传承下来的。以当代形式，使之成为人类共同的资产，并将成为今后的课题。

如果从佛教内部反复研究禅定，从佛陀到大乘诸经典间的关联就会逐渐清晰起来。这是从原始经典演变至《般若经》《法华经》必然展开的主线。能在资料中看到这条主线是一件非常有趣的事情。而贯穿支撑这条主线的禅定，正是包罗各种学派的佛教原型。

到目前为止，佛教的思想研究都是学派史的记述，且不得不只停留在记述上。但是，仔细想一想，比如天台宗、华严宗等，皆基于《法华经》《华严经》来对佛教整体进行展望，也就是所谓的教相判释（以下称教判，对佛教的各个经典与学派进行价值判断）。此后，我国又出现了空海的十住心、显密二教判，或亲鸾二重教判，一切都是基于坚持一个或另一个经典。教判在镰仓时期之后继续存在。明治以来，佛学被革新，虽取得了惊人的发展，然至今为止还未出现教判，这完全是我们佛教学者的怠慢和责任。

如果今天的教判能够发生的话，作为其中的一个预测，我有以下观点。

根据过去的教判，应当依据的不是单个经典，而是支撑着从原始经典贯穿大乘经典的禅定的佛教原型，而且是与我们自己的禅定相呼应的动态活力。从这样的佛教原态来看，至今为止的学派、宗派的存在方式必须重新审视。

另外，还有一个决定性的重要问题是，"虽然说法会显于主体之上，但究竟出现在主体的什么地方？"数年前，当我在仙台市研究原始经典时，偶然发现了佛陀关于"业异熟"的想法。多年来一直苦苦烦闷却找不到的东西，没想到就在我的眼前。我欢呼雀跃，立即开始着手撰写一篇文章。佛法正是因为业的异熟才得以显现。

业异熟是一种业体，我称之为"个人的身体"。从无尽的过去开始与每一个存在事物交融，在这个过程中不断产生的行为结果此时此地就显现在我整个存在的基础上。这既是"我"这一存在的私性的外在限制，同时，它对所有事物的牵绊，也是作为最高程度实质的公性的外在限制。换言之，既是个体的人格体，又是共同体的人格体。

业异熟的本质是什么？它正是固执和烦恼的根源。它不仅是个人的，也是集体的，是世界本身无休止地喷涌而出的我执。这就像从密林或山中深处新挖出的一些水灵乌黑的矿物。

这就是佛陀所说的"无明"。然而，在那之后的佛教思想史上，却没有彻底解决这一无明的课题。只有阿毗达摩的随眠（烦恼事），唯识说的阿赖耶识，净土教的烦恼具足，稍稍回应了这一点。不得不说，其他大乘各派并没有真正接受。

个体于全人格性的思考中处于何种位置，是今后的课题。这不仅是佛教学者的任务，更是关乎人类未来的问题。

[JWH]

存在的原视点
玉城康四郎 1983，3–11

今天，人类面临着从未经历过的问题，并把它暴露在令人毛骨悚然的深渊中。科学以及科学技术的存在方式正在受到质疑，人口、粮食供应和物资匮乏等问题不断逼近，我们在核武器带来的人类恐怖危机中战战兢兢。无论是近代经济学还是马克思经济学，都充斥着无法用传统思维方式解释的经济现象，国际关系也无法找到新的秩序，而是在不断摸索中试图摆脱混乱。

在这种情况下，不可能产生固定的哲学世界观。人类发现在双重意义上都发觉存在是一个棘手的难题。其一是人口、粮食或氢弹造成的人类自身存在的危机。第二个是，在如此紧迫的环境中，人类存在的理由是什么？换言之，人类不辞劳苦地解决如此困境仍然要寻找生存之道是否有意义？这两者之间未必能很好地结合在一起。即使找不到人类存续的意义，恐怕也会开发、策划各种各样的新智慧，为其存续而不断努力吧。可以说，这已经在各种各样的领域中开始了。

但是，仅凭这一点，无论如何也不能令我信服。诸行无常，万物流转，有生必有死，人类也会在某个时刻被埋没于地下，从人们的视线中消失，而且大地本身也一定会消失。毋宁说，我们应该将这种浩瀚的时间流纳入视野，以阐明人类存在的意义，并在此基础上考虑人类存续的问题。说起来容易，但实际上很难实现，目前的情况只会让它变得更加困难。但无论如何也必须朝着那个方向前进。

两个要点

如今，人们正在重新认识自然。迄今为止，调查自然、研究自然、支配自然是近代人的基本方针，是人类对自然的克服和利用。这种态度被外在条件所困，迫于形势不得不改变，不再是单方面克服和利用自然，而是认为与自然共存，与动、植物共存才是人类应有的姿态。尽管其背后潜藏着人类存续的功利思维方式，但这无疑是对自然认识的划时代的态度转变。

在古人中，这种想法本身就占据了主导地位。他们想要阐明人类是如何成为自然的一部分，以及如何与自然共存。古希腊的自然观、古印度和中国的自然观，都有自己对自然世界的思考方式，但就广义而言，都能看到一个共通的基本特征。这就是刚才提到的，把自己置于自然之中，以一种全面、统一、本质的方式来把握自然的倾向。这种认知过程中的思维活动，必然涉及全人格或全身。像今天的某种立场一样，这不仅仅是伦理性或合理性的东西。这个观点，是应该在这里指出的一个要点。印度的吠陀和奥义书的诗人、哲人也是如此，中国的庄子①和持类似观点的人也是如此，苏格拉底和之前所谓的自然哲学家也是如此。而将这种全人格性思维经过长时间实践并组织起来的，就是印度的瑜伽，即佛教的禅定。

第二个至关重要的关键点，也是人类最难以理解的一点：离开人类本身、离开自我的基地。并不是说古代的哲人都如此这般，但即使印度、中国和希腊的哲学家采取了不同的立场，哲人们也在第一要务，即究明全人格性的过程中实现了第二要务。他们实现了一种从内在和外在的无限广阔中汲取气息的生活方式，这种生活方式超越了人类的基础。

第二个要点是指什么呢？尽可能简单地说，这虽然只是一种表现形式，但从本质上来说，人本身就以分割为基础，即我们只能从自己的部分看到事物。这是无可奈何的事情。领域可以不断扩展，但无论在哪个时间点，它都一成不变地局限于整体的一部分，这一点没有变化。而且，命中注定的是，我们只能通过面前（在场）的事物来观察，因此，我们永远不会超出我们所表达的，它总是能够显露出来（摆在前面）。我们确信像这样在自己的领域、摆在自己前面的认识，才是唯一没有错误的认识。人类本来就是分割式的，必然也就孕育了人天生就是地区主义者。改变这种原始的分割视角主义，才是第二个要点。而古代人则以不同的方式来体现这一要点。但久而久之，透视主义的一面逐渐增强。鉴于西方思想已经成为现代文明的支配者，故试览一下西欧历史上的这一过程。

现代文明支配者——西洋思想的自我反思

赫拉克利特和苏格拉底通过第一个要点——全人格式思考，打开了第二个要点——人类原本的封闭性。但是，从赫拉克利特的片段和柏拉图的记述来看，只有一小部分精英的哲人能够意识到第二个要点的开启。这对于他者来说是多么困难。但是，对于他们来说，这种开放的世界不是一时的灵感或特殊的神秘境界，而是现实本身，是可以在生活中实现的。佛陀也是如此。这也是苏格拉底在伤心欲绝的弟子们面前，能够满心喜悦地喝下毒酒的原因。由此可见，第二个要点的现实性极为重要。

---

① 庄子被认为是中国古代最重要的道教学者。

然而，柏拉图和亚里士多德则不然。正如柏拉图对理念的直觉代表了一个最终阶段一样，第二个要点是他们哲学体系终极的、最后的东西。柏拉图终其一生，是否能像苏格拉底那样把第二个要点变成现实，这一点值得怀疑。更不用说亚里士多德了。

与此相对，耶稣和保罗明确地实现了第二要点。耶稣在接受圣灵的同时不断祷告、行动。只要看《罗马书》和《哥林多前后书》，就可以清楚地看到保罗也是如此。然而，耶稣和保罗都把第二个关键点的实现看作天国的到来，看作从超然世界即神的国度出发的东西。正因为如此，基督教形成了一个特殊的"宗教"（基督教意义上的）世界，与哲学和科学对立。这一点与佛教明显不同。在超验性这一点上，二者大同小异，但佛教的超验性与现实性或为一体，或重叠，或融合，或相对，宗教性和哲学性之间没有对立。但不可否认的是，其现实性也总是观念性的，缺乏面向社会实态的实践和哲学。与此相对，基督教逐渐加强了它的形式面，特别是在尼西亚会议上，建立了关于三位一体等问题的正统派教义。从它第一次排斥其他观点起，可以说耶稣和保罗真正的自由之力已经消失了。偶尔会产生追求与神合一的超越性体验，它试图打破这种拘束的教义，同时试图抵御异端的迫害。但是，思想史学家将其称为神秘体验，认为是一种特殊的宗教经验，尔后又将其视为一种特殊的立场，贴上神秘思想的标签，进一步巩固了最初的问题。也就是说，第一和第二要点的整体视角会消失，板块化的倾向会越来越强。对于柏拉图和亚里士多德来说，研究人类思维的领域是全面的，无论是哲学、宗教还是科学。但事实并非如此。

说起神秘思想，希腊晚期的普罗提诺，中世纪的奥古斯丁、艾克哈特，同一系统的陶乐、苏索，以及近世的波墨等都是值得一提的。普罗提诺与原始统一体的特殊狂喜这一经历虽然强烈，但关于普罗提诺，笔者的见解最近大为不同。奥古斯丁曾一度被这种境界所吸引，直到最后到达神的恩宠。艾克哈特也表达了强烈的体验。他突破托马斯·阿奎那的体系，没有止步于此，而是继续自由地扩展这种体验。托马斯借用了亚里士多德的观点来系统化神学，但他最终也以一种可以称之为神秘体验的方式到达了神圣之光。

然而，即使是作为这种特殊体验的神秘世界，到了近世，其力量也迅速衰落。若放任不管，必然会走向衰弱。究其原因，正如我在第二要点中提到的，人本质上是被分割的，因此自然孕育着地区主义倾向，人类只能看到他们面前存在的东西。正是科学态度的突然兴起，刺激了神秘主义的弱化。因为这只是一味地追求将面前之物摆在面前的合理性。即便如此，在近世初期，我们仍然可以看到这种超越性的残影。理性主义者笛卡尔站在近世哲学的最前沿，其立场的根源在于让人自觉"我思故我在"的哲学体验。他在《方法论》中详细说明了这一点。但是，作为超越性体验，这只不过是一个开始。虽说如此，但值得注意的是，这样的体验奠定了基础。另外，为自然科学的思考方式奠定基础的弗兰西斯·培根的假想论中，探究了根植于人类生存的不可思议的谬误。所有这一切都不能忘记。

其中，最值得关注的是康德的《纯粹理性批判》。他考虑到当时的数学和物理学，一边尝试建立基础，一边进行理性批判。对他来说，超越的力量已经消失了，剩下的只是超验者的一种感觉。这似乎与自然科学的发展背道而驰，且逐渐减弱。我们可以从康德身上看到科学发展与精神衰弱的分水岭。然而，重要的是这种理性的批判。他无论在思考中多么严格、谨慎，也不得不抱怨出现了理性谬论，而理性又落入了这些谬论之中。然而，这并不意味着我们拒绝承认理性本身的尊严和自主性。事实上，当我们反思人类今天的生存时，这个问题是一个重要的问题。每当我触及康德这一严谨的思辨之处时，就会想到存在的深刻谜团，不禁产生不可思议之感动。但遗憾的是，康德的思索并不是全人格性的。那不过是浮在第一要点思维之上的理性，必须将其回归至全人格的基础上。

此后，以康德为起点的德国唯心主义无论怎样振臂高呼，都不足以达到第一要点的思维，更不用说第二个了。以谢林为例，正如他自己所声称的那般，其晚年的积极哲学从哲学的本源性来看也正如此。但它只是口号，哲学的内容空洞无物，缺乏实质精髓。与此相对，天台智𫖮的《摩诃止观》，甚至道元的《正法眼藏》，正是谢林所说的积极哲学的代表，不仅仅是口号，且有实质性的展开。从当今世界哲学来看，《眼藏》给人一种意义深远的暗示。另外，谢林将自然科学和自然哲学纳入了自己的体系，这在我们外行看来，也只能说是一种被迫的努力。

那么，理性在印度思想和佛教中完全没有地位吗？我不这么认为。诚然，它缺乏西方意义上的理性（从第一、第二要点来说，那是浮现出来的抽象之物），但其全人格式的理性认同是存在的。例如，在乔达摩还没有开悟之前，拜两位仙人为师，达到了和他们同样的境界，但乔达摩认为这并非真正涅槃，尔后于菩提树下开悟，并判断此乃真正涅槃。这种整体式认同才是原始形式作用的理性，达到了比康德的理性批判更深层次的根基。直到很久以前，人们还称西方哲学为理性的，称东方思想为经验性的，这种区别实为愚蠢、荒谬。

就这样，从古希腊的自然哲学到苏格拉底、柏拉图、亚里士多德，在极短的时间内实现了第一、第二要点。此后，地区主义愈演愈烈，从近世到现代，完全形成了自然科学独领风骚的局面。从那时起，人们已经清楚地认识到，这种追求科学真理的形式是多么离奇，最终变得毫无意义。而人的整体性又在分割的基础上不断分割，在割裂的状态下走向颓废。

[JWH]

（殷晨曦译）

禅

综　　论

镰仓时期（1185—1333）是一个政治动荡、冲突和一系列不寻常的自然灾害频发的时期。贵族阶层失去了政治权力，同时被新崛起的武士夺去了朝廷的文化权威；社会和自然的动荡压迫和摧残着农民和城市贫民；蒙古人两次入侵日本南部，威胁着日本的主权。

在日本镰仓的这种动荡气氛中出现的三种新的宗教传统——禅宗、日莲宗和各种形式的净土宗中，禅宗起初是最不具平民性的。它开始时有两种发展策略：一种是寻求政治权力中心的赞助的精英主义方法，另一种是建立远离城市干扰的修行寺院的分离主义方法。

临济宗的禅宗路线立即在前一种策略上取得了成功。它获得了幕府的支持，在京都（首都）和镰仓（幕府的中心）这两个主要城市建立文化、学习和禅宗实践的寺庙。这项事业采用了中国禅宗的体制模式，最终在每个城市形成了所谓的"五山"寺庙体系。

另一个主要的中世纪禅宗流派，即由道元（1200—1253）创立的曹洞宗流派，起初未能在城市中心取得进展。因此，它在现今福井县的偏远地区建立了第一个严格训练的主要寺院中心。两代之后，莹山绍瑾（1268—1325）通过引入民间宗教和佛教密宗的实践，建立了宗密禅的民众基础。今天，日本人经常将禅宗与美术或严格的纪律感联系起来。禅宗同时享有这两种联系，表明从长远来看，禅宗机构的两种模式是相互影响的。

日本禅宗的前身，中国的禅宗，强调大乘佛教对分析性和推测性思维的限制，而赞成直接接触当下。也就是说，他们的教义不是指外部现实的诡辩哲学。相反，它们用消除自我幻想和僵化的预设的启发式方法，这些预设掩盖了学生自己体验开悟的能力。在这方面，禅宗与大乘佛教的一般观点一致，即智慧（prajña）超越了辩证的理解（vikalpa），表达对现实的参与比脱离现实的分析更有价值，而且开悟被发现是固有的东西，而不是后来达到或发展的。禅宗的独特之处在于它坚持这一立场的严谨性：它在修辞上贬低对经文的学术性阅读，嘲笑严格遵守戒律作为成为"善"的手段，并呼吁在这里和现在展示一个人的洞察力，没有预想或深思熟虑。对禅宗来说，其他佛教徒的传统做法有可能把启发式的、权宜式的和临时性的东西当作绝对真理。

禅宗对镰仓普遍存在的沮丧和绝望情绪的反应是积极的。它展示了一种方法，以削减复杂的、被丢弃的外衣，并提出了一个洞察力，至少在理论上，是立即可用的。日本的临济禅和曹洞禅这两个传统起初并没有明显的差异，但随着各自追求自己的发展路线，它们开始有不同的重点，特别是在技术方面。为了补充坐禅，临济宗强调喊叫、击打和测试。这种咄咄逼人的方法在学生中造成了巨大的危机，只有突然的突破，他们才能"看到自己的本性"，从而得到解脱。与此相反，曹洞禅虽然不一定排除更强硬的临济方法，但更注重对无休止的经验流的关注，以此来意识到自己的真实本性。因此，坐禅仍然是其典型的做法。

为了建立合法性，临济禅和曹洞禅都写下了他们自己的历史，通过他们各自的日本"创始人"，即荣西和道元，追溯到中国的传承。事实上，这两个日本人都不认为自己是在创立一个新的佛教学派。荣西（1141—1215）是一位天台僧人，他入宋四年，在那里获得了临济禅宗的正式受戒。认识到其特殊技术的好处，荣西于是采用禅宗的方法来补充，但不是取代天台的密宗和显教的混合实践。他的继任者将承担起在日本创建一个独立的临济禅传统的任务。

道元采取了更激进的做法，他呼吁改革而不仅仅是增加新的做法。他不认为自己是在创立一个新的教派，因为他认为自己只是在回归原始的东西，也就是佛教的核心正统思想。事实上，他采取了强烈的立场——冥想不是获得开悟的手段，而是开悟的实际实践。换句话说，正确的实践是表达一个人已经拥有的开悟。道元的案例比荣西的更难提出。它需要一个复杂的哲学项目，包括对经验、语言、思想和现实的分析。道元被证明有能力完成这项任务，他后来成为日本现代哲学家最常引用的前现代日本思想家。

梦窗疏石（1275—1351）是日本临济禅宗的领袖，继承了荣西的传统，是一位赋予该宗派独特个性的大师。梦窗是一位诗人、书法家和著名的园林设计师，他开启临济禅宗和艺术之间的亲密关系，两者都重视自发性、创造性和打破僵化的惯例。在加强京都和镰仓的"五山"系统时，梦窗也巩固了这种关系的制度基础，有效地将临济禅融入了日本的城市文化结构。在哲学上，梦窗关于"本性"的教义为临济传统中一直延续到今天的分析路线定下了基调。像道元一样，他认为觉悟是所有经验的内在组成部分，却被习惯性地接受的类别而产生的妄想所掩盖。忠于禅宗的传统，梦窗并没有在概念推理中寻求解决方案。他明确指出，他对心灵、自我和现象现实的本质的思考，不过是即兴的启发式表达，可能会，也可能不会，帮助他人找到回到与现实的前语言学接触的方式——他称之为"本性"。

到了 15 世纪初，由于外省与位于京都室町地区的足利幕府中央政权之间的缓和关系开始破裂，日本再次陷入社会动荡的困境。应仁之乱（1467—1477）摧毁了首都，并将国家推入一个被称为战国时代的动荡世纪。临济禅师一休（1394—1481）当时在拯救和恢复京都的重要禅寺方面发挥了关键作用。作为一个文学家和风流人物，一休专门研究非正统行为的震撼价值，这是一种"疯狂的禅"，旨在突破人们对适当行为的假设。通过揭露和解构主流的思维习惯，一休开辟了一条与不可言说的"原野"接触的道路，他的术语就是梦窗所说的"本性"。他的文章《骸骨》是对佛教无常概念的一种个人化的凄美表达，吸引了广大读者。他的文学风格既表达了他那个时代的存在主义情绪，又为他自己反常的生活方式做了辩护。此外，一休与他那个时代的许多重要文学家的个人关系，进一步巩固了临济禅和艺术之间的联系。

在德川幕府强加的和平和隐居政策下，战国时代逐渐进入江户时代（1600—1868），大阪①、京都和江户（今东京）等城市作为主要的商业和文化中心而繁荣起来。由于他们的军事技能变得越来越不需要，许多武士建立了世俗的学院或成为佛教徒，特别是临济宗的僧侣。这样一来，武士的纪律和道德操守的理想就渗透到临济禅的话语和实践中。因此，禅宗从在艺术中的介入扩大到包括像剑术这样的武术，它的"自我死亡"的谈话反映了这种佛教和武士思想的结合。我们在泽庵宗彭（1573—1645）、铃木正三（1579—

---

① 大坂（Osaka）的写法在明治维新后改为大阪。

1655）和志道无难（1603—1676）的著作中发现了这个新主题。在武器和文字方面同样熟练的泽庵，利用剑术中的反应性、开放性和灵活性等原则来表达类似的佛教原则。同时，正三采用佛教、儒家和神道关于无我、专注和无常的教义，培养战士出征时对死亡的正确态度。无难通过敦促僧侣和战士们沉浸在无常的真谛中，来解决他们对死亡的恐惧。所有这三位人物都对禅宗的创始理念保持着忠诚，提醒他们的读者，他们的著作只是启发式的和临时性的，仅仅是口头上的提示，指向一种直接经验的可能性，以及对它作出反应的灵活性，这超越了语言和概念。

随着江户时代的发展，为了完善自己的城市文化，一些临济禅师感觉到他们的传统已经脱离了生活，退回到了寺院的安静主义或沉溺于艺术审美主义。盘珪永琢（1622—1693）和白隐慧鹤（1685—1768）都在寻求恢复禅宗以往活力的方法。万景向普通人伸出援手，向他们解释他们固有的开悟，他称之为"禅"。任何一个人——男人、女人、普通人、和尚、罪犯、圣人——都可以在日常生活的事件中得到启迪。对盘珪来说，开悟包括注意力的流动、自发的运动，不受思考、学习行为模式或有意识地遵守道德戒律的约束。与此相反，白隐主要侧重于改革临济宗的寺院生活，将一系列的心理学见解带入个人转变的动力中。由于开悟是与生俱来的，唯一能找到它的地方，博仁坚持认为是在自己的内心。禅师的任务是清除任何外在的东西——文字、个人或教义——学生们习惯于依赖的东西，从而诱发一种他命名为"大疑"的状态。解决这种怀疑的唯一途径在于他所说的"大悟"的内在转变，或者，回到一个世纪前的禅师的主题，"大死"。达到这样的状态，所有的现象，就像它们在经验中出现一样，显示出"在日常活动中的开悟"。

随着儒家思想的引入，江户时代见证了儒家思想在日本的重新兴起。在中国，儒家将许多佛教思想吸收到自己的术语中，并通过将其余的佛教思想贬低到仅仅是部分真理的地位来论证自己的优越性。当日本禅宗僧侣在15和16世纪首次从中国带回儒家思想的时候，儒家思想一般被认为是对佛教的补充，而不是替代。然而，随着江户时代的发展，这两种传统之间的竞争变得激烈起来。这种相互敌视的一个重要例外是今北洪川（1816—1892）的思想。作为一名临济禅师，他试图表明许多儒家的价值观与佛教是相容的。例如，他将古典儒家对人性本善的强调与佛教的内在佛性思想联系起来。

今北指出，虽然儒家和佛教都承认这种固有的本性，但只有佛教徒在经验中直接参与其中。

1868年日本向西方重新开放，标志着日本现代时代的到来。在新成立的以西方大学为模式的世俗大学中，哲学成为一门主要的学科。因此，一些与禅宗有个人联系的学生将西方的思想、术语和方法用于分析他们的经验。有些人的著作，如铃木大拙（1870—1966）、久松真一（1889—1980）和唐木顺三（1904—1980）都属于这个类别。京都学派是禅宗思想和西方哲学的交汇点，事实上，这三位思想家都与京都学派的创始人西田几多郎有着密切的个人联系。虽然这三人中没有人可以被称为严格意义上的哲学家，但他们都以一种影响他们对禅宗理解的方式研究西方哲学。例如，铃木试图用"肯定—否定"来解释禅宗的传统"逻辑"，而久松则专注于佛教的"虚无"概念。但无论他们的语言在多大程度上被他们与西方哲学的遭遇所影响，他们仍然从事着禅宗的主要任务，即发展一种启发式的解释，旨在引导他们的听众获得一种无法解释、分析或概念化的经验。由于这个原因，铃木和久松都坚持认为禅宗和西方哲学思维之间存在差异。相比之下，唐木更像是一个文学评论家，他在解释经典佛教文本时发挥了自己的洞察力。在后文所选的内容中，他从道元的《无常》中选择了几个具有挑战性的段落，以强调美学在日本传统思想中的强大作用。

在考察本编所包括的广泛的思想家时，有一点很突出。他们中的每一个人都以这样或那样的方式接受了一个基本的信条，即禅宗从根本上关注的是直接接触经验的基础，而不是通过概念、反思和不置可否的假设来为其着色，这就是创造力、自发性和开明的生活方式的来源。当然，为了向他人传达这一事实，人们不可避免地要使用启发式的、权宜的或临时性的语言。这种语言的性质反映了社会条件或知识时代的变化，这一点并不令人惊讶。为了接引尚未开悟的人，禅宗首先要在他们自己的基础上与他们接触，这一点在考虑禅宗和哲学思想之间的相互作用时需要永远记住。在这种相互关系中，我们看到禅宗发现了工具性表达的新形式，即使它继续以自己的问题和见解来丰富日本哲学。

延伸阅读

Abe, Masao. *Zen and Western Thought* (Honolulu: University of Hawai'i Press, 1989).

Dumoulin, Heinrich. *Zen Buddhism: A History*, vol. 2: *Japan*, trans. by James W. Heisig and Paul Knitter (Bloomington: World Wisdom, 2005).

Izutsu, Toshihiko. *Toward a Philosophy of Zen Buddhism* (Tehran: Imperial Iranian Academy of Philosophy, 1977).

Kasulis, T. P. *Zen Action/Zen Person* (Honolulu: University of Hawai'i Press, 1989).

Kim, Hee-jin. *Eihei Dōgen: Mystical Realist* (Boston: Wisdom Publications, 2004.)

Nagatomo, Shigenori. 2006. "Japanese Zen Buddhist Philosophy," Edward N. Zalta, ed., *Stanford Encyclopedia of Philosophy* (Summer 2010 edition). url: http://plato.stanford.edu/entries/japanese-zen/.

Wright, Dale S. *Philosophical Meditations on Zen Buddhism* (Cambridge: Cambridge University Press, 1998).

[TPK]

（张政远译）

道　元

道元（1200—1253）

在日本宗教史上，道元（1200—1253）被尊为日本曹洞宗的创始人。传说他出生于一个贵族家庭，幼年失去双亲，12岁进入京都东北地区比睿山的天台宗佛教寺院。为了寻找一位理想的老师，他很快从佛教中心比睿山离开，来到京都东部的一个小寺庙建仁寺。这座寺庙是由明庵荣西于1203年开创的。荣西（1141—1215）也是一位天台宗僧侣，他入宋四年时间学习临济宗教义并获得印可。

虽然针对道元是否真的见到过荣西，学界一直有怀疑的声音，但道元确实成为荣西的直接继承人明全（1184—1225）的学生。1223年，明全去中国进修，并带道元一同前往。两年后，明全在中国去世，道元拜中国曹洞宗的天童如净（1163—1228）为师。在如净门下，道元听到"坐禅"中"身心脱落"这句话后获得了精神上的领悟。之后道元得到如净的印可，于1227年回到日本。

道元在日本的宗教生涯以他主张坐禅为所有佛教的核心正法为中心。这种强调"只管打坐"的修行方法，与天台整合各种修行法门包括显宗和密宗的既定做法不一致。结果，道元发现自己越来越被当权宗教团体以及世俗政权所排斥。为了建立自己的寺院，他于1243年来到现在的福井县，在这里他创立了永平寺。在他生命中剩下的岁月里，道元集中注意力，主要根据他在中国禅宗界的经验以及他自己的信念，即开悟不是修行的目的而是修行的方式，为永平寺制定了全面的僧规。他坚持以纪律性的知觉参与作为转化日常生活中普通活动精神层面的手段，这是他对普通日本人包括俗人和僧侣精神层面最明显的贡献。

道元的主要哲学著作，也是以下所有选文的来源，即《正法眼藏》。该书共九十五卷，道元从 1231 年写到 1253 年去世。除了几个重要的例外，被认为最有哲理的文章是在永平寺建立之前的时期，也就是大约 1240 年到 1243 年左右所写。每篇文章一般围绕一个基本的主题，往往是在分析一个关键的禅宗命题：一首诗，一个公案，一个传统故事，一幅画，或一个著名的佛教隐喻或短语。他的评论旨在迷惑读者，解构禅宗传统中对著名片段的惯常解读。在这方面，《正法眼藏》可以说是日本第一部用日语而非古代汉语写成的哲学著作，这一点意义非常重大。事实上，道元发明了一种表达哲学的新语言，他在发明新的表达形式方面表现出了巨大的创造力。鉴于他错综复杂的遣词造句，他对其他佛教典籍的广泛引用，以及他对使用新词的嗜好，《正法眼藏》被认为是如此深奥晦涩，以至于在他死后的几个世纪里，这本书根本没有被广泛阅读。

　在 20 世纪的日本哲学界，道元似乎终于找到了他的听众。几位重要的思想家如和辻哲郎、田边元、西谷启治、上田闲照和汤浅泰雄等人都写过关于道元的重要著作，将他作为前现代日本的重要哲学家。在 67 卷的《日本思想大系》（NST）中，道元是唯一被分配到两卷的思想家。为什么对道元作为日本重要思想家的评价会突然转变？也许是因为在他的哲学观点中存在一些惊人的现代元素。他的方法论也是如此：他的互文性意识，对解构的强调，对类似于对经验的现象学分析的关注，以及他看待师生或作者与读者关系的独特方式。他的现代感同样体现在他所探讨的主题上：身心的不可分割性、时间性的本质、意义的语境基础、人与自然的亲密关系，以及传统的作用与道德相对性的对照。

[TPK]

禅乃修行开悟

道元 1243A，88-9；1243B，90，94

坐禅仪（最终修订版，1243）

　道元认为，以正确的方式坐禅就是在修行悟道。这不是在说修行就是为了开悟，他认为如果一个人以正确的方式坐了一会儿，那么在那一刻，这个人就是佛。坐禅的基本要求概述如下：

参禅者，坐禅也。坐禅宜静处，坐褥应厚铺……应放舍诸缘，应休息万事。善也不思量，恶也不思量。无心意识，止念想观。勿图作佛，应脱落坐卧……或半跏趺坐，或结跏趺坐……应正身端坐……目应开，应不张不微。

[CWB]

坐禅箴（1242—1243）

如果坐禅本身就是修行悟道的话，那么思量、不思量和非思量之间关系的本质一定是至关重要的。在道元看来，非思量是建立在所有认知活动包括思量和不思量的基础之上的。当一个人不再试图成佛，而是将修行作为一种目的全身心投入时，就会出现非思量。道元通过一个著名的禅宗故事更加充分地解释了他的意思。

药山弘道大师①坐次有僧问："兀兀地思量什么？"师云："思量个不思量底。"僧云："不思量底如何思量？"师云："非思量。"

证大师之道如是，应参学兀坐，应正传兀坐。兀坐乃佛道所传之参究也。兀兀地思量，虽非一人，然药山之道乃其一也，所谓"思量个不思量底"也。有思量为皮肉骨髓者，有不思量为皮肉骨髓者。

僧云："不思量底如何思量？""不思量底"一说纵自古有之，然此更有"如何思量"也。兀兀地，无思量乎？兀兀地向上，因何不通？若非卑近之愚辈，应有问着兀兀地之力量，应有思量。

大师云："非思量。"使用所谓非思量之姿虽如玲珑，然思量"不思量底"，必用"非思量"。非思量中有"谁"，"谁"保任我。兀兀地纵为我，然非唯思量，举兀兀地也。兀兀地纵为兀兀地，然兀兀地如何思量兀兀地？故而，即兀兀地者非佛量、非法量、非悟量、非会量也。

---

① 弘道是药山惟俨（745—828）的谥号。其法孙洞山良价（807—869）创立了曹洞宗。

……

应知，学道所定之参究者，坐禅办道者也。其榜样之宗旨，在于不求作佛之行佛。行佛更非作佛，故公案现成也。

[CWB]

意义与语境
道元 1252，7-10

在禅宗的传统中，"公案"，即不假思索回答的难题，是很多修行的核心。此外，"公案"有时可以指针对出现在顿悟的禅宗佛教徒禅定中所有现象的平等之心。这两种含义并入了道元的《现成公案》。在非思量状态下，一切都是原始所予的，所有现象皆为开放的或者说是空的（有时被称为"真如"）。但在它们的"自然呈现"（现成）中，它们聚集在一起，变成适于其语境或"场合"的有意义的矩阵。这样，同一个无意义的现象可以配置多种可能的意义矩阵（所谓"大千世界"）。《现成公案》的主要主题就是在谈"意义再造"，这篇文章是道元最著名的哲学作品，也是他自己在开始收集自己作品时特别强调过的一篇。道元的文风以复杂著称，文中大量出现佛教文学典故、禅宗术语、大量的新词以及独特的句法。所以没有一个译本能够解决文中所有的微妙之处以及暗示也不足为奇。这篇文章在日本哲学中地位非常重要，是被翻译的最为频繁的禅宗文本之一。

现成公案（1233，修订于1252）

诸法为佛法时节，即有迷悟有修行，有生有死，有诸佛有众生。万法俱无我时节，无惑无悟，无诸佛无众生，无生无灭。佛道原本跳出丰俭，故有生灭，有迷悟，有众生佛陀。

然虽言如此，花落于爱惜，草生于弃嫌。自己前往修证万法为迷，万法进前修证自己为悟。大悟迷者为诸佛，大迷悟者为众生。更有悟上得悟之汉，有迷中又迷之汉。诸佛正为诸佛之时，不觉知自己为诸佛，然证佛也，恒证佛也。举身心而见取色，举身心而听取声，虽亲身会取，然不似镜中宿影，不似水中映月。证一方时，另一方则暗。

所谓学佛道者，学自己也。所谓学自己者，忘自己也。所谓忘自己者，为万法所证也。所谓为万法所证者，使自己之身心及他己之身心脱落也。有悟迹休歇，令休歇之悟迹长长出也。人始求法时，则遥遥离却法之边际；法已正传于己时，则速成本分人。正如人乘舟而行，回目视岸，误作岸移，转目近舟，方知舟行。乱想身心，辨肯万法，误作自心自性常住矣。若亲归行履于个里，则明万法不属我之道理。

薪若成灰，不能更复成薪，然不应见取其为灰后薪先。应知薪住薪之法位，有先有后，虽有前后，前后际断。灰于灰之法位，有后有先。如彼之薪，成灰之后不能更复成薪，人死之后，不能更复回生。不言生变死者，佛法之定说也，故曰不生。死而不能更复回生者，法轮之所定之佛转也，故曰不灭。生亦一时之位也，死亦一时之位也。例如冬春，不思冬成春，不言春成夏。

人之得悟，如月映于水。月不湿，水不破。光虽广大，映于尺寸之水，全月弥天皆映于草露，亦映于一滴之水也。悟不破人，如月不穿水；人不碍悟，如滴露不碍天月也。深者，高之分量也。时节之长短，应检点大水小水，辨取天月之广狭也。

身心尚未参饱佛法，思法已足；若身心充足佛法，思法尚未足。如乘船出无山之海中，看四方，唯见海为圆形，更不见他相。然此大海，非圆非方，所余之海德，无有穷尽。如宫殿，如璎珞。唯吾眼所及之处，暂似圆形。万法亦如彼。尘中格外，虽有诸多样相，却仅见取会取参学眼力之所及也。若欲知晓万法之家风，应知所见之方、圆之外，所余之海德山德，无穷无尽，尚有诸方世界。非但身旁如此，应知自己自身、一滴之水亦如是。

鱼游水中，虽游然水无边际；鸟飞空中，虽飞然天无边际。但自古以来，鱼不离水，鸟不离天。唯用大之时使大，要小之时使小。如此，个个尽边际，处处皆踏翻，然鸟若出天即死，鱼若出水亦即死。应知（鱼）以水为命，（鸟）以天为命。有以鸟为命者，有以鱼为命者。以命为鸟者，以命为鱼者。此外，应更思之。有修证，有寿者命者，亦如是。

然若鱼穷究水后而游，鸟穷究天后而飞，则于水于天皆不得道、不得所。若得此所，则此行履随而现成公案；若得此道，则此行履随而现成公案。此道此所，非大非小，非自非他，非先有，非今现，故如此也。如此，人若修证佛道，则得一法通一法，遇一行修一行也。为此有处所，不知因道通达而知之境，盖因此知与佛法之究竟共生同参之故也。① 勿以得处必为自己之知见，以虑知为知之。证究虽即现成，然密有未必现成，现成非必然也。

麻谷山宝彻禅师用扇时有僧来问："风性常住，无处不周，和尚以何更用扇子？"师曰："汝只知风性常住，却不知无处不周底之道理。"僧曰："何为无处不周底之道理？"时师唯使扇，僧礼拜。

佛法之证验，正传之活路，其如是也。言（风性）常住则不应使扇，不使亦有风者，乃不知常住，亦不知风性也。风性常住，故佛家之风现成，大地之黄金，参熟长河之苏酪也。

[TPK]

有　　时

道元 1240A，181-94

在上面的选文《现成公案》中，道元针对时间的性质作了一些评论。在下面摘录的文章中，道元以一种更系统的方式来探讨这个话题。这篇文章的题目是"有时"，一个由"存在""有"和"时间"组成的复合词。通常，"有时"一词的意思是"在某个时间"或"在某个时刻"，但道元用这个词的复合性来启发人们将经验分析为一系列存在的时刻。这个阵列可以被看作一系列当前现在的呈现，或者是在过去、现在和未来的时间框架中的"经历"。

有时：存在时刻（1240）

古佛言：

> 有时高高峰顶立，
> 有时深深海底行。

---

① 也就是说，"知"就像鱼游于水、鸟飞于空一样，是一种活动。而"界"或"境"则是活动（包括"知"）停止的地方。

有时三头八臂①，
有时丈六八尺。

所谓"有时"者，"时"既是"有"，"有"皆为"时"也。丈六金身为"时"也，为"时"故有"时"之庄严光明。应于今之十二时中习学。三头八臂为"时"也，为"时"故一如今之十二时也。十二时之长远短促，虽未度量，然谓之十二时。因去来之方迹明故，人不疑着之，虽不疑着，然非知也。原本，众生疑着不知之每物每事，而此疑着非一定，故疑着之前程，未必符合今之疑着。唯疑着且为"时"也。

排列"我"而为尽界，应觑见此尽界之头头物物为时时也。物物不相碍者，如时时不相碍也。是故，有同时发心、同心发时也。及至修行成道，亦如此也。排列"我"，而我见之也。自己之为"时"之道理，其如是也。

因恁么之道理之故，应参学尽地（即地上全部所至之所）有万象百草，一草一象各在尽地。如是往来者，修行之发足也。到恁么之田地时，即（知）一草一象也。会象（为）不会象，会草（为）不会草也。因唯正当恁么时之故，"有时"皆为尽时，有草有象共为"时"也。时时之"时"中，有尽有尽界也。且应观想，漏于今时之尽有尽界，有耶？无耶？

然未学佛法之凡夫之时节所具之所有见解者，闻"有时"之言，则以为时为三头八臂，时为丈六八尺。如过河、过山。今其山河纵有，然我已过（去），今处于玉殿朱楼。山河与我，天与地也。

然道理非仅此一条，所谓登山渡河时有我，则于我应有"时"。我既有，则"时"不应去。"时"若非去来之相，则上山之时，即为"有时"之"而今"也。"时"若保任去来之相，则于"我"有"有时"之"而今"也，是为"有时"也。彼上山渡河之时，非吞却此玉殿朱楼之"时"欤？非吐却欤？

三头八臂者，昨日之"时"也，丈六八尺者，今日之"时"也。然其昨、今之道理，仅为直入此山之中，环视千峰万峰之时节，非过去也。三头八臂即一经我之"有时"，似在彼方，然为而今也。丈六八尺亦一经我之"有

---

① 三头八臂指阿修罗。在佛教思想中，阿修罗是喜欢战斗的魔鬼。

时",似在彼方,然为而今也。

故,松亦为"时"也,竹亦为"时"也。不应仅会解"时"为飞去,不应仅学飞去为"时"之能。"时"若一任飞去,应有间隙。不经闻"有时"之道者,因仅学其为过去之故也。取要而言,尽界所有之尽有者,连绵而为"时时"也。因(吾)为"有时",故"吾有时"也。

"有时"有经历之功德,所谓由今日经历至明日,由今日经历至昨日,由昨日经历至今日,由今日经历至今日,由明日经历至明日,因经历为"时"之功德之故。古今之"时",非重合,非排列累积也。……

今凡夫之见及其见之因缘,虽为凡夫之所见,然非凡夫之法,唯法暂以凡夫为因缘也。因学此"时"此"有"非法之故,则认丈六金身非我。以我非丈六金身而逃者,亦即"有时"之片片也。"未证据者看看"也。

纵认住位(之"有时"),然谁能道得既得怎么之保任乎?纵怎么道得已久,然无不尚摸索面目之现前。若一任凡夫(所谓)之有时,则菩提、涅槃亦仅去来之相之"有时"也。

所谓经历者,不可学其如风雨之东西。尽界者,非不动转,非不进退,经历也。经历者,例如春也。春有许多般之样子,此谓经历也。应参学(春)无外物而经历。如,春之经历者,必经历春也。虽经历非春,然是为春之经历故,经历于春之时成道也。

……

某日,归省禅师①谓众僧曰:

有时意到句不到,
有时句到意不到。
有时意句两俱到,
有时意句俱不到。

"意""句"共为"有时"也,"到""不到"共为"有时"也。虽到时

---

① 叶县归省(生卒年不详),临济宗第四代祖师。——原文注。归省应为临济下第六世。——译者注

末了,然不到时来也。"意"者,驴也,"句"者,马也。以马为"句",以驴为"意"。"到"者,其非"来"也,"不到"者,此非"未"也。"有时"者,如是也。"到"被"到"所挂碍而非被"不到"所挂碍,"不到"被"不到"所挂碍而非被"到"所挂碍。"意"碍"意"而见"意","句"碍"句"而见"句","碍"碍"碍"而见"碍","碍"碍"碍"也,此为"时"也。"碍"虽为他法所使得,然尚无碍他法之"碍"。我逢人也,人逢人也,我逢我也,出逢出也。此等若不得"时",则不怎么也。

又,"意"为现成公案之"时"也,"句"为向上关捩之"时"也,"到"为脱体之时也,"不到"为即此离此之时也。应如是辩肯之,"有时"之。

[RR]

自 然
道元 1240B,258—62,264—7

在《现成公案》中,我们发现道元认为就事物本身而言它们在其可能意义上是无限的。意义并不是内在于事物的,而是我们在特定的环境、特定的场合与之接触的结果。我们的接触以及所产生的意义是否有效,取决于它们是否适合在特定场合所呈现的环境。这一论断对人与自然的互动有着深刻的应用。在接下来的文章中,道元继承了传统的观念,认为山水可以教导我们,可以是"佛经"也就是佛陀的语言。当然,要让它们有这样的功能,我们必须意识到它们表达的开放可能性,而这只有在我们摆脱了我们已经习惯的方式去接触它们的情况下才有可能。一旦我们不再以一种且只有一种方式来看待自然事物的意义,我们就会认识到,山并不一定是静止的、不能交流的,也不是统治者或国家可以拥有的东西。

山水经(1240)

而今之山水,古佛之道现成也。共住法位,成究竟之功德。是为空劫已前之消息,故而今之活计也;是为朕兆未萌之自己,故现成之透脱也。以山之诸功德高广,故乘云之道德,必由山通达;顺风之妙功,定由山透脱。

大阳山楷和尚①示众云："青山常运步，石女夜生儿。"山不亏缺应备之功德，故常安住也，常运步也。其运步之功德，应审细参学。山之运步应如人之运步，故莫因不见其同人之行步而疑山之运步。

今佛祖之说道，既指示运步，此其得本也。应究辨常运步之示众。运步故常也。青山之运步，其疾如风，更疾于风，然山中人不觉不知也。山中者，世界里之花开也。山外人不觉不知也。无看山眼目之人，不觉不知、不见不闻，这个道理也。若疑着山之运步，则亦尚不知自己之运步也。自己之运步非无，尚不知、不明自己之运步也。如知自己之运步，当知青山之运步也。

……

莫谤山曰："青山运步不得，东山水上行不得。"见处低下卑贱，故疑怪"青山运步"之句也。因少闻拙见，故惊于流山之语也。今流水之言，虽非七通八达，然唯沉溺于小见浅闻也。

纵有眼睛见（青山为）草木石墙壁之现成之时，然非疑着，非动着，非全现成。纵见取七宝庄严之时节现成，然非实归；纵见有诸佛行道之境界现成，然非必为爱处；纵见得诸佛不思议之功德现成之为顶颡，然如实者非仅此。各个之现成，乃各个之依正也。非以此等为佛祖之道业，乃一隅之管见也。转境转心者，大圣之所呵也；说心说性者，佛祖之所不肯也。见心见性者，外道之活计也；滞言滞句者，解脱之道着也。有透脱如此之境界者，所谓"青山常运步"也，"东山水上行"也。应审细参究。

云门匡真大师②曰："东山水上行。"此道所现成之宗旨（即）：诸山为东山，一切东山（皆）水上行。是故，九山迷庐等现成，（得以）修证。谓之东山。

……

水者，非强弱，非湿干，非动静，非冷暖，非有无，非迷悟。冻则坚于金刚，谁能破之？融则柔于乳水，谁能破之？故，即不能怪疑现成之所有功

---

① 这里指的是芙蓉道楷（1042—1118），曹洞宗在中国衰落后，他对曹洞宗的复兴起到了重要作用。

② 云门匡真（864—949），以机锋峻峭闻名，经常出现在《碧岩录》和《无门关》中。

德，且当参学应于十方着眼看十方水之时节。非仅参学人天看水之时节，有水看水之参学。水修证水之故，有水道着水之参究。应使自己相逢于自己之通路现成。应进退、跳出他己参彻他己之活路。

大凡见山水者，随种类而有不同。所谓，有见水为璎珞者。然非见璎珞为水。吾等见之为某形，彼（见之）为水；彼（见之）为璎珞者，吾见之为水。有见水为妙华者，然非用花作水。鬼以水见为猛火，见为浓血。龙鱼见为宫殿，见为楼台。或见为七宝摩尼珠，或见为树林墙壁，或见为清净解脱之法性，或见为真实人体，或见为身相心性。人见之为水，杀活之因缘也。

既随类所见不同，姑且应疑着之。（其乃）见一境而诸见品品乎？（抑或是）误错诸象为一境乎？应于功夫（参究）之顶颠更加功夫（参究）。故即修证辨道，亦非一般两般，究竟之境界亦应千种万般。更臆想此宗旨，如诸类之水纵多，然无本水，无诸类之水。故随类之诸水，其非由心，非由身，非生自业，非依自，非依他，乃依水透脱也。故，水非地、水、火、风、空、识等，非青、黄、赤、白、黑等，非色、声、香、味、触、法等，然地、水、火、风、空等之水，（其）自现成。

……

然，龙鱼见水为宫殿时，应如人见宫殿，不得更知见其流去。若有旁观者，为（其）说"汝之宫殿乃流水"时，如吾等今闻着山流之道着，龙鱼应忽惊疑也。更于宫殿楼阁之栏、阶、露、柱，如是说着，亦应有保任者。此料理，应静静思来思去。若于此边表学不透脱，则非解脱凡夫之身心，非究尽佛祖之国土，非究尽凡夫之国土，非究尽凡夫之宫殿。

今人虽深知见海之心、江之心为水，然尚不知龙鱼等以何物知见为水，使用作水。莫要愚昧认为，我知见之水，他类亦用之为水。……

山者，超古超今，大圣之所居也。贤人圣人，俱以山为堂奥，以山为身心。因贤人圣人而山现成也。大凡山者，想（其中）聚集几许大圣大贤，然入山以来，则无一人逢一人，唯山之活计现成，更不遗去来之踪迹。于世间望山之时节与于山中会山之时节，顶颠眼镜，遥遥相异。不流之臆想及不流之知见，亦不应与龙鱼之知见相齐。人天于自界得所，他类则疑着之，或不及于疑着。……

大凡山者，虽属于国界，然（亦）属于爱山之人。山必爱主时，圣贤高德则入山。圣贤住于山（中）时，山属于圣贤之故，树石郁茂，禽兽灵秀。此乃蒙圣贤之德之故也。应知山有好贤之实，有好圣之实。……

应知山非人间之境，非上天之境。不得以人虑之测度知见山。若不比准人间之流，谁疑着山流、山不流等哉？……

非唯谓世界有水，水界（亦）有世界。非唯水中有如是，云中亦有有情世界，风中亦有有情世界，火中亦有有情世界，地中亦有有情世界，法界中亦有有情世界，一茎草中亦有有情世界，一柱杖中亦有有情世界。如有有情世界，其处必有佛祖世界。如是道理，应善加参究。

是故，水为真龙之宫，非流落也。认其仅为流落，则"流"之语，谤水也。如强为（其为）非流之故。水者，唯水之如是实相也，水是水功德也，非流也。参究一水之流，参究（一水之）不流，则万法之究竟，忽而现成也。山亦有藏于宝中之山，有藏于泽中之山，有藏于空中之山，有藏于山中之山。有藏中藏山之参学。

古佛云："山是山，水是水。"此道取，非谓（世俗所见之）"山是山"，乃谓（悟道者所见之）"山是山"也。是故，应参究山。若参（学）、穷（究）山，则山中功夫也。如是之山水，自为贤，自为圣也。

[CWB]

关于善恶
道元 1240C，277-84

在这篇文章中，道元探讨了一个禅宗难题，即禅宗是如何一方面肯定现象缺乏内在意义和价值，从而使区分善恶是有情境的、相对的；另一方面又不断针对"不作恶"和"虔诚修善"等戒律进行强调。他对此的回答是，在宗教上遵守戒律"不作恶""虔诚行善"，"不作"和"虔诚修行"把人转化成了一个不会作恶并积极行善的人。这就好像"不可杀人"先是被当作一种道德义务，而通过相应地生活，一个人就会被转变，"不可杀人"不再是一种义务，而是一种描述性的陈述，说明一个人因为变成了什么人而不会做什么事。在那一刻，作为原则的善恶区别就消失了，因为不再需要了。

诸恶莫作（1240）

古佛云："诸恶莫作，众善奉行，自净其意，是诸佛教。"

此为七佛祖宗之通戒，由前佛正传于后佛，后佛相嗣于前佛。非唯七佛，"是诸佛教"也。应功夫参究此道理。所谓七佛之法道，必如七佛之法道。相传相嗣，尚为个里所通指消息也。既"是诸佛教"也，百千万佛之教、行、证也。

今所云之"诸恶"者，善性、恶性、无记性中之恶性也。其性无生也。善性、无记性等虽亦无生、无漏、实相，然此三性之个里，有许多般之法。诸恶者，此界之恶与他界之恶有同有不同，先时（之恶）与后时（之恶）有同有不同，天上之恶与人间之恶有同有不同。况佛道与世间，道恶、道善、道无记，遥有殊异。善恶为时，时非善恶。善恶为法，法非善恶。法等，恶等也；法等，善等也。……

此无上菩提，或从知识闻，或从经卷闻，① 初闻"诸恶莫作"。不闻"诸恶莫作"，则非佛之正法，为魔说也。应知闻"诸恶莫作"者，此佛之正法也。此所谓"诸恶莫作"者，非凡夫之始造作而有如此也，闻教菩提之说而如是闻也。如是闻者，以无上菩提之语道着也。既为菩提之语，故语菩提也。为无上菩提之说着而转为闻着，愿"诸恶莫作"，行"诸恶莫作"。诸恶既不作时，修行力忽现成。此现成者，以尽地、尽界、尽时、尽法为量而现成也。其量者，以莫作为量也。

正当恁么时之正当恁么人，纵似住应作诸恶之所，对应作诸恶之缘，交作下诸恶之友，然不更作诸恶。"莫作"之力量现成故。诸恶自不道着诸恶，诸恶无所定之调度也。有一拮一放之道理。正当恁么时，即知恶不犯人之道理，明人不破恶之道理。

诸恶非无，唯莫作也。诸恶非有，唯莫作也。诸恶非空，莫作也。诸恶非色，莫作也。诸恶非莫作，唯莫作也。如，春松非无非有，非造作也。秋菊非有非无，非造作也。诸佛非有非无，莫作也。露柱灯笼、拂子挂杖等，非有非无，莫作也。自己非有非无，莫作也。

然，莫作而趣向于作者，如南辕北辙也。

---

① 日文原文中有此句，英文省略。——译者注

"众善奉行。"此众善者，三性之中之善性也。虽善性之中有众善，然先现成而待行人（即修行之人）之众善尚无。作善之正当怎么时，众善无不来。万善虽无象，然集于作善之时，速疾于磁铁也。其力，亦强于毗岚风。大地山河、世界国土、业增上力，亦尚不能挂碍善之汇集也。

众善非有、无、色、空等，唯奉行也。无论何处现成、何时现成，必奉行也。此奉行，必有众善现成。奉行之现成，虽为公案，然非生灭，非因缘。奉行之入、住、出等亦复如是。众善中之一善，既奉行，则尽法、全身、真实地等，俱为奉行也。此善之因果，同为奉行之现成公案也。虽非因先果后，然因圆满，果圆满。因等法等，果等法等也。虽修因感果，然非前后。因有前后等之道故。

所谓"自净其意"者，莫作之"自"也，莫作之"净"也。"自"之"其"也，"自"之"意"也。"莫作"之"其"也，"莫作"之"意"也。奉行之"意"也，奉行之"净"也。奉行之"其"也，奉行之"自"也。是故，谓"是诸佛教"也。

……

（白）居易①问："如何是佛法大意？"道林曰："诸恶莫作，众善奉行。"居易曰："若怎么，三岁孩儿亦道得。"道林曰："三岁孩儿纵道得，八十老翁行不得也。"怎么言，居易即拜谢而去。诚居易虽为白将军之后，然为奇代之诗仙也。人传二十四生之文学也。或有文殊之号，或有弥勒之号。风情无不闻，笔海无不朝。然于佛道乃为初心也，晚进也。况此"诸恶莫作，众善奉行"，其宗旨，如梦中亦尚未见也。居易以为（道林）单认有心之趣向而云"诸恶莫作，众善奉行"。不知不闻佛道中千古万古、亘古亘今（所传）之"诸恶莫作，众善奉行"之道理。不踏佛法之所，无佛法之力，故如是言也。纵戒造作诸恶，劝造作众善，然应为现成之莫作也。

……

可怜居易，汝道什么？尚未闻佛风故。（汝）知不知三岁之孩儿？知不知孩儿才生之道理？若知三岁孩儿者，则亦应知三世诸佛。未知三世诸佛者，

---

① 白居易（772—846）是佛光如满禅师的俗家弟子，他在杭州任太守时曾拜访道林禅师（741—824）。

如何知三岁孩儿耶？莫以为对面即可知，莫以为不对面即不知。知一尘者，知尽界；通一法者，通万法。万法不通者，一法不通。学通者，通彻时，既见万法，亦见一法。故学一尘者，必然学尽界也。以为三岁孩儿不可言佛法，以为三岁孩儿之所言容易者，至愚也。以知生明死乃佛家一大事之因缘之故也。

……

所言之意，三岁之孩儿有道得之语，应善加参究。八十老翁有行不得之道，应善加功夫。所谓："孩儿道得一任于汝而非一任于孩儿，老翁行不得一任于汝而非一任于老翁"也。

[WB]

关于禅宗的语言
道元 1243C，393-6

在这篇文章中，道元谈到了禅修中的语言问题。文章的开头针对禅宗创立时的一个著名故事进行了讨论：众弟子聚于法会时，佛陀默默拿起一朵花，捻转花朵，眨着眼睛。一位僧侣即大迦叶看到后破颜微笑，于是佛陀传"正法眼藏"于他。基于这个故事，很多人认为禅的传播要么超越了所有的语言，要么是一种通过"深奥的语言"（本文标题"密语"一词的通常含义）进行的特殊的、秘密的传播。对此，道元认为"密"并非指"秘密"之"深奥"，而是"亲密"之意。因此，奇妙之处在于沟通本身，通过使用语言，我们与他人甚至与自己建立了亲密关系。禅宗并非使用特殊语言，而是认识到所有的语言都是特殊的。

密语（1243）

不闻正师教训之辈，纵于狮子座上，然梦也未见这个道理也。彼等妄言："世尊有密语者，灵山百万众前拈花瞬目也。究其故，有言之佛说者，浅薄也，如涉名相也。以无言之说，拈花瞬目，乃密语施设之时节也。"……

若以世尊之有言为浅薄，则拈花瞬目亦应浅薄，若以世尊之有言为名相，则非学佛法之人。虽知有言为名相，然尚不知世尊无名相。凡情未脱也。佛祖身心之所通皆脱落也，说法也，有言说也，转法轮也。见闻之而得益者多矣。……

世尊（于迦叶破颜微笑后）曰："吾有正法眼藏、涅槃妙心，咐嘱摩诃迦叶。"如此之道取，此为有言耶？无言耶？世尊若厌有言，爱拈花，则后亦应拈花矣。……

佛法之密语、密意、密行等，非此道理。逢人时节，当闻密语、说密语。知己之时，乃知密行也。……

所谓密者，亲密之道理也。……密行者，非自他所知也，密我独能知。密他各各不会。因"密却在汝边"，故全靠密也，一半靠密也。如此之道理，明应功夫参学。

［TPK］

关于师徒
道元 1243D，331-3

鉴于道元对人际交往亲密性的理念，他对师徒之间的交往（甚至是作为作者的他自己和作为读者的我们之间的交流）也必然有其独到的见解。《葛藤》中就讨论到了这个问题。在这里又有一个关键词的通常含义发生了转变。在禅宗表述中，"葛藤"这个词通常指的是学生过于拘泥于文字及概念，而师父要通过各种技巧〔通常是非语言或非概念性的，如大喝或击打（棒喝）〕使学生摆脱陷阱。在这里，道元关于师徒之间互动的思考是完全不同的，他没有远离学生立场，也没有以师父的行为准则评价弟子，道元的思想显示了师徒是同在葛藤之中的。师父陷入弟子的纠葛，双方共同"以葛藤斩葛藤"，因此，这个词现在意味着师徒在修行中的关系。

葛藤（1243）

虽大凡诸圣俱趣向于截断葛藤根源之参学，然未参学以葛藤斩葛藤谓之截断，不知以葛藤缠葛藤，况乎以葛藤嗣续葛藤，如何知耶？知嗣法（乃嗣）葛藤者稀也，能闻者无。道着者未有，证着者岂能多哉？

这种对师徒关系的看法致使道元对另一个常见的禅宗故事进行了重新解读：传说中国禅宗创始人菩提达摩将禅宗传给二祖。故事提到，菩提达摩要求他的四个优秀弟子言其所得。针对第一位弟子的见解，菩提达摩说："汝得吾皮"；对第二位说："汝得吾肉"；对第三位说："汝得吾骨"；对第四位（慧可，禅宗二祖）说："汝得吾髓。"一般认为在这个故事中后一位弟子的见解皆比前一位更加深刻。而道元则认为，故事中每个弟子都以不同的方式与菩提达摩产生了对话联系，尽管存在差异，但每位弟子其实都完全获得了菩提达摩所悟之道理及他的教诲。

应知祖师所道之皮肉骨髓者，非浅深也。纵见解有殊劣，然祖师所道唯"得吾"而已。其宗旨者，得吾髓之说示并得吾骨之说示，俱为人接人，拈草落草，非足不足也。例如拈花，例如传衣。为四员道着之言，自始一等也。祖师所道虽一等，然四员所解未必一等。

四员所解纵片片，祖师所道唯祖师所道也。大凡道着与见解，非必相委。如祖师为示四员门人，道取曰："汝得吾之皮也。"若二祖之后，有百千人之门人，则应有百千道之说着也，不应有穷尽也①。……纵为"汝得吾皮"，然二祖亦应传附正法眼藏。非依得皮得髓之殊劣。

应知应有汝得吾，应有吾得汝，应有得吾汝，应有得汝吾。参见祖师之身心，若言内外不应一如、浑身不是通身，则非佛祖现成之国土。得皮者，得骨肉髓也。得骨肉髓者，得皮肉面目也。唯晓了其乃尽十方界之真实体乎？皮肉骨髓更当如是也。故，得吾衣也，汝得法也。依此，道着亦跳出之条条也，师资同参；闻着亦跳出之条条也，师资同参。师资之同参究，乃佛祖之葛藤也；佛祖之葛藤，乃皮肉骨髓之命脉也。拈花瞬目即葛藤也，破颜微笑即皮肉骨髓也。

[TPK]

（刘潇雅译）

---

① 日文原文有"不应有穷尽也"，英文省略。——译者注

梦窗疏石

梦窗疏石（1275—1351）

  在14世纪的日本，诞生了不同凡响的第一代日本本土禅师，他们见证了禅——作为一种精神文化力量——的迅速崛起。梦窗疏石是其中的核心人物之一。1275年，梦窗出生于一个贵族家庭，8岁被送往附近的天台宗平盐寺。在此，他很快展现出对经文的极大兴趣，并对自然产生了深切的热爱。这些触动装点了他的一生。梦窗于奈良受戒，但在经历其真言师父惨死之后，他的人生发生了剧变。梦窗认为生存这一至深至奥的问题并不能通过文本知识和仪式操作解决，因此，在当时最杰出的几位禅师的指导下，他开始进行一系列的禅修。梦窗在1305年开悟后，在日本的偏远地区度过了三十余年岁月，最终定居京都，起初受任南禅寺住持，后为临川寺住持。梦窗新建天龙寺，将此寺作为自己的活动基地，而后重修苔寺——西芳寺。据说他有超过千数的俗家弟子和佛门弟子。

  梦窗是著名的诗人、书法家和园林设计者，还兼任幕府将军和宫廷的顾问，且深受信任。他最著名的作品《梦中问答》可追溯到这一时期。我们从这本饱含谦逊之意的作品中选取了部分段落摘录如下。该书充分表明了梦窗作为一名教师的能力。针对足利直义——幕府将军之幼弟——的提问，梦窗给出了清晰的回答。该作品涉及大量主题，包括仪式的真正意义、祈祷、"心印"练习、禅教学和开悟。这也证明了梦窗具有深厚的佛学修养以及高超的文学能力，他尊重教义传统，但也一直强调禅教学和开悟超越了一切经义文字。

[MLB]

梦中问答

梦窗疏石 1342，123-4，145-51，155-6，158-62，170-4，201-3
（125-6，142-7，150，152-5，161-4，186-7）

本　分

问：禅门兴于生·佛以前，故不论一心三密之观行，何为古来禅宗之学者皆嗜坐禅工夫，知识亦示修行用心之邪正乎？

答：作诗咏歌，人先领会其题。得月之题，不可案花之事。佛法亦如是。禅宗所谓本分之事，人人具足，个个圆成。凡人不灭，圣人无增。虽提此本分之题，却思我乃迷人，需开悟习修行者，背本分之题也。譬如心念诗歌之风情，咏月之题不案花之事，信本分之题者，勿执着于我乃迷人，勿求开悟于别处。

……

问：若此本分，非世间之相，亦非出世之法，何以得之？

答：信此宗却无修行者，多有此疑问，是疏略体悟本分题目之故也。若谓此本分乃世间之艺能，则存我无器量须修习何技之疑。又若谓此本分乃出世之法，则存我无智慧须开悟何智之疑。既提此非世间·出世之法之题目，却生何以得此解之疑者，愚也。

到本分之田地，并非自乡舍上京，自日本赴唐土之类。譬如人于家中睡卧，见种种梦。或居秽恶不净之所，有日夜苦恼之事；或入神仙殊胜之境，有身心快乐之时。此时旁有清醒者，谓梦中人："汝所见不净之所殊胜之境，皆是梦中妄想也。汝于本分之家中，全无此事。"若以梦中所见为正者，必然不信。故受苦恼时谋划逃其苦恼，得安乐时享其安乐。

如此缚于梦中所见，全然不知本分之所在。梦中之人偶得知识之教，虽信本分安稳之家，然大梦未醒之故，仍未放却梦中之所见。或问知识何以归本分之家。"上此目前之山渡此河可到乎？""习得飞行之术法，越此山河可到乎？"或又疑问云："本分之家于我所见之山河大地之内乎？之外乎？""不踏遍此山河大地，则以为全体皆是本分之家！"此间种种起疑之问，皆是大梦未醒之故也。

大梦虽未醒，然开悟我于此间见闻之境界皆梦中之妄见也，其中去来动转亦梦中之妄想也，故如盲人之所见，聋人之所闻。未生取舍分别之人，与醒悟大梦之人无差。此人可谓已达真实之境。

佛法亦如是。本分之天地无凡圣之相，无净秽之境。起无明业识之一梦，故无相之中现净秽之境界，无为之中见凡圣之差别。思我乃凡夫之时，驰走东西求名利，求而不得则兴悲叹。思我乃智人之时，轻贱众人起高慢心。如此种种颠倒愚痴，不信本分安乐之田地。是则心转于梦中妄境，不信真实之境。

其中偶有持利根之人，虽开悟凡圣净秽乃浮于业识之上之假相也，于本分之田地全无一物，现未大悟之故，动辄诳惑于幻化，我是迷人未忘我执，故愿得法悟道，羡机变神通。故论修行用心之邪正，争应用问答之胜劣。此是恰如梦中之人，虽知我所见皆梦，然大梦未醒，故惑于梦之境界，论其中是非得失。

若是最上根知之人，此时虽未大悟，分明信解，计自他身心之事皆是业识之妄想，故蔑轮回，不求解脱。如此可谓正趣向之人。乐于正趣向，生满足之思者，亦谬也。

心之相

问：此身虽有贵贱，同囿于生老病死，实如幻化。此心无色形，则常住不灭。何以谓身心俱幻化哉？经中亦有心如幻梦之文，亦有心常住不灭之言。何意是正也？

答：虽同言心者，意味心脏或核心，① 其意存种种差别。树木之皮肤皆腐朽凋落，其中坚实不朽之初谓之木心。梵语称"纥栗陀耶"，密宗言肉团心……②虑知分别亦为心，有情之类皆有之。梵语谓"质多"。凡夫所计"我

---

① 日文原文中并无此句，英文增加此句应是为下文的内容作铺垫。——译者注
② 日文原文中表述更为繁复，为："梵语称乾栗驮，又称纥栗陀耶。密宗言肉团心，《宗镜录》中，肉团心的梵语即纥栗陀耶。"——译者注

心"即是也……

鉴于种种所谓，一心暂分为真妄。凡夫之虑知分别悉是妄心也。四大和合之时假此相，全无实体，故喻之如空花如幻化。如此妄心，若起于真心，故全无实体，譬如人由本月见第二月。月无二相，依故作障目者所见而谓第二月。心无二相，迷人所谓我心非实也，故谓之"幻心"，亦谓之"生灭心"。然妄心实非生灭之物。圣人所见常住不灭，故名之真心……

凡夫思心者，虽不见色形，刹那生灭，无停住事，如注水流、续灯焰。色身相同，生住异灭。身生灭而心常住之思，外道之见也。心常住之事，示凡圣同体，色心不二，一心法界也。故开悟人所见，并非仅仅心为常住，身亦常住也。

……

问：若此，则于妄心之外求真心，误矣？

答：真妄之差别，非易说。说同说别，皆是误也。

譬如人以指遮目之时，真月之外见第二月。此第二月虽存于人眼前，实则于真月之外，第二月并无其形。因此无意见第二月时，并非拂落此妄月而见真月。撤遮目之指，则本月之外无第二月。

……

问：孔子、老子等皆菩萨之化现，皆教授修虑知心之道。教门诸宗所谈虽异，就此虑知心，皆以之为变日常之邪心为正智之法门。若此，《圆觉》《楞严》一向说此缘心似龟毛兔角，何故？

答：色心二法皆有缘生、法尔之差别。诸缘和合、假生之相谓缘生。如来藏中圆具性德谓法尔。

世间缘生之火虽无实体，随缘施用。故善用此火之时，驱寒调食大益也。恶用之时，丧家失财大损也。无损而善用此火，此教为世间之益也。虽按此教用火，仍是不识火性之人也。若欲识此火性，应自制无视此因缘生之火之损益。

此心法亦如是。虽说此缘生幻心无实体，此心若作恶，堕恶趣受种种苦，此心若作善，生善处受种种乐。行此理，故凡夫外道之中，有修此心不作恶者。然修此缘生之幻心，一旦人中天上之果报得益，因不识本心之故，终难逃轮回。乃至三贤十圣之菩萨，此幻心仅变邪僻为幻智，未契当本心。故难逃变易生死，皆是无错受用世间缘生之火之境……

《圆觉经》言：

> 幻身灭故，幻心亦灭；幻心灭故，幻尘亦灭；幻尘灭故，幻灭亦灭；幻灭灭故，非幻不灭，譬如磨镜，垢尽明现。

善男子，当知身心，皆为幻垢，垢相永灭，十方清净。

未得本心之人，谓身心灭尽空寂之处即真实佛法。此是二乘之灭尽定、外道之悲想定也。譬如闻缘生之火非真火而生厌，故灭尽此缘火，以暗冥处为真火……

问：古人云：达摩西来不立文字，直指人心见性成佛云云。大乘法门皆谈自心是佛。若此应谓见心成佛，谓见性成佛其意何在？

答：……

"性"虽一文字，其意众多。教中暂释三种意义。一乃不改之意，谓之如胡椒、甘草等性各异，胡椒不甜，甘草不辛。二乃差别之意，谓有情非情之各差别体性也。三乃法性之意，谓万法之本源，不二之自性也……

禅门乃教外别传也。虽言见性，非教门所谈法性之意，何况外典等释性之意！人之本分不可谓心，亦不可谓性。然此心性之言，意指本分之故，有时说一心，有时谈一性。

直指人心见性成佛，谓世之常迷人之心，如第二月所意指，言性不言心也。所谓见性，非眼见，亦非心识。所谓成佛，亦非始成佛，具相好放光明。譬如醉酒失本心之人，时节到来，忽醒醉狂，归于本心……今时之知识中，仅说心性之意理即直指人知者，有之。学者之中，谓解了法门即得法者，亦有之。此谓说性，非见性也。

日常之玄旨

问：教中言无佛相，无众生相。与禅宗所言生・佛无别之处，同乎？

答：……

予昔游山，同伴僧有六七人，到富士山边，谓西湖之所。如入神仙之境，入目之物无不惊异。雇其浦边之渔人，泛舟入江。入江而游，少有之胜地也。

众僧不禁慨叹，击舷而庆。撑舟老翁，幼少之时居于此浦，朝夕见此景，无痴醉其中清兴之心。见众僧感叹，问云："见何事，如此兴叹？"众僧答曰："感此山之景，此湖之趣。"此翁面带疑色，终问道："为见此景，专至此地乎？"

予谓之众僧："此翁若问我等入兴之处，何以答彼？若指此山水之景，谓之为我等得趣之处，此翁当谓此为常年所见之境界，无惊异之处。若又纠此僻案，我等所趣之事非汝所见。此翁当思此西湖之外别有胜地，故此僧众蔑我之所见……"

为舍如此见解，宗师修善手段，谓内外法门非玄旨，一切所作所为皆妄想之时，愚人闻之，乃于凡夫日用之外求玄旨，于内外典之外寻别传。是如彼之渔翁求西湖于别之名所。众僧与渔翁所异之事，非其所见山林水石之胜劣，其中清趣所在，知与不知之差异也。此清趣非人所教习者。时节到来，与此清兴之心相应，始自觉之。本分亦如是。自到此田地，始知也。虽自知分明，不可拈出示人。然虽言人人具足，非相应之时，所作所为皆是轮回之业也。古人所谓全是、全不是即为此意也。然以内外典之言句合禅宗之言句，批判同异胜劣，未悟祖师之玄旨之故也。

记此问答

问：日来相看问答所言之事，无意之间以假名记之。若誊清此记录，示与在家女性或有志于道者，会否令汝不便乎？

答：禅僧之法门，非似教家之传习法门，胸中所蓄赋于纸上，辗转相传授之于人。唯对机之时，直下指示也。此谓觌面提持。譬如击火石，闪电光，不可寻其踪。古人云，寻言外之意，已堕第二云云。何况记录其言，再示于人乎？故古之宗师，皆一同抑制记录言句。然若一向无所记，则诱引之路逝也。因此禅门记之，古人之语录得以流布天下。然非禅宗之本意也。

古人大略博览内外典后入禅门，是故其所解皆非偏见。末代信禅宗之人中，未明因果之道理，未识真妄之差别者，有之。即便如此之人，若不舍道心，于百不知、百不会之处，二六时中直即参决本分，胜于存小智之人。

见世间之人，坐禅工夫不绵密，不听闻经论圣教。或于坐中起外道二乘之见解，此乃坐中所得智慧，故谓之得法者，有之。或自然谈教家、解了法门，念我乃禅僧所解亦禅之宗旨者，有之。

予常讲经论，为救今时如此之弊也。文言义理之上，谈委曲，乃至因果·真妄之法门，所知之人少矣。各各重释所闻，或褒或贬。褒贬皆不知我意。至于记梦中之问答，不知其益何在。

然无论褒贬之语，得以结顺逆之缘，何以拒之！

［TYK］

（贾思京译）

一休宗纯

一休宗纯（1394—1481）

　　一休生于一个社会动荡、争权夺利的年代，京都大量的历史遗迹被损毁。同样在这一年代，传统的价值取向被颠覆，古典艺术和文学作品中涌现出巨大的创造力。作为一名临济禅师和诗人，一休将自身置于世界变迁的旋涡之中，成为日本佛教史上最具传奇色彩、最惊世骇俗，同时也是最具争议性的人物。如同他的诗歌，一休的人生兼具抽象、达观的意志和朴实、纯粹的感官享受。虽然可信部分少之又少，但根据他的自述，一休的传奇人生大部分归因于其幼年经历——他虽是后小松天皇的皇子，但因其母被逐离宫，他亦沦为平民。一休曾任大德寺、酬恩庵住持。而那些记录他童年时期传奇经历的僧传，以及关于他流连酒色之地的传说，常常令他作为一名智者的记忆黯然失色。

　　以下选录的《骸骨》一文，付梓于一休63岁之时，即在其爱情丑闻发生的几年之前。一休的作品既记述生活之欣悦，亦质疑其定见。他始终秉持包容的态度对待人性的弱点，并怀有一种人生飞逝如幻的慨叹。后者在《骸骨》中体现得尤为明显。如此一来，一休将纯粹的感情与抽象的哲思编织在一起。故此，一休成为禅诗创作的典范，并为后世思想家提供了灵思。

[JWH]

骸　骨
一休宗纯 1457，227-34（114-25）

　　于浅淡墨迹书写的玉章之中可参见万法。然而初心之时必须专修坐禅。

而后觉悟降生此国土之万物，无一不归于虚空。我等身躯、天地国土本来之面目同为虚空。众生万物皆由虚空处而来。它无形无状，故被称为"佛"。佛心、心佛、法心、佛祖、神皆是此虚空的不同名讳。若你没有认识到这一事实，你已经堕入无知地狱和迷思妄想之中。根据智者的教诲，无归之途将地狱与重生分隔，众人——无论是否与我相关——皆流转三界，如此想法令我心郁郁。故此我离开家乡，四处漂泊。

我来到一座伶仃野寺。日暮西沉，夜露沾湿我的衣袖。我四处找寻露宿之处，然而没有一处可供暂时休憩。此处远离大路，位于山脚，似乎在"三昧原"上。有数座坟茔，在佛堂后出现了一具最凄惨的骸骨，它念道：

"世间秋风起，蒲苇随风摇曳。若为其所邀，无论山野抑或高山，皆甘心奔赴。"

内心早已弃世，此时又能如何？既然如此，宁为出家之身（虚度光阴）。但那颗坚定的求道心依旧无能为力，真是无奈！

一切众生终将归于虚空，亦是回归其本分之处。当面壁坐禅之时，因缘而起之念皆非真实。佛陀五十余年的说法，亦无意义。这都源于不知晓人心之故。能有几人确知此苦恼，我怀揣此念步入佛堂过夜，孤寂更胜平常，辗转反侧，难以成眠。晓月初现，我昏昏入睡。于梦中行至佛堂后院。多具骸骨群居此地，各自举动犹如生前行状。在我讶然于此景之时，一具骸骨走近我道：

"心中并没有能回想起来的事。总是将现实当作一场梦，我这一生是多么乏味啊。"

佛的教义只有一个，若以神佛分之，又能进入正道？〔提倡神佛一体〕

俯仰之间，尚能存活于世、畅快呼吸。此时，荒野尸骸〔他是死的〕，观之如彼〔我是活的〕。〔感叹生命〕

啊，骸骨与我共游甚欢。彼我有别之妄念渐渐离我远去。陪伴我的骸骨，拥有一颗归隐山林、求取世法之心。居于众生之折点，它由浅入深，使我明了我心之本源。我耳中所闻是松间清风，我眼中所见是枕上明月。

然而何时不再是梦境？何人不是一具骸骨？不过是因为众人披覆五色之皮，男女之色得以存在。一旦气息断绝、肉身腐朽、皮相破败，则再无色相，亦无高低贵贱。你必须明白：当我们站立在此地之时，吾等所有，吾等所触，不过是披着人皮的骸骨。好好思量这一念头吧。贵贱老幼，毫无分别。当我们觉悟一大事因缘之时，便通晓了不生不灭的道理。

若要以石头纪念逝者，那就用茶臼〔便宜有用的石头〕代替五轮塔〔供养塔贵而无益的石头〕吧。

人心何其愚蠢！

心如满月，皎洁无垢〔佛性〕，却在忧世〔充满烦恼的尘世〕的黑暗中迷失了自我。

现在想想吧，当你气息断绝、肉身腐朽、皮相破败，您亦会变成我这副模样。在此幻世间，您又能存活多久呢？

君王一定长命百岁吧。〔证据就是〕以前在住吉种过一棵松树，如今仍高大挺直。

舍弃"我存在"这种想法。任肉身随浮云之风而去。依赖它吧。想要永生即是期待无望、无实，就如同"我存在"这种想法。

此世如一场〔不迷糊〕清醒之梦，尽管如此，梦醒之人何其虚幻。

无需为自己确定的劫数祈祷。一大事之外，无需挂念任何事。众人皆凡夫，世间并无可忧惧之事。

若因厌世而有了入道缘分，那么活在世间的忧苦，反而会让人感到快乐。

为什么要用这具临时的肉体来装饰呢？本来就知道是这样的〔人死了就会变成骷髅〕。

人的肉身必定要回归原处。勿寻多余佛。〔人身就是四大假合，由地水火风和合而成一个身体，四大分离了，身体就没有了。〕

无人知道生只是一时，也无人知道世上没有栖身之所。死了的话，只会回到原来的土地。

从山脚出发，道路众多。但众人皆可平等地欣赏高岭之月。

因为没有决定，所以也不会迷惘。

我心无始终，勿需思生死。

随心所欲便生无穷想法。应抑制想法，弃世出家。

虽用雨、霰、雪、冰等名字来区分，但溶化之后，同样都是谷川之水。

至今为止，众人宣扬之佛道虽形色各异，本质皆为同一佛法。

一味用松树落叶将道路掩埋。以致无人知晓路的尽头是谁家。

将死者送至鸟部山，真是虚幻无常。送葬者也不知能活多久。

昨晚又看到了鸟部山〔荼毗送葬地，作为墓地非常有名〕升起的烟雾，让人深切体会到现世之苦。将此事当作别人的悲怆究竟要多久？

真是痛苦而悲伤。今朝所见之人，面影还历历在目。而此时，已化作一缕青烟飘落在黄昏中。

你看，从鸟部山升起的黄昏之烟〔人死后火化的烟雾〕，被风吹得前仰后合。

荼毗终成灰，土葬终归土，还剩下什么能够成为罪孽呢？

三年来所造的罪孽，最后同这一副身躯消失得一干二净。

这就是世间的行状。如此震惊，此前竟不知世间万物如斯短暂。值此今日，困惑于这幻世之中如何安置此身。或有人问："今时不同往日，往昔之时怀道心者入寺，今日却避之不及。"僧人缺乏智慧，视坐禅为无聊之举。他们不再专心于坐禅，却偏爱摆动道具、装饰房间，坐禅不过是一种表象；他们多自命不凡，自矜于着袈裟的声誉。然而其虽着袈裟，亦不过与在家人一般。虽袈裟穿着在身，却如同用绳索绑缚身体；袈裟上的黑金纹样，看起来也像被鞭打苛责的痕迹。

细细思量生死轮回之说，杀人者入地狱，吝啬者成恶鬼，无知者堕为牲畜，愤怒者则化修罗。持五戒者转生为人，行十善者升为天人。在此之上，尚有四圣，如此种种合称十界。①

当见此念之时，无形，无住所，无嫌无拒。恰如苍穹之云，水上之泡。正因为没有起念，也就没有万法之作为。念法一同，不知人之疑惑。

人之父母如燧石。金是父亲，石是母亲，火是孩童。火因火绒而燃，因薪油尽而熄灭。父母示爱犹如生火。

由于父母亦无始初，终至火灭黯淡之心。一切众生徒然由虚空而生，现一切色。离一切色，即本分之田地。一切草木国土之色，皆由虚空而生，故此以假喻论说本分之田地。

---

① 五戒是指禁止杀生、偷盗、邪淫、妄语、饮酒。而不两舌、不恶口、不绮语、不贪、不嗔、不痴之禁令加上前四戒合为十善。十界是四种圣人的境界，以及六种凡人的世界：地狱、饿鬼、畜生、阿修罗、人、天。

即使为了追求花而将樱树打碎,也无法在那里找到花。花在春天里。〔即一切草木皆由地而生,一切色皆从虚空而出。〕

即使毫无预兆地化为荼毗之烟、升上云天,也不可依赖释迦牟尼的经典。〔使众人产生我执、迷惘。〕

当你聆听瞿昙五十余年的说法,并按此修行,就如同他最后的教法。瞿昙道:"自始至终我未说一字。"但手中拿着一株鲜花。迦叶见到此花浮现淡淡笑意,此时他告诉迦叶:"我持正法之心,怀有此心,我知道你了解此花。"当被问及他所言之意时,瞿昙道:"我五十余年之说法,如同手里拿着东西以求抱抱一个小孩。我五十余年之说法,就好像在召唤迦叶一般。因此我所传之法,如同拥幼童入怀。"

然而此花无法知其身,也不知其心。即便宣之于口亦不可知。我们必须领会此身心。即便被称为智者,也非佛法之人。此花乃是三世——过去、现在和未来——之诸佛所现之世的一乘之法。天竺的二十八祖、唐土的六祖,无不是从这一本分之田地中诞生。一切万物无有初始,故言之大。一切八识由空虚而现。春日之花、夏秋冬之草木之色亦由虚空而来。此外,还有土水风火之四大——人们常常忽略这事实。呼吸是风,温暖是火,滋润身躯、留存血气的是水,掩埋覆盖此身的是土。如此这些皆无初始,因此无一物可长久留存。

世间一切存在皆为虚幻,因为连人的死亡都不是真实的。

迷惑诸位眼目的是肉身腐朽而灵魂不灭。这是一个可怕的错误。开悟之人所言二者皆覆灭。佛亦是虚空。一切天地国土终将归于本分之田地。舍弃一切经八万法,若能领悟我这一番话,可成大安乐之人。然而,〔开悟前〕将佛的教诲记录下来,作为梦中路标。一觉醒来〔开悟后〕便无人问津。

〔RHB,NAW〕

(贾思京译)

泽庵宗彭

泽庵宗彭（1573—1645）

泽庵出身贫农武士家庭，于9岁[①]时出家为僧。36岁时，他已成为大德寺（位于京都的皇家寺院，是临济宗大德寺流派的本山寺院）的住持。泽庵的禅宗思想影响甚广，它涵盖了修行理论和实践（大量的禅宗公案、佛法宣讲、通俗布道、清规戒律）、文学（诗歌、文学批评、游记、散文、各类书信）、武术和文化艺术（剑术、茶道、书法、水墨画、能乐批评）、伦理学（道家和儒家）、中国科学（对《易经》的哲学思考），以及中医卫生。

泽庵作为著名佛教思想家主要体现在以下几方面。根据他写给德川将军的剑道师父柳生宗矩的一系列信件可知，泽庵呼吁通过日本剑道来解释禅宗觉悟。在印度佛教中，变化和无常被视为一种消极的思想，需要转化为空性智慧。在中国，变化被视为道家哲学的基础，因此佛法修行需要适应现实的变化才能够被中国本土宗教所接受。泽庵将古代道家的"无为思想"与佛教的不二论、无执、正念实践，以及日本传统的朴素价值观、情感直觉意识和通过身体活动的精神探索相结合，做了进一步阐述。

[DEL]

---

① 亦有日文资料显示泽庵于10岁出家，可能是以虚岁计算。——译者注

不动智神妙录

泽庵宗彭 1642，1-9，16-23

无明住地烦恼

无明者，晦暗无明，即是迷。住地者，迟滞之境。佛法修行可分为五十二阶位，五十二位之中，每每止心于物者，即称住地。住，止之意。止，即心止于一切事物。

试以阁下之剑道说明一二，汝见迎面有利剑劈来，思凝于剑，心止于剑，则不能自由动作，即被斩杀。此称心有所住。

视剑击来，而心不必止于剑身，不随剑势之动而动。若心无深思与分别，则见剑与否，心无所住，趁机便可接住袭来之剑。如此，则能夺其剑而返向于敌杀之。

恰如禅宗所云："还把枪头倒刺来人。"枪（矛）亦是一种武器。此句为夺取对方手中之剑，反将其杀之之意。此与阁下"无刀流"之旨，有异曲同工之妙。

主客交锋，此方彼方，己剑彼剑，剑势节奏，若于是中，心有所住，则行动缓顿，为彼所斩。若对敌时身随彼动，则心住于敌身，此为不善。修行初始，心住于己身，亦为不善。故心不可有所住。

若心欲抢先机，则为欲抢先机所滞。若心住于剑，则为剑所滞。凡此种种，若心有所住，则失其念。佛法之中，亦称此心有所住为"迷"，故曰"无明住地烦恼"。

诸佛不动智

诸佛不动智，虽云不动，非同木石，心常动于前后、左右、四面八方，无有所住，是名不动智。

譬如，十人持剑而来。若以剑一一应之，则心无所住。若即舍即取，以寡敌众，则无有不足。若心有所住，于第一人或能抵挡其剑，于余诸敌，则难以避之。

观千手观音菩萨，虽千手各持一宝，若心有住于持弓之手，则余九百九十九手皆不能用。因菩萨之心无有所住，故千手皆可用也。或问，观音菩萨何以能一身具千手？答曰：乃为昭示众生，谓不动智开时，虽一身有千手，皆可同时用也。

假令面向一树，只视其中一片红叶，则不见他叶矣。若心住一叶，则不见余叶。若心不住于一叶，则可见千百叶也。悟此道者，宛若千手千眼观音菩萨。

间不容发

间不容发者，乃二物相合其间不容一发之意。以阁下剑道为例，掌击即闻其声，无一刻可容之隙。掌击之声，非经思量而后有。

于交锋时，若心住彼剑，便显暇隙，而令公无从反击；若彼剑与自形间，无一发可容，则彼剑即己剑，自由挥洒。

禅宗问答，亦有此心。佛法之中，以"心止于物"为大忌，故称其为无明烦恼。心无迟滞，似蹴鞠顺急流而下者为善。

有心之心，无心之心

心有所思，闻言亦置若罔闻，心止于所思故。心住一处，所思有偏，则听而不可闻，视而不可见，心有一物故。故不思维，是为无心，则可随万物之机而达其用。然若思"去此心之所思"，亦成心中之事。唯不思不虑，随心自然去留，方成无心。

修习渐久，火候渐深，自得个中三昧。若心汲汲，反不能至。古诗云："心欲不思亦为思，惟愿不思得解脱"，正是此意。

水上葫芦，捺着即转

捺着，即按着之意。将葫芦抛至水上，以手按之，则陡然飘向一侧，不得使其止于一处。大德之心，如捺水上葫芦，片刻不止。

应无所住而生其心

行一事时，若心有事相，则为斯事所滞，故应无所住而生其心。于生心处而不生其心，身心不动。于种种道艺，若心无住而行之，可谓达人。因心有所执，而生轮回，生死相续，永无止境。

譬如春花秋叶，虽见之倾心，仍应心无所住。天台宗法师慈圆有歌云："柴门花自开，不意香自来。凝望住此间，于解脱有碍。"

正是花无心自开，而吾心止于花，凝视不已，实可悔恨之意。心不止于所见所闻，乃极致之事。

敬者，主一无适之意。所谓心住一处，心无旁骛。拔剑挥剑，心不止于所斩之物。儒家事君，亦以敬为重。

佛法之中，亦有敬心。所谓敬白之钟，鸣钟三回，双手合十，诚心念佛是也。此敬心，亦解为主一无适、一心不乱。然敬心非佛法之极致。夫一心不乱，修行之始也。修行日久，心无所住，自由驰骋，至无所住之无上境。

前后际断

前心不舍，今心残留，则心有住，道心不成。舍前心今心之隙，斩前后之界，心无所住，是为前后际断。

[DEL]

（李莘梓、于君译）

铃木正三

铃木正三（1579—1655）

铃木正三在大阪城当了几年护卫后，剃度并过了两年流浪、无家可归的极简生活。尔后受戒为僧，但逐渐厌烦了孤独与寂静。他被幕府任命在基督教重镇的天草群岛重振佛教影响力，后搬至首都江户，在世俗领域传教。作为一名武士，他很少与人交往，喜欢僧侣和寺庙。但出家后，便与禅界保持了距离。他接受了儒释道三教合一的传统，就像他把禅宗、念佛的净土修行与对神道的神灵信仰相结合，作为佛陀的表现一样。他的念佛修行脱离了净土学说，只是作为一种方便法来集中精神和平息激情。就像那个时代的"心学运动"一样，他看到了佛教、儒教和神道在形而上和道德上的潜在统一。然而，他并不认为基督教是这种统一的一部分。

以下段落摘自正三出家前一年所写之文章，以及去世四十年后出版的一套语录集。正三的哲学是一种道德哲学，并非形式上的原则论证，乃基于全心全意追求的几个关键思想。正三对"只用耳朵听而不用内心体味"的学问持批评态度。他的语言很好地反映了禅宗的实践哲学可以从任何经验和任何生活方式中开始，将思想向"一大事因缘"敞开——通过对身体近乎狂热的厌恶，从"生与死"的循环中解脱出来。就正三而言，这一点尤其引人注目，因为他在出家前曾是一名武士。

[JWH]

死　机

铃木正三 1619，49-54（31-5，39-40）；1696，149，154，160-2，171-4，238，240-1，249（90，95，103-6，115-18，147，151-2，163-4）

知生死，乐有事。夫生者必灭之理，口知而心不知。小年早逝，雪鬓霜鬟，皱眉蹙额，五体渐衰，人生之短，如朝夕露命，更无惊心。古去今来，春去秋来，却不晓飞花落叶之理，石火电光，现于眼前，却不知无常幻化之事。诚然，衣钵挂颈，入出离之道，修行诸法空理之人，终难离常住之机。执着此身，故日夜痛苦，无休无止。

若实为爱身之人，便速忘此身。苦患何处出？唯出于爱身之心。尤其武士之生涯，弗能不知生死。知生死之时，自有其道，不知，亦无仁义礼智……

且若行此，必勤于为己之事。世事无常，稍纵即逝，双亲，他者，皆死于先前。人易忽略此理，于虚无中度日，尚有何人住？何事常住？梦幻之世，遮目塞耳。可知世事本无常，若明知无常，又有何阻碍。

着梦中之境界，如为我物之乐，此身为何物？地、水、火、风相合成一时之形，本非我物。着四大，便为其所惑……

是我而非我。离四大而从四大，随四大而用四大。古人云："有物先天地，无形本寂寥，为能万象主，不逐四时凋。"①

省身知己。纵学识宽广、知物甚深，然不知己便不知物。故不知己，无以知余。全然不知己者，以愚己之心为本，诽谤他人，喜服从而恶反驳之人，愤懑万事，苦己恼心，皆因一己之过。若知世人不可明我心，亦知我不可明世人心。无过之人不弃世人，若弃世人亦被唾之。何故？诚人之心，谦逊正直，万事有诚，深情满盈。知己无恶乃有德之人。每有僻事，便痛苦不已。故明晓万误皆大敌，须二六时中刻刻省慎。世人虽多，然自知者甚少。

世人，纵知自身之境遇，仍抱必死之身，忘生死之事。放眼万年，无惜

---

① 对比《道德经》第二十五章开篇。

年岁之人。然此间，专于贪嗔邪伪之心，悖忠孝之道，不辨仁义，怀谄狂、谄曲之心，不顾家职，好无益之事，不知己之僻事反说他人是非，固执己见，无怜悯之心者，贪着合意之人，疏远嫌恶之人。一度欢喜一度愁。肆意辨别，与事物背道而驰。偶而闻道，便视此为衡量他人之尺度。忘却己之身，岂能衡量他处。假使不知诚理，亦须识己身之过。人言："虽闻此理，知一己之身，然长年之积业，如今匡正，实为繁难。"若诚知自身之僻事，勿说力不从心。

总而，万物相隔，然本心为一体。何况"自他"之称。愚人面前，人我有隔，能人面前，自他不分。且说，真诚之人以情为先，怜悯心颇深。释尊视三界众生如一子，不胜感激。一如之水分万波。譬如，天上一月映万水，人性亦如此。故无可轻视之物，亦无可疏间之物。应觉悟一切众生皆有佛性之理。

相比悟性，不若有死机。自年若起便得机，然死机于遥远之未来。假一人于当下被斩，便将其颈视为我颈。总而，闻人之死便得其机。我言不可动尔心。死苦令我心如刀锉，胸之沉痛，实乃心中忧物也。日久岁深，机便减削。今不茫然。初觉此乃恶事，尔后思来，此机可圆万病也。一切平息，理于动出。当下持死机之人渐成能者也，如此思之，死机乃离生死之始……

此非常事，然死机步步紧逼，清晓特定之时，大事由脐而起，充塞心胸，此非一叹而散之事……然死度无间，若知必死无疑，则不思世事，延颈就缚，自由修至死亡。不死便难逃恶鬼畜生之地，此出离之私心胜于不思之人乎？欲胜我，若问其法，须作一向之素人，此外别无他法……

……

万德出于行动……且无相无念之时，一切相应。如若合拍，自乘其拍，歌谣亦如此……

曾教一人，彼人先是好杀，也以杀生成佛为事。我云："每每所杀之鸟，哑哑哀啼、斜坠而落之态有趣否？若然，亦可享濒死之乐。欣然赴死便可成佛。成佛乃安死之事也。故每度杀人，必先修习碎己之胴骨，修习死亡。至此则可笑亡，乃真杀生之人也。"若云，此非杀生，乃武士之比兴，便决意止杀，精进修行。不从他人习万德之事，非自由之死，疾首痛心，种种历练，故知此旨。我法乃懦弱之佛法也……

本无此身，始于一滴，愈加增大，终成人身。元是恶业烦恼之凝块，不净之物也。目汁、鼻汁、大小便，无一清净。包于其中之宝无菩提心，无慈悲心。唯以恶、爱、贪三毒为根本……深信此理，勿为腐肉所惑。离此身之念，方得安乐。

……

宜于忙中习坐禅，尤为武士，须于兵乱声中习禅。铁炮噼啪响，槊在班中触，一声咆哮作，逢乱中，即用于此。当此之时，静坐之禅何用之？即便好佛，咆哮中无益于战，宜舍之……皆是禅定之机也。然，兵法者用于禅定，置大刀便脱境。且佛道修行者，常住不拔此机，故无能破之。逐步锻炼，随至成熟，与歌谣、节拍相合，与万事相应，万德圆满。如是乃佛法云也……

……

凡夫心皆实有也。若不以凡心修行，以何修行？今入虚无，损人者众多。或本来空也，事实之甚也。总而，求菩提之心离相，悟本来空之无心着相……

应习死。尚少之时，一再入大势之敌中，此乃待死之道也。必与二三执槊者相抗，穿腹而死。然死不瞑目，必与敌相斩，取颈折枪，势不认输。历数百之死学，知此机也。

尽武士之役仪间，必习坐禅。于种种修行不能尽脱一切我执。亦尝独坐修行，与乞者专于修行，然此不立今用，故如于战场赌其死也，勇猛而坐，实入三昧，得禅之机。系六具，执大小十文字，念八幡大菩萨①，瞑目坐禅。若足古具，使汝坊主衣之，仕习坐禅。不论僧心何其脆弱，皆为之一变……

……

唯曰："修行乃因恶死。"……然无常守之机，故不妄谈。皆闻我法，背法语语录。以人与我作比，评头论足，从未有人闻我之言。世人皆爱佛法，而我于佛法一无所知，唯作不死之身……

……

尝于《宝物集》"诸行无常"一文，雪山童子②以命换因缘，忽悟"诸行无常"。其后六十年，去晓寅刻，尽了佛意，世间众生皆其子。诚然，是时见

---

① 八幡是战争神，被佛教认为是大黑天，而后者又改编自摩醯首罗众多名字中的一个湿婆神。

② 雪山童子是释迦牟尼佛前世的名字之一。出现于12世纪一本虔诚的故事集《宝物集》中。

蝼蚁，使我怜惜众生生涯苦乐之态。透髓苦思，有何解救之方便？此心三日乃绝。乍成如今之德也。其后，微起慈悲之心。

亦非无见性之位。是时六十一，于八月廿七日至廿八日之晓，彻离生死，契本性。舞动之时，方知一切皆无义。其时，诚可断我颈，不思丁点实相。如是三十日程。遽思，此皆非我，乃于一机之上而起者。自此，放下一切，归于元本，以死深印我胸，勤勉修行。如我所思，皆虚言。今于此，密藏一曰正三之粪袋。

……

始以为空空坐禅乃能事，故久习，一日，觉无念无心之人无法胜于释迦佛。佛以样样有念说一代经，建于是非之分，固有无念之道理。忽思，"无念"非虚空也。用果眼，稍适其源，怯退矣。各各辨是非，所为万事中，应习无念禅。

此前忧未住山居之事，今以为福。倘久居，不觉可成能道者，不觉自身之缺欠。然于此世，便知己之不足，知己为凡夫也。

良有曰，然有一事不可留。不忘死乃我之本性也，无论何时何地皆不可大意，唯对死之厌性胜于他人。此乃习果眼之缘由。实因我之怯懦，是至于此。

[RTY]

（殷晨曦译）

至道无难

至道无难（1603—1676）

至道无难是临济派妙心寺的禅师，他最出名的是其教义：禅宗最好的方法是"在活着的时候死去"，在余生中努力保持这种方式。至道的一个门徒成了白隐的老师，因此白隐关于自我"伟大死亡"概念的萌芽起源于至道。他在今天的岐阜县长大，当时有一位名叫愚堂东寔的禅师在至道家住了一段时间，至道对这个和尚印象深刻，在送行的时候，便跟着他来到了大城市江户，受戒并被授予"无难"的法号，意思是"没有困难"。据一项记录显示，至道在47岁时开悟，并在江户的镰仓区为自己建了一座小寺庙，现在是东京最富有的街区之一。后来，他的名声越来越大，成为许多"大名"的精神顾问。至道出现在当时的许多故事中，例如，拒绝君王的邀请，只回复了一张用年糕蘸水，写下的字条。

[MLB]

此心即佛
至道无难 1670，5，9-10-27，(89，93-112)

人恶死乃不知死也。人身即佛，然其不知。若知，则有违佛心。不知为不知，是以迷。作偈曰：

识得于根元，

离别于万法。
　　谁知言句外，
　　佛祖不传处。

有明知生死之人，将成心之种也。于此缀拙言，甚为羞之，愿如筑波山叶之水滴积为河川之渊，于后世有所助。
　　……
念佛为利剑，可去自身之业，然定可成佛耶？不为佛者乃为佛。
身业尽了，便一无所有。称佛仅为临时之名。
　　……
佛之教义有大误。若信而习之，便错上加错。直见、直闻，如此便无见者，无闻者。
　　……
尝于某人曰：佛法乱于今世，向外求佛。如"妙"，乃本来无一物。法者，妙之动处也。无法，妙则不见，故曰"妙法"也。依法之是非而识其人。见性，行住坐卧，依性而安身，可云佛法也。

众生皆云见性难。然见性不难不易，非万物所倚之处，与是非相应又相分。住于烦恼又离于烦恼。死而不死，生而不生，看而不看，听而不听，动而不动，求而不受，罪而无罪，不落因果，凡夫不及，菩萨亦难行。故云佛也。

惑则为身所用。悟则用其身。

不能感佛之教诲，何其愚蠢。世人无不为名所惑。迷于色宝乃常事，若知此皆为徒劳，又奈何？但有求佛之心，终有可寻之道。而浅薄之人智非也。

　　对名之错觉，
　　乃世之大愚。
　　且不知己名，
　　终须臾之生。

以己观人，愚人尤为可悲。己有利欲，则以利欲之心视人。色者，以色见也。非圣贤者，不可正确视人。虽有遵大道之人，然审识者少。故大道日趋衰废。

智者善察他人之本性，虽与己不相适、品性相异，然可辨其性，用其长处也。为将者须领会。

远离世间之杂般诸事非难事。然世事纷起，使其不近己实为难也。

如火能烧物，水可淹物。然火烧物而不自知，水淹物而不自知。佛陀慈悲众生，却不知慈悲。

……

欲入大道之人而不拜可靠之师，将苦于财色。此说大错特错。胸怀大道之人，万法之恶皆由己生。天外地外，古今未来，无隔阂之物，若能深知谨记，保持内在合一，便可清净自身之业。

一人问："何为大乘？"答曰："大乘如大船，端正己身，无守事，乃大乘。"

又问："何为最上乘？"答曰："随心所欲，顺其自然，无守事。故为紧要，为世间之稀事也。"

余谓弟子："为何费如此之功夫，溺多难之事？汝所为者，皆直见，直闻。"

临济禅师曰："有听法无依之道人……若能悟得无依，便无佛可得。"六祖大师因"应无所住而生其心"得悟。

……

凡事皆有习熟之时。如幼习"伊吕波"，尔后渡世之时，即便为唐事，亦无所不书，此乃伊吕波之习熟。佛道亦如此，修行之人，离身受苦，但去身成佛，则不觉苦。后无可苦之事。

慈悲亦同。欲行慈悲便生慈悲心。慈悲行熟之时，便无慈悲心。无意间行慈悲，便可成佛。

慈悲皆菩萨所能，不幸岂可及菩萨身？

……

世间之物皆贤于人。行住坐卧，受苦悲，哀往昔，惧未知，慕他者，以己之思断事。如是，且悲且为世事所羁，此世一生遂往矣。然于来世，不论所遭如何，皆不能脱苦。诚然，人之迷惘甚深也。

……

一人问："如何修平常大道？"答曰："凡夫即佛。凡夫与佛本一体不二。故知者为凡夫，不知者为佛也。"

……

谓念佛行者曰："若不念佛，便无佛无我。故专念南无阿弥陀佛·南无阿弥陀佛。"

谓宣扬佛法之师曰："灭！灭！灭我身之咎。毁尽时，一无所有，方可传道。"

……

佛教徒于知识之厌恶："知人与己身可出诸恶之智。"

谓临济："汝杀佛祖，乃破戒之僧。"

……

草木国土悉皆成佛，无草木国土，便无国家，更无佛陀。

……

谓受苦之人曰："以万行皆作佛道之修炼，苦则消。"

传授道法："勿迷于道。此乃朝夕之功。"

[KOS，NAW]

（殷晨曦译）

盘珪永琢

盘珪永琢（1622—1693）

盘珪是临济派的一名禅僧，起初向日本和从中国移民而来的禅师学习后，于远离大城市的地方过着平静的生活，照顾当地村落的精神需求。但在他50多岁时，被邀请主持京都和江户（后来的东京）的主要学寺，并迅速成为这两个大都市地区的著名禅师。盘珪因他所谓的"不生禅"教导而闻名。人类通过注意力决定性地或显著地影响他们自己实相的本质。这一原则作用于情感、智力和宗教层面，但在禅宗和"净土"传统中，"任性的"注意力被假定为是自毁性的。被动的、自发的对事物的关注被认为具有更大的精神力量和宗教权威。对盘珪来说，这是通过个人与不生心之间的心理关系来表达的，这是一个绝对的原则，呼应了佛教的教义，即"一切众生皆有佛性"，以及承认其固有的"无生不灭性"的神圣性现象。虽然这些佛教教义在印度通常有形而上的细微差别，但于盘珪而言，它们被翻译、展示在了日常生活中。因此，尽管怀疑论者认为他的说法是内在的和个人的，但盘珪声称能够向他人"证明"不生心之真实性。

[MLB]

不生心
盘珪永琢 1690，15-16，19，27-8，82，（58，69-70，76-7，102-3，80-1）

盘珪于下文的中心观点是，当我们的注意力自然地集中在一项或多项任务上时，我们内在的"佛性"会毫不费力地显现出来。但是，当我们开始对应该做什么或说什么大惊小怪时，便失去了佛性在我们思维过程中的"灌输"，通过把我们的注意力集中在某个问题上，有意识的精神活动就会脱离我们的佛性，这种脱离表现为紧张或压力。

"不生佛心"可自由且欣然处理眼前之物。但若生事，转佛心为念，便落困境、失自由。假一妇人忙于缝物，一人入室，始与之言。既非缝物碍而不闻进言，亦非言妨而不能缝物。不停缝补，细听其言，适当应之，且听且缝。灵明之佛心生于缝听之际。

人性与自由意志

对于盘珪来说，人性本善，因众人生而有佛性，佛性为"成佛"之潜能。人并非生来就背负着无意的罪孽或脱离真理的重担，而是由于自我欺骗陷入困惑和烦恼。因此，一个人生活中的痛苦是他选择如何生活的结果。下面关于个人责任的讨论源自与一位和尚的对话，他烦恼于自己的暴躁。盘珪主张，没有天生或内在的条件决定一个人坏（或好）的行为，这些事情都是选择的结果。我们可以由此推断出一种学说，即人类本性永远不会一成不变，自由意志总是唾手可得，但个人可能需要一些时间才能意识到这一点。

盘珪：今还易怒否？若有，便于此见出，为汝治之。

和尚：今不怒。然若有事激我，必怒。

盘珪：如此，怒非天生。乃依某时之缘忽现。若非惹之，何可见之？偏袒己身，为言己意而驳斥他人，故惹此事。将天生暴怒之无理难题嫁于父母，乃大不孝也。

人生时即从父母受佛心，此外无余。妄想乃自为之。汝不怒，怒亦不在。一切错识皆如此。不迷，迷则不存。然人皆不觉。以私欲、惑心之癖造非天生之物，误以为生来便有。是故，凡事皆不免欺……

当生之时，父母与子一佛心。若如居此闻示时之心，不断一切事，则汝有不生之佛心。因私欲暴躁，偏袒自我，陷入迷惘，不觉出佛心，化为凡夫。自幼少时起，见闻左右怒，耳濡目染，亦习怒，动辄怒。若以此为与生俱来者，则愚矣。今若知汝之过，且不令怒发，则不患矣。比起改之，勿致之岂非速者乎？生后而改乃为大烦、徒劳也。始若不怒，则不必改。

……

无生盗贼之亲。众自幼少之时，或有不善之意，始盗人物。渐成人，生私欲，熟习之，无法止盗。不盗则无须止。若有人言窃人之物乃天性，欲罢不能。何其愚蠢！亲不盗之证，乃天生无盗者也。盗者学人之恶习，以私欲偷盗。夫可谓生而有之否？

又，盗乃业深所致，故不可不盗。私欲年久成癖，业深植于性。话此聪明语，实为可笑。不因业而盗，盗非业。假令盗为业、盗为天生，知是非而不偷盗。故非不可止盗。不盗则不须止。

即便有史以来之最大恶人，至昨日皆为千夫所指，然自今日始，知其过，居佛心，自是活佛矣。

少时，邻近有一名曰河童，貌如熊坂长范之大盗……极为怯懦，被捕，久居大坂之狱。然，因其为盗中之名人，不死而作目明，后遇赦释，成佛师，为大阪之造佛高人。成后生愿，亡于念佛三昧。

先前之大盗，改过自新，成后生愿。何处有更深之业盗与罪盗？盗为业、为罪。偷盗与否，皆为一人之念，非业。

论善与恶

盘珪承认有些人过着邪恶的生活，但就像大多数日本佛教思想家一样，他接受了宗教内部的教义传统，即万物皆有佛性。在此表达为佛心，是禅宗传统的另一个名称。

虽是恶人，并非无心。转恶念，便是佛心。虽恶，亦使其闻佛心之语。

譬如，今二人始往高松，一为善，一为恶。此二人，无论善恶，皆沿路漫谈，虽欲不见何物，二人之目皆于无意间见左右。若牛马相对而来，善与恶皆无躲避之意，渐而临近，且语且避。此外，若有水沟，二人皆逾，若有河川，则相济。汝或曰："善人让路与牛马，而不须虑。如此之事，惟善则可。恶人若无觉悟，则不可同善人越沟、渡河。"然恶人与善人无异，由此观之，欲告众，恶人亦有不生之佛心。

宗教仪式中神圣性的缺乏

盘珪尊重遵守宗教戒律的人，但认为这种行为只具有工具价值。他在定义传统的行为规则或遵守传统的行为规则中没有看到内在的精神内涵。对盘珪来说，遵守这些规则反映了一个人对这些规则的需要，因此它显示的是弱点，而不是优势。

和尚：我等坚信持二百五十条戒律便可成佛。此乃善事否？抑或恶事否？

盘珪：此非恶事，乃善事。然非至极之善。使律立于言表，称"律宗"，以此为至极之善，实为可耻。所谓根本律，乃恶比丘所犯之二百五十戒，佛为恶比丘所持，真正之衲僧，不会令已违法受戒。不饮酒者不须持酒戒、不盗者不须持盗戒、不诳语者不须持妄语戒。而众僧守戒、破戒实惟恶比丘应忧之事。当言我乃律宗，律立于外，实为恶比丘之看板也。譬如善人伪为恶人，并效仿其恶。不觉羞耻乎？

不生乃佛心。若有不生之佛心，始无持犯之事。所谓持犯，皆为派生之名，于不生之下，第二、第三大本视之，乃末方之物。

[NAW]

女性的精神能力
盘珪永琢 1690，45-7，52（97-101，107）

盘珪意识到佛教文化中认为女性的精神潜力比男性弱这一传统是错误的。

若此度不为佛，则断一切佛心，明不生之理，不可迷矣。自今日始，男子为男子之佛心，女子为女子之佛心。

当言女子之佛心，有女子与佛心相绝之言论，岂不可怜。嗟乎，非然也。男女无异，男子可为佛身，女子亦可，无疑是也。若有此不生之念，无论男女，皆为不生，皆为佛体。若晓不生之理，无论男女，皆可不生。众生皆为佛体。于形虽有男女之相，然于佛心却无丝毫差别。不可为形所惑。

佛心平等，无男女之隔。若平生见闻诸事，因是非之语而生烦恼，执着于此，无法顺意，便不自觉转心为念。即便为形所惑，但合佛心不生之道，不论男女，不论先佛后佛，皆同体之一佛心。故言妇女不可成佛乃无稽之谈……

去年于备前布道时，与会者四五人，有数妇人……一妇人以为女人不可于布道时发问，故欲知可私问否……

此女问："我已婚，乃渡世之凡人。与丈夫无子，但养其前妻之子一人。今成人，如亲子般孝我。我并非因无子而痛。今有一烦心之事，我闻无子之妇，即便有后世之愿，皆不可成佛。我问出家众僧之真假。其告我，女人异于男子，不可成佛。生而为人却不可成佛，降人界终为无用之人。因生而为女朝夕悲叹，筋疲力尽……于其旁者曰：如其言。自闻'无子之妇人不可成佛'一言，朝夕挂之，日夜烦恼。身体数年消瘦憔悴。世必有众多无子之妇，然无人比其更忧后世之事。可见其之凄切……"

为证无子者亦能成佛，引证示之。自祖师达摩以后，数代相传至我，未尝有一人有子。是否闻达摩与他人曾堕地狱之事？此女不信如是无子之祖师，众僧所为皆可堕地狱之事。其意乃无子之女与他人不同也。然无论男女，皆有佛心。众人所闻钟鼓之声响，皆无差别。若欲成佛，乃可成佛。曰不可成佛者皆非也……若如此，细想诸成佛之妇。

……

男女相异，女子正直率真。虽愚钝，然以"行恶则入地狱"谕之，即刻明了，无一怀疑。若以"行善即可成佛"谕之，则专修念佛，信心益深。闻我未生之教而深信不疑，乃真正成佛之人，而非精明之男子。

[NAW]

（殷晨曦译）

白隐慧鹤

白隐慧鹤（1685—1768）

白隐出生于一个工人阶级家庭，早年被佛教吸引，学习佛学。22 岁投身禅宗。研究佛学两年后，对自己的"觉悟"充满信心，拜谒了隐居的禅宗大师正受老人，正受起初嘲笑他，后在其指导下，白隐实现了精神上的突破。白隐禅师最终回到了他的家乡。他在一个破旧的小寺庙里做了很长时间的禅师，吸引了来自日本各地的学生。晚年，他开始绘制自己以及各种宗教主题的画像，并作为礼物送给捐布施者（檀那），这些画被认为是他开悟的表现。

白隐通过重新制定修行方法和批评僧侣的精神弱点来重振临济宗。他最出名的是用一种叫作"公案"的智力问答来激励其学生以新方式思考人类的基本问题。传统上，这些故事似乎是基于非理性行为。中国著名的禅宗大师被称为"始祖"。但白隐禅师自己发明了很多公案，最著名的是"单手拍掌是什么声音？"理解白隐禅师的关键是佛教的信仰，即一切众生都拥有"佛性"，这一"佛性"表现为"自己的本性"。目标是自我转化，但不是通过有意的行为——通常意义上的实践，而是通过一种以佛陀为象征的自由状态的自发觉醒。深层次的矛盾在于这样一种观念：一方面，即使我们没有得到解脱，佛陀仍在我们心中。另一方面，尽管不能保证这将产生我们所寻求的觉悟，但我们仍需要持续、专注地修炼。这是一条必须独自旅行的道路，它必须在自我的体验中出乎意料地出现。依靠从老师那里学到的理解或知识，会使自己离真理更远。

[MLB]

觉悟心

白隐慧鹤 1743，412（61-2）

我们应该如何理解禅宗寻求解脱的矛盾本质？白隐让修行者们在自己的内心而非其余任何地方寻找，并痛斥依赖任何超越个人经验的东西，拒绝其他权威，甚至是经典和宗教领袖（包括他自己）。

佛陀此云觉。觉自心即是觉佛。若离心，别求有相佛，是名为痴人。如求鱼人，先须见水。鱼是水所成，而水外更无鱼故。若人欲觅佛，先须见心。佛是心所成，而心外更无佛。

故问："既是心外无佛，如何觉了自心，得彻底去？"

曰：怎么问着底？是心吗？是魔吗？是性吗？为鬼欤？道神欤？在内外中间吗？青黄赤白吗？

自家须究明，立时究明，坐时究明，吃饭吃茶，语时默时。单单穷将去。切忌向经教文字中求觅，向善知识口头寻讨。

只到心机尽情量穷处，如猫儿捉鼠去，如鸡母暖卵来，豁然而有凤离金网鹤脱笼底时节。

纵到死不能打发，三二十年突而送却光阴去。誓，莫认诸方死朗当老汉老婆说话来以为得力处，着骨粘皮，终不能打脱。况于祖师最后因缘。

[NAW]

冥　想

白隐慧鹤 N.D.256（251-2）；1747，113-14，135-6，143-4（37-8，58，67）

下面是白隐禅师的一首著名诗偈，歌颂了一种被称为"三昧"的深度冥想状态，它揭示了自我与佛陀的统一。

众生本来佛，恰如水与冰。离水则无冰，众生外无佛。
不知佛在身，去向远方求。恰如水中居，却嚷口中渴。
生为富家子，福中不知福。六道轮回因，只缘愚痴暗。
漫漫长夜路，何时了生死。摩诃大禅定，赞叹无有尽。
六度波罗蜜，念佛及忏悔。诸多之善行，悉皆归其中。
静心一禅定，能灭无量罪。免落诸恶趣，净土已不远。
幸蒙此法要，一旦触及耳，赞叹随喜者，得福量无限。
况且自回向，直证自本性，自性即无性，远离诸戏论。
因果一如门，无二亦无三，无相相为相，去来皆本乡。
无念念为念，歌舞亦法音，三昧无碍空，四智圆明月。
此时复何求，悟境现前故，此处即净土，此身即为佛。

[RFS]

白隐敦促人们投入冥想练习，不是把冥想作为一种恍惚的内省，而是在正常的感觉活动中集中注意力。当冥想深入被称为"三昧"或"禅"的恍惚状态时，感知的对象被视为冥想，就像头脑感知它们一样。因此，冥想不是一种达到目的的手段，而是真理和解脱本身的源泉。

若乍开诸法实相，唯有一乘之智见，故六尘即禅定，五欲即一乘。语默动静常于禅定中。若达此境界，与山林之禅修有霄壤之隔。所谓火生莲，非赞叹世间稀有之行者。永嘉达天台三谛即一之堂奥，精炼止观修行。传中亦叹赏于四威仪中，① 常冥禅观。虽只字片言，亦不可轻视。于四威仪中，常冥禅观，四仪即禅观，禅观即四仪冥合之境界。菩萨不立道场与说现诸威仪乃同一模范。

夫水华之莲近火则萎，火为莲之敌药。然，火中莲华，愈近火则愈娇艳。

最初修行之人，避嫌五欲，纵通我法之二空，见道如何精明，当其出静入动之时，如失水之蚬虾，离树之猕猴，无半点气力。宛如逢火之水莲，刹那凋零。

若又于平生六尘之上猛着精彩，纯一无杂打成一片，毫厘不差，如于乱

---

① 出家的人在行、立、坐、卧时，身心都要端正。

世送百两黄金之人，不间断无畏猛进，生掀翻自心之源底，踏断生死之命根，如虚空消殒、铁山塌碎之大欢喜。如火中盛开之莲，其色香随焰之近愈发弥烈。何故？火即莲，莲即火。

……

何为正念工夫？咳唾掉臂，动静云为，吉凶荣辱，得失是非，束为一则之话头。如铁石落于脐轮气海丹田之下，本尊即大树君，诸侯大夫，乃同业影向之诸菩萨众，近习外样之大小诸臣乃我等舍利弗目连之三乘大弟子众。待以我等如赤子之万民为所化之众生，应有仁恕之心。

以裈肩绢为七条九条之大法衣，两口之打物置于禅枝机案，以马鞍为一枚之坐蒲团，山河大地为大禅林，上下四维十方法界为自己本有之大禅窟，阴阳造化为二时之粥饭，天堂地狱净刹秽土乃脾胃肝胆，乐府内外三百叠为朝夕之看经诵经，千百亿之须弥山束以一片之脊梁头，其余之进退揖让射御书数，皆作菩萨万善同归之妙行。① 抽大勇猛之信心，和内观之真修。

在活动中保持禅修觉性，而非将其局限在禅室的安静时间里。

无不见性之佛祖，无不见性之佛祖圣贤。如今时，徒于虚空求胸臆之凡解，只是在虚无中请求解除心中的疑虑，若觉了解分别自己脚跟下之大事便足矣，则不可破一生妄想之魔网。所谓小智乃菩提之妨，此等之徒也。

古，禅门之盛时，至于正念工夫之士大夫，闲暇之日，士卒七八从之，跨马而行，驰于两国、浅草等地。

[PBY]

公案和巨大的怀疑

白隐慧鹤 1743, 412-3（62-4）；1751, 232-4（144-6）；
1792, 324-5（163-4）

白隐的方法要求人们对即将到来的解脱要有强烈的信心，但同时也要求人们对自己的理解有强烈的怀疑。公案修炼不断地将人推向更深的怀疑，直

---

① 所有的宫廷仪式和军事研究都是菩萨们无数美好活动的神秘操作。

到在没有任何可依赖的情况下，人突破到解脱的意识。

古人云："参禅须具三要。一者有大信根，二者有大疑情，三者有大愤志。若欠此一，如折足鼎。"

信根者何言哉？只是信人人有可见得底自性，有可彻了底宗旨是也。纵是虽信不疑着，难透话头，则不能透底彻了。纵是虽疑团疑结，不愤志以相续，则疑团不破，是故言。

谨劝参禅士，究明己事须如救头，然求透过，须如寻要用底物。见佛祖言教，须如生冤家，禅门以不疑话头为自弃无赖贱人，所以言："大疑下有大悟……"疑有十分，证悟有十分。

[NAW]

以下段落中提到的第一个公案与一名徒弟和赵州禅师的对话有关。在对话中，徒弟问狗是否像人一样有"佛性"。赵州的回答是否定的："无！"——字面意思是"没有"或"什么都没有"。然而，其意义却不是字面意思，因为"大乘佛教"教义非常明确，所有动物都确实有佛性。人类交往中肯定与否定的本质及其与现实的关系是一个谜。正是公案让白隐禅师开始了宗教觉醒。

无论从什么意义上说，禅宗研究的本质就是解决疑问。这就是为什么有人说："在巨大的怀疑底部，潜藏着伟大的觉醒。"如果你怀疑，你会完成觉醒。佛果①和尚曰："若不疑大头，变患大病，参立之人若能使大疑现前，百中有百，千中有千，必能觉悟。"

若人大疑现前时，只有四面空荡虚豁地，无生亦无死。如万里之层冰里，似坐琉璃瓶里，分外清凉，分外皎洁。痴痴呆呆，坐而忘立，立又忘坐。胸中无一点情念，只有一个"无"字。恰立于长空，此时不生恐怖，不添了智，一气前进不后退，如冰盘忽被掷摧，玉楼忽被推倒。有四十年来未曾见，未曾闻之大欢喜。此时，生死涅槃犹如昨梦，三千世界海中沤，一切贤圣如电

---

① 佛果，圆寂后名圆悟克勤（1063—1135），临济禅师，被誉为创作了数百部公案，以能简短明确回答弟子们提出的问题而闻名。

拂。此乃大彻妙悟，团地一下之时节。不可传，不可说，恰如饮水，冷暖自知。十方于目前消融，三世于一念贯通。天上人间，有何欢喜如此？

若学者切进，必得三五百日之功。若问如何大疑现前，勿爱静处，勿舍动处，我等脐轮气海，总是赵州一"无"字。问有何道理，若弃一切情念思想，一心参穷，则无人前不现大疑。如上之大疑现前，以纯一无杂之体裁问及，或有怪怖之感。然无量劫来，踏破生死重关，彻底大方如来本觉之内证，应有不畏艰辛之觉悟。①

详顾，参究无字，大疑现前，大死一番，尔后得大欢喜者数不胜数。唱名号，得少分之力者，闻之不过二三。慧心院僧都，云智慧，云信心力。若参究麻三斤等话，须一月二月，乃至一年半年；发明自身真如名号，诵经之功，须尽四十年之精彩。唯依疑团之在否。须知，此疑团如催人前进之羽翼。如法然上人，道德仁义精进勇猛。暗中披览圣教，以其眼光于疑团内所立之地了毕大事，决定往生。嗟乎，岂非短绠汲深？

白隐禅师运用他著名的公案"单手拍掌是什么声音"作为一种有效的方法来打开自己内心的佛性。

此五六年以来，决意教人闻只手之声，较从前之指南有拔群之相违。易使人起疑，且工夫易进一事，较其有云泥之隔。故唯今专一劝戒只手之工夫。

何为只手拍掌声？双手相拍有丁丁之声，举只手时无声无响。此乃孔子所谓烝天之大事？或山姥②所云之大事，一丁空谷之响成闻无生音之便？是以耳全然不可听，不交思虑分别，远离见闻觉知。若于行住坐卧之上，无间断参究，极力前行，于理尽词穷之处，忽拔生死之业根，劈破无明之窟宅。如凤离金网鹤抛笼般得安堵。当此时，击碎心意识情之根盘，拨转流转常没之幻境。

[PBY]

（殷晨曦译）

---

① 要深入了解十个方向的所有如来的基本觉悟，必须承受一定的痛苦。
② 在日本民间传说中，山姥是一个捕食年轻人的女巫。

今北洪川

今北洪川（1816—1892）

在近代早期（1600—1868）的最后几十年里，儒家学者加强了他们长期以来对佛教的批评，认为它不道德，在经济上极为浪费。今北洪川是一位重要的临济禅师，他的一生经历了从传统到近代的转变。为了应对这些挑战，他写作《禅海一澜》，主张佛儒二教一致调和之说。今北为这一辩护使命做好了充分准备。在接受剃度之前，于儒家私塾教了几年书，并在他的修道生涯中继续研究、辩论和讲授中国经典和评论。后来，他因在19世纪七八十年代鼓励镰仓时代圆觉寺的世俗活动而闻名，这一倡议由他更著名的弟子释宗演（1860—1919）继续推行。

《禅海一澜》完成于1862年，使用儒家经典和宋明儒学评注的语言，从禅宗的角度诠释了30个经典段落。这里呈现的两个节选例证了今北关于两种传统统一的论点，其前提是所有人都被赋予一种真实、开明的本性。在第一篇文章中，他将孟子的人性观和儒家的主要思想如"明德和天道"与佛教思想"开悟""真如"和诸如此类的思想联系起来，最后强调了通过具体实践来体验真理的重要性，这与更理智的"知"的模式形成了对比。在第二篇文章中，今北指出，与一般的假设相反，儒家经典明确承认真理的不可言喻性。他进一步认为，这种潜移默化的维度与儒家对礼的强调密切相关。今北指责儒生忽视了佛教中的平行平衡，这不仅包括简单地停留在"虚空"中，还包括一个人进入真理的"苦修"。

[JAS]

尽 心

今北洪川 1862，231-2，235

尽其心者，知其性也。知其性，则知天矣。曰天，曰佛，曰道，曰性，曰明德，曰菩提，曰至诚，曰真如，一实多名。其为物也，先天地生，亘古今而常现在。论其体，则妙有真空，圆明寂静，广大不可思议者也。古之为人主者，得之以治身，其绪余土苴以治天下国家。故无不得之之圣哲，无不得知之之佛祖。《易》曰："仁者得之谓之仁，智者得之谓之智。"是已。

盖圣者之扬化，或于中国，或于西竺，或于日东。各虽方殊言异，其得诸心之实一而已。孟轲深知其实，而故区别曰性曰天，亦甚好。只恨不曰见其性①。蛇出头寸，自知其长短。山野寻常云，知性者多，见性者少。知性则不过知天，见性则得天。皮下有血底，莫等闲看予语哉。

……

《中庸》曰："《诗》曰：'予怀明德，不大声以色。'子曰：'声色之于以化民，末也。'《诗》云：'德輶如毛，毛犹有伦。上天之载，无声无臭。'至矣。"

这章，圣学之枢纽，孔门之极功也。抑道德之微妙，始于无声无臭，而终于礼仪三百威仪三千。穷于礼仪三百威仪三千，而复归于无声无臭。于是，始成就大道之体用者也。考其出入隐显，甚妙之难言矣。吾门谓之明暗双双底。

若欲得这三昧，恰如人学射，久久习练，则自然得奇妙，不免而皆中。孔子所谓"七十从心所欲不逾矩"是也。至其佳境，如始"声色之于化民，末也"。

昔宋晦堂谓朱世英曰："予初入道，自恃甚易。逮见黄龙先师后，退思日用，与理矛盾者极多。遂力行之三年，虽祁寒溽暑，确至不移，然后方得事事如理。而今咳唾掉臂也是祖师西来意。"②

儒士动云，释氏取空矣。殊不知吾门之空者不空，而有如是之妙理也。

---

① 英文版直译为"自然"。——译者注
② 晦堂祖心（1025—1100），北宋临济宗黄龙派传人之一，其思想后被荣西（1141—1215）带到日本。引用的这段话来自禅宗的第一部分，菩提达摩来自西方的典故是著名公案。

孔子亦称"无声无臭",是又不空也。如予响辩焉。《语》不云乎,"不知为不知,是知也。"乞学者勿如韩獹之逐块哉。①

[JAS]

(殷晨曦译)

---

① 韩獹是一只跑得很快的狗,据说他追逐一只野兔,直到筋疲力尽死去。此指被琐事分散了注意力,错过了本质。

铃木大拙

铃木大拙（1870—1966）

铃木大拙（贞太郎）将佛教禅宗思想带到西方世界，其职业生涯成就非凡。他生于金泽，与日本最著名的现代哲学家西田几多郎一起长大。就读于东京帝国大学期间，铃木跟随镰仓圆觉寺禅学大师释宗演学禅，开始了其参禅生涯。释宗演禅师曾出席1893年在芝加哥举办的世界宗教大会，在那里认识了《一元论者》(*The Monist*) 的编辑保罗·卡洛斯（Paul Carus）。他将卡洛斯介绍给铃木，后来铃木当了卡洛斯几年的共同工作者和翻译。回到日本后，铃木在1921年任职于京都的大谷大学，并在当地创办了东方佛教徒协会和英语期刊《东方佛教徒》(*The Eastern Buddhist*)。

第二次世界大战之后，铃木关于禅和神秘主义的著作在西方变得极为流行。他以客席教授的身份在美国待了几年，包括1952—1957年在哥伦比亚大学的一段期间。晚年，他接触了很多西方思想家，包括哲学家、有神论者（他自己也是其中之一）、心理学家和神学家。他的英语著作包括《禅论集》(*Essays in Zen Buddhism*)（共三册）、《禅与日本文化》(*Zen and Japanese Culture*)、《神秘主义：基督教与佛教》(*Mysticism: Christian and Buddhist*)、《禅与精神分析》(*Zen and Psychoanalysis*)（合著），并为《楞伽经》译本和亲鸾的《教行信证》批注。他的英语和日语作品集都超过30册。

铃木自由游走于文艺评论和宗教解释之间，虽然从来没有自称为哲学性辩论，但其他人有时会将他的思想应用于哲学问题之上。下述铃木称之为《否定中的肯定之逻辑》的摘录——他对于主体的陈述之核心——是其中的经典例子。

首先，他将其应用于禅思想，然后应用于"净土"佛教的"他力"理论。

[TPK]

否定中的肯定之逻辑
铃木大拙 1940，510；1944A，274-83

　　我对于哲学逻辑并不熟悉，但是我希望说一下佛教如何理解这个词语。有一部经，我翻译为《般若智慧经》。梵语"般若"（prajñā）在汉文译为"智慧"，但这并未能完全掌握其意思，我比较偏爱有点重复的"般若智慧"一词……让我们将"般若"和意识之梵语词汇"识"（vijñāna）作对比，来探讨个中原因。前缀 vi- 有"分割"的意思，反映意识的作用是区分事物的事实。佛教哲学就在"般若"和"识"之间的冲突中形成。它以不同形式出现在《般若智慧经》之中，例如："心非心故为心"……梵文 taccitam acittam yaccitam（心非心，即是心）的汉文翻译使用了系词"即""即是"。因此我们可见"否定中的肯定之逻辑（即非）"，肯定的同时引起了否定和肯定了否定。那就是般若智慧的逻辑……

　　以今天的语言来说，肯定和否定可谓是"自己同一"，那正是系词"即"的力量。那并不是某事物被另一事物否定的那种关系。在彼的仍然在彼，在此的仍然在此，然而我们在我们肯定此的同时，我们也肯定了此之于彼，彼之于此。根据我们对文字与事物的惯性思维，当我们将两个元素置于一个肯定或"即"的关系之中时，便是否定它们的二性。但是佛教之中并非如此，就如否定（否），乃是肯定（即）。因此，当两个元素互相否定时，那种关系同时也是一种肯定。否定并非与肯定对立，呈现为否定的，反而本身就是肯定。

　　在历史和文法中，我们的普遍断言语言假定了一个肯定的表述不可能用于表示否定。相反，否定的表述也不被容许用于表示肯定。我们依赖这些惯例来建构世界观。让哲学家尽情地去解释为何如此吧。但事实上，禅者诉诸违背此普遍逻辑的表达方式："隅田川回流"；"一口吞下品川湾的水"。

般若智慧的逻辑

　　我想从一个禅的角度讨论什么是《金刚经》的中心思想。我们从第十三个章节的文字开始……如下：

> 佛说般若波罗蜜，即非般若波罗蜜，是名般若波罗蜜。

这个逻辑是般若智慧的哲学基础，也是禅与日本灵性的逻辑。将此设为公式，可得：

> 若 A 肯定为 A，A 必须非 A；因此为 A。

在此，肯定就是否定，否定就是肯定。在《金刚经》中，这一节后有这些叙述：

> 诸微尘，如来说非微尘，是名微尘。
> 如来说三十二相，即是非相，是名三十二相。

在这个思考模式中所有意念在得到肯定之前都先要被否定。有些人或许会反对，认为这是完全非理性的。我能做的只是尝试以更简单的字眼去叙述它。当你看见一座山，你可能会说："那里有一座山。"或者当你看见一条河，你可能会说："看，那里有一条河。"这是我们惯常的说话方式。但在般若智慧的哲学中，一座山并不是一座山，一条河并不是一条河，也因此一座山是一座山，一条河是一条河。这怎么会在惯常的思考模式中显得非理性呢？般若智慧的特质是它会以这种方式对待我们所有的字词，在作出任何肯定之前，先把它们穿过一个否定的过滤网。它坚持这是看事物的真实方式……

我们理所当然地认为可以用常识去看事物，或是科学化地看它们。般若智慧的存在颠覆了这种想法。相对于"吸纳"某物，它从"回避"开始。先说"不是"，然后才转过来说"是"。你可能会觉得浪费时间。有什么具有说服力的原因令人会选择这条迂回的路线呢？从一开始，很明显"芦苇是绿色的，花是红色的"，那为什么不就那么说，省却那额外的步骤呢？以"芦苇不是绿色的，花不是红色的"的论述为开端，就像在旱地寻找波浪一样：只会导致混乱。

或许会是那样。但谨记：如果有任何混乱，那是在我们的思绪中；那是我们制造出来的，而且本来并不在那里的。如果在旱地上掀起了波浪，那责任只在我们身上。因此，在说一座山并不是一座山会显得突兀的同时，当一开始并不存在诞生或死亡这回事的时候，谈生死或死生，不就是同样突兀吗？而当我们说希望活下去而不想死亡的时候，不就是在旱地里寻找波浪吗？

这一逻辑的批判者或许会觉得继续否定山、河、花或任何事物有违常理。当说到我们自己的生命时，就很难从"未诞生"的立场去看诞生和生命，而不以否定"未诞生"告终。当你从"未诞生"的角度看生命和死亡，那就和说山不是山或红花不是红色一样非理性或无用。那些双脚牢牢地植根于智力歧视和只在乎实用性的人永远不会有直接的精神洞见。般若智慧的逻辑是灵性的逻辑；要适应它，你必须拥有一个能够把你带离这一种观念的经验。

禅采用这个逻辑，但并不以逻辑的方式来对待它。这是它的独特之处。当一个人面对生死问题，禅逻辑可说："这个你想逃避的生死问题，实际上是什么呢？这个让你纠结的问题，你能找到它的所在之处吗？还有，究竟是谁令你纠结呢？是谁令你寸步难行呢？"要求问问题的人回到自己身上寻找答案，就是禅逻辑的独特之处。

换句话说，首先常识被否定，然后否定自身被否定，将我们带回最原始的肯定。同样，这也许看似一种迂回的做法，但我们的意识就是如此，除非我们走这条路，否则不会愿意接受事物的本来面目。从智慧的角度，即是用我们直接的灵性觉醒之眼来看，从一开始山就是山、河就是河，而无须任何伪装。然而，经验一次又一次提醒我们，寻找一条从直接感觉到如此的灵性觉醒的道路，并非简单的事。

尽管我们在达至深刻见解时会遇到问题，灵性生活仍是我们作为人类的特别天赋，将我们从其他万物中区分出来。只有在人类，而不是在动植物身上，才会有"生死"问题，或是欲望的苦恼和"涅盘"解脱之间的挣扎。猫狗对于生死、正邪、喜恶没有意见。他们在诞生时诞生，该死亡时死亡，吃想吃的，吃饱了便蜷起身子睡觉。只有人类会思考为何诞生，为何必须死亡。没有其他生物会为活着不想死而如此大惊小怪。动植物也不想死，但是当时间来到，牠/它们便会静静地逝去，不会抱怨。不像人类那样拼命反抗。在这一点上人类比不上动植物。但我们之中有谁想当猫狗？！当我们看见一座山，我们可以先看到不是山的一座山，然后看见那座山。人类倾向这种曲折的逻辑。在这种人类独有的曲折性中，藏着人类生命的喜与悲……甚至是存在于超越我们所在的世界的神，也不会自讨苦吃。迂回、担心、繁乱的能力是人类独一无二的。清楚地看到这一点的智慧，开启了灵性生活的世界。

[WSY]

横超他力

铃木大拙 1942，234-7

一般而言的信仰，是对于我们自己以外、与我们有智的关系的对象的信。在佛教（净土宗里也没有例外），信仰源自没有对象的层面。那就是一心。硬要说的话，就是"一心信一心"。那是一心的自信，因此并不需要离开自己去找外在的东西。这个永恒的时刻在净土宗叫作"一念"。亲鸾曰："信乐有一念，一念者显信乐。"……"开发时克之极促。"（《教行信证》iii.1）他不是说时间没有流动，只是一念的信心是不会离开自己转移至他者的。这是对于"他力"的信心的标志。自力的话，我们可以看到自他的对立逻辑关系；但在"他力"中，这种关系并不存在，所有事物各自存在。在这个状态下他力充盈，不须流动至该事物之外，也不需要时间……

净土佛教将心信"心"的经验称为闻；禅则称之为见。直觉可见万物，甚至连闻也可见。这是净土宗所说的"闻其名号"，即"南无阿弥陀佛"……单是书面写下的并不足够；名号要被呼唤而我们要听到自己呼唤它。在禅中，感觉的直接体验称为"见"，即"见性"。净土宗的"闻"和禅的"见"意思相同……这个心的状态中既无自力也无他力。那是一心一念、一念一心的信心境界，有违一切理论并证明了信仰的超然性。

一心见或唤或闻一心，在世间一般的理论中都是不成立的。这种理论存在于自他相对之间，并非只有一念，而有二念。这和"心心不异"（《临济录》1.18）是心心相异的。"信心"乃"是心即是由无量光明慧生故"（《教行信证》iii.2）……通往真理的道路是直接的，就在信仰显现的一念之间，横超之时。

横超实在是一个不可思议的逻辑……信心"一念顷刻之间超越并无视一

切差异，达至无上真道"（《教行信证》iii. 2）……这个逻辑即般若智慧的即非逻辑……它总是伴随着往还性、回互性与自性的回归。在净土宗的用语中，往相是菩萨愿作佛心，还相则是菩萨"原本的"度众生心。这两个词语代表不离的两心……如来自我否定以作愿力，愿力变作信心回到自身；如来完成了如的往来。"如来非如来，即是如来"，表现出即非理论的逻辑……

般若智慧意味着如此的一种运动。那并非愿力直接等同信心或相反的意思。愿力化为信心，完成其愿力性；信心回向愿力，才成为信心。往还回互必为二元关系，因为那是人类知性的根本制约。虽说如此，二元并非永远如此。二从一而来，必须回到一；因此才为二。二不可被无视。如来是如来，众生是众生；如是者，信心和愿力皆同……这是我们如何理解佛教烦恼即菩提、涅盘即轮回的公式……如同"横超"一样，背后的逻辑皆是"出自光明慧的"即非逻辑。
……

愿力看似目标为本，但实际上它是一个无目标的目标。诸菩萨誓愿救苍生、积功德、朝圣他方佛土、修菩萨行、敬拜诸佛如来。就此看来，菩萨们的确有目标。然而，就佛教整体来说，不论是净土宗还是禅，轮回，如同其自身，乃涅盘。一念一心见证了某一时间点的自然发生——那个立竿见影、完美无缺、浑然一体的刹那——在那一刻真心开始起作用。这是根据他力的即非逻辑，"愿力非愿力，是名愿力"而成。"自力"自设目标，但除非有某个追求的外在目标，否则不会满足。不论是自力的"金刚心"还是"菩提心"，都无法避免产生阻碍达至目标的"自我障碍和自我掩饰"……相对地，他力是自发而生，对万物平等："对待地、水、风、火、空，一视同仁。"菩萨"于是进入生死轮回，跳入苦海之中……如同戏法般大显神通"（《教行信证》iii. 1）……因此愿力的作用既有目标亦无目标。如这是事物的自然法则，那么明显他力的逻辑属于"方便"的世界，而非我们的。无论如何，我们被迫承认，在我们的世界中有某些事物是无法弄清的：信仰中一念一心的绝对非二元性。

[WSY]

（陆秀雯译）

久松真一

久松真一（1889—1980）

久松真一生于一个净土宗佛教家庭，成长于岐阜县，年少时曾立志成为一个净土宗僧侣。然当渐渐接触科学知识和批判思维，他发现自己的想法过于天真，信念破碎后，进入京都大学并在西田几多郎的指导下学习哲学。1915年，苦于理性思维的边界，在老师西田的建议下，他跟随京都妙心寺的临济宗池上湘山法师参禅。在回忆录中久松写道，在第一次闭关修行中，他体会到一种超越，这种超越影响了他整个生命和思想。

久松以居士身份继续他的参禅，同时任教于京都大学以及后来的花园大学。与其他的哲学实践者如铃木大拙、西谷启治、上田闲照以及西田几多郎从净土宗的传统及基督教中汲取灵感有所不同，久松真一将自己与禅道的传统紧密连接。他的目的是希望将禅带离佛寺的藩篱，带入现代世界。作为一个影响深远的宗教思想家、茶道大师、书法家和致力于推广禅道的学者，久松并非西方系统中的哲学家。从他全集的内容来看，其思想集中在哲学宗教和文化方面的觉醒，而这在很大程度上基于他自己的参禅经验。下文摘录自其博士论文，他尝试在佛学经典之中提炼出"无"的概念。——亦见于第1194—1197页。

[JMS]

东洋的"无"

久松真一 1946，33，36-42，48-50，54-6，63-6
（65，67-73，80-2，86-7，95-7）

我想说的东洋的无，是东洋独特的无，与西洋文化相比是具有东洋意味文化的根本契机，我认为也是佛教的真髓，亦是禅的本质，并且是形成我自身的宗教和哲学根底的自我内证……

否定的描述

所谓"无"这个概念，可以有几个意思……包含：存有的否定；否定的论断；抽象的逻辑概念；想象中的无；或者是无意识的无。但我想表达的"东洋的无"与以上几种皆有不同。

东洋的无不同于上文第一个定义中的"存有的否定"，即表示某种特定的东西之"不存在"，或者是整体的不存在……这种表达，比如"三界无法"或"无一物"不应被理解为单纯表示"没有东西"……或有将上述解释作为古来的"虚无之会"或者"断无，顽无之见"来解，这种误解实应断然警诫。

六祖惠能在《坛经·般若第二》中称：

> 心量广大，犹如虚空，无有边畔，亦无方圆大小，亦非青黄赤白，亦无上下长短，亦无嗔无喜，无是无非，无善无恶，无有头尾……善知识，莫闻吾说空便即着空，第一莫着空。

黄檗的《传心法要》中也有："体如虚空相似，无有相貌，亦无方所，亦不一向是无。"

再次申明，东洋的"无"亦不是第二个作为宾词否定中的"无"。也许没有人会认为"这是桌子，不是椅子"中的否定是东洋的"无"。但恐怕会有人认为"非此非彼"或者"非任何物"中的"非"，似乎符合东洋的

"无"。然而，正因为"非任何物"这个宾词可以是任何一物——比如说，"这个桌子不是任何物"，"这椅子不是任何物"，可以附着于任何主词。这仅是表达"这个东西不是其他物，只是其本身"之意。这并不超越任何论述。

然而，在"神非任何物事"的情况中，并不是单纯表示"神不是神以外的物事，而只是神本身"这个意义，而是表示"神超越任何宾语"，这类似于佛教的说法"真如自性非有相，非无相，非非有相，非非无相，非有无俱相，非一相非非一相、非非异相，非一异俱相"（《起信论》），也就是说"真如自性的本质是什么也不是，也即是无"。……这个"无"与基督教提及"神"的时候一样，也指"神是超越一切的宾语"，也即是无的意思。

东洋的"无"本身也是超越任何限定、超越任何谓词，因此，"东洋的无，非任何物事"，也可以说"东洋的无即是无本身"。东洋的无并非只是宾语的否定。如果只是宾语式的否定，则也没有必要称其为"东洋的"了。

东洋的无，进一步说，也不是作为理念的"无"。巴门尼德的"有"指的是某个空间被填充的状态，而"无"则是空间的空虚状态。对于黑格尔，"有与无"的集合是"成"（成为、变成）。他们二者的"无"，即理念上的"无"。……然而，"东洋的无"并不属于这两种"有与无"中的"无"，而是超越这个"有与无"的"无"。

《涅槃经》卷第二十一说："佛性非有非无。"《百论》中论述："有无一切无故，我实相中种种法门说有无皆空。何以故？若无有亦无无，是故有无一切无。"这些说法都是表达"无"是超越"有无"的。

"东洋的无"也并非想象出来的"无"。我们可以想象一个实际上摆在我们面前的桌子是不存在的。运用这种想象力，似乎所有东西都不存在，不存在桌子或椅子，不存在地板或房子，天地也不存在，身体或者思想也不存在。运用这种想象力，则会产生一种"一切皆空"的体验。

"东洋的无"并不是一种主观的、构想的境界。从东洋的无看来，正如观佛之佛不是真佛一样，观想出来的"一切皆空"亦非真空。东洋之无，并非所观之境，而是能观之心。但又不仅仅是能观，而是能所一体、心境双忘的无的主体。

心，抑或所见，若它们被境化或者被对象化，则它们不再是真的"心"，也不是真的"见"。正如庞公所说："但愿空诸所有，谨勿实诸所无。"

"东洋的无",也非第五个意义中的无意识的无。这种"无",是我们的意识作用没有启动,因而我们没有意识到任何事物,甚至是"无"本身。而"东洋的无"并非这种"无"。东洋的无是惺惺了了、了了常知,是我们最为明了的觉知。这种所谓的觉知,并不是将"无"外界化、对象化,而是能所一体的觉知。

"东洋的无"是"无心""无念",是"大死底",甚或是"涅槃",并非睡眠、气绝,或者死去时候的无意识状态。没有一种状态比"无心""无念"更有了了的觉知。比"大死底"更有生命之泼辣及决绝。百丈怀海说"一切诸法莫记忆",黄檗说"能所皆忘",其绝不是茫然自失,反之,这是一种没有一丝毫不觉的大觉。

肯定的描述

东洋的无,如前所述,有一种"无一物"的性格,亦有一种"虚空"的性格。这种性质我认为是"虚空性"。为何东洋的无以"虚空"一词来描述呢?为阐明这个词,让我们先来考究一下虚空一词的意涵。

永明引用《释摩诃衍论》卷第三,在其《宗镜录》卷第六中阐述虚空的十义。第一是无障碍之义,此虚空是在诸种色法之中无障碍之义。第二是周遍之义,指虚空无所不在。第三是平等之义,虚空是平等而无可拣选的。第四是广大之义,指虚空是广大而无有分际之义。第五是无相之义,指虚空是无相的,是超越任何色相的。第六是清净之义,指虚空是清净而无所尘累。第七是不动之义,指虚空是不动的,无有成坏之意。第八是有空之义,指虚空是空间和其他任何维度的量的空灭。第九是空空之义,指虚空是不附着的,是远离其空之状态的。第十是无得之义,指虚空既不执着于己亦不为他物所附着。

东洋之无与虚空确实有着以上诸多相似的性质。但当然,东洋的无却不像虚空那样无觉知或无生命力。东洋的无是"了了常知"的,因此也称"心""自己"或"真人"等。

因此东洋的无绝不像虚空那样是无生命的,而是有生命力的。并且东洋的"无"有心性,不仅有心性,还有自觉。……我们常说东洋的无即"心",而这个心与我们通常所说的心则不同。此心,有前述之无障碍、周遍、平等、广大、无相、清净、不动、有空、空空、无得、唯一、非内非外等虚空的性质。通常我们所说的心,并不具备虚空的这些特质,为了辨别二者,自古以来即常说"心如虚空"。

……

基督教认为,神从无之中创造了天地、植物、人类以及一切事物。……这种于"无"之中创造可以说是真正的创造力。我们可以在基督教的神那里找到完全概念中的"创造"。……然而我们却不能找到(创造的)实证。并且这种(创造),也许只是我们已经证实的人类的创造的一种理想化,或者理念化,甚或仅仅是一种假定,又或者不过是我们自己所相信的而已。

……

佛教有一语"一切唯心造"。这不仅是一种理想化或信仰,而且是唯心的实证。康德说我们日常在经历的现实界,并不是我们通常认为的与我们的心是完全独立的两个存在,而是我们的心所创造出来的。……康德所说的"心造一切",即所谓的"一般意识"必然存在于一般意识的范畴中,由被他称为"物自体"所感受的东西所构成的心里。……相反,在佛教中,镜子中所反照的,不是由镜子以外而来,而是生于镜子之内。……

但是,因为镜子不可能真的从内里生发出来其所映照的东西,因此这个"心"不能完全用"镜子"的比喻来描述。佛教中则经常用水波的比喻,更确切地阐述"镜子"比喻中所不能表现的"心"之能动性。一切的水波,不是其他的东西映照在水中而来的,而是由水生发出来的,并且不能离开水,一旦平息了即会还原为水,而一旦还原为水,又完全找不到一丝痕迹。对水波来说,它来源于水又最终归于水;对水来说,波是水的运动,水随着波而动,二者一体不二。而波起波灭,对于水来说无增无减。因此,水即便会有千波万浪的变化,但又仍是永恒不变的。一切唯心造的"心",恰如这个水。

六祖惠能曰:

自性本无动摇,能生万法。
一切万法不离自性。

《维摩经》中也有:"从无住本立一切法。"

说的都是心的消息能动之性质。东洋的无是心,被比喻为作为主体的水之"心"。东洋的无之能造性,正如作为主体的水与水波之间的关系这个比喻。如果以生灭不息的水波作为主体,则恰如人类通常的自己。把作为主体的水波还原转换为水,才是我们要去寻找的东洋的无之性格所在。

[RDM]

(林超纯译)

唐木顺三

唐木顺三（1904—1980）

唐木顺三在整个昭和时期，更多的是作为一个批评家而不是一个受过西方专业训练的哲学家在活动。他在京都大学师从西田几多郎，一生都对京都学派哲学家的思想心怀感激。同时，道元的禅宗和亲鸾的净土宗思想也反映在他思想的发展中。他从早期的现代和当代文学批评作品开始，在晚年转向中世纪文学和俳句诗人芭蕉等人物。在他的职业生涯中，他一直关注的是美学和宗教感性。除了一部关于当代历史的重要作品外，他还发表了对三木清作品的批评性评价。他的最后一本书是在他去世那年出版的，试图解决科学家在当今时代的社会责任。

唐木1963年出版的《无常》一书，以下几页是该书的主要内容。他认为，从中世纪开始，万物的无常决定了日本人的心态，《无常》则是对这种心态的一种延伸性尝试。唐木认为，对生存的脆弱性和不确定性的认识，往往与男性武士有关，是以佛教思想为基础的，他继续发展了一个备受瞩目的日本审美理论。

［MH］

（张政远译）

无　　常

关于道元的无常，我尤其想写下面所记述的内容。

希望大家认真读一读《正法眼藏》第九十三《道心》中的如下地方：

> 世临其末，确有道心者，几无。然则，且当心系无常，不忘世事无常，不忘人命危艰。吾应不知思世事无常。务当以法为重，轻吾身吾命。为法应不惜身家性命。

这段小文，如果仅是一读而过，会以为是老生常谈的无常说法，但我认为，其中所蕴含的内容与以往的无常观有本质的区别。其实，我在读《道心》卷的这段内容时，也对这句"吾应不知思世事无常"感到费解。我没有充分理解其意思，以为是道元后写进去的一句话。这句话就这么被我唐突地理解了。即便是翻查《正法眼藏注解全书》，对这句话的解释也不过只是《闻解》中的如下说法："乃曰不要了解观想世事无常。此乃法犹应弃之。"我不光觉得这句"法犹应弃之"意思不明，而且还用得不合适。

我觉得这一点很重要，因此决定不厌其烦，继续考察。我将上面的引文划分成如下段落。

一、世临其末，确有道心者，几无。
二、然则，且当心系无常，不忘世事无常，不忘人命危艰。
三、吾应不知思世事无常。
四、务当以法为重，轻吾身吾命。为法应不惜身家性命。

我曾写过，发菩提心、道心最须注意的是"观无常"。为了成为真正的具有道心之人，首先就必须要思观无常。第二段的"且当心系无常"中的"且"值得注意。依赖不应依赖之物而生存的世人，为了能出家得道，首要的条件就是先确知，其所依赖之物其实是不可信赖的。由"心系无常"，可确认"世事无常，人命危艰"。这里所说的"心"，是"吾我"的心，是主观的心。"无常"是客观的事实。"无常""险恶"，可以说是主观的吾我的情绪性认识。要注意的是这一点：不是"闻解"所说的那种"虚幻的无常"。"虚幻"是吾我的情绪性认知，无常是客体的事实，它们被如此区分。正因如此，才被说成"心系无常"。

第三段中说，有所谓吾我之物，其我心不是在思"世事无常"。通常，自己的情绪被认为是思考虚幻、无常的主体，但真实的情况并非如此。"心"

"情绪"是首先应该丢掉、应该脱离的东西,"吾我"是应该舍弃的东西。刚才已引用过这句话:"脱离吾我最须注意的就是观无常。"因为是"注意",所以首先要用"姑且"心,观无常,但观无常反过来又导致其心离开吾我之心本身。可以说,心所超越的不是吾我之心,而是道之心,是自我。

虽多少有些夸张,但在此可以说,我在分析王朝的"虚幻"时所写的"虚幻""无常",已被道元批判、否定。进展顺利、展开流畅是客体的一个存在方式。其外界的"流畅""顺利"的速度,与其无法跟上过分顺畅的自己的心理、情绪的速度之间的落差,是称之为"虚幻""无常"的感情。反过来,用这种主体的感情、情绪,来测定、计量外界的顺畅移转的东西和过于顺畅的速度时,过于顺畅而去的东西反而显现出"虚幻"。于是,"虚幻的生命""虚幻的世间"就出现了。并且,在想要忘却这种虚幻之时,"虚幻之事"、虚幻的慰藉就出现了。"进展""进展顺利"本来是外界的事实,且是表现在外的工作量,由此转生出称作"虚幻"的心理、情绪、感情。用这种感情再度观察外界,就出现了虚幻的人生、虚幻的世间。我在"虚幻"一章中,对"虚幻"所拥有的这种构造进行了详细叙述。

此种王朝女流文艺的"虚幻"感情,被用于"兵"的世界、男性感情时,就变成了"无常感"。由此所产生的无常的哀伤感、咏叹般的无常观也已经写过了。

在道元的《道心》卷中,其开篇所论,可以说是对上述的"虚幻"及"无常感"的批判与否定。

在第三段中,思观世事无常之处的吾这一固定用法,有其实体,其吾是没有所谓心这一物的。"且当心系无常"中的这个"心",此处再度被否定。就在上述引文的前面一点点,阐述道:"不将吾心置于先。应将佛之说法放在前。"

第四段中,不是将心置于先,而是将法置于前,为遵循此法,不惜身家性命。

可以看出,从第一段到第四段,是按照应发道心的顺序、方法来写的。并且,结论是法为第一,脱离吾我之心。

不过,这里所说的"法"为何物呢?大胆、坦率地说,法就是"无常"本身,无常即法。所以,才会说"且当心系无常"。但是,无常即法的无常,不是"心之所系无常",是兼收了无常本身以及我和心的无常。可以说,不是作为认识对象的无常，是形而上的无常。

在《正法眼藏》第一的《办道话》中，弟子向道元发出的第十问的要领如下：身与心一分为二，身体虽生灭，但心性"常住"。即便肉体死灭，心性亦不会死，而是进入永恒的世界。所以，有主张认为：相信灵魂永存，是脱离生死烦恼的首要条件。这可以称为真正的佛法吗？弟子所问就是这样的问题。

对此，道元的回答如下：如上之说乃外道之见，实乃"比握着瓦砾当金宝还要蠢"，不过是"狂人的鼓噪"，用不着过于痴迷。此外道之见，乃将身体和精神作为二元加以区别，区别肉体和灵魂，以身体为变化之"相"，精神、灵魂为常住不灭之"性"。并且，提倡灵性在肉体死去之时，"出窍，往生彼处。是故，虽灭于此处，若生于彼处，则可常住不灭"。没有比这更歪的邪说了。佛法原本提倡"身心一如""性相不二"。决不会将身体与精神相区分，认为一方会生灭，另一方会常住。即便有将生灭变化的现象世界作为"领解知觉"之心，其心亦会"生灭，根本不会常住"。因此，为了脱离生死的烦恼，提倡心性的永恒完全是妄说，不值一提。

尽管道元做了如上回答，但他又进一步说："应知生死即涅槃。现在除生死外，不谈涅槃。"此处，有必要重新注意"生死即涅槃"这一老生常谈的意思。

我在别处写过，"诸行无常，是生灭法，生灭灭已，寂灭为乐"是我们日本人自古就熟悉的无常偈。这里，生灭灭已被看作寂灭、涅槃。并且，"灭已"通常被认为是时间的终局，生灭经过之尽头，这也被视为生之尽头、死。因而，"无常"被如"露之命"或"无常忽至""无常迅速"般，直接被视为生命的终局、死。而且，一般认为，死之前有寂灭涅槃境。净土、彼岸、极乐亦是就此种联想而言。不过，"生死即涅槃"是对通常所说观念的否定。不是在无常的生死之前，有常住的涅槃。而是说，无常即涅槃，生死乃寂灭。无常转化的时间，不是朝着一定的到达点、目的地，进行直线地、连续地前进。常生常灭这种生灭无常，是时间的裸体。时间原本是无目的、非连续的。刹那生灭、刹那生起，这种所谓无意义的无限反复，可以说是所谓时间的表现形式。从其并非朝着目的前进这点来讲，它也不是朝着虚无、死、寂静迈进。反复的时间是虚无。而且，这简直可以说就是虚无主义。时间是以虚无为根底的、无意义的无尽反复。人生、诸行和森罗万象皆只在这时间中，因而结局是虚无、无意义。无常就这样将虚无、无意义展现出来。无常是与咏叹般的感情、情绪等，完全无缘的、严峻的事实、现实。

人无法忍受这种严峻的虚无主义，所以想出了许许多多的构思。时间无始无终，无限地反复，是从现在这一时点夺走了一切的意义、价值。人没有只是无意义地活着的勇气。于是，时间被赋予各种各样的意义，为了有意义而装饰时间。

其装饰、有意义化的第一步，是认为时间"有始"。追求"太初有意义"的"太初"，设定了各种各样的宇宙创设说、创世记、造物主、造物神。试图与遥远的先祖建立联系，以使现在的自己安定。《徒然草》的最后段落相当有趣。八岁的兼好问父亲："佛为何物？"父曰："佛乃人也。"又问："人如何成佛？"父又答："依佛之教而成。"又问："行教之佛，谁人教之？"又答："此亦为其先之佛所教。"又问："最初行教之佛，如何成佛？"父笑曰："抑或由空而降，抑或拱土而生。"这段的结尾处写道，父亲愉快地对众人说："被其追问，未能得答。"《徒然草》以"感到怪异且疯狂"的序段开始，以"愉快地云与诸人"的部分结尾，不得不说，作者颇为高明。或许是在虚无地笑这种世间的愚笨：求"始"，借此为现在寻找意义，借寻找意义使自己安心。

令时间变得有意义的第二步，被认为是"有终"说。认为时间是朝着目的前进的思考，是单方面地设定了目的论，以及"目的的王国"。所谓朝着终极的目的，连续地发展，是对现在这一历史的时点进行的乐天思考。可以说，历史终归是一出雄壮的电视剧：在理想的状态下完结，一切归于调和。但是，也有在终末观上对时间的方向进行解释的其他思考。理想位于过去、太初，历史由此出发，并向堕落下降的方向迈进。构思"失乐园"，构思正法、像法、末法，构思"最后的审判"。这里，也有一出雄壮的电视剧。其结构在暗中规定好了经由终末升天、到达净土的可能。

令时间变得有意义的第三步，是所谓"有为之功业"。曰文化主义、历史主义。借助造寺造塔之功业、文明文化之功业、历史进步之功业、人格形成之功业，对现在进行人工装饰。人通过相信文明、进步，肯定自己的时间，肯定生。

道元不断地否定上述时间的装饰性、有意义化，与真实的时间、赤裸裸的时间亲面相对。以无为无作来面对无始无终的时间。不眨眼地面对刹那生灭、刹那生起的时间现实。此处是必须通过的关门。不通过这里就体会不到禅。

《建撕记》中，道元在十五岁时，所提出的最大问题是"显密二教共谈本来本法性、天然自性身。若如此，则三世诸佛依甚更发心求菩提"。为求解此大疑问，道元到各处求知，参学，学道。虽云游各处参学，却始终未得道。若本具之自然身即法性的话，则原样即可不行吗？在此基础上，进一步寻求菩提、修行，不是与屋上架屋、雪上加雪一样吗？他为此感到困惑。如果是"自然法尔"的话，照原样即可；在此基础上进一步做功夫参学，不是不自然且无用的吗？进一步说，也就是：如果"生死即涅槃"的话，不是就那么置之不顾就行吗？如果无常的时间是无常的反复的话，那就任其反复，如果刹那生灭、刹那生起的话，那就随其生灭生死即可，这样不行吗？明欲求，进而寻求菩提，生发道心，有此必要。

我认为，《典座教训》中出现的阿育王山的老典座，和刚刚入宋的二十四岁的道元在庆元府的船中进行的问答，以及下下个月在天童山进行的问答，展示了超出这个大疑问的消息。

道元这样问来日本船买"椹"（香菇）的老典座："座尊年，为何坐禅办道，不守古人之话头，充当受累之典座，只管作务，有甚好事否？"老典座大笑答曰："外国之好人尚未了得办道，尚未知得文字。"下下个月，道元与老典座偶然再遇，进而又问："如何知得些文字？"典座曰："一二三四五。""如何了得些办道？"典座曰："遍界不曾藏。"

道元如此记述问答之后，又写道："山僧聊知文字了办道，乃彼典座之大恩。"可以说，"遍界不曾藏"这句话，令其长期以来的大疑问彻底消除。问所谓办道（致力于道之意）工夫为何？回答"遍界不曾藏"。求菩提、发道心、修行、参学，用这五个字就可回答，在其回答中，道元了得了办道。据说道元后来读了雪宝的如下偈，将其与上述老典座之言一并思之，愈发有感。

[JSO]

（孙雪梅译）

净土宗

综　　论

与日本佛教的几乎所有传统一样，净土宗的传统是于六七世纪在中国形成的，以印度经文为基础，根据中国本土思想进行解释。今天，"净土"这个名字被用来指代佛教思想的一个路线或佛教机构的一个集群。日本佛教思想有五六种主要传统，但禅宗和净土宗在其中有自己的分量，因为它们自13世纪以来在日本哲学史上占有突出地位。值得注意的是，作为一个宗教，21世纪初日本净土宗的人口比例约占全国总人口的60%。然而，这种强调信仰的佛教形式并未引起西方学者的关注，至少直到最近，他们更关注那些没有那么重视信仰的佛教传统。尽管如此，净土佛教的思想和价值观从佛教传入日本的那一刻起就对日本思想产生了深远的影响，19世纪90年代后西方哲学开始对知识界产生重大影响，但情况并未有大变。

在现代之前的净土佛教著作中，哲学论证与传统佛教价值观的断言往往很难区分。但为了体现出对佛教最权威的理解，净土宗思想家们常常花大量的时间来解释他们的观点，而且往往是在胁迫之下，这些著作通常有丰富的表达，这将成为本综述的基础。然而，这一传统的创始神话和历史发展在西方并不为人所知，因此要了解其核心符号和隐喻的作用，我们必须从这里开始。与禅宗一样，净土宗的教义在镰仓时期（1185—1333）之前一直被嵌在其他宗教团体中。但与禅宗不同的是，禅宗是在僧侣个人前往中国接受公认的大师的直接传授后才开始成为一个独立的机构，而日本的净土宗并不寻求这种外部权威来证明其概念的合法性。

日本净土思想史上的关键人物是僧人法然（1133—1212），这里的条目都是从法然和他发起的思想路线开始的。法然生活在一个政治动荡的时代，他提出的宗教范式被一些人认为是非常激进的，这导致他被迫流放，其追随者也受到了长达几个世纪的迫害。但是，从法然最著名的弟子亲鸾（1173—1263）那里产生的一个宗派，在 15 世纪时变得如此强大，以至于人们担心它会成为自己的一个竞争性封地。从那时起，它就不再是佛教世界中的少数传统了。

由于引起最大争议的法然思想与日本人的心理产生了深刻的共鸣，要了解净土宗在日本的影响，我们需要从他开始。为此，我们不妨回过头来考虑一下，在佛教传到日本之前，它是如何作为一个思想体系运作的。虽然佛教的早期教义经常重复这样的口号，即它遵循一条温和的"中庸之道"，一方面拒绝感官放纵的极端行为，另一方面则拒绝为了苦行而苦行，这种佛教教义被用来为自己的修道行为辩护，同时与当时席卷印度的相当极端的瑜伽自律形式拉开距离。但在佛教进入东亚之前，东亚没有任何类似的东西，这种修道传统显得极端简朴。然而，独身、贫穷、吃素和在严格的戒律下生活的价值观很容易被整个佛教思想所接受，因为核心的哲学假设——更多的纪律形式将产生更大的精神成就——已经到位。然而，正是这一假设在 7 世纪的中国佛教中受到质疑，这构成了法然和所有追随他哲学脚步的人的净土思想的基础。

"净土"一词是对印度佛教概念的中文改编，即菩萨或任何神圣的存在的国度或国土，因菩萨的存在而被神圣化或"净化"。在梵语中，这个词 Buddha-kṣetra，即菩萨所占据的"领域"或"空间"。事实上，所有佛教修行者在达到最先进的冥想形式时，可以在自己的头脑中创造一个"神圣的空间"；当他们住于这种心境时，他们同样是"居住在净土中"。佛教也同样谈到了存在于心灵中的"禅定天堂"，但极难进入。因此，需要多年复杂的心理训练。寺院是最有利于这种培养的环境。但是，所有的菩萨都有净土，由于菩萨致力于解救所有众生，通过转生到菩萨的特定净土来接触菩萨的想法是这个概念的另一个重要方面。我们也可以看到一些大乘经文讲述了特定菩萨的神话传记。

这包括他们修行前阶段的誓约或誓言，它们描述这些人希望在成功获得佛陀身份后的成就。由于这些叙述总是以成功告终，它们实际上是对这些誓言现在有效的圣经确认。其中，后来成为阿弥陀佛的达摩祖师所发的誓愿是日本所谓净土宗的基础。阿弥陀佛和他的净土之所以特别，是因为佛经中的各种明确声明，总之，阿弥陀佛将把所有的人带到他个人的净土，即使是最坏的罪犯，只要他们相信他的誓言，承诺将他们的业力转到这个目标，即在他的净土中重生，并参与一个简单的仪式，称为念佛，他们为此目的援引阿弥陀佛的名字。

法然转变了范式，放弃了传统的佛教假设，即困难的修行会导致更大的成就，取而代之的是简单的修行会导致更大的成就。也就是说，尽管念佛修行，无论是默念阿弥陀佛的属性，还是观想阿弥陀佛的净土，或是念诵短句 namu-Amida-Buddha（我皈依阿弥陀佛）。至少在三百年前，日本就有这种做法，主要是为了诱发恍惚状态和产生幻觉，或在重复念诵数千次后积累足够的业力，以确保死后能往生阿弥陀佛净土。然而，在法然的视野中，菩萨从一个承诺奖励孩子良好行为的父母角色的神，变成一个积极参与修行者内部生活的坚定导师。人们不再需要任何特别困难的冥想练习就能进入阿弥陀佛的净土，因为阿弥陀佛会带人们去那里，只需要发自内心的念佛，只需要念十遍，甚至只有一遍。

法然的论点是这样的：如果只有那些能够完成最困难的冥想的人才能实现涅槃或成佛的目标，那么对于生活在日本的每个人来说——在释迦牟尼佛死后一千年，与印度有着不可逾越的距离——成功的机会非常小。此外，环顾四周，人们能看到多少个菩萨？为什么任何致力于拯救众生的菩萨会建立一个只奖励少数人的宗教体系？法然把先前的模式理解为只是一种权宜之计，让大家认识到，在没有菩萨的情况下寻求最终的解脱从来都是不可行的，从而让人们看到选择阿弥陀佛净土之路的逻辑，不是更合理的吗？法然也在与另一种在他那个时代主导宗教思想的思想作斗争。那就是认为虽然转世是不可避免的，但个人在死亡时的心态对业力的影响远远大于一生中的任何其他精神事件。因此，对许多人来说，念佛的唯一目的是为那个最后时刻做准备。

法然巧妙地避免了对基于旧模式的哲学论点的彻底否定，这些论点渗透在他自己的天台宗的经文和传统中。他一生都是该教派的僧侣，并以严格的僧侣戒律著称。但他对僧侣和非僧侣、男人和女人、出身高的和出身低的都不加区别。即使是被抛弃的人也被欢迎参加他的公开集会。他宣扬并写道："念佛，如果带着诚意和信心去做，将导致每个人都能平等地到达净土。"法然跳过在他之前的日本主要净土思想家，如源信（942—1017）和智磐（卒于1144 年），将中国高僧善导（613—681）的明显非标准的解释学合法化，使其令人信服，以至于此后所有受净土思想影响的哲学论点都停留在善导的范式中，这一点比中国本土的情况更甚。善导是一位复杂的思想家，冒着过度简化的风险，我们可以说，他主张通过诵佛念佛，即使是在非专注、非冥想的状态下进行，也能普遍进入阿弥陀佛净土中的神圣境界。虽然法然本人没有提请注意这一点，但亲鸾特别喜欢善导对《涅槃》中描述的王子弑父的故事的讨论：在这部经中，阿阇世王（Ajatasatru）现在作为国王，得到了释迦牟尼佛的宽恕，承认他的忏悔。菩萨的本性，不能被任何邪恶的行为所破坏。在善导看来，这是诸佛菩萨"大智慧、大慈悲"的基石，阿弥陀佛通过任何人都能做到的念佛法门，巧妙地让全人类获得了这种智慧。

法然的第一个大胆举动是肯定了善导之师道绰（562—645）的理论和历史要求，即存在一条与佛教徒的传统道路（"自我完善之路"）具有同等合法性的净土道路。基于这一注释学的先例，法然认为，净土法门和自我完善法门这两种模式界定了佛教对个人的意义，因此在理论上是相等的，但净土法门是实践中唯一真正的选择。这被认为是对传统佛教流派的政治挑战，不仅因为它质疑它们的可行性，还因为它对修行越难、宗教回报越大的假设提出了哲学上的挑战。法然主张念佛的首要地位是基于念佛是非常容易做到的，我们可以推断他的论点是宗教的民主化，即念佛允许任何人进入神圣的世界。此举也证明了对现状的另一种冲击，即认为没有必要对不同形式的实践进行分级。总而言之，法然认为，阿弥陀佛建议通过念佛往生他的净土，是对日本、对这个时代、对百分之九十九的人的实际精神潜力最好的佛教形式。

信徒们总是被期望遵守佛陀的教诲。但在后法然时代的日本净土思想中，我们发现重点发生了变化；中心问题变成了一个人对被佛祖选中的反应。最接近法然的六七个核心弟子中最有名的是亲鸾，他也最能说明这一点。他的观点反映了13世纪后法然的论述。亲鸾问道，基于自我力量的念佛修行，即在认识自我的限制下可以做的事，是否与基于其他力量的念佛修行，即菩萨的无限慈悲和智慧，有某种程度的不同吗？答案是显而易见的，但这只是引出了一个问题：如何使自己的念佛修行成为"他力念佛"。这个问题使亲鸾走上了一条非传统的道路，却给他带来了一个非常传统的佛教解决方案：把自我清空，作为通往真理和自由的途径。

在作为一个追求"自我完善之路"的僧侣奋斗了九年之后，亲鸾被法然的学说震惊了。亲鸾认为自己失败的修道生涯，法然提供了证据，证明他实际上是在正确的道路上。亲鸾表示希望完全离开寺院并娶妻,但法然向他保证,这样的决定不会影响他的精神前途,亲鸾这才松了一口气。具有讽刺意味的是,正是这种宗教范式的超乎寻常的接受性,使亲鸾走上了澄清自己在业力状况下的真实能力的道路,而这正是他发现的严重不足之处。这样一来,条鸾认为,打开我们所有人体内的他力念佛的关键是对我们的局限性进行深刻反思,反思世界上每个人都有一个"邪恶"的层面。在这里,根据佛教传统,"邪恶"代表着痛苦和对痛苦的认识。在亲鸾这里,阿弥陀佛的救赎活动是专门针对那些有最大业障的人,尽管他认为救赎本身是普遍的。因此,一方面,亲鸾暗指净土宗是为那些最不了解自己的世界和自己的人准备的体系;另一方面,他要求我们考虑人类理解本身的局限性所带来的影响。因此,在亲鸾身上有一种自相矛盾的"源于看到现实的自由"(自然法尔),伴随着他对自己所能理解的东西的否认。

近代以来,亲鸾有许多具有哲学思想的追随者,他们试图从与西方思想的交锋中为亲鸾的思想搭起一座桥梁。以下章节包含了其中一些较有影响力的著作的样本,特别是净土思想家清泽满之、曾我量深和安田里深,他们都属于大谷派。它是以亲鸾为创始人的佛教机构的分支。19世纪80年代,清泽是东京大学西方哲学研究生课程的一名有前途的学生,当时他被他的教派——本愿寺的大谷支部——强行征召,以实现其教育系统的现代化,并成为一所新成立的大学的第一任校长,该大学由宗派有三百年历史的寺院改建而成。他关于客观调查的价值的文章影响了一代教育改革者。作为一个虔诚的净土派佛教徒和认真的黑格尔的学生,清泽喜欢用"无限"和"救赎"这样的西方术语来表述佛教真理,"绝对他力"这个有影响力的短语就来自他一篇文章的名字。大名鼎鼎的清泽挑战他的同行,让他们考虑他们所知道的和如何知道的意义,坚持认为如果真理是如此的超越,以至于无法确认,那么它就没有什么价值。对清泽来说,经验必须是知识的中心,即使这种经验是难以理解的。他因一句话而被人记住:"我们不是因为神和佛的存在而相信它们;它们的存在是因为我们相信它们。"

因此,清泽启动了一个去神学化和反形而上学的努力,这与存在主义和早期佛教都有共鸣。我们收录了一篇具有挑衅性的文章,在这篇文章中,他敦促人们追求道德,正是因为它无法实现;在这里,清泽将亲鸾的存在论诚实地应用于道德，得出了克尔凯郭尔式的结论，即道德的失败正使"其他力量"的真理可以变得可见。他的学生曾我扩大了法然关于净土宗必然性的论点，认为释迦牟尼佛是阿弥陀佛的发明，尽管在经文中是释迦牟尼讲述了阿弥陀佛的故事。虽然这种努力看起来更像是一种再神话化，而不是去神话化，但在其他地方，曾我认为我们与阿弥陀佛分享的是他成佛前的人性，这对我们来说最有意义，而不是他的神性。在安田那里，我们进入了战后的论述，其中海德格尔和蒂利希的思想被带到了净土教义传统的背景中。从西田开始的京都学派思想家身上也可以看到，净土思想在今天的日本仍然是哲学探索的源泉。

延伸阅读

Amstutz, Galen. *Interpreting Amida: History and Orientalism in the Study of Pure Land Buddhism* (Albany: State University of New York Press, 1997).

Bloom, Alfred, ed. *The Essential Shinran: A Buddhist Path of True Entrusting* (Bloomington: World Wisdom, 2007).

Blum, Mark, and Shinya Yasutomi, eds. *Rennyo and the Roots of Modern Japanese Buddhism* (Oxford: Oxford University Press, 2006).

Dobbins, James. *Jōdo Shinshū: Shin Buddhism in Medieval Japan* (Honolulu: University of Hawai'i Press, 2002).

Hirota, Dennis, ed. *Toward a Contemporary Understanding of Pure Land Buddhism: Creating a Shin Buddhist Theology in a Religiously Plural World* (Albany: State University of New York Press, 2000).

Machida Sōhō. *Renegade Monk: Hōnen and Japanese Pure Land Buddhism* (Berkeley: University of California Press, 1999).

Suzuki, Daisetz. *Buddha of Infinite Light: The Teachings of Shin Buddhism, The Japanese Way of Wisdom and Compassion* (Boston: Shambhala Publications, 1997).

[MLB]

（张政远译）

法　　然

法然（1133—1212）

　　法然经常作为镰仓佛教运动的领军人物而被提及，并且因佛教分支净土宗宗祖的身份受到后世景仰。实际上，法然的一生是在天台寺院作为一名传统僧侣度过的，因此他的思想始终与这一佛学传统相一致。法然熟知天台宗显密教义与实践。当时有人宣称，天台教学之普遍以至于无人可脱离此模式。这也有力证明了法然为其同代人提供了新的可能。起码我们可以指明，法然的观点遭到了众多宫廷和大寺院的精英的攻讦。即便法然曾多次受邀前往宫廷讲学，并为包括太政大臣在内的最高政府官员授戒，在其晚年，他和他的信徒仍被判处流放，遭到迫害。

　　法然大胆地宣称，成佛已然无望。较之于佛教传统的乐观主义，这一观点对于人类处境的评估十分暗淡。即便如此，上层社会仍然被这种存在的真实性所吸引。法然提出的解脱之道的关键是对"念佛"——以"南无阿弥陀佛"或"吾皈依阿弥陀佛"的形式反复称诵佛之名——这一仪式实践的绝对执行。他的理论体系明确了此种修行方式的绝对权威，但也隐含了一种排他性。通过成功地劝服众人以坚定的唯一成佛之道取代主流的、显密结合的佛教思想，法然开创了一种新的范式去理解人类、社会和现实。其后，镰仓时代的思想家们遵循法然的先例，并结合其他客体和不同学说，去面对人类潜能问题，创造了一种涉及自我革新以及社会改革的方法。以下三个章节是法然于1199年至1212年之间所创作作品的选段。

念佛哲学
法然 1212A，590-2

易行道之殊胜价值

通过对修行方式的重新解读，法然提出了一种新的佛教思维方式。这一主张的原则即众生优胜。这是一种激进的、异于往日的修行方式，因为它明确支持易行道胜于难行道。借助相对小众的中式解经先例，法然需要在两个方面立论：传统的个人解脱修行已不再可行；念佛修行——特别是口称念佛——的法力，是取代传统修行模式的最佳之选。

今度离生死之道，无过于往生净土；往生净土之行，无过于念佛。凡出尘世入佛道虽有多门，大别为二门，即圣道门与净土门也。

初，圣道门者，在此娑婆世界断惑证果之道也。就此有大乘圣道，有小乘圣道。大乘亦有二，佛乘与菩萨乘也；小乘亦有二，声闻乘与缘觉乘也；此等总名四乘。但，此等悉皆不堪于此时我等之身，是故道绰禅师①云："圣道一种，今时难证。"虽说各种行法，而无其益，难证易迷，非我等之分所能也。

次，净土门者，厌舍娑婆②，急生极乐也。往生极乐者，阿弥陀佛之愿，不择善恶，唯在凭不凭弥陀之愿也。是故道绰禅师云："唯有净土一门可通入。"故此时欲离生死之人，应舍难证之圣道，而愿易往之净土也。

此圣道、净土，名为难行道、易行道，取喻而言："难行道者，如险路徒步而行；易行道者，如海路乘船而往。"足跛目盲之人，不能行于陆路，唯可乘船，得至彼岸。然而此时之我等，智慧之眼盲，行法之足跛，如是之辈，圣道难行之险路，一切绝望。

---

① 道绰禅师：中国净土宗僧人，被誉为净土二祖，深受法然敬慕。
② 娑婆：喻指我们所居住的、充满困厄的世界。

念佛之诠释

法然 1212B，456-7；1212A，601-3

在法然看来，非就信立行，而是就行立信。因此，其主张是对传统教义中皈依行为的修正。正是这种思考方式点明了易行道在实践和教义中的优胜之处。这也反映了法然对中世日本思想的巨大影响。通过反省多元主义的佛教传统，法然的分类方式不在于"正误"，而在于"正杂"。在最后的选段中，我们可以看到，"杂行"是不可接受的。

次，就行立信者，往生极乐之行虽形式各异，不出二种：一者正行，二者杂行。正行者，亲阿弥陀佛之行也；杂行者，疏阿弥陀佛之行也。

先，正行者，有五种。一者读诵：所谓读诵净土三经①。二者观察：所谓观察极乐依正。三者礼拜：所谓礼拜阿弥陀佛。四者称名：所谓称念弥陀名号。五者赞供：所谓赞供阿弥陀佛。此五合而为二：一者正定业，二者助业。正定业者，一心专念弥陀名号，行住坐卧，不问时节久近，念念不舍者，是名"正定之业"，顺彼佛愿故。助业者，前五之中，除第四称名之外，礼拜、读诵等，皆名"助业"也。

次，杂行者，除前五种正助二业之外，种种读诵大乘、发菩提心、持戒劝进等之一切行也。

……

自力者，励自己之力而求往生也；他力者，唯凭弥陀之力也。是故行正行之人，名为专修之行者；行杂行之人，名为杂修之行者。

……

就此正杂二行，有五种得失。一者亲疏对：所谓正行者亲阿弥陀佛，杂行者疏阿弥陀佛。二者近远对：所谓正行者近阿弥陀佛，杂行者远阿弥陀佛。三者有间无间对：所谓正行者，忆念无间也；杂行者，忆念间断也。四者回

---

① 净土三经：《大无量寿经》《小无量寿经》和《观无量寿经》——原文注。即《无量寿经》《阿弥陀经》和《观无量寿经》。——译者注

向不回向对：所谓正行者，虽不用回向，自然成往生业；杂行者，若不用回向时，不成往生之业。五者纯杂对：所谓正行者，纯往生极乐之业也；杂行者不然，通于十方净土，乃至人天之业也。如是信者，名为"就行立信"。

……

另有罪造之人，求往生，积功德，念诵《法华经》，不知因何而苦。其乃无下之污浊也。助往生，无阻碍，因而谋此事。此处应有所申明。佛之御心焉能好恶劝作？虽劝止此行为，然凡夫之习，为当时之谜所惑而作恶，却又力所不及，故佛发慈悲，不舍众生。诚心作恶之人，加诸余行，力所不及。复诵的经典里常有作恶之事，然而不会给人们带来痛苦，竟然会这样！如此说来，不便之事也。

三心义

法然 1212B，455，457；1212A，600

基于《观无量寿经》中提及的一个主题以及中国先贤对此的解读，法然宣称，其信徒在念佛中必须理解、坚持三种意念——诚心、深心、回向发愿心，以确保念佛的法力。在这三者之中，诚心演变为日本思想中的道德属性。在此，我们将再次领略法然试图阐明的一个观点：愚先于慧，谦逊先于娴熟。

一者至诚心者，真实之心也。身行礼拜，口称名号，心思相好，皆须真实。总而言之，厌离秽土，欣求净土，修诸行业，皆以真实心勤修之。

外现贤善精进之相，内怀愚恶懈怠之心，所修行业，虽日夜十二时不断行之，亦不得往生。外现愚恶懈怠之相，内住贤善精进之心修行者，虽一时一念，其行不空，必得往生。此名至诚心。

二者深心者，深信之心也，就此有二：一者深信自身是罪恶不善之身，无始以来轮回六道，无出离之缘。二者深信虽是罪人，以佛愿力为强缘，必得往生。

就此亦有二：一者就人立信，二者就行立信。初，就人立信者，出离生死之道虽多，大分为二：一者圣道门，二者净土门……

三者回向发愿心者：过去及今生身口意业所修一切善根，皆以真实心回向极乐，欣求往生也。此名"回向发愿心"。

……

总之，真实深信弥陀誓愿而愿往生之心也，此名安心，是往生心之相状也，应详知之。

虽常有深浅之别，何者求往生，安能无此三心乎？

略加思索，则知此间重要。自取之而行之，实为易事也。不知细思者亦可具此三心，另有能知者，亦可有缺。如此可知贱愚之人中，亦有往生之事；贵圣之中，亦有临终而不得往生者。

历史意识
法然 1212C，527-8

自10世纪以来，念佛之行与净土信仰相结合，在当时日本的都城京都越加广泛地传播开来。这种流行至少部分是因为它提供了一种看似可信的解答来诠释佛教的历史衰落论及末法（佛灭后最后一个时代）社会。将称名念佛建立在末法基础上，暗示着理解教法的智者已渐稀缺。当法然谈及此教义时，即在一定程度上宣明了他所建立的新范式：念佛不仅是为了心智羸弱之人，通过念佛之行往生净土是普世的。

念佛之行，本来不论有智无智，弥陀往昔所誓之大愿者，普为一切众生故也；非为无智之人誓念佛之愿，为有智之人誓余行之愿。为十方世界之众生故，有智无智、善人恶人、持戒破戒、贵贱、男女等，皆无分别；佛在世之众生，或佛灭后之众生，或末法万年后三宝①灭尽时之众生，唯有念佛是现当②之祈祷也。

[MLB]

（贾思京译）

---

① 三宝：佛陀、佛陀所说之教法、随其教法而修业者或团体。——原文注。即通俗所讲佛宝、法宝、僧宝。——译者注

② 现当：现世与来世。未来又云当来。——译者注

亲　　鸾

亲鸾（1173—1263）

在当今日本，亲鸾的著作及其思想可能比其他任何佛教思想家的都更有影响力。亲鸾是净土宗祖师法然门下最年轻的弟子。法然因提倡净土宗曾引起过相当大的争议。佛教的传统目标是实现彻底解脱，而净土宗则是主张通过仪式和禅定实现往生净土。亲鸾在其著作中表达了他对法然思想的忠诚之心，并在法然死后，在信众中传播他的思想。由于这样的传法世系背景，亲鸾在圆寂后一百年内一直被尊为净土宗经典的传承人和权威解释者。由他所创立的净土真宗传承至今，是日本迄今为止最大的宗派。

与其他同时期的佛教领袖人物相比，亲鸾虔诚地继承了法然的思想，没有吸收其他宗派的内容。亲鸾出身于贵族家庭，9岁出家为僧，其具体原因不详。他在个人生活方面最惊世骇俗的就是曾公开决定结婚，虽然当时僧侣与女性保持一些男女关系的情况并不罕见，但一般都还是暗中进行的。据说亲鸾结婚是经过法然同意的，以此来表现佛祖对人类局限性的宽容。1207年，法然及包括亲鸾在内的主要弟子被流放出京。几年后，天皇赦免了亲鸾师徒的流放之罪，但亲鸾依然在地方上待了将近三十年，于百姓中弘扬佛法，直到他回到京都度过余生。被剥夺了僧籍的他，依靠着流亡期间信众的捐赠，在贫困中依然坚持写作。

亲鸾所写的文章中有一些是长篇作品，用汉文写成，受众为一般学者；还有一些随笔和赞文，用白话日语写成，面向其信众。另外，亲鸾有位弟子写了一部影响深远的著作，名为《叹异抄》，其中大量记录了亲鸾的法语，故一般也被列入亲鸾文集之中。亲鸾的作品中对其思想进行了最为系统阐述的莫过于《教行信证》（针对佛祖教诲、修行、信仰、开悟进行阐述的短文集），它作为一部长篇汉文作品在亲鸾的著作中脱颖而出。它模仿了许多早期净土宗作品的风格，引用了大量宗教经论以及印度、中国、朝鲜和日本佛教宗师所作的注释书中的内容。总的来说，它读起来像是一部针对上层贵族及佛教当权派对法然提出的异端指控进行辩护的作品。该书中亲鸾原创的部分虽然有限，但也阐明了他自己所持的观点。从这些观点中可以看出信鸾思想的转变，这些转变在他后来的著作中（多为日语写成）也可以看到。

上文提到的《叹异抄》由亲鸾的弟子唯圆（1222—1289）编写而成。唯圆比亲鸾小五十岁，书中记载了他与亲鸾的讨论内容，严格来说，其中大部分内容的真实性并不可考。亲鸾圆寂后，信徒针对真宗教义出现分歧，唯圆是为了解决这个问题而撰成此书的。该书由日文写成，章节简洁，比亲鸾的其他文章更有利于非学者读者的理解。该书明确阐述了亲鸾的核心思想，并且直到今天依然有大量日本人购买阅读，所以我们有理由撇开作者身份的问题，将其收录于此。

在继承传播亲鸾思想的教团中，莲如（1415—1499）一系扩展迅速，莲如是亲鸾的直系后裔。到了 16 世纪，莲如所创建的本愿寺，在宗教和政治上确立了自己的地位，成为日本最主要的宗教机构。自 13 世纪以来，净土真宗一直允许"肉食妻带"也就是食肉和娶妻，这也是亲鸾宗教遗产的一个重要部分，在进入近现代之前，净土真宗是佛教界唯一允许上述行为的宗派。这种现象作为一种独特的日本佛教形式首次出现是在亲鸾所处的时代——镰仓时代。而在当代日本，几乎在所有的佛教宗派中，僧侣结婚都已成为常态，因此，在某种意义上，亲鸾对自己"非僧非俗"的评价可以视为整个日本宗教的雏形。

在哲学上，亲鸾最重要的贡献是他在人类学方面的观点。他认为人类的思考和道德论是在变相地对人类的自私自利进行合理化；他坚持认为仅靠个人努力，无论其目标多么崇高都永远无法摆脱自我的影响；并针对摆脱自我的"信任的信仰"进行了描述。

[MLB]

哲学人类学
亲鸾 1258A，527-8，529

在亲鸾看来，人类是自我且自欺欺人的。每个人都希望自己能够开悟，但在过去行为所带来的负面推动力（他称之为"业障残余"）的驱使下，人们总是不由自主地为自己的品行及修行感到自得，从而进一步滋养"自我"。人们总是想要变得"特别"并得到他人的尊敬，而成佛的渴望正是对这种企图的伪装。亲鸾像大多数大乘佛教徒一样深信人性本善，毕竟若非如此，怎么会有开悟的人出现呢？但人生难逃因果业报，靠自身力量实现开悟是不可能的。

《正像末和赞》

95 人皆以贤善精进之相外现于世，实则贪嗔邪伪，奸诈百端充满于心。

96 邪恶本性难抑止。其心如同蛇蝎般，纵使修善亦杂毒，故其名为"虚假之行"。

99 以蛇蝎奸诈之心不能自力修善。若非笃信如来回向，则必无惭无愧，终此一生。

107 罪业本无形，妄想颠倒而成。心性本清净，然世间无真心之人。

115 不知"善""恶"二字之人，皆有真心。识"善""恶"二字之颜，方乃虚伪之容。

116 不明是非、不分正邪之此身，小慈小悲亦无。然为求名利，好为人师。

把自己托付给阿弥陀佛的誓愿
亲鸾 1255，577-8

末法时代，众生该何去何从？就一般修行者来说，修行的主体是"我"，而"我"又惯于自欺欺人，所以亲鸾认为，唯一的解决方法就是放弃所有以自己的力量帮助自己的尝试，把整个身心全部托付给阿弥陀佛誓愿的力量。

阿弥陀佛为了帮助那些受负面业力影响而无法完成自救的人曾发下大愿。亲鸾对《无量寿经》中记载的第十八愿进行了解读，此愿是四十八愿中最为重要的一条，现引用如下。

《尊号真像铭文》

《无量寿经》中阿弥陀佛所发的第十八愿提道："设我得佛，十方众生至心信乐欲生我国，乃至十念，若不生者，不取正觉，唯除五逆、诽谤正法。"

所谓"至心信乐"，"至心"者，"真实"也。① 烦恼具足之众生因浊恶邪见，本无真心，无清净之心。所谓"信乐"，即对佛祖本愿之真实性深信不疑，谓之"信乐"。换言之，此"至心信乐"乃佛祖所发劝导十方众生"应'信乐'吾之真实誓愿"之誓，而非凡夫俗子之自力之心。

"欲生我国"即以他力之"至心信乐"之心往生安乐净土。所谓"乃至十念"，即佛祖欲告知众生，虽劝众人唱念佛祖佛号，但念诵次数及念诵时间并无定则，故于"十念"前加"乃至"二字。得如来此誓，则不应等临终之时，应寻常时节时时念诵。深信不疑将自身托付于佛祖所发"至心信乐"之誓愿。得真实信心之时，即入摄取不舍之心光，定正定聚之位。

所谓"若不生者，不取正觉"，"若不生者"即若无法往生，则"不取正觉"，此乃佛祖之誓言，即绝不成佛。"'至心信乐'之人如未往生吾之净土，则吾不成佛。"此本愿之要义可详见于《唯信抄》②。"唯信"者，即唯取"真实信乐"之心也。

念佛：无意之意

亲鸾 N. D., 777；1258A, 523-4

虽然念佛是往生净土的必要条件，但亲鸾认为真正的念佛是不牵扯任何

---

① 英文中省略了下列内容：唯如来誓愿可称"真实"，此所谓"至心"也。——译者注

② 法然的弟子圣觉（1167—1235）的作品。

主观意志和意图的，这意味着不仅要清空自我意识，而且要清空所有主观判断包括道德观念。念佛的正法修行有超越我们以及我们所做的任何行为的力量，但它仍然是我们自己参与的一种行为，就这一点而言，是念佛时放弃自我的信仰之心，而非念佛时所言之词句保证了一个人能够往生净土。下面引用的第一段文献解释了什么是念佛，念佛并非一般意义上的佛教修行。后面引用的文献则告诉我们，如果对佛祖誓愿的力量心生怀疑，尝试依靠自力，则不能直接化生报土，很难达到最终的解脱。

《叹异抄》

无胜念佛之善（《叹异抄》第一章）……于行者而言，念佛非行非善。非我计度之行，故曰"非行"；非我计度而行之善，故曰"非善"。全凭他力，远离自力，故曰"非行非善"。

《正像末和赞》

65 自力称名念佛之人，皆不信如来本愿。怀疑之罪深重故，关于七宝狱之中。
74 深信罪福、修习善本之人者，疑心之善人也。故止于方便化土。
75 若不信弥陀本愿，心怀疑虑生于净土，则莲花不开，如处胎中。

修行的非功利性
亲鸾 1258B，671-2

因为亲鸾认为"无我"才能求得解脱，那么他就面临着一个困难，即解释应该如何进行修行。在下面这段文献中，我们可以看到一种反功利的观念，这种观念与禅宗经典《六祖坛经》中的观点相呼应。在印度，传统上认为禅定是达到目的的手段，而在《六祖坛经》中，禅定被描述成了一种中国式的"体""用"模式，即"定是慧体，慧是定用"。

《末灯抄》

就所问之事，"信之一念"与"行之一念"虽闻之有别，然无离"信"

之"行",亦无离"行之一念"之"信之一念"。究其故,所谓"行"者,听闻"一声称念本愿名号即得往生"而称念一声或十念者,是为"行"也。听闻此佛祖誓愿而毫无疑心者,谓之"信之一念"也。"信"与"行"虽闻之有别,然闻一声之行而不生疑,可知无离"行"之"信",由此当知亦无离"信"之"行"也。应知此皆为弥陀之誓愿也。"行"与"信"者,誓愿之功也。

神圣自然

亲鸾 1258B,663-4

前文中提到了非功利性修行,亲鸾结合了佛教经典中"自然"和"法尔"两个词来解释非功利性修行中"自然"的概念。这种修行不可能通过修行者自己的判断来实现。为了明确这个概念,他常常提到不应该有自己的个人的想法,不应在佛的面前有赎罪之心,不应有发愿之心。从这一点上可以说这是道教和《涅槃经》中"佛性"的概念以净土宗的语言模式表达了出来。

《末灯钞》

"自"者,"自然"也,即非行者有意为之。"然"者,"使之然"也,即非行者计度,缘于如来誓愿之故,谓之"法尔"也。"法尔"者,因如来誓愿而"使之然"谓之"法尔"也。"法尔"者,誓愿之功也,非行者计度,所谓因"法之德"故"使之然"也。绝无人之计度也。故,应知"以无义为义"。①

"自然"者,"本来使之然"也。吾闻弥陀誓愿本非行者之计度,乃弥陀使众生笃信南无阿弥陀佛并迎至净土之计度也。不计行者之善恶,谓之"自然"也。

---

① 此处英文为:Everything starts a new when there is no judgment or design by the person. This is the basis of how you should understand the phrase in reference to Amida Buddha's vows, "making meaning of what has no meaning". 原文为:すべて、ひとのはじめてはからはざるなり。このゆゑに、義なきを義とすとしるべしとなり。其中的"はじめて"或为"あらためて"、"ことさらに"之意。"以无义为义",即不掺杂自力判断才是根本法义。——译者注

使我等皆成无上佛，此乃阿弥陀佛之誓愿也。"无上佛"者，无形也，无形故称"自然"也。若有形，则不称"无上涅槃"。吾闻，为使众人知无形之相，方始称阿弥陀佛①。令我等知晓自然之含义者，阿弥陀佛也。若领会此理，则应知"自然"之事切莫常论，若常论"自然"，则"以无义为义"即变"尚有其义"。此为佛祖智慧之不可思议也。

得信即得涅槃
亲鸾 1258B，693-4，680-1

遵循自然原则的结果就是，信仰的奥义不再是一个实现祈祷目的的手段，而是通过阿弥陀佛的誓言来开释个人顿悟，这就涉及亲鸾思想的一个特点，他把佛教的终极目标即成佛或涅槃与其他被定义为中间阶段的目标即往生净土甚至保证往生的信仰本身混为一谈，这显然超出了印度和中国佛教正统教义的范围。与当时其他主要佛教思想家一起，亲鸾的思想标志着日本思想文化史上开始依赖本土现象学的转折点的出现。一般认为，一个人寻求往生净土，是因为现世的条件不利于修证佛法，只有到了净土，有了理想的极乐世界的条件，有了佛陀的指引，人们才能取得圆满的修行。另外，在解释阿弥陀佛誓愿的时候使用了因果语法，明确了佛祖誓言是如何使普通人能够实现这一切的。在印度原版的阿弥陀神话中，法藏菩萨原本是一个人，他通过自己的努力获得佛果，从而成为阿弥陀佛，实现了他为众生利益而立下的誓愿。在亲鸾的神话版本中，这个顺序被颠倒了，阿弥陀化身为法藏菩萨，通过法藏菩萨回向使信众获得解脱。

《末灯钞》

入安乐净土者，即称"证大涅槃"，亦称"悟无上觉""至灭度"，其名虽异，但皆开法身之佛悟也。阿弥陀佛将开此佛悟之正因发于誓愿之中，由法藏菩萨回向与吾等，谓之"往相回向"也。此回向之愿称"念佛往生愿"，

---

① "阿弥陀"是这个佛的两个名字——"无量光""无量寿"的缩写。

信此"念佛往生愿"而无二心者,谓之"一向专修",① 当知此"真实信心"乃由释迦、弥陀佛两尊之计度所发起也。

……

所问之事,甚为殊胜。得"真实信心"者,既定为成佛之身,故《华严经》称"与诸如来等"。弥勒尚未成佛,但必定成佛,故称其为"弥勒佛"。获"真实信心"者亦如是,故称其"与诸如来等"也。

智慧如光

亲鸾 1250,630-1

前文中提到,亲鸾认为法藏菩萨是由阿弥陀佛化身而来,然而根据佛祖本愿可知,应该是法藏菩萨通过修行成了阿弥陀佛。因此,阿弥陀佛是上述整个"自然"法则过程的基础。正如亲鸾在下面节引的这篇文献中所提到的,这种开悟的方式甚至延伸到了无生命的植物世界以及地球本身。这一观点表达了他对涅槃这一佛教教义的理解,即涅槃不是作为一种惰性的、理想主义的目标,而是作为所有现实的动态维度存在。这种观点既有宇宙论的一面,也有现象学的一面,因为涅槃既是真实的(与我们想象的真实是相反的),同时又以一种人们可以认识到的"佛性"或信仰的形式存在于人们内心。下面节引的这篇文献中,亲鸾解释了信仰是如何产生的以及这是在什么宗教理解基础上的信仰。

《唯信钞文意》

所谓"涅槃"者,其名无量,不能详言,现举其一二于此,"涅槃"亦可称"灭度""无为""安乐""常乐""实相""法身""法性""真如""一如""佛性"。"佛性"即如来也。此如来充满微尘世界,即充满一切群生海之心,可谓草木国土,悉皆成佛。

---

① 英文中省略了部分内容:而信"如来两种回向"之愿而无二心,谓之"真实信心"。——译者注

此一切有情之心，信乐方便法身之誓愿故，此信心即佛性也，此佛性即法性也，法性即法身也。然佛有两种法身，一曰"法性法身"，二曰"方便法身"。"法性法身"无色无形，故心行处灭，言语道断。从此"一如"现行，称"方便法身"，相名"法藏比丘"，发不可思议之四十八大誓愿。此誓愿中，以光明无量本愿、寿命无量弘誓为本所现之相，世亲菩萨名之为"尽十方无碍光如来"。此如来即酬报誓愿之业因……①称"阿弥陀如来"……②称"尽十方无碍光佛"……③故，应知阿弥陀佛者，光明也，光明者智慧之相也。

善与恶

亲鸾 N. D.，775-6，785-6，792-3，782-4

亲鸾称生于净土即相当于涅槃遵循的是净土传统，申明无论一个人的业力记录如何，阿弥陀佛都会帮助任何真正渴望到达净土的人。因此，作为一个"普通人"，不需要在道德、禅定、智慧等方面有出色的表现就能获得解脱。这就引发了一系列的问题，因为缺乏道德圆满的解脱，似乎会使因果报应论本身失去意义。在其他形式的大乘佛教中，佛陀和菩萨可以干预改变某人的业力记录，但是没有恩典救赎的传统。在日本，这个问题的所有解决方案基本上都是由法然提出的。但信鸾称，精神上的无能本身就是人类状态的本质特征，按照其他任何假设行事，都构成了以自我为中心的妄想。《叹异抄》中有四个著名的段落，其中亲鸾似乎是在主张一种唯信仰论的立场，他的追随者也因此饱受批评。但实际上，亲鸾主张的并不是唯信仰论，而是在强调因果报应所造成的痛苦的意义，这是佛教的第一真理。然而，他在解构修行→蜕变→解脱范式的过程中突破了佛教思想的界限，其生存观显得异常的现代。唯信仰论认为阿弥陀佛的慈悲是为了帮助那些不能行善的人，所以没有必要避恶，在这里收录的最后一段话中，亲鸾的弟子唯圆通过解读亲鸾

---

① 英语中省略部分内容：称"报身如来"，又。——译者注
② 英语中省略部分内容：所谓"报"者，报因也。以此报身现应身、化身等无量无数身，于微尘世界，遍放无碍之智慧光，故。——译者注
③ 英语中省略了部分内容：光明之相，无色无形，即同法性法身，能拂无明之暗，不受恶业所碍，故称"无碍光"也。"无碍"者，不受有情恶业烦恼所碍也。——译者注

的话批判了这种观点。

《叹异抄》

善人尚得往生，况恶人乎？然世人常道："恶人尚往生，况善人乎？"此说乍看有理，然背本愿他力之意趣。究其故，自力作善之人，缺尽凭他力之心，非弥陀之本愿也。然若改自力之心尽凭他力，则即得往生真实报土。

烦恼具足之吾等，无论如何修行皆不能脱离生死。阿弥陀佛哀愍众生发下誓愿，其本意原为使恶人成佛，故归信他力之恶人，最是往生之正因。

应信一念可灭八十亿劫之重罪。十恶五逆之罪人，日常不念佛，命终之时始闻善知识，一念灭八十亿劫之罪，十念则灭八百亿劫之重罪而得往生。此为使众生得知十恶五逆之罪之轻重而称"一念""十念"耶？此乃灭罪之利益也，然尚不及我等之所信。究其故，被弥陀光明所照而一念发起时，即被赐予金刚之信心，既已摄入正定聚之位，命终时，转诸烦恼恶障，令悟无生忍。应思若无此弥陀之悲愿，粗鄙缘浅之罪人，何以解脱于生死耶？平生之念佛，皆应思其为"报如来大悲之恩，谢如来大悲之德"也。笃信称念佛号即能灭罪者，即勤于以自力消罪以得往生也。若是如此，则一生之间所念之事皆为生死之绊，应终生念佛以得往生。

然业报有限，或逢种种不可思议之事，或为病恼苦痛所迫而不能住正念而终，如若至此，念佛甚难。其间之罪，应如何得灭？罪若不消，往生岂非不可得耶？

若信摄取不舍之弥陀本愿，则无论有何种不可思议之事、犯何种罪业，纵不及念佛而命终，亦可速得往生。① 欲以念佛灭罪者，是以自力之心，乃祈临终正念之人之本意也，非他力之信心也。

吾不知何为善恶。究其故，知如来所知之善可称知善，知如来所知之恶

---

① 英语中省略了部分内容：又，临终念佛者，随其开悟临近之期而愈信弥陀，愈望报谢佛恩。——译者注

可称知恶,然烦恼具足之凡夫,此火宅般无常世界,皆虚言、戏言,无真实之物,唯念佛为真。

善心起乃宿善所催之故,思恶事亦为恶业所招之果。故圣人①曰:"应知造罪如兔毛、羊毛尾端之微尘,亦为宿业之果也。"圣人曾问曰:"唯圆,吾之言,汝信之乎?"答曰:"然也。"圣人又问:"若如此,吾之言,皆不违耶?"谨言曰:"不违。"圣人曰:"杀千人,如此则必得往生。"答曰:"虽圣人言之若此,然以吾身器量,莫说千人,即使一人,亦无法杀得。"②

圣人问:"如此,何以称不违吾之所言乎?"而后言曰:"因此可知,若凡事皆可任心而为,则为往生故,受命杀千人,即能杀之。然一人亦无法杀得,无业缘故,非心善也。若有业缘,纵知不可为,亦能杀百人、千人也。"

圣人作此说以告诫我等,视心善为往生之助,心恶为往生之障,此乃不知本愿救度之不可思议也。

吾闻曾有邪见之人言曰:"佛祖发愿为助作恶者也",故造恶业,称:"应充作往生之业",种种恶行频发。《御消息》中有言:"虽有药,亦不好毒",为正此邪执也,非"恶为往生之障"之意。

历史和超越历史
亲鸾 1247,160

在亲鸾思想广为流传之前,即 13 世纪之前,净土宗将其合法性与佛教本身的历史性衰落论联系在一起,这种说法在许多大乘经论中都能看到。由于净土宗称人在现世无法成佛,所以提出了一个中间目标,即重生于阿弥陀佛净土,在那里的理想条件下,可以实现成佛。不同的经论对佛教如何随着时间的推移而衰落有着不同的描述,但在日本,普遍的看法是,在佛陀涅槃后,根据佛陀遗产的可利用性可分为三个时期,在第三期或者说最后一个时期即

---

① 这里的"圣人"指亲鸾。
② 英语中省略了此段开头的一句话:以弥陀本愿之不思议而不惧恶,谓之"本愿夸",不得往生。此说乃疑本愿且不知善恶之宿业也。——译者注

末法时期，世间会充满绝望。与传统的"自我完善"的成佛之道相比，净土宗被认为最适合于末法时期，这一时期一般认为起始于亲鸾所处时代的前两百年左右，并将会持续一万年。但亲鸾断言净土真宗在任何时候都适合任何人，从而挑战了当时的主流观点。

圣道诸教，为在世、正法，而全非像、末、法灭之时机，已失时乖机也。净土真宗者，在世、正法、像末、法灭，浊恶群萌，齐悲引也。①

[MLB]

（刘潇雅译）

---

① 选自《佛说阿弥陀经》之《教行信证》"化身土卷"中的内容，原文为汉文。——译者注

清泽满之

清泽满之（1863—1903）

清泽满之生活在19世纪的最后几十年，他给包括西田几多郎在内的几代哲学家留下了深刻的印象。作为在东京大学学习西方哲学的第一代学者，他在日本哲学词汇尚未定型的时候发表了关于哲学核心问题、哲学思想家的著作。与此同时，他还是一名"净土"佛教的虔诚实践者，他中断了哲学研究生的学习，转而为真宗大谷派的分支工作，该机构委托他创建日本第一所现代佛教大学。清泽经历了一场结束幕府封建制度的内战，尔后又眼睁睁地看着它让位给一个新的独裁政权，这个政权由以前心怀不满的反佛教武士组成。他最活跃的写作时期，反映了一个佛教界在寡头统治下衰落数十年后努力恢复其社会合法性的时期。

以下三篇选段的第一篇，是清泽30岁时用古怪但易懂的英语写的，他试图清晰地建立一种可信的宗教哲学，当时日本还没有先例。第二篇写于他41岁去世那年，从佛教的宗教关怀角度对伦理道德意义进行了深入的分析。其中，清泽无视政治压力，利用佛教传统的权威来教导一种日渐增长的民族主义的伦理形式，以对抗其眼中的敌人。他不顾世俗的伦理观念，坚持认为佛教僧侣的目的是引导人们走向宗教真理，这在今天仍然引人注目。最后一篇是在他去世一年前写的，显示出他采纳了对黑格尔的大量研究，将"他者力量"的核心净土信仰限定为"绝对"。

[MLB]

宗教哲学大纲

清泽满之 1893，136-140

1. 有限和无限。有限和无限自古以来就是两大思想。虽然它们之间的关系尚有难以解释的地方，但人们从不否认它们之间有着密不可分的联系。现在我们要简明地概述两者的性质。万物万化是都是有限的，物化彼此相异，甲乙有别，可谓万物万化。若不相异，则无法称为万物万化，之所以会有不同之处，是因为彼此之间有界限。然万物万化是唯一的无限。

2. 每一有限事物之所以有限，是因为除了有限事物之外，还有其他有限事物，二者互为彼此的界限。因此，甲是有限的，因为它被乙限制了，而乙是有限的，因为它被甲限制了。这就是所谓的依立。因此有限为依立，无限为独立。

……

8. 二项同体。有限与无限是同体还是异体？若二者为异体，除了无限的实体之外，必有有限的实体。这与无限之义相违背。故无限之体外不可有有限之体，即无限有限同体。有限无限虽同体，但一个有限的实体不能与一个无限的实体相同，乃至百千万的有限也不可能如此。只有无数的有限才能与无限同体。因此，有限事物必定有无限个，或者用数学表达式表示为：$A \times OO = oo$。

9. 有机构成。无数的有限构成无限的一体模式，其结构就是一种有机构成。无数的单一没有一个是相互独立、互不相干的，而是相互依赖和不可分割地联系在一起的。通过这种相依相待，每个单一都呈现出了它特殊的作用。比如一只手，它的每一部分都依赖于身体的其余部分，并与身体的其余部分不可分割地联系在一起。正是通过这种依赖和联系，诸多有限才组成了唯一无限体。

10. 主伴互具。无数有限组成有机组织。因此，为维持各个有限的自性与自能，就必须以其他一切有限作为维持自己的器官。例如，如果有限的甲想维持它的性能，就必须有乙、丙、丁等一切有限作为它的器官。如果乙想维持它的生命，就必须反过来有甲、丙、丁等作为它的器官。换句话说，当我们把宇宙间任何一个有限当作主公时，其他一切有限都成为其伴属，为它服务。所以，每当我们有一对主伴，我们就得到了无限整体。在这种关系中，每一个有限者都是主公，其他的有限都成为伴属，我们称之为主伴互具，宗教要点在于知晓此关系。我们也可以称它为所有者和财产的关系，这就是说，当一个有限被认作所有者时，其他所有的有限都是其财产。以我们自己为例，当有人觉得自己是主公时，宇宙中的一切事物（有生命的和无生命的）都是其伴属。或者当知道自己是主公时，一切都是其财产。这是事物的真实本性，这不仅是深刻的宗教信仰观，也是传统的思维模式……

11. 自力他力。有限对向无限有两种不同的方式。一种是以无限为因性，另一种是以无限为果体。当我们认识一件事物时，我们要么把它当作因，要么把它当作果。如果我们把无限认作因，我们就必须将其当作一种未开发的性；反之，如果我们把无限认作果，我们就必须将其当作已开发的体。因性必须存在于有限之中，因为它还未能使无限显现；反之，果体必须存在于有限之外，因为它已经使无限显现了出来。就宗教的实践方面而言，我们说有限与无限的统一，要么是由于有限内部因性的发展，要么是由于有限外部果体的帮助。前者为自力门，后者为他力门。开发因性时，有限以自力而为之，无限由他力来摄引。这二门是宗教中最基本的区别。除非我们通过这两扇门中的任何一扇，否则我们永远无法进入真正的宗教生活。有人可能会说，即使不区分两种门，也同样可以开导因果。因为无限既存在于有限之中又存在于有限之外，可以通过潜在性与现实性的双重作用，帮助我们达到无限。但这是不可能的，因为它要求我们在一个身体里同时拥有种子和树木。

道德和宗教
清泽满之 1903，148-58

何为善，何为恶，并无他论。普通人都觉得这是非常明显的事情，但据学者研究，并非如此。在甲国被认为善事，而于乙国则被视为恶事，反之亦然。前一个时期为善，后一个时期为恶，反之亦然。以此来看，究竟何为善？何为恶？如今，当人们谈到实地道德与宗教之教法，对论述或疑问并不感兴趣。当提到实地道德与宗教时，其他国家或以前时代流行的观念根本没有被考虑。目前的要点乃如何行之？在这种时刻，外事无足轻重。只于自心思善恶？做自己认为的善事，不做恶事，若常如此，所有的道德和宗教体系都会肯定这个立场。

可为什么道德和宗教在世间如此难以实践？当个人试图诚实地将他们的行为建立在对是非善恶的看法上时，事情并没有像他们预期的那样发展。一个人越拼命，事情越难实行。随着对困难理解的加深，人们变得更加关注。这种关注带来了关于善与恶的种种争论……这带来了新的困难，反过来又为执行创造了更强的刺激。如今，再次带着比以前更深的热忱回到了专修的道路上。有趣的是，在此阶段，许多有学问素养与强盛的知识欲望者，会花费很长年月甚至数十年来议论研究。但学问素养稀少，知识欲望淡泊者，很容易就能从议论与研究的迷宫中挣脱出来。

行善避恶非易事。这些观念是所有教义中表达的根本义。深究而见，与其称之为教义，不如说是天然、自然之欲望。即使我等没有任何关于教义的探究，也天然、自然有行善避恶的欲望。若此事简单易行，即使我们放弃了对此问题的议论探究，我等亦能实行道德。但事与愿违，即使是非常认真地教授道德，也没有人能充分实践所教授的东西。道德之实行，所谓三岁童子得以言之，而八十岁老翁不能行之。

完全实行真宗之俗谛与一般普通伦理之道德虽非易事，尚有几分可行之处。渐次修行便渐近完美……但严格来说，在这一点上，我们必须区分真宗之俗与一般之道德，我等没有其他进步之道，无论怎样，都必须在道德修行的某一点上有所进展。无论可行与否，即使勉强也须坚决地步步实行。纵然一个人的决心是坚定的，当谈到道德理想行为的实际实施时，也会逐渐陷入不安。最后，人们要么转入宗教，要么对人生前途感到绝望。

因此，真宗俗谛的旨趣并不是在实践方面求成效，其目的并不在于能够实行，以便使我等成为高尚的人，而是在其他方面谋求成效。因此，以高尚行为为目的的一般道德与真宗俗谛的旨趣有很大的不同。换言之，不管是高尚的行为还是恶劣的行为都没有关系，真宗的俗谛之教并非以此为目的。

那么，真宗俗谛的目的在哪里呢？答案很简单，它的目的是让个人觉得实行起来很困难。尽管那些已经获得真谛信心的人与那些没有获得的人之间可能存在差异，但在任何情况下都使他们感知到道德实行的困难性这一点是一样的。

若说这其中有何妙趣，得先说那些尚未获得信仰的人。他们感知到道德性实践是困难的，才会进入宗教，走上信仰之路。从表面上看，这并不是什么大不了的事，但事实并非如此。因为阻碍他力信仰的根本性障碍是坚信一个人有能力自力修行。所谓自力修行有种种，但最普通的是伦理道德行为。在某人认为道德行为能出色实行时，无论如何也不可能加入他力之宗教。因此，认真尝试将道德和伦理的理想付诸实践，最终却认识到结果并不符合道德或伦理的要求，这实际上是进入宗教的必要条件。此时应以降伏毕竟自力之迷心为主。但无论是真宗俗谛之教，还是世间普通的伦理道德之教，抑或是五戒十善，诸善万行，皆无关紧要。然真宗俗谛之教是直接开示真谛门之组织，所以极为合适。

当有人将真宗传统俗谛的教导视为与普通道德没有区别，执着于实行，对"遵守""不遵守""完了""无法完了"等事情感到苦闷的时候，一方面对其执迷不悟感到同情，另一方面是为自身的安住感到高兴。所谓"遵守""不遵守""完了""无法完了"的义务责任，实际上占据人生中很大一部分的苦闷，影响颇为雄大。他力真宗的俗谛，有时也有"做这个""不要做那个"的命令态度。大体言之，它不承认这种外部压力……即使多少有些烦闷，也比不上普通道德妄想的烦闷。换言之，在普通的道德妄想情况下，当发出"必须""不可以"等命令时，由于加上"必须""不可以"的妄想，所以就像神佛下达了"必须要做这件事""不可以做这件事情"的严令一样。因此，人们开始认为，能否成救济之大事关键在于是否能实行道德行为。他们会觉得"不这样做，便不会得救"，"那样做，便能得救"，纠结于此，人们便感到极度痛苦。然而，一个人能否实行他力真宗的俗谛，与救赎这种大事没有丝毫关系。虽然一个人可能会对能否实行感到焦虑，但这与道德妄想所产生的痛苦是不可比拟的。不仅如此，其烦闷性质也各异。一种是被妖魔折磨的烦闷，一种是在佛的大慈悲面前感到羞耻的烦闷。

除真宗俗谛的信心外，真宗的教义并没有对人类行为施加人道规定。如果它给予了积极的人道规定，那么其纲领也应该是明确一定的。事实上，它无论是单纯说规则，讲王法仁义，或者云仁义礼智信之五常等，都颇为漫然。

没有必要详细列举每一件事，亦没有必要确定其内容。一切皆无大碍，所有事物避恶扬善即可。直至明了道德绝不可能充分实行，此开悟即是俗谛教义的要点。达此要点，得此开悟，便是真谛信心之喜悦。因此俗谛之教只能从背面感知真谛之信心，即与真谛的积极性相反，俗谛是消极的。因此，如果认为这种俗谛之教是为了积极地维护人道，有益于国家社会，那就大错特错了。当然，以王法为本，以仁义为先的教义，会在一定程度上有助于这些义务的履行。毋宁说道德是一种附加之物。这些附加物虽说有一定效果，但不是主要原因，次要方面受到尊重会导致主要教义被完全忽视。宗教的部分应为主旨，然附属的道德部分却备受珍视，所以是奇怪的现象。

一般来说，把俗谛和道德、俗谛和国家之类的东西结合起来说的时候，必须明确其各方面的资格。首先，就俗谛和道德而言，必须明确俗谛是什么。这样看来，马上就会注意到，俗谛与真谛相并，是他力真宗之教义。即不是道德之教，而是宗教之教；不是人道之教，而是佛道之教。这样看来，俗谛应该由宗教家来阐述，不用说，其目的是产生宗教效果。

然而道德就是道德，不是宗教，是人道之教而非佛道之教。因此，它应该由一个道德家来阐述，以产生道德效果为目的。政治家并非不谈买卖之事，但政治家非商人。商人未尝不行谷类之事，但商人非农夫。既然把宗教和道德区分开来，就没有必要混淆其他领域。如果不承认宗教和道德的区别，宗教即道德，道德即宗教，那么任何关于佛教俗谛和道德关系的探讨从一开始便没有意义。且此时不应该脱离俗谛从真谛谈论道德，因为真谛俗谛皆为道德之教。

宗教和道德是有区别的，宗教人士讲宗教，道德家讲道德是可以的，但是为了讲宗教而破坏道德是不合适的。这似乎是个很困难的问题，然而我们对此的确无能为力。如果道德如此脆弱的话，那么它的崩溃可能不是一件坏事。然而，宗教人士极力宣扬宗教是本分。但是，尽宗教者的本分是为了宗教效果，绝不是要破坏道德……

然而，这种漫不经心的议论，是否合乎实际？宗教人士都说了些什么？这样的人无法在一个杀过人的人和一个没杀过人的人之间做出选择，某人是否偷盗也与其无关，或者是否允许淫奸之事等。从宗教的角度来说，这是为了说明佛陀的无限大悲不会根据某人是否犯有杀、盗、奸淫或其他罪行而改变其救助意图。

道德家听到这些是如何反应的？他们觉得这是破坏道德、毒害人道的东西吗？如果有人毫不犹豫地断言此种事情，那就是一些草率之人。如果明知宗教和道德的区别，就应该说："不因谋杀、盗物、通奸或妄语而责骂某人，这才是宗教真正应该做的。然而，于人道道德的角度来看，杀盗乃罪恶，奸淫妄语是不被允许的。"犯下这些罪行的人都是违反人道的罪人，从道德意义上说，都是堕落的人，乃道德界的堕落汉。如此，宗教家应该从宗教的角度来阐述他们的宗教教义，道德家应该从道德的角度宣扬他们的道德关切。二者分立，且不应有任何抵触。

那些杀人、盗物、奸淫、妄语之人，如果其道德关切先于宗教教义，他会悛改罪过，投入道德之门。如果把宗教置于道德之上，他会立刻奔向宗教之门。如果他是一个既需要宗教又需要道德的人，那么在悛改罪过之后，他会同时入宗教、道德二门。如果他是一个既不反思宗教也不反思道德的人，便会在罪恶的暗夜中彷徨。我们也可以此为基准来知晓没有犯谋盗等罪行的人……

诸如此类的问题都需要精确。宗教和道德的区别很明确，宗教人士遵守宗教之分，道德家遵守道德之分，各尽其能，各尽其功，为国家和社会做贡献。

绝对他力之大道
清泽满之 1902，110-113

一、所谓自己，乃承托他人绝对无限之妙用，任运法尔，落于现前境遇之物。唯乘托绝对无限，故死生之事亦不足忧。生死尚且不足忧，何况由此而下之事？可流放，甘坐牢。诽谤、摈斥，诸多凌辱，岂会介意。不如一味享受赋予我等之绝对无限。

二、宇宙万有之千变万化，皆属此一大不可思议之妙用。而我等将此视为当然之通常现象，不生丝毫尊崇敬拜之念。我等无智无感，即止。苟备智感，盖不得不迷。

无论一色之映照，一香之熏香，绝非因色相本身之原起力，而基于一大不可思议力之发动。不仅色相，我等自身如何，其从来、趣向，皆非我等意欲左右所得。不仅不如生前死后之意，现前一念心之起灭，亦非自在者。我等绝对居于他力之掌中。

三、我等不可不死。虽死不灭。生乃我，死亦乃我。我等生死与共。我等不应为生死左右，我等乃生死以外之灵存。然生死非我等可自由指定之物，生死全然为不可思议他力之妙。如此，不悲喜生死，生死尚然，更况其他变故。我等于宇宙万化内，唯叹赏宇宙他力之妙用。

四、勿请，勿求。尔，有何不足？若思不足，非尔之不信乎？

如来赋予尔必要之物。纵不充分，尔绝非能得此外之满足。

盖因思尔之不足而苦恼，应愈进修养，学安如来之大命。请人求他乃卑鄙无耻之举，乃侮辱如来之大命。即便如来不受辱，尔之苦恼又奈何。

五、无限他力无处不在。见于自己之禀受。自己之禀受乃无限他力之表现。尊之重之，以谢如来大恩。

然，不求内心之满足，追外物，从他人，以充己，岂非颠倒？追外物乃贪欲之源，从他人乃嗔恚之源。

六、何为修养方法？曰："须省察自己，知见大道。"若知见大道，乃不觉己之不足。如此，则不求他物。若不求他物，则不与人争。充足自己，不求，不争，天下何处强于之，何处广于之？如此始于人界，得以发扬独立自由之大义矣。

如此，不被外物他人伤害。忧虑伤害乃妄念妄想，须消除之。

七、独立者常应立在生死关头。杀戮饿死，本应为觉悟之事。既觉悟，杀戮饿死，若有衣食，受用之，用尽之时，从容赴死。

而若有妻子眷属，以衣食为先。即我所有之物，先予之，以其所残养我也。然若我死，勿苦虑彼等如何得以抚养，确信绝对他力之大道足矣。斯大道绝不舍彼等。彼等如何得抚养之道，若彼等到底不得之，乃大道命彼等死，彼等应甘受之。苏格拉底曰："当行色萨利，不在之时，天用人之慈爱抚养彼等。今我若逝远邦，天岂不抚养彼等？"①

[MLB]

（殷晨曦译）

---

① 引用的是柏拉图《克里托》的结尾。原文为："你是否想过如果你是色萨利的居民，他们会照顾他们，如果你是另一个世界的居民，他们不会照顾他们？不；但如果那些自称有什么长处的人，他们就会——当然，他们会的。"（Benjamin Jowett 1937，1：438）

曾我量深

曾我量深（1875—1971）

曾我量深是 20 世纪最具创新精神的佛教思想家之一，但其思想与现代日本的其他一些哲学思想不同，他一生都专注于自己的"真宗净土佛教"传统。年轻时，他住在清泽满之创办的公共学习中心，是真宗大学首批研究生之一。1904 年他入职这所学校。后来学校搬回京都，更名为大谷大学。就这样，他与该大学开始了一段漫长而混乱的关系，他三次因意识形态辞职或被解雇，最终在 1961 年被任命为校长，时年 86 岁。

曾我的作品显示了他对佛教教义的广泛了解。他的思想难以理解，尤其是他独特且模糊的词汇定义。但他仍在真宗思想中留下了遗产，包括对佛教历史的实证主义观点的批判立场、个人净土传统的去神话性。这些都受到了历史耶稣运动研究和野野村直太郎（1870—1946）作品的影响。野野村也同样因为试图澄清和限制神话思维的作用而被琉球大学开除。他将阿弥陀佛定义在"瑜伽派阿赖耶识概念"（alaya-vijiiana）的宗教维度，并确定"法藏菩萨"即通过勤奋修行而成为阿弥陀佛的僧人，是人类真正的救世主，是所有有志者都更容易认同的人。后文的选段同样集中在恢复宗教符号原始意义这一主题上，即寻找真实的人类存在。曾我认为，将宗教的核心形象物化，并将它们之间的教义关系合理化，可能会阻碍这种恢复。与此同时，曾我反对单纯的主观主义，坚持宗教信仰对象的客观实在性。那篇文章以一种直接而尖锐的风格写成，在不忽视信仰终极需要的情况下，试图从哲学的角度挑战对净土正统教义的诠释。

[MLB]

释尊，主客与客观

曾我量深 1938，15-17，20，22；1917，274-275

当然，释尊是旷世之心灵超人，但他作为人类出现，其光明就不会是无限的……一旦世界进入了"像法"时代，释尊人格之灵光就会渐渐变得薄弱，终究无法成为民众归仰的目标。也就是说，由于当时民众代表的自觉，释尊的人格被理想化，他远离人间，成为久远实成的如来。从一个方面来看，当时的社会并不满足于历史上的释尊；从另一方面来看，人们仍然把自己的理想寄托在释尊身上，这足以证明释尊的人格乃社会一大灵光。同样是释尊，小乘教的释尊是历史上的（多少有些理想化的）释尊，大乘教的释尊则完全是历史以上的教理性的、理想性的释尊。彼为客观，此为主观。彼乃释尊之人格，乃其理想界、信念界。释尊非常符合伦理，但现在却以超伦理的面目出现……释尊是遥远的过去存在，理想必须等待遥远的未来……于是，烦闷冥想的结果就是将释尊理想化，将理想人格化，使二者逐渐接近，结合起来，最终构造了灵山本门释尊的佛身观，以之为信念的中心……

但释尊并非真正历史上的人格，而是理想中的面影。所谓久远释尊只不过是创造者的主观幻影而已。这种自性唯心的理想终究不是救济的力量，不是毕竟依……在这一点上，我们必须相信理想不单纯是形式上的主观存在，而且是现实的客观存在。换句话说，完全圆满不单是主观之念，而且是客观之实在。与自力教相反，阿弥陀佛如来非自性唯心，而是超主观的救世主。

……

在这一点上，枯燥无味的道理已没有任何力量，我等须直接进入不可思议的天地，作为真正绝对至上的大主观，超越一切众生的个体主观，相信弥陀如来的实际存在。诚然，于理不可能容许任何超出个人主观的人格存在。而我等到底无法满足相对的道理。宗教的本质是信仰，而信仰不能脱离神秘存在……为什么我相信神秘？因为宇宙和自我皆不可思议……

认识上的主观只是单纯的主观，因此需要超越主观认知的客观实在。然而，信仰上的主观信念同时又是不可思议且绝对的，所以更没有脱离主观信念的客观如来。

现代的日莲末徒认为释尊是历史上实际存在的人格，其他诸佛只是释尊的理想。但是，相信十方诸佛的人，才会相信释尊如来。释尊的信仰有十方诸佛的信仰作背景。像释尊这样的历史人物于我而言是非常间接的……我们不能把师父与救世主混为一谈。混淆这两者的人会理所当然地陷入排他主义……

从历史上的一个人格中寻求全体救世主是错误的。即使其存在的事迹是确实的，那对自我的主观又有何权威呢？以上帝为中心的基督教和以释尊为中心的佛教都是奴隶思想。我们必须忆念创造释尊和上帝的人性这一主题。

亲鸾明确了先觉者和救世主的区别。先觉者是历史上的人，救世主必须是纯观念界之主。史上人物是光的临时应现，观念界的主观才是实在直接的现实性影现，是实在本身。

而且，历史是自我出现的背景。历史上的人物都是自我理想的影子，是被理想化的果上的佛化。特别是各宗教的教祖，具有完全脱离现实的圆满果相。这是我们的师父，不是救世主，真实的救世主应该是现实的自我。日莲、亲鸾、释尊、上帝等历史上的先觉者，对于崇拜他们的我们来说，这些人绝不是真实的人类，而是理想的化身。法藏菩萨才是让我回归本相的真实人类，他让我直接体验到真实的人格，他是把光从永恒投射到我观念界最深处的真实教主。释尊是我的老师，是我的理想相，法藏菩萨即我，是我的现实相。

一神论和多神论
曾我量深 1900，264-266；1918，239-241；1917A，269；1917B，447

认为上帝是除耶稣上帝以外的现实个人的想法是空洞和无意义的，这是基督教三位一体学说成立的理由。近代的唯一神教根本不了解宗教的真正意义。基督教承认宇宙中神秘的上帝在一个人的基督生活中发挥了作用，但他们并没有领会这个深远意义。他们将作为信仰对象的神视为爱，以为爱无处不在，这究竟有什么意义呢？……将宇宙人格化，难道不是毫无道理的空想吗？……基本上来说，离开宇宙原理是无法解释爱的。但以爱来解释宇宙，岂非本末倒置？

本来，上帝的人格及其心灵生活的伟大在宇宙中也有根源，但我们只认为宇宙是伟大的，而不认为宇宙是充满爱与慈悲的。我们绝不能把宇宙当作单纯的机械性物质，我们相信宇宙中还有灵魂的存在。但是，我不相信宇宙像人类一样有目的性，当然也不相信它会以仁慈为目标。

……

三位一体论表达了对上帝伟大生活和无限同情的渴望，将其作为神。正如我们已经讨论过的那样，没有希望的人无法认识到上帝作为对象的任何意义，没有解脱的人终究无法感受到解脱的必要。同样，那些对上帝人格抱有无限感激的人，心中已经有了神灵。作为基督徒信仰对象的神本身，就是自我的灵和光。这种关于上帝的观念可能并不等同于这些人的直觉，但即使他们抱有自我之外有人格神存在的迷信，我仍无法相信这种虚无的观念支配着他们的全部活动。审美意识不允许，宗教情感也绝不允许。我并非坚决排斥美感，但必须反对以此解释宗教意识的行为。三位一体论实际上是作为三位合体论存在的，这是因为他们不以基督为中心信仰。基督教之所以有如此之势力，是因它在自我和基督中承认了神，即舍空想之神，取实在之神。

道理相同，佛教信仰的根基在于人心根底的光明，而不是宇宙根底的万有实在。它本身是伟大的，但在道德上不伟大，不慈悲，不是我们感谢的对象，不是宗教信仰的对象，也不是信仰产生的直接原因。它必须是人类生活中真实愿望底部的一盏明灯，只有这样才能成为我们真实理想的根基。从这个意义上说，释尊与我相同。没有神或佛是超人类的，因为那样会限制人性的意义，使其沦为罪恶，剥夺其灵的本质。

多神教与一神教在本质上是一体的。我想，一神教之所以不能包容多神教，是因为它的本质为利己性祈祷，只不过是多神教的变形而已。事实确实如此。纵观当今世界大战可知，作为自力性宗教的一神教实际上是多神教。德国人的神和英国人的神都是耶稣之神，但是，他们因推举同一神而互相争论，也证明其神观的实相为多神教。

他们的神是超自然的神，且认为自然就是现实。因此，他们试图将神的实际存在置于自然之上。他们所谓的自然乃物质性自然，故其神终究是远离自然的一阵清风，与充满人性的自然毫无关系。也就是说，人类的神性和自然性是对立的。当然，实际生活也离不开自然的野性，这是无可奈何的。"净土"佛教的自然观与他们有着根本的不同。首先，我们把自然作为纯粹的理想，因此，我们不相信现实虚伪的生活就是真实的自然。我们相信自然是伟大、崇高的。并认为植物和动物的野性是自然。但是，它们的自然性存在于内心，我们以理性和知觉于外在看到的相，并不是自然。我们承认它们身上表现出的自然，但不相信超自然的神。因为无论如何我们都无法超越自然。一神论者所谓的自然乃现实的自然，他们认为的超自然必须是真实的大自然。

但是，以上言论不过是言辞的狡辩。自然是现实也好，是理想也好，除了语言外没有任何意义。但是，从一开始就不了解语言本质的人，是无法真正相互交流的。世上的许多人似乎把语言学单纯地看作方便人类的工具……在我们看来，神观、自然观、实在观是一切思想行动的根本。神、自然、实在，这三种观念是人类的根本思想，是完全相同的。它们是人生的终极理想。人类总是常恒不断地追逐这个伟大的理想。

那么，为何独以神作为超自然的理想，以自然作为物质的现实，并以现实作为二者的总称呢？我们应该静下心来思考这三个观念与人类实际生活的关系，即神和自然都是完全圆满的客观存在。所谓神乃人格，自然为法，虽然色彩上多少有些不同，但内容是一致的。自然本身就是赤裸裸的神，是被神庄严的大自然。客观实在，在我们前景往相的终极中，作为自然而出现，在后景还相中作为神而出现。可以说，自然是智慧的极致，神是慈悲的根本。它们根据表现方式的不同显示出了特别的姿态，虽然一个看起来是超人格，另一个看起来是人格，但毕竟都是同一个真实的存在。

于此便出现了多神教和一神教。一方面，鉴于神性的出现所容纳的各种欲望，上帝必定是多元的。从应现的本体来说，真实神必须是唯一的。然而，一个自我主张否定众神多样性的单一神，仍然是众多神当中的一个，是相对于多元性的个体性。而这两者之间都带有我见我欲的表象。这些根本性、枝末性、先天俱生、后天分别之差，不过是粗细、浅深之差。

凡一切宗教，欲立一神，必诛排万神……从表面上看，我们也很容易认为，为了树立阿弥陀佛一佛，必须排斥并杀害十方三世诸佛。亲鸾圣人信仰的尽十方无碍光如来与之完全相反，如果不肯定一切十方三世诸佛，如来亦无法生存，其存在亦无法被肯定。如来乃因生十方诸佛而生之佛，不是因否定而存在之佛。这一点，亲鸾圣人的宗教与其他一神教完全不同。基督教的唯一神是通过否定、扼杀一切万神而活下去的神，而阿弥陀佛则是通过肯定、救活十方三世诸佛，自己也得到肯定而活下去的神。

自视为佛

曾我量深 1901，271，273-275；1914，28；1917c，124；1917，181-182

怀疑来自自我。怀疑是自我存在的证据……然而，"觉"就是"理想"。世上无觉悟者，自觉是我们的目的……因此，信仰不能与自觉混为一谈，信仰就是事实。信仰是对自我有意识的确信，信仰之后仍然有怀疑、矛盾和不可理解的东西。

如上所述，自我总是在寻求自觉。而自觉应该是基于自我之因果法而成立。自我要摆脱一念刹那矛盾之纷扰，走向自由之境。所以，宇宙要顺应自我，如此，必定也要采取和自己同样的因果法。既然宇宙和我在相同的法则下活动，就可以认为自我顺应宇宙，同时也可以认为宇宙顺应自我。换句话说，宇宙也好，自我也好，其实不过是一体而已。"天上天下唯我独尊"的疾呼由此而来，"一切唯法而无我"的断定由此而生。

"不求我而无我"是我屡次无法达到的境界。在面对自然时，常常会自我遗忘。这是自然主义福音的基础。宇宙只有因果的活动，没有自觉，没有人格……现在的大我对过去来说是大我，对未来来说是小我，真实的大我不过是信仰，是空想。故我必须遵循宇宙之大道……我有意识地让自己处于部分因果法中，但还是想摆脱一部分。自我的想法在某种程度上违背了因果律，尽管我永远不可能完全自主和摆脱因果律……这就是为什么我不能完全持主观主义。宇宙和自我的统一是一种理想，而不是既定的现实……

宇宙逐渐与自我同化，宇宙实际上赞颂自我的展开，守护自我的毁灭，拥有自我永久的生命。我们可以不再担心，安心地继续生活。美德不是孤独的，它肯定会有近邻。

所谓自力教之人徒以主观如来为荣，否定客观如来，所谓他力教之人偏执客观如来，徒然绝望。这是因为他们没有触及真实的人格生命。我既不是所谓的自力教徒，也不是所谓的他力教徒。唯菩萨之大誓愿人格与自我无二。

无边十方世界唯其一人，只有他才是真正的我。旷劫以来妄爱的自我，并非真正的我。真正的我，恰恰是我一直拒绝的那个人。当我发现这一点时，主客体的位置完全改变了。

如来决不会喊道："汝，乃罪恶生死之凡夫。"相反，他会对自己说："我，乃罪恶生死之凡夫。"……如来所说的"汝"，不是有罪的凡夫，而是悟道成证的菩萨……然而这里却存在主客、机法、能所、心境转换之事实。此主客转换，诚为人生中唯一不可思议之事……主客一定要明确，混淆二者是极为可怕的，应谨慎。只有清楚区分，才能接触到主客转换不可思议之真实。

只有在真实的一个和多个灵魂的世界里，真实"你"和"我"的人称才存在。只有于真正摄取不舍的灵界中，才会有发自内心的拥抱，呼唤"我"和"你"。

心灵的世界是极其严肃的真实世界……常呼者为如来，听者为十方众生。十方众生不喊，他们在如来的反复呼喊中，听到了自己永恒的呼喊……故十方众生之沉默，实为如来大沉默之影现。如来之誓愿，乃十方众生愿乐之应现。

[JVB]

（殷晨曦译）

安田里深

安田里深（1900—1982）

年轻时，安田对禅宗和真宗思想产生了浓厚的兴趣。在母亲去世后，20岁的安田去了京都，在那里他继续学习两种佛教宗派的思想，最终他与真宗结下了不解之缘，因真宗而致力实现"菩萨道"。金子大荣的作品给安田留下了深刻的印象，在他的帮助下，安田进入了大谷大学二年级。在那里他参加了金子和他最亲密的老师曾我量深的讲座。二人都因对真宗教义的新诠释而闻名，他们将"阿弥陀佛"和"净土"视为精神状态的反映，而不是外部现实。1928年，金子被迫从大学辞职，并从真宗僧侣的登记册中被除名。1930年，曾我迫于压力辞职。

在从事多年学者和教师工作后，安田于1943年成为真宗传教者。遵循老师的路线，安田试图将真宗纳入"大乘"思想的主流，特别是借鉴"空"和"瑜伽"传统。以下摘录的是1960年安田在京都发表的演讲。几个月前，安田与新教神学家保罗·蒂利希（Paul Tillich）进行了一场深入对话。在名为"南无阿弥陀佛"的冗长冥想中，安田认为，人类生活在一个通过命名过程的意识所构建的世界中。然而，他们没有认识到其空虚和精神建构的本质。对安田来说，像所有的名称一样，"南无阿弥陀佛"是一个临时的名称，但在真宗的传统背景下，它也是一个特殊的名称。正是这个名称将人类从普通意识的局限中解放了出来，并召唤他们回到最初的佛陀身份。

[PBW]

自我意识与念佛

安田里深 1960，329-330，337，340-345

在大乘教义中，从纯粹宗教的立场来看，人是一种通过绝对否定而得到绝对肯定的存在。如果不是这样，人类就无法成为人类，这种对人的理解是从宗教的角度来看的。人本身就是一个巨大的矛盾存在体。在宗教的自我意识中可以说人是绝对矛盾的存在。但如果离开宗教，恐怕就不能这么说了。在佛教中用信仰、顿悟等词语来彰显人类深刻的根源自觉，这便是无分别智。

常识也好，哲学也好，科学也好，它们都是智慧，但和宗教上的智慧有什么区别呢？那就是觉悟。这不是合理、客观的认识。即使说它是真理，那也是已经觉悟的真理，合乎真理的意识叫作认识。即使接触到真理，也不是人类触及之真理。即使我们有了科学的认识，也没有必要因为这种认识而停止成为人类。事实上，我们是人这一事实得到了进一步的加强。然而一旦有了被领悟的认识，人就无法变回原来的人类。它是能够改变人类自身之真理，是觉悟之真理。觉悟之人便是如来吧，人类就是如来吧。这种认识就叫作无分别智。当人们把这个问题与我刚才讨论的名称问题联系起来思考时，它便呈现出一些有趣的维度。

根据无著①的说法，菩萨获得无分别智的情况下，即当人们获得这种认识时，作为凡夫存在的众生就会转化为菩萨。在这种情况下，一切义皆住于无分别的名中。这里出现了名义的概念，即我们获得无分别智的情况，被称为"任无分别一切名义中"。住乃安住之意，即安住于名。住在分别里的是凡夫。如果分别被否定，就会成为菩萨。无著的话是对菩萨住在哪里的问题的回应。

说到菩萨或凡夫，听起来仿佛晦涩难懂。迷惘的是凡夫，觉悟的是菩萨。菩萨并不是特别伟大的人。他是一个真正的人，有人类存在的自我意识。人可以自觉活着，而狗和猫乃无意识而活。在生活中，只有人类才能自觉而活。所以，从存在的角度来说，在一切存在中，只有人类才有自觉存在的机会。

---

① 无著（300—370）和他同父异母的兄弟世亲被认为创立了大乘佛教的瑜伽学派。

活在自我意识中，以这种形式出现的存在者叫作菩萨，而在生活中失去自我的为凡夫。

……

通过接触它的起源，意识觉醒于意识自身。意识是可以唤醒梦的东西，如若不然，无论人们如何想要觉悟，都是不可能的。我们可以说，即使在梦里，也不仅仅是把事物当作对象来意识，还可以意识到意识。能使我们从这种意识中觉醒的也是意识。所以作为信仰的自觉，是心法性，是意识回到意识根源的自觉。如果不是这样的自觉，即便人们笼统地说是自觉，也不清楚我所说的自觉是什么，因为自觉也是各种各样的。道元禅师说："回光返照。"通常当我们把光照在某物上时，我们会照向前方。如果只意识到眼前之物，人就永远无法改变迷惘。但是，意识既能照前也能照后。它能照亮梦想，梦想是由向前照耀自己的光而产生的。它以这样的形式回归了心法性。

意识不仅是可以反省的东西，也是可以实现觉醒的东西。换句话说，能从梦中醒来的就是意识。没有这种自觉，宗教性自觉和反省式自觉就无法显现。反省式自觉只是主体的自觉，即作为主体被对象化，与客体对立。只要被对象化，就不会回到自我。不回归自我的意识是不安的。信仰的自觉，借用《起信论》的用语，就是本觉般的自觉。觉是自觉之觉，亦是对迷惑之觉。

名称是客名。即使是如来的名称，也是客名。名只是一单纯之名，只是名的自觉不单为名。宗教自觉的"觉"具有双重意义，即觉不是知晓事情，它有一种知所知的自我意识的含义，同时也有觉悟迷惘的意义。

如果自觉仅仅停留在已知的东西上，那就是极限概念。不管怎么追溯主观，也只是一个极限概念，它只能保留为对主观的认知。如此一来，还存有差别，令人无法安心。这是作为对于客体自我的主体自觉，依旧带有主观性。但同时，觉的意思是觉醒，不只是认识自己，还有醒悟，与已知的心灵（我）没有区别。自我，并不是迷惘的自我。自我乃觉悟者，以觉醒的形式达到自觉。若不这样做，信仰的自觉是不会显现的。

阿弥陀佛如来是无形之物，当这个无形之物成为一个名称时，无形之物便成为有形之物。不管怎么呼唤，都不是因为有什么才呼唤的。相反，我们在没有呼唤的地方感受到了呼唤，那是无声之声。我存在不是因为被呼唤，而是因我自己的呼唤。我随着呼唤而改变，这并不是说这种呼唤存在于我等之外，我们倾听并被它感动。

本愿之名，并不代表什么。这是一个表示关系的名称。它表明我与你的关系，而不是显示任何存在。但这种关系不是某物与某物之间的关系，而是有形事物与无形之间的关系，是永恒与时间的关系。这种关系总是相互交错而非片面的。被呼唤就意味着听到并且做出回应。不可能先呼唤，事后才回应。

所谓呼唤，只存在于听到呼唤的人身上，对于没有听过的人而言则是不存在的。如果我们说它是为那些没有听过它的人而存在的，那种呼唤将是一种客观之物。因此，呼唤同时也是对它的回应。这种情况下的关系是交互关系。它是一个名称，表示有形事物与无形事物之间的呼应关系。如果用汉民族的特有词汇来说，这就是感应道交。用今天的话说，就是交互关系，感有心而应无心。它不是某物与某物之间的关系，而是有与无的关系。就像把整体称为总法或极通法那样，不是对象性的事物。因为禁止对象化，所以叫空，我们也可以称之为"绝对无"。彰显有与无之间交互关系的事物便是名。无形之物，因其名而与有形之物发生关系。

阿弥陀佛的名称不是简单地指阿弥陀佛。正如我前面解释的那样，众生的问题正在被回应。通过南无阿弥陀佛，以一种基本的方式回应人类。它们不会根据人类的想法做出回应，这比人类自我反省要深刻得多。也就是说，人作为如来回应。但这并不是说人类变成了人类以外的东西。相反，人类第一次变成了人类。因此，南无阿弥陀佛是让人类回归本源的手段，也是表示回归的术语。让其回归乃本愿，一旦回归便是信心之语。从让人安心的意义上来说，这是法，若安心，便有机缘。

当如来成为一个名称的时候，即在称名的情况下，在"本愿"上加以特称，任何人都可以做到。这是无论何时、何地、何人都能使自我回归本源的道路。"称"这个字象征着任何人都可以做到。我们只需发出声音，且不用努力。事到如今之所以不需要我们的努力，是因为我们的努力已经超越了真正的努力。因为它是修行，是如来在名中修行。

我们获得无分别智也好，获得信心也好，在获得信心的地方证得不退也好，都是作为行而存在。名即行。所谓名，是众生修行之名。它是佛陀的名称，但佛陀的名称并不代表佛陀，更确切地说，它是众生修行的名称。这个名称使如来作为众生显现，换句话说，即如作为不如使之归如之名这一做法。获得信心，决定往生，是为了让众生回归，而正是这个名称导致了回归。从这个意义上说，佛的名称是使众生成佛的名称，所以本愿的名称便是法，是佛法。在这个意义上，佛法是与人相对而言的。既然是佛法，便不需要人。

  如来以名称的形式示众，换句话说，我们可以依靠如来，在如来中我们可以获得心灵的平静。这就是名称。无形之物若只是无形之物，我们就不能依赖它，也不能被它拯救。当它成为名称时，如来不是以人格化的形式存在的。它并非人格化的存在，而是法。皈依南无阿弥陀佛便是顺应佛法。将名称实体化便成了人，也就是将阿弥陀佛这一对象性的绝对者或人格上的存在者作为他者来树立。佛教称为他力，不是他者。若说基督教指向他者，那么佛教就指向本源。如来是有情之本，不是与有情对立之他物。如来是众生之本性，非众生之他者。他者有形，而本来无形，法不需要他者之力。因为没有法，所以不得不立他者。只要有法，即有名，就没有必要立他者。这就是依法依他之所以。

  也就是说，名本来就是名，是临时的名称，名字只是一个名字。然而，它不仅仅是一个名字，也是一种形式，一种功能，一种让人回归的行为。临时名称才是真实的。用昙鸾大师的话来说，这就是法性。这不是否定方便而说法性，而是方便即法性。

[PBW]

（殷晨曦译）

儒家传统

综　论

　　明治时期（1868—1912）出现的"哲学"这一标准翻译是一个充满了古代和现代儒家细微差别的新词。然而，在将儒家思想推向日本哲学的前沿方面，远比"哲学"这个新词更有力的是第一位在东京帝国大学担任哲学系主任的日本人井上哲次郎（1855—1944）所创作的令人印象深刻的作品，他权威性地将传统的日本哲学与早期现代日本儒家思想的各个流派相联系。在他不朽的三部曲中，井上揭示了早在西方哲学进入日本之前，德川时代（1600—1868）的儒学思想家就已经创作了大量的哲学文献。井上的三部曲包括《日本阳明学派之哲学》（1900）、《日本古学派之哲学》（1902）和《日本朱子学派之哲学》（1905），描述了德川儒家哲学三个主要流派的发展：朱子学、阳明学和所谓的古学派。井上用西方哲学概念解释它们的思想，如唯心主义、实在论、唯物主义、功利主义以及认识论的客观主义和主观主义。井上的研究说服了许多日本和西方学者，认为儒家思想是日本地区哲学传统的重要体现。

　　井上的后期作品是关于"国家道德"的，它儒学、神道教和佛教的混合体。从20世纪20年代到第二次世界大战，井上对日本民族道德的阐述越来越崇尚国家、帝国主义、武士道和军国主义。井上关于民族道德的著作如此强烈地借鉴了儒家思想，并且在其他方面充满了意识形态的宣传，以至于后来他关于儒家哲学的其他主张也被怀疑。因此，当代日本的哲学家们很少引用他的作品，而且大多数当代日本的哲学系把儒家思想和其他形式的日本传统思想从哲学课程中排除了出去。在战后的日本，儒家思想仍然被研究，但主要是由历史、人文、文学或文化研究的学者来研究，他们将其视为"思想"、知识史或意识形态。然而，否认儒家思想是哲学，并不一定就是拒绝井上的国家道德思想。接受"哲学不仅仅是西方哲学"这一概念的学者们仍然对日本儒学在本质上是哲学的理解持开放态度，即使不是西方学术意义上的哲学。

历史背景

中国的儒家哲学早在德川时代（1600—1868）很久之前就进入了日本。在3—5世纪之间，随着书面中文的引入，儒家文本首次出现在日本群岛上。随着时间的推移，儒家思想决定性地影响了许多事情，包括帝王的名字、统治者的头衔，以及日本最早试图为他们的政体阐明的一个宪法（见序言）。尽管儒家思想具有政治意义，但它被佛教思想家贬到了一个从属的精神层面，佛教思想家的体系更加诱人，在艺术家、雕塑家、工匠和建筑师的努力下，加强了对于日本文化的渗透，并在一千年内占据了主导地位。佛教早期享有的首要地位反映了它从6世纪到10世纪在中国和东亚地区的突出地位。然而，在宋代（960—1279），受佛教影响的理学（在西方通常被称为新儒学Neo Confucianism）的发展挑战了佛教在哲学思想中的主导地位，肯定了语言和意义、自我和世界、伦理和形而上学，以及美、真理和快感的真实存在。随着新儒学的发展，特别是朱熹（1130—1200）哲学的系统化，佛教遇到了挑战，最终导致了佛教的从属地位，因为知识分子越来越多地接受了完全真实世界的新哲学观。

德川时代是一个具有讽刺意味的武士统治时代，由一个很少用刀的精英武装起来，这个精英通过战争上位，然后以一种文明的、哲学的成熟方式进行治理。德川统治带来了两个世纪的相对和平，从而为日本儒家哲学的黄金时代提供了现实基础。在这一时期，儒家哲学家经常得到武士精英成员的支持，或者他们本身就是武士出身。然而，即使在这个武士、农民、工匠和商人之间存在世袭划分的时代——这是中国古代法家哲学（而不是像人们常说的儒家思想）所认可的法律上的划分——儒家哲学家们也是从一个包罗万象的，往往是先验的观点来看待世界，意味着它不是片面的或边缘化的，而是全面地理解。

德川儒学的发展往往被描述为井上在其三部曲中所概述的那样，朱熹学派和王阳明学派作为宋朝和明朝的中国哲学的表达，基本上是奴性的。这些学派被"古学派"批判性地吸收，"古学派"是儒家思想在日本更独特的表达方式。它包括山鹿素行（1622—1685）、伊藤仁斋（1627—1705）和荻生徂徕（1666—1728）等知名学者。即使是丸山真男（1914—1996），这位战后唯一最有影响力的德川儒学解释者和井上观点的批评者，在他与井上所不同的对德川儒学的阐释中也遵循着井上的三派划分法。然而，井上对德川儒学采取的三分方法并没有什么文献依据。毫无疑问，朱熹的思想，主要表现在他的《四书章句集注》（《大学章句》《论语集注》《孟子集注》和《中庸章句》）阐释中，对德川哲学有相当大的影响。王阳明（1472—1529）的思想很独特，但随着时间的推移就不那么引人注目了。从朱熹的思想中产生了许多修正主义的解释，有些只是表面上的简化，有些则更具批判性和洞察力。古学派学者的观点更多的是后一种，他们用对宋明儒学的批判性重述来挑战朱熹和他的辩护人。

这里要留意的是，儒家学者们对彼此的思想有批判性的讨论。虽然素行很少被后来的哲学家提及，但他积极地批评了朱熹，甚至在他形成自己的、与朱熹相似的儒家哲学体系的时候。仁斋也批评了朱熹和其他许多中国思想家，但他后来又被徂徕抨击。这些辩论可被视为哲学活力的标志，使德川时期可与中国古代周朝（前1046—前221）的百家争鸣相比。但在德川时代，与其说是学派与学派之间的辩论，不如说是个别哲学家在相对自由的思想交流中相互攻讦，其基本假设是，通过这种辩论和讨论，真理可以被确立。

怀疑和怀疑主义

德川时代的儒家思想从来都不是一成不变的，也没有强加僵化的正统思想。虽然在德川后期出现了控制"异端"学说（即非朱熹学说）的尝试，但790年的"宽政异学之禁"只在官方学校内推行。在日本各地的私学中，该禁令并未能有效阻止对儒家思想的讨论。在德川时期，儒家哲学找到了许多不同的表达方式，其中大部分是在不断地对话、批判、质疑、反思和修正早期的哲学表达中出现的。

强调怀疑和质疑在孔子的思想中根深蒂固。在《论语》中，孔子主张对那些促使人怀疑的事情提出问题，并以随时质疑和自我思考的态度来学习。（xvi.10，xix.6）几乎所有后来的儒家学者都宣扬、怀疑和怀疑主义的价值。例如，宋代朱熹说："学生先要会疑。"王阳明和罗钦顺（1465—1547）等明代哲学家同样认识到了怀疑的价值。事实上，将儒家哲学家联系在一起的一个重要线索是他们对怀疑和怀疑主义对学习进步的积极作用的共同估计。

在德川时代的日本，林罗山（Hayashi Razan, 1583—1657）很早就承认怀疑在学习中可以发挥积极作用。罗山肯定意识到了他对怀疑的鼓励会导致一些人对他所阐述的哲学观点提出反对意见。在山鹿素行、伊藤仁斋、荻生徂徕等人的努力下，朱熹的理学，以及在某种程度上，罗山的理学受到了系统的质疑，并根据提出的疑问进行了重新阐述。其他德川时代的儒者，如贝原益轩（1630—1714）也同样对朱熹的思想提出了疑问。然而，在他的《大疑录》中，益轩肯定了他对朱熹学问的承诺，即使他在一些问题上表示了严重怀疑。在德川后期，安藤昌益（1703—1762）、三浦梅园（1723—1789）和二宫尊德（1787—1856）等思想家建构的体系，部分是基于他们对早期儒家学说的怀疑。

语言、真理和意义

几乎所有的儒家学者都认为，佛教哲学家们倾向于淡化语言作为哲学真理基础的价值。这种思想源于印度哲学家龙树（约150—250）的分析，他的《中论》试图证明所有术语——包括那些与因果关系、时间、空间、物质、行动、经验、感觉、佛、四圣谛和涅槃有关的术语——都是空的（sūnya），因此，如果那些术语被认为是独立存在的物质的固定称谓，就会产生误导。虽然佛教允许在日常实践这一真理的较低层次上有临时的含义，龙树的两级真理理论认为在最终层面上，没有什么可以超越这种空性。

后来日本大乘佛教哲学的发展继承了这种对普通语言的有限哲学价值的估计。与佛教的观点相反，德川时代的儒家学者认为，文字、语言和意义并不是空洞的，而是重要真理的最真实和有效的传达者。尽管儒家对语言和意义的真实性的肯定似乎是小题大做，但它相当于日本哲学史上的一次革命性的转变，它提供了一种范式的转变，即从非传统的语言和意义的方法，如公案的荒谬文字游戏，转向承认语言和意义是任何人对事物进行哲学理解的不可或缺的手段。

日本儒家哲学对正确的语言和意义的关注植根于《论语》中。在一节（xiii.3）中，孔子的弟子子路问，如果被赋予治理国家的责任，他首先应做什么。孔子的回答是，他将"正名"。在子路质疑这与治理有什么关系后，孔子解释说，如果名字不正确，那么从礼仪、音乐、政府到人们的行为都会走向无政府状态，最终陷入混乱。因此，如果一个统治者的目标是实现一个公正的秩序，他就需要从正确的语言排序开始。孔子最后说，因此，"君子"总是关心他对语言的使用是否正确。

日本哲学家在推进这一方法论时，受到了宋末文本《北溪字义》（1223）的决定性影响，该文本主要由陈北溪（1159—1223）撰写。该书在1590年代丰臣秀吉入侵朝鲜期间进入日本，影响了许多德川儒生的哲学方法，包括藤原惺窝（1561—1619）、林罗山、松永尺五（1592—1657）、山鹿素行、伊藤仁斋、荻生徂徕和新井白石（1657—1725）。在北溪的文本中，日本儒家认识到一种方法，它为表达他们对道的看法提供了一个正式的结构，而且它的意义远远超过了简单的文字定义。按照孔子的理解，对语言和意义的分析与确定一个公正和秩序良好的政体的哲学基础直接相关。

伦理学

儒家与佛教的论战有多种形式，但最根本的则围绕着对人性、存在和伦理学基础的理解展开的。历史上的佛陀释迦牟尼在定义佛教基本观点的四圣谛中的第一条中说，普通的、受蔽的人类生存是以痛苦和不满足为特征的。因此，许多佛教思想涉及如何使众生摆脱在六道中的永恒轮回，或由激情、无知、执着和痛苦主导的存在世界。根据释迦的说法，大多数人认为真实的自我不过是一种错觉。在现实中，不存在独立存在的自我或自己。同样，世界被认为是由各种事物组成的，但它们完全缺乏自我支持的物质，只不过是各种现象的短暂流动而已。一旦我们从无知、欲望和仇恨中解脱出来，业力的束缚就不再能决定我们的重生，生死的循环随着涅槃而一劳永逸地熄灭。

儒家的立场与此并无相似之处。儒家没有否认人类自我的最终现实，而且将人类的存在和人性视为最基本的现实。虽然儒家对人性有不同的看法，许多人肯定了孟子（前371—前289）的观点，即人性本善，有一些人则认为它有各种形式，有些是善的，有些是恶的，但没有人把人性描述为一种幻觉，是痛苦的来源，或要超越的东西。儒家欣然承认，存在的世界并不完美，但坚持认为它可以而且应该被改善，可以达到更高的完美状态。同样，虽然自我可能会忽略人性的本善，但儒家声称，人类面临的挑战是恢复自我的本性，提高其与他人交往的道德能力，而不是把目光投向所谓的极乐世界和完全的存在性灭绝。

在定义道德的核心层面时，儒家始终强调家庭是道德实践发展的中心，父母与子女、丈夫与妻子、长辈与晚辈之间的关系是最重要的。同时，儒家伦理将家庭伦理投射到政体上，统治者被描述成人民的父母；也投射到宇宙上，天地也被描述成万物的父母。儒家在佛教关于家庭的思想中没有发现什么好处。毕竟，释迦牟尼离开了他的妻子和儿子，开始了他对生命意义的探索。在后来的佛教中，放弃家庭是一种隐喻，表达了一个人已经成为一个佛教徒。

形而上学

孔子关心的首先是在这个世界上教导人们的道德行为，而不是定义一个形而上学。然而，在某种程度上，孔夫子不愿意讨论形而上学的问题是由于古代哲学家们对事物的本质达成了普遍的共识：没有人否认日常经验的世界是真实的。然而，后来，在佛教关于世界的非实体性和短暂性的主张之后，儒家不得不建构一个解释宇宙性质的形而上学。

后来的儒家远非肯定空虚和幻觉，而是用"生成力"或"气"来解释现实的物理性质，并将其理性和道德性质解释为理。虽然经常被分开分析，但在大多数德川时代的儒者心中,"气"和"理"是不可分割的。因此,没有"理"就不可能有"气",没有"气"也不可能有"理"。然而,一些哲学家确实强调这两个概念中的一个比另一个更重要,从而产生了以更有特权的形而上学概念命名的流派。朱熹和他后来的追随者,至少在他们的批评者看来,更优先考虑"理",尽管他们一再申明,没有"理","气"永远不可能存在。因此,朱熹的学说经常被称为"理学"。

在德川日本,许多儒者对过度强调理提出了质疑,而把"气"放在了首位。虽然这种以"气"为中心的形而上学在林罗山的哲学中显而易见,但后来的儒者如贝原益轩和伊藤仁斋则更加强调作为万物之本的统一的生成力,即气。与朱熹的形而上学关系最密切的其他概念,如最高的终极(太极)和"非存在的终极"(无极),往往被日本的儒家哲学家们以深刻的怀疑态度来看待。

灵　　魂

尽管孔子不愿意详细讨论精神问题,但德川时代的儒者经常这样做,以挑战佛教关于自我、轮回、净土和地狱的说法。根据佛教徒的说法,未觉悟的众生由于无知和执着,注定要在三界六道中无休止地轮回。日本佛教的一种主流教派,即净土宗,强调在阿弥陀佛的西方天国重生的前景,以回应这样的信念:在末法时期,人们无法通过自己的努力拯救自己。相反,要进入净土,需要慈悲的阿弥陀佛的帮助。儒家很少认可这种关于来世的说法,并经常嘲笑佛教关于天堂和地狱的说法是非常荒谬的。儒家确实承认一种合法的精神信仰形式,但这是与家庭有关的,也就是通常所说的祖先崇拜。

儒家学者没有找到相信轮回的依据,尽管他们确实允许每个人拥有由"魂"和"灵"组成的双重精神层面。"魂""灵"通常是一起讨论的,这些都是与"气"相关的自然现象。儒家允许一个人死后鬼魂回到地球,而灵魂则回到天堂。在一段时间内,鬼魂仍然接近活人,因此值得家庭成员的认可和尊重。人们有责任敬重他们的祖先。除此之外,儒家不赞成举行与个人或家庭没有精神联系的仪式。

教　育

儒家一直是教育和学习的热心倡导者。在德川时期，儒家学者可以说是日本历史上最系统的教育哲学家。几乎所有的儒家学者都认为，教育是人类自我实现的唯一途径。教育通常被解释为一个过程，就像书法一样，从模仿一个典范开始，然后随着时间的推移，达到表演性知识的水平，使人能够表达自己对该主题的掌握。儒家也强调妇女的学习。诸如《女大学》这样的作品，归功于贝原益轩，虽然在现代视角看来很难说是进步的，但确实承认了妇女应该了解她们在家庭和社会中的角色。

德川儒家对教育的热情倡导与佛教的倾向形成鲜明对比。后者强调思想的神秘性以及理解它们所需的特殊精神力量，不符合儒家的世俗、学术教育模式。佛教徒认为即使是文盲也可以通过顿悟以明心见性，并以慧能（638—713）为例，他是一个不识字的樵夫，其超强的理解力使他被尊为禅宗的第六代祖师。虽然德川时代的教育经常在佛教寺庙中进行，这使人们把这些教室称为"寺子屋"，但佛教徒对书本学习的态度仍然相对消极，教科书经常被贬低为只在传授皮毛。

儒家哲学在日本最显著的遗产在于它很大程度上促成了一个受过良好教育的社会，一个认真看待社会政治世界的社会。德川日本的世俗取向，在描绘自然世界的木版画中得到了很好的体现，而且往往以富士山为中心，这些都是儒家强调世俗世界的现实的形象反映。儒家思想的另一个遗产是日本人将语言和意义视作真实。这两个遗产在19世纪中期西方新兴工业化国家出现后，对日本起到了很好的作用。西方的物质力量，表现在它的炮舰上，可以通过研究他们的语言和意义来了解和学习。在明治时期，当西方学问的理论和实践体系被翻译成日语时，所设计的新名词往往是借鉴了儒家哲学的词汇，正如"哲学"一词即是如此。

延伸阅读

Armstrong, Robert Cornell. *Light from the East: Studies in Japanese Confu-

cianism (Whitefish, MT: Kessenger Publishing, 2003).

Bellah, Robert N. *Tokugawa Religion: The Cultural Roots of Modern Japan* (New York: Free Press, 1985).

De Bary, William Theodore and Irene Bloom, eds. *Principle and Practicality: Essays in Neo-Confucianism and Practical Learning* (New York: Columbia University Press, 1979).

De Bary, William Theodore, Carol Gluck, and Arthur E. Tiedemann, eds. *Sources of Japanese Tradition, Abridged: Part 1: 1600–1868* (New York: Columbia University Press, 2006).

Harootunian, H. D. *Toward Restoration: The Growth of Political Consciousness in Tokugawa Japan* (Berkeley: University of California Press, 1991).

Maruyama, Masao. *Studies in the Intellectual History of Tokugawa Japan*. Translated by Mikiso Hane (Princeton: Princeton University Press, 1974).

Najita, Tetsuo. *Japan: The Intellectual Foundations of Modern Japanese Politics* (Chicago: University of Chicago Press, 1980).

——. *Visions of Virtue in Tokugawa Japan: The Kaitokudo Merchant Academy of Osaka* (Honolulu: University of Hawai'i Press, 1997).

Nosco, Peter, ed. *Confucianism and Tokugawa Culture*. Second (revised) edition (Honolulu: University of Hawai'i Press, 1996).

[JAT]

（张政远译）

藤原惺窝

藤原惺窝（1561—1619）

藤原惺窝出身于贵族，因早年教育，一开始是名禅僧。在京都相国寺修行期间，他醉心于中国哲学。在 16 世纪末和 17 世纪初，他最终放弃佛教，开始为各类大名与富商服务。当时，丰臣秀吉率领的部队几度尝试征服中国明朝，均遭失败，但带回了一些朝鲜战俘。惺窝邂逅了这些战俘。在他们尤其是学者姜沆（1567—1618）的指导下，惺窝对宋明理学有了更通俗的理解。这种变化，不管是在相国寺，还是在当时任何佛寺，几乎都是不可能实现的。他对新儒学的把握，仍然带有中世纪晚期禅寺教育的折衷主义微妙特征，即对佛教、儒教、神道的融合表现出宽容的态度。他给很多强力大名乃至新武家政权的建设者——德川家康（1543—1616）讲授过学问，但明显他更喜欢远离武士领主的生活——保持理性与存在的自主。他晚年活动于京都及周边，过着潜心学问、修身的恬淡生活。

在惺窝的著作中，《假名性理》被多次重印，贯穿于整个德川时代。不过，当今学者多对以惺窝为该书真正作者一事表示怀疑。确实，在广为人知的最早版本——1650 年版中，并没有见到著者的署名。不过，鉴于该书长久以来被认为是惺窝的著作，在此，与《大学要略》的开头以及他为商人所写的短篇《舟中规约》一道，我们也辑录了其中部分内容，作为大众儒家哲学的一个典型。

[JAT]

净　心
藤原惺窝 1630，390-1①

己心上有一点机心，神知不发。是如"镜中"。

物者尘也，镜中清明，能去一点尘，则不待明而明见。镜中清明之所，谓之虚，其中有灵，亦云至善。《中庸》谓不发之"中"，《论语》谓一贯之"一"，是皆镜中清净光明处有虚灵也。欲格物而为工夫，其工夫亦物也。只心有一点昏浊，便有种种思虑。若无思虑，则自然虚灵，明知生发，万事之用，不勉而中。意去思虑，即思虑也。非厌思虑，唯思虑自然明耳。是谓全体大用。有体无用，有用无体，是谓异端之学也。……又以心上空虚为本意，专讠人无念无相为空虚，则堕于愚暗。不知东西南北云虚，其只是一个铁圆鲽，视之如镜，形虽同镜，映物却无光明。

[JWH]

天　道
藤原惺窝 1650，399-400②，405-9

天道者，天地间之主人也。无形，故不可见。然春夏秋冬次第不紊，四时行、人类生、花开花实、五谷生，是皆天道之术也。

人之心无形，而一身之主人也。至指尖、发梢之末，此心无不行。此人之心禀承于天，而为我心也，其本与天为一体之物也。此天地间一切之物，皆自天道之中孕育而来，如鱼孕育于大海之内而有也。至鱼鳍之内，水无不行；是人心之内，天心无不照。是故，专念慈悲，其念通天；专念恶，其念不通天。故君子慎独。

……

---

① 依日文原书，页码当为第389—390页。——译者注
② 依日文原书，"天道"目中"天之本心……"一段与下文"儒家美德"目未见，页码有误。——译者注

天之本心，爱天地之间一切有之物，使其荣盛也。故身为人，施人慈悲为紧要也。……于天之道，次序不紊，为紧要也。当先善待家内之亲族仆从，其后治国，施慈悲于天下也。

儒家美德

是为人日夜朝暮之所作也。仁者，爱人施慈悲之事也。义者，使无无理而万事合于理者也。礼者，敬上之人，对下之人亦各有其当也。智者，智慧也。爱人为仁，然于不需要处施爱，非仁。礼不足，无礼也，过亦无礼也。合于恰好之理，谓之智慧。信者，无伪之谓也。施仁亦具信，而义、礼、智若不具此信，皆徒然也。天以诚为体，人以信为骨也。人如为此，则与天为一体也。

天照大神

天照大神为日本之主，然宫殿为茅屋，供养为黑米也。不饰家居，不备珍肴，怜天下万民也。……古之天子，躬自取锹，佃游于田，报民之苦。……

神道专正直，以爱万民为极意也。上一人正直，下万民疾如上也；上一人欲深，则下万民如上也。"只要心实现诚之道，纵不祈，神岂不佑？"诚浓为之道者，天道之诚也。进献金银于神佛，以祈吾身，愚事之首也。人有一点道心，则不受邪贿，不近恶人。况苦民、使被官等饥之事，纵传音于神佛，神佛岂受之乎？其身正直施慈悲，不祈而神护佑也。以未如愿以偿之事，求之于神佛，亦不能得偿所愿也。

帝 尧

尧者，唐土四百余州之主，圣人也。舜亦天子，圣人也。孔子亦弘扬此尧舜之道也。尧舜之道，谓儒道。学问儒道者，谓儒者也。

尧为四百余州之天子，而家堂高三尺，屋顶以陵墓之型而葺，茅茨不剪，采橡不斫，衣不破不换，食不备珍物，劝以赤羹，以天下万民如吾子。据此德，无几万几千年之限，绝佳治世之先例，以舜之治世为尊。

尧舜之道，并无不可思议之神变。唯明德、新民、至善、诚敬、五常、五伦，此道之最高极意也。以此道正我心，爱万民，天下长久。若以权谋治，则一、二代即灭，纵治五、六代，战事更不止，是不可谓治世。……

日本神道亦以正我心、爱万民、施慈悲为极意，亦以尧舜之道为极意也。唐土云儒道，日本云神道，名异而心一也。神武天皇之末钦明天皇时，天竺佛法传至日本，讲述不可思议神变之事，人倾心于此，而神道衰也。

释迦佛

释迦佛者，天竺人也。天竺国人心不纯，国不治。佛难行六年，苦行六年，十二年间隐居于檀特山，工夫于治国之法，讲解佛法之事。初讲心为有物，中又讲心为空物，后讲心为非有非无，为中道实相。……然今世之出家人，以人身之生业为媒，讲佛法，皆人心之惑也。以释迦如来之亲传弟子阿难、迦叶为始，他们为使心不被欲污害，身不蓄一物，每日外出乞讨，且仅求当日之食。今时之出家人，蓄财宝，镶金银于堂寺，身缠绫锦，行祈祷言欲助后世，惑乱人心，非佛之本意，更不合神道之心。害世者，出家之道也。

儒道佛法之别

释迦佛之一切经典中，讲"心有物也，极乐地狱亦有物也"处，亦多；讲"心亦无，极乐地狱亦无"处，亦多。然，心无物则安。若心有物，则苟不可谓心无物也。且后生安于无物，深思而渐可得。

儒道中，此性禀天之性而生。回归本然之天性，是安也。心有伪，损人、嫉人、心邪而骋其怒者，于此世受天谴，其身亡，或至子孙而亡，或死后此心流浪无归于天也。故畏天，明明德，诚心，行五常五伦，专慈悲，以此性回归天之本土为乐。向天祈祷，不可回归。

[JAT]

舟中规约

藤原惺窝，著述年未明 126-7（39-40）

凡回易之事者，通有无而以利人己也，非损人而益己矣。共利者，虽小还大也。不共利者，虽大还小也。所谓利者，义之嘉会也。故曰贪贾五之，廉贾三之，思焉。

异域之于我国，风俗言语虽异，其天赋之理，未尝不同。忘其同，怪其异，莫少欺诈谩骂。彼且虽不知之，我岂不知之哉！信及豚鱼，机见海鸥，惟天不容伪。钦不可辱我国俗。若见他仁人君子，则如父师敬之，以问其国之禁讳，而从其国之风教。

上堪下舆之间，民胞物与，一视同仁。况同国人乎？况同舟人乎哉？有患难疾病冻馁，则同救焉，莫欲苟独脱。

[WJB]

（王起译）

林罗山

林罗山（1583—1657）

　　林信胜早年在京都建仁寺学习禅宗，但他后来很快就将注意力转向了理学思想。彼时朝鲜传来了大量的儒典，使得理学思想的地位大大增强。他曾短暂地在藤原惺窝处学习，后来以杰出学者的身份被藤原惺窝推荐给了德川家康。根据传统，德川家康坚持要求信胜以僧侣的身份出仕。虽然信胜早已决心献身于理学的研究和普及，但他还是同意了家康的要求，他剃了头发、穿上僧衣，并自名法号为"道春"。凭借着坚定的决心和温和的性情，道春主持了由德川幕府赞助的理学学术中心——昌平黉的教学，建立了自己的学统。对后世历史学者而言，他更以自己的号——"罗山"而闻名。

　　罗山的哲学思想中，很大一部分是对朱子学理论基础的重构，比较典型的是他对于《四书章句集注》的解释。对罗山思想给予了同样重要影响的，还有晚宋陈北溪的《四书性理字义》。该书最早于1590年通过朝鲜传入日本。其对理学思想的解释既系统又富有概念性，不仅能够作为一本入门书，还是确立正统理学思想的有力工具。罗山对陈北溪文本的评注，展现了他受陈北溪重视概念和语言导向方法影响的程度。

　　虽然罗山在很大程度上忠于朱子学，但在很多方面与朱熹的思想背道而驰。其中最明显的一点是，他对"太极"这个概念缺乏兴趣，朱熹也认为对大多数学生来说这一概念过于抽象了。罗山并没有完全拒绝这一提法，但在他的思想中，他显然遵循北溪的意见，将其置于次要地位。此外，罗山认为"静坐"的实践几乎没有什么用处。静坐是一种理学的冥想养生法，旨在促进人们对人性本善的理解。

此外，罗山的思想在很大程度上与正统理学相一致。因此，他认为世界是由"理"和"气"交融而生成的。与朱熹一样，他对理气关系的看法模棱两可，有时暗示理先于气而存在，但又常常坚持没有气则理不存。理与人性中善的部分连接，人性中的恶则是气的表现。他认为通过学习，特别是学习理学理论，人们便能够发扬自己人性中善的部分，从而克服由气导致的不良倾向。

在形而上学之外，罗山还强调宋明儒学对"性"等基本伦理概念的理解。这种美德定义了人性的本质，罗山把它理解为爱和同情的表达。尽管罗山是当时幕府将军的顾问，但他更强调勇气是一种为人正直的道德美德，而不是反映一个人在战争中无所畏惧的战场美德。从这个意义上说，他出仕于德川幕府，极大地提升了武士政权的文化水平。

[JAT]

儒学白话指南
林罗山 1659，584-5；N.D.，151-78；1629，142-3

语　　言

夫圣贤之心见于言，其言见于书。如不知字义，何以明之？故虽圣贤，未尝废之……无正训故借彼以明此，借古以解今也……由斯观之，不识字义则难读圣贤之书，不读其书则难知其言，不知其言则何以得圣贤之心哉？

疑与学

学问之道，明理、致知为先。合理者善，背理者恶。就像如果知道遭遇水火必然受害的话，谁都不会主动靠近水火一样，真正懂得善恶的话，就会去恶不疑，行善无惑。若有疑问，必须问而明之。如果还留有疑问，应当暂时放置，先实践无疑的部分。

正如"小疑之下有小悟，大疑之下有大悟"，如果有什么不懂，应当弄清并理解它。不志于学问，就没有提出疑问的能力。有意研究"理"，并且能够提出疑问，这是证明我们学问精进了的标志。如果解决了疑惑，那么心中自然就清晰明了，道理也就不会被黑暗遮蔽。如果不去解决这些疑问，而是置之不顾，那么一生都无法明辨是非。就像把活物放进袋子、将动物塞进箱子里一样，内心是无法流动的。

今天究明一理、明天又究明一理的话，疑问就会逐渐消失。只要彻底究明一理，就会知道万理皆通，而不用事无巨细地去研究。掌握了由一理发散到十理的方法，能够理解事物的内外始终时，我们就有能力掌握万事万物的道理。

由外入内、由始到终、由浅至深、由粗到精，我们就究明了心之理，达到了智的极致。细枝末节虽然很多，但是根本只有一个。一理以贯万事，一心以通诸事也。此理即是我心，心外别无他理。能够究明道理，疑问和怀疑便会自然消失。

心

"理与气合，方成个心。"此心元乃太极之理，虚空如天，无色亦无声，有善而无恶。

当我平心静气之时，绝无丝毫之恶，所想的只是能否合于"理"。但是，如果胡思乱想，必然堕于私欲之中，视线也会被迷惑，恶就会出现。除此之外，还会让我心烦扰、迷乱……如果心乱的话，那么连数柱子都会数不清楚。面临要事时，若是心乱不正的话，必然会在想不到的时候出现纰漏，因此我们必须平静内心。天下事物千变万化，若不平静内心，必然难以处理。此外，若不能够广泛学习古今之事，在处理万事之时必然心乱迷惘……"学而不思则罔，思而不学则殆"，在心中究明道理并且认真学习，才能够消除不解和疑问。

……

心有善恶，其本原善。云义理，云性，云心，实皆一也，何云心恶？发念之时，有恶有善。念起之处，当称为情，是即七情，不当云心，其形如水……故云"圣人之心如止水"，止水者，平水也……

然心虽一，其动者劳者云"人心"，起于义理处则云"道心"。寒则思衣，饥则思食，目欲见美色，耳欲闻妙声，鼻欲嗅异香，万欲生处，皆是人心。此心私多公少……

义理存时，虽思衣食，堪饥寒而不受者有之；虽有恶声恶色，不见不闻者有之；无非礼之愿者有之；不求不义之富贵者有之：是云道心。此心人本有之，然易暗难明，故云"道心惟微"……

能详明之，不混私者，是云"惟精"；专守正者，是云"惟一"。如此行者，道心为主，人心从之，故能转危为安、变微为明。万事万物，自然合理。

五　伦

君臣、父子、夫妇、兄弟、朋友，此五伦者，存于天地古今。此道无改，故名"达道"……知此五伦之道者，是谓智；此道备于心者，是谓仁；能行此道者，是谓勇。其虽一者，然若无"实"，智不成智，仁不成仁，勇不成勇。无实，则为欲所隔而背理也。

仁

仁，就是爱生命。如果一个人能够设身处地为他人着想，那么他必然真诚而无私。无论是谁，即使是陌生人，如果见到小孩子落水都会觉得不忍心，并且想把他救起来。即使是面对故意将小孩子推入水中的恶人，也不能对这个人的孩子做同样的恶事。有的人在愤怒之时，即使是自己的孩子也要杀掉。但那若是因为自私和任性，那么他必然会后悔，因为人的本心不容许这些恶劣的东西。仁，是每个人心中都具有的东西。扩充仁心的话，私欲和后悔便会消失。能够做到推己及人的话，怎么还会有痛苦和憎恨呢？

让生命活下去是仁，而斩奸除恶是义。要杀老鼠时，杀了是不仁，放了则是不义。在思考杀生与否时，要思考仁义的问题。如果杀生能够除恶，那么义中就有仁，这样的话，杀掉老鼠也是仁。杀掉盗贼、惩罚恶人，也是同样的道理。只知道仁的慈悲、同情，那是小仁。惩戒一个恶人而给万人以善，则是大仁。因此仁虽然是爱生命，但爱恶人则不是仁。爱善而恨恶才是仁。如果这样为人处世的话，怎么还会有私欲呢？

义

所谓义，就是心在决断的时候随时顺事，做正确的事情。虽然人的生命很珍贵，但在我的内心无法同意的时候，哪怕是饿死我也不会接受别人的食物，哪怕是冻死我也不会接受别人的衣物。是接受施舍而生还是拒绝施舍而死，我们需要思考哪个更加符合我们的原则。比如说在战场上，勇敢战斗必死，做逃兵则能苟且偷生。面对前进还是后退的问题时，应当选择前进而后勇敢地战死。以上都是义的例子。

改恶向善，从而清除自己的恶行和耻辱，这是义；厌恶他人的恶行，拒绝和抛弃他们也是义；事君以忠是义；与朋友相互交流异见是义；劝说朋友改掉恶习，但对方不为所动时，与之分道扬镳也是义。将此义心推广到全天下，那么人们都会弃恶从善。臣子尊敬自己的主君，下级尊重上级，国家的风俗自然会变得清朗。

信

"信"字是在人字旁写一"言"字，意指人说话必须真诚。无信之人不配为人……信，就是悫实、敬物而真诚。信而"不疑"，指的是真实而不容怀疑。"不差爽"，指的是有信之人说话首尾一致。有信之人，一言既出，必然践行，他们不会心口不一。有信之人，内心正直，没有丝毫的歪曲。有些话即使符合事实，但于道不合，那么有信之人也不会说。他们总是践行善道，脚踏实地，毫无轻薄。

勇

勇，就是指内心坚强且与义相符。见到善事马上行动是勇，而明知是善事，却因犹豫而耽误了行善则不是勇。又比如说，面对敌人，明知是死却仍然继续战斗，原因就在于心中早已有了觉悟。在黑暗中走路，知道不会有事却仍然害怕，这是不可理喻的。做应做之事时，人的心中不应当感到恐惧。我们虽然害怕的是老虎和狼，但蜜蜂飞进衣服的时候也会慌乱。我们虽然能够故意破坏掉宝物，但会因为打破了旧锅釜而感到惋惜。这都是因为在平时不用心、不谨慎，所以在万一之时没有勇气。能够培养不怀疑、不恐惧，遵循道理做正确之事的品质，让内心变得强大，这就是勇。

理与气

从天地未开之时到天地开辟之后，常有一理，名曰太极。此太极动而生阳，静而生阴。此阴阳原本一气，分而成二，又分五行。五行者，木火土金水也。五行再分，而成万物……

但是气有清有浊、有善有恶。受气成形，则形也有私有欲，恶便会出现。其代表性的标志之一，就是见色而思恶。用嘴说话、用手脚触碰也是一样会产生邪念的。私欲都是形所导致的。

形由气而出，所以万事万物的运动、活动，都是气的作用。心虽然是善的，但是没有接触到气就无法活动。知善则行善，知恶则不行，这是心的作用。比如说，人虽然很饿，但在不适合吃东西的场合会忍住不吃，这就是以心制气。又比如说我们虽然喜欢财宝，但是想到偷盗会犯罪，我们就会忍耐，这也是以心制气。所以说气虽有善恶，但心只有善……

只有理的话，容易陷于枯槁。理气相合而形成心时，才能够迸发活力……孝顺父母是心之理，向父母发脾气则是血气之私，因此我们要善于分清理气之间的差别。

理和气虽是两个东西，但有气必有理，有理必有气。因为理自身没有形体，所以没有气的话理就失去了凭依。理气二者，不可分离。理与气是同时存在的东西，而不是先有气后有理。活理者，气也；制气者，理也。当我们理解了二者合一而形成心时，要下功夫做到以心用气。

人　欲

人欲是指我们内心对事物的渴望，人欲可以分为能够实现的和无法实现的两种。孝敬父母和事君以忠是可以实现的，行善去恶、遵守仁义、拒绝虚伪，这些也是可以实现的欲望。它们都是我们应当遵循的道理。但是，渴望财富、地位和长寿等欲望，它们既不是与生俱来的，也是不符合理的。既然天已经决定了一切，那么即使有人执着地追求这些欲望，其仍然是无法实现的。比如说，一个矮小的人想要变高，一个丑陋的人想要变美，或者一个瘦弱之人想要变得肥胖，尽管他们都有欲望，但这些欲望是无法实现的。谋划高不可攀的目标，怀有不切实际的欲望，是恶人和愚人的行为。这些欲望会让人走向歪门邪道，犯下罪行，最终毁掉自己。这是因为有些欲望是为道理所不容的。

太　虚

太虚就是天。因其无限所以被称为太虚，理气从中而出。太虚自然而然，所以被称为天。天有阴阳二气，有暑有寒，有昼有夜，有风有雨，生出人和万物，此皆道理。但是道理不离阴阳之气，所以说它是气。

气化而生道。人被生成的时候，气化与太虚相合，有了形之后又有了性。性备而形动，方才产生了心。太虚、道、性和心，名称虽异，其理是一致的。

性

只论道理而不论气，是无法掌握道理的。只论气而不知道理，就无法辨明万事。性是理，但是要将理气结合起来讨论，而不应该将二者分离。

人性本善，但是为什么会有恶呢？比方说，性就像水一样，本身是清澈的。把干净的东西倒入水中，水还是清澈的，但把脏东西倒进水里，水就浑浊了。

而气就是掺入性中的东西。气有清有浊，有明有暗，有厚有薄，有开有塞。由于气有种种变化，所以受气成形时就会有优劣高低。所以说虽然性本善，但是由于受到了气的影响而为形所困、为欲所耽，心就会被黑暗掩盖……

就像这样，气有着种种不同。气充盈于天地之间，得之而成人形，这就是所谓的"气质"。气质有种种不同，所以有圣人，有贤人，有智者，有君子，他们都是接受了气的清明的部分的人。同时，也有小人，有恶人，有愚者，他们都是禀受了气的浑浊的部分的人。又有的人言而有信、值得信赖，却是愚者，这是由于他所禀受的气中浑浊的部分较多。又有的人虽然聪明有才，却令人恐惧、无法信任，这是由于他所受的气虽然清澈但粗糙的原因。正因如此，善人少而愚者多，君子少而小人多。

通过学习，可以把气质由恶变善，不能因为其是出生时定下的就自暴自弃。善学而变浊为清，就像恢复水的本性一样。人也可以弃暗投明，变愚为智，由弱变强，弃恶从善……上上品之人即使与恶人交往也不会变恶，反倒会让恶人向善。下下品之人生而愚暗，即使与贤人交往也不会向善，反而讨厌贤人、憎恨君子，恶行不断累积，最终自取灭亡。因此，作恶的人都是最大的愚者。中品之人与贤人交往就会变善，与小人交往就会变恶，他们的善恶是不确定的。就像"近朱者赤，近墨者黑"一样，我们应该认真选择交往的对象。

明　德

明德就是指本心，其在人出生时就自然地从天所受，是人本身就拥有的东西。心无形无色、无声无音。心常常不被认为是人本来就具有的东西，但其实并不是这样。虽然看东西、听声音在表面上用的是眼睛和耳朵，但是从根本上来说是在用心。虽然我们通过外在的形体感到冷暖痛痒，但真正能够记忆和感觉的，还是我们的心。用鼻子闻、用嘴说、用手足劳动，也皆是如此。

打个比方，心就像清亮的镜子一样。正因为镜子本身是空虚的，所以照见五色之时，能够原原本本地映出各种色彩。其照男则成男，照女则成女，老弱幼美丑面对镜子时，也是无法躲藏和隐蔽的。镜子所照见的东西一旦离开，它们的影子也不会留下，镜子又变回了什么都没有的状态。人的本心正像这镜子一样，镜子能够映出万物，人心则包含无限的道理。

天地之间万物的出现，都源于阴阳五行。由于其气不同，于是就有了草木、鸟兽、人伦。草木倒着生长，以根为头，以枝为末。鸟兽横着生长，横着走路。人受正气，头圆似天，足方似地，两眼如日月，头顶的毛涡仿佛北斗之星，五脏五指则对应五行。五行则乃木火土金水。

天地之间的生物中，没有比人更尊贵的。其心中具备万物之理，以天地之气作气，以天地之心作心，道理与心合一而不变。明了此心，无论是思考、发言还是行动，都不将此心遮蔽，就叫作"明明德"。

因此，沉溺于私欲就会遮蔽明德。若要明明德，就要舍去私欲，遵循道理。即使是昏暗的人，其本心中也不是不存在明德。比如说天气不好的时候，有云有雾而不见日月之光，然而只要乌云有一点间隙，日月之光就能够被看到。人也是一样，无论什么样的人都拥有明德，明德是不会消失的。是将明德显现出来还是遮蔽下去取决于人，不应该怪罪明德……

不仅自己明明德，还教导他人令其醒悟，这叫作"新民"。让沉溺于私欲已久，已经污浊不堪的人民改头换面，就是"新"民。就像我们清洗自己的身体一样，今天洗浴，明天还要洗浴，每天都要以清水洗脸。想要清洁自己的内心，就要抛弃私欲而清心，这就叫作"新"。这并不是创造出原本不存在的事物，而是让至今为止明德一直被遮蔽的人，像我们一样明明德而已。就像面对沉睡的人时，用他自己的名字叫醒他一样。因为他本身就有自己的名字，只是听到便醒来了。面对沉湎于物欲而将明德遮蔽的人，教导他明德是怎样的东西，随着他逐渐明了，昏暗就会变为明亮，污浊就会变为清朗，古旧就会变得崭新。这就是"新民"之义。

明明德者，治吾身也；新民者，治人也……天下虽大，人伦虽多，却没有比治吾身和治人更重要的。教导人子孝敬父母，教导臣下事君尽忠，亲自行善而后教导他人向善，这就是新民的过程。

明明德和新民达到极致之处，就叫作至善。总而言之，达到了至极之善而无丝毫之恶才能被称为理，道理与善是一致的。我们对父母尽孝的时候，即使自己觉得已经非常足够了，但若还能更加孝敬，那么就应当去做。我们向君主尽忠时，即使感觉已经足够了，若能够更进一步，那么也应当去做。在践行仁义礼智的时候，都应当如此。仁义有大小、轻重和深浅之时，应当舍小取大，舍轻取重，舍浅取深。符合道理而达到极致，就叫作"止于至善"。无论大事小事还是日常之事，没有不去止于至善的道理。穿衣吃饭、说话做事、站立坐卧、昼夜朝暮，都应当遵循这个道理。到达理的极致，就叫作"止于至善"。

明德是明吾心而治吾身的根本，教导和引导人民向善叫作亲民。"民"是指所有的人，而非农民。

智

智，就是懂得道理。如果一个人发自内心地喜爱美丽、厌恶丑恶，那么就必然会乐于行善而绝不作恶，这就是真实之智。生命是最为重要的，天下的什么东西都无法与生命作交换。然而有生必有死，无论多么笨的人都明白这个"理"，不会有人因为自己有一天总要死去而悲伤哭泣。将这个道理延伸到万物，就不会再有任何迟疑。

智者就是指聪、明、睿、智，耳目锐利，能够明辨是非。一个人对事物拥有深刻的理解和敏锐的洞察力时，理就不会被遮蔽。能够深刻理解并躬行仁义礼之道的人，就是智者。没有智慧，怎么能理解仁义礼之道呢？有智才能明白仁义之道，才能分明是非善恶。所以孟子说："是非之心，智之端也。""是"指的是明白什么是善并肯定善，也就是善心。"非"则是指坏心。

　　……

　　孔子曾说："知者不惑。"能够分明是非，知道什么是对错的话，就会像镜子照见美丑一样，没有丝毫的迷茫。镜子明亮的话，就能够照出人的美丑，以智慧之光照亮事物，就能做到"当理不扰，达事无碍"。去除人欲之私，做到毫无私欲的话，他的智慧会变得清晰明亮。

　　"知者乐水"，指的是智者以智慧治理世界，就像水流不止一样，所以智者乐水。又比如说"知者动"，是指智者能够掌握万物之理，不固执己见，随着事物的变化而随机应变，所以智者"动"。

[JAT]

（陈宇译）

中江藤树

中江藤树（1608—1648）

中江藤树虽然出生于近江（现滋贺县）的一个农村，但他被在四国做武士的祖父所领养，在那里接受了儒学思想的训练，以便效力当地大名。他是王阳明（1472—1529）心学思想在日本的首倡者。不同于王阳明更为世俗化的认识论，即主张践行"良知"，中江藤树采取了更具宗教性的立场，即人对于善的知行能力乃源于"上天的神圣之光"——他对于内在道德准则的一种注解。

中江藤树在《翁问答》中阐释了其成熟的哲学思想。不同于大部分德川时代的儒者，其最大特点是更重视"孝"，而非对君主的忠诚。作为其信仰的具体表现，在26岁时他放弃武士之职和薪俸，返回老家去照顾母亲。这充分展现了中江藤树的"孝"，并成为家喻户晓的美谈。

中江藤树的哲学将一种类似于古代中国"上帝"的宗教力量与宋明儒学的形而上学观念相融合。而且他将其视为万事万物之根源、连接万事万物的宇宙起源上之统一。它主宰一切，以其伦理性的力量应答万物。另外，不同于大部分德川早期儒者，中江藤树强调儒学对于女性的重要性，指出女性身心之健康对于家庭是极其重要的。对于佛教，中江藤树虽然没有直接进行批评，但其批判林罗山的文章十分有名。因为林罗山虽宣称自己是真正的儒者，但为了奉仕幕府却剃度并穿上袈裟。

[JAT]

以下节选自《藤树先生全集卷之五·文集五·杂著》，第1—3页

孝

这个是人根。若灭却此心，则其生也如无根之草木。倏不死者，苟幸免而已。当下良知，便是吾人安身立命之地，离此则所遇皆为苦境。身与世，皆为幻为梦。然厌苦境、避梦幻而求于他者，则惑矣。

这个是人与禽兽所由分也。故人不孝，天报之以六极。① 古昔不孝之人变狗头者，其为禽兽也明矣。可慎可戒。

孤子似无养亲之事。曰：自己德性乃父母遗体之天真也。② 是以养吾性，所以养亲也；尊吾性，所以尊吾亲也。此则大孝之精髓，不可论在膝下③与否。况又丧则致其哀，祭则致其严。……

此是三才④之至德要道。生天、生地、生人、生万物，只是此孝。学者学此而已。孝于何在？在吾此身。离身无孝，离孝无身。行道光于四海，通于神明。是故五六岁幼童行孝，得上帝之感应，载在方策⑤。若人而不孝，明有人非，幽有鬼责。形貌虽为人，其实犹有愧怍于乌鸦⑥。无学凡愚，可知所省察。而况入儒门而听圣学者乎？可戒，可戒。

[TR]

---

① 六极：谓六种极凶恶之事。《书·洪范》："六极：一曰凶短折，二曰疾，三曰忧，四曰贫，五曰恶，六曰弱。"孔颖达疏："六极，谓穷极恶事有六。"——译者注

② 遗体：谓子女的身体为父母所生，因称子女的身体为父母的"遗体"。《礼记·祭义》："身也者，父母之遗体也。"天真，这里指自然禀受之物，《庄子·渔父》："礼者，世俗之所为也；真者，所以受于天也，自然不可易也。故圣人法天贵真，不拘于俗。"——译者注

③ 膝下：指父母的身边。南朝梁沈约《为文惠太子礼佛愿疏》："元良之位，长守膝下之欢。"——译者注

④ 三才，指天、地、人。《易·说卦》："是以立天之道曰阴与阳，立地之道曰柔与刚，立人之道曰仁与义。兼三才而两之，故《易》六画而成卦。"汉王符《潜夫论·本训》："是故天本诸阳，地本诸阴，人本中和。三才异务，相待而成。"——译者注

⑤ 方策：即方册，典籍，后亦指史册。南朝宋颜延之《三月三日曲水诗序》："夫方策既载，皇王之迹已殊；钟石毕陈，舞咏之情不一。"——译者注

⑥ 《增广贤文》："羊有跪乳之恩，鸦有反哺之义。"——译者注

以下节选自《翁问答》,《中江藤树》(日本思想大系),第 22—23 页

孝乃天下之灵宝

吾人之身内,乃有可谓至德要道的天下无双之灵宝。吾等应该用此灵宝,使之存之于心、行之于身。此宝上通天道,下光四海也。故而,将此灵宝入于五伦,则五伦皆和睦无怨。献之神明,则神明纳受。以之治天下,则天下平。以之治国,则国安。以之齐家,则家齐。行之于身,则身修。存之于心,则心澄明。放之则弥天地之外,卷之则退藏于吾心之密。① 实乃神妙至极之灵宝也。故而,若善存此灵宝,则天子可久保四海之富,诸侯可久享一国之荣华,卿大夫可兴其家,士可显其名扬其位,庶人可积财谷,享其乐也。舍此灵宝,则人间之道不立。非独人间之道不立,天地之道亦不立。非独天地之道不立,太虚之神化②亦不作。太虚、三才、宇宙、鬼神、造化、生死,皆包含在此灵宝中。为学以求此灵宝,乃儒者之学问。生而保有此灵宝者,曰圣人。学而保有此灵宝,能存之于心、行之于身者,乃曰贤人。孔子为照彻万世之阴霾,制《孝经》以作寻此灵宝之明镜。然自秦代千八百余年间,能深切知晓此《孝经》者鲜矣。今至大明之世,尊信表彰此经者众矣。大舜保有此灵宝,由庶人而登天子之位。文王保有此灵宝,故在天帝之左右。③ 董永存此灵宝,故得天之织女为妻。吴二存此灵宝,而免遭天刑。④ 古来灵验之事数不胜数。故应笃信受用之。

以下节选自《翁问答》,《中江藤树》(日本思想大系),第 123—124 页

儒道乃至德要道

人之出生似乎乃因父母相合,然非此也。其乃受太虚皇上帝之命,天神

---

① 《中庸章句》中曰:"放之则弥六合,卷之则退藏于密。"中江藤树这里的说法乃是对此的仿照。——译者注
② 北宋张载《正蒙》曰:"太虚者,气之体。气有阴阳,屈伸相感之无穷,故神之应也无穷;其散无数,故神之应也无数。"太虚之神化乃是讲太虚所生之阴阳二气具有无穷的生成力。——译者注
③ 《诗经·大雅·文王》:"文王陟降,在帝左右。"——译者注
④ 孝顺的吴二命中本要遭雷劈,然在神明的护佑下得到拯救。见明代颜茂猷《迪吉录》公鉴。——译者注

地祇化育之物也。……天神地祇乃万物之父母，故而太虚皇上帝乃是人伦之太祖。由此神理观之，不论圣人、贤人、释迦、达摩、儒者、佛者、我还是他人，世界上但凡具有人形之物，皆是皇上帝、天神地祇之子孙。而由于儒道即是皇上帝、天神地祇之神道，故而有人形而悖逆儒道者，乃是贬损其先祖父母之道，悖逆其等之命。如先前所论，吾人敬畏大始祖皇上帝、大父母天神地祇之命，钦崇受用其神道，乃曰孝行，又名至德要道，又名儒道。此之教曰儒教，此之学曰儒学，勤学此而存于心、行于身者乃曰儒者。

以下节选自《翁问答》，《中江藤树》（日本思想大系），第62—65页

兵　法

兵法乃为大将者所必须知晓之事。大将不晓兵法，则好比造箭师不晓得如何制造弓箭。以人之形体来比喻兵法，则"仁"乃是人之心。能趁敌不备、善使用密探，则如人之眼目。出奇制胜与正面进攻，则如人之手足。旌旗、金鼓、兵具之准备，各种器具之使用，占卜定出战日期等，则好比人之皮肤毛发。然很多人只将皮肤毛发看作兵法。……

夫兵法阵形图本源于《易》，黄帝之时已完备，经由姜太公、诸葛等代代诸贤传承。日本将其译成假名时出现诸多谬误，故只应学好原书。然照搬套用兵法阵图，则好比从图画来学习鉴别马匹优劣之术。此愚蠢无用之方，喻为"按图索骥"。古昔唐国有名将，其子常熟读其之兵书，然不懂随机应变。其子在其死后称大将，然大败而为天下人耻笑。① 此即是无眼目手足之工夫，徒以皮肤毛发为要。欲学兵法之人，先入真儒之门，明文武合一之明德以树立根本，然后学习兵法之原书，专习眼目手足之功，此为简要也。此实乃武家第一之急务。

……

天生富有大将之才者，虽然其即便无心学之磨练，亦可建立军功。但因其无德，故而其迷于才干之强，必定喜好杀人。其一旦有不义无道之举，则万民

---

① 据《史记·廉颇蔺相如列传》载：战国时赵国名将赵奢之子赵括，少时学兵法，善于谈兵，以为天下无敌。尝与其父言兵事，父虽不能难倒他，但不以为然。后赵括代廉颇为将，在长平之战中为秦将白起所败，赵卒被坑者数十万人。赵国名臣蔺相如曾说："括徒能读其父书传，不知合变也。"——译者注

受其荼毒而悲叹，最终遭致天谴，身死国灭。盖不论唐国还是我朝，无德而徒有才能之大将，其身能免于灾祸而子孙繁昌者鲜矣。此可观倭汉之史书。夫兵法之本意，乃在于使国家安稳、武运长久、惠泽万民，然却导致万民遭其荼毒，其身亦运数罄尽，国家绝灭。故而擅于兵法而立功者，毕竟乃无益之徒劳也。且专于阴谋、任诈力，而无仁义之德者，纵有韩信、项羽之才，亦不可挡节制之敌，又何况与仁义之师相敌？此无异于螳臂当车。《太白阴经》云："齐之技击，不可遇魏之武卒；魏之武卒，不可敌秦之锐士；秦之锐士，不可当桓文之节制；桓文之节制，不可当汤武之仁义。"① 此需细细玩味。故而，孙子之五事以道为第一，② 吴子之兵法以和为先，③ 所谓道、所谓和，皆是仁义之德。儒门心学之外，无明此德之道，故而应专研心学明此德之后，再学兵法为佳。简言之，欲学兵法，岂有胜于学习天下无敌之仁者之兵法乎？

[JAT]

以下节选自《翁问答》，《中江藤树》（日本思想大系），第49—51页

真正之学问

真正之学问乃伏羲所传授之儒道。古昔之时不论教（おしえ）④ 还是学

---

① "节制"指节度法制，亦指严整有规律。《荀子·议兵》："秦之锐士，不可以当桓文之节制；桓文之节制，不可以敌汤武之仁义。"《太白阴经》卷二《人谋下》："兵非道德仁义者，虽伯有天下，君子不取。周德既衰，诸侯自作礼乐，专征伐，始于鲁隐公，齐以技击强，魏以武卒奋，秦以锐士胜。说者以孙、吴为宗，唯荀卿明于王道而非之。谓：齐之技击是亡国之兵，魏之武卒是危国之兵，秦之锐士是干赏蹈利之兵。至于齐桓、晋文之师，可谓入其域而有节制矣。故齐之技击，不可遇魏之武卒；魏之武卒，不可敌秦之锐士；秦之锐士，不可当桓文之节制；桓文之节制，不可当汤武之仁义。故曰：'善师者不阵，善阵者不战，善战者不败，善败者不亡。'"——译者注

② 《孙子·始计第一》："兵者，国之大事，死生之地，存亡之道，不可不察也。故经之以五事，校之以计，而索其情：一曰道，二曰天，三曰地，四曰将，五曰法。道者，令民与上同意也，故可以与之死，可以与之生，而不畏危。"——译者注

③ 《吴子·图国第一》：昔之图国家者，必先教百姓而亲万民。有四不和：不和于国，不可以出军；不和于军，不可以出陈；不和于陈，不可以进战；不和于战，不可以决胜。是以有道之主，将用其民，先和而造大事。——译者注

④ 教，政教；教化。如《商君书·更法》："前世不同教，何古之法？"唐韩愈《原道》："今也，举夷狄之法，而加之先王之教之上，几何其不胥而为夷也。"——译者注

问（がくもん），皆是指此。然到了后世，不知何时，不论唐国还是夷狄之国，伪学多出。因伪学胜，故真正之学问衰微。唐国亦曾一度伪学昌盛而丧失真正之学问。即便学习真正之学问，亦有不能学成者，更何况学习伪学，性情必然变恶矣。

……

不论教还是学问皆以天道为根本准则，故而不论在唐国还是夷国，世界之中教与学之道，皆以符合天道神理者为真正之教、真正之学问，名之为"儒教"，曰"儒学"。悖逆天道神理者，乃伪学也。其中，与真正之学相仿的伪学，乃有俗儒、墨家、杨氏、老氏、佛氏等。俗儒读儒道之书物，学习训诂，专以记诵词章为务，只是耳听口说，知德而不行道。墨家误解儒道至公、博爱之仁，本末先后之序错乱。① 杨氏误解为己、慎独之要领，失一贯之真。老氏、佛氏观"神易"② 无方无体③之表，失中和之精髓。其中，流播于日本者，乃俗儒与佛氏。此二者中，世人所谓"学问"者，乃俗儒之记诵词章也。俗儒之学问，虽与真正之学问极其相近，然志向与学问之方法，乃谬之千里。为学时需慎矣。

[JAT]

《大上天尊大乙神经》序

大乙尊神者，书所谓皇上帝也。夫皇上帝者，大乙之神灵，天地万物之君亲。而六合微尘，千古瞬息，无所不照临。盖天地各秉一德，而不及上帝之备。日月各以时明，而不及上帝之恒。日月晦，而明不亏。天地终，而寿不竟。推之不见其起，引之不知其极。息之不灭其机，发之不留其迹。无一物不知，无一物不能。其体充太虚而无声、无臭，其妙用流行太虚而至神至灵。到于无载，入于无破。其尊贵独而无对，其德妙而不测。其本无名号，

---

① 儒家以对父母之爱为本，再渐次推及他人。墨家言博爱，不承认爱有等差。——译者注

② 神易，指神妙不可思议的易理。——译者注

③ 无方无体：无一定方向，亦无形体，乃无限融通无碍。——译者注

圣人强字之，号大上天尊大乙神。使人知其生养之本，而敬以事之。

夫以豺、獭，形虽受偏气，而一点之灵明犹不昧，① 而祭兽、祭鱼。而况人者万物之灵贵乎？是以先圣修报本之礼以教天下后世。按：郊类，天子之所独。② 社宜天子而下皆得行之。③ 天犹父也，父尊而不亲。地犹母，母亲而不尊，故也。虽不得行郊类，而至哉乾元，④ 万物资始，则不可无斋戒报本之事。⑤ 故先圣作大乙尊神之灵像，以为斋戒之本主。择每月圣降日以为斋戒之期，定著祭文以为洗心事天感通之助。而人人得遂报本之意而不僭郊类之仪。至哉制作，仁哉圣谟。制作之圣，虽未闻其名，而灵像一以易象为体要，则始于伏羲，中于文周，而成于孔子。可推而知矣。

[JAT]

（高伟译）

---

① 灵明：通灵明敏。明王守仁《〈大学〉问》："何谓心？身之灵明，主宰之谓也。"——译者注

② 郊祀，古代于郊外祭祀天地，南郊祭天，北郊祭地。郊谓大祀，祀为群祀。《汉书·郊祀志下》："帝王之事莫大乎承天之序，承天之序莫重于郊祀……祭天于南郊，就阳之义也；瘗地于北郊，即阴之象也。"——译者注

③ 社，谓祭土地神。《礼记·月令》："〔仲春之月〕择元日，命民社。"郑玄注："社，后土也，使民祀焉。"——译者注

④ 乾元，《易·乾》："大哉乾元，万物资始，乃统天。"孔颖达疏："乾是卦名，元是乾德之首。"——译者注

⑤ 斋戒，修身自警。《易·系辞上》："圣人以此斋戒，以神明其德夫。"韩康伯注："洗心曰斋，防患曰戒。"孔颖达疏："圣人以易道自斋自戒，谓照了吉凶，斋戒其身。"——译者注

山崎暗斋

山崎暗斋（1618—1682）

在德川幕府时期，山崎暗斋既是朱子学最忠实、几乎无可置疑的倡导者，也是后来肯定朱子学与神道在根本上一致的折衷学说的先驱。与完备的朱熹学说相比，他认为理学的其他学派是残缺的、肤浅的或扭曲的。这些批评被他的弟子们反复申明，并传到了林罗山等批判朱熹的思想家耳中。

比起形而上的理论，暗斋学派更注重"敬"的概念，并将其作为修身和接触世界的关键。他认为《周易》是中国最重要的哲学文本之一，并引用了其中的一段话，指出"敬"加上静坐的实践，可以培养内心的完美，而"义"有助于理顺与外部世界的关系。后世儒者表面上间接地批评对"敬"的过分强调，但实际上是在针对暗斋的思想。

暗斋将神道与理学同时视为宇宙的统一法则，这是将理学引入日本的一种方式。与此同时，与正统理学家努力对日本历史进行去神话化大相径庭，暗斋倾向于以一种折衷的，甚至是牵强附会的方式对日本历史进行再神话化。针对暗斋的神道学说是否正确的争论，导致了他与他最杰出的两名弟子佐藤直方和浅见䌹斋决裂。然而，随着暗斋去世，他的追随者们分裂为两派，他们要么认为自己是暗斋神道的拥护者，要么认为自己是朱子学的正统倡导者。

[JAT]

"敬"和教育

山崎暗斋 N.D.-B 90（87-8）；1650，1-2（251-2）

"敬以直内，义以方外"八个字，一生用之不穷，朱子岂欺我哉？《论语》"君子修己以敬"者，敬以直内也；"修己以安人，以安百姓"者，义以方外也。

诚者，非自成己而已也，所以成物也。成己仁也，成物知也。性之德也，合内外之道也……天地开辟以来，代代圣人道统心法之传，不过此敬而已……

[TR]

晦庵朱夫子……承伊洛之统，继往圣小学之教，明大学之道，又设此规以开来学。而乃奸言所厄，不得大敷于当时……

窃独惟念小大之教，皆所以明人伦也。小学立教，教明伦也。敬身，明伦之要也。《大学》格致，则因小学已知者而穷极之也……

此规五伦，为教而学之之序实与《大学》相发，其学问思辨四者，格物致知之事也。笃行之事，先列修身，则所谓自天子以至于庶人，一是皆以修身为本者，诚意正心在其中，处事接物之要，齐家治国平天下之事也……

然隐于夫子文集之中，知者鲜矣。嘉尝表出揭诸斋，潜心玩索焉。

[WTB]

三　乐
原念斋 1816，122-3（90-1）

会津侯尝问暗斋曰："先生有乐乎？"答曰："臣有三乐焉。凡天地之间，有生者何限，而得为万物之灵，一乐也。天地之间，一治一乱无定数，而生右文之世，读书学道，得与古圣贤把臂于一堂，一乐也。……"

侯曰："二乐既已得闻之，请亦闻其一乐。"曰："此其最大者，而所以难言者。君侯必不信，以为毁誉诽谤。"侯曰："寡人虽不敏，奉先生之言，孜孜求谏，渴开忠言，何为至今不终教乎？"

曰："君之言及此，岂不尽言哉？所谓乐之最大者，幸生于卑贱，不生于侯家是也。"侯曰："敢问何谓也？"曰："意今之为诸侯也，生乎深宫之中，长于妇人之手，不学无术，徇声色、耽游戏。而为之臣者，迎合主意，其所为因而称誉之，其所不为因而非毁之，遂令本然性梏亡消灭矣。其视卑贱之幼尝辛苦，长习事务，师教友辅，以益其智虑者，为何如也？是臣之所以以生于卑贱不生于侯家为乐之最大也。"于是侯茫然自失，叹息曰："诚若先生之言。"

[TR]

垂加神道

山崎暗斋 1675，284-6（234，237，）；1671，272-4；
N. D. -A，265（228-9），207-12（88-9）

我倭开国之古，伊奘诺尊、伊奘冉尊者，奉天神卜合之教，顺阴阳之理，正彝伦之始。盖宇宙之理唯一，神、圣之生，虽有日出日没处之异，然其道者自有妙契……

我国奉天地之神，号天御中主尊①。伊奘诺尊、伊奘冉尊继神，建国中之柱。二尊之子天照大神者，彻光华六合，如中大明之天。授天上之事以为任。盖上下四方，唯有一理，故神、圣之道，自然妙符。妙哉！

垂加神道的思想资源

夫我神道宗源者，在土在金。而其传皆备于此书（指《日本书纪》）。其神代之卷，专言天者有之，专语人者有之，以人谈天、以天语人者亦有之。故明天人合一之道唯一。

……

盖闻之，天地之间，翕聚土德，位于中心，四时由此而行，百物由此而生……我国之秀，土金之盛，开辟以来，连连永传神皇之正统。是乃天照皇太神敕令之本意，儿屋命、太玉命、村云命守护之所，猿田彦引导之处。

[HO]

---

① 最初的神，其名字的意思是"中央之国的统治者"。

天上之事，今禁里之任也。平物以剑，如古之素盏鸣、大己贵①，今之将军亦乃如此。此乃神代以来日本之传统。

[JAT]

神道学习

学习神道时，有着极为重要的"入流之传"。如果不懂得它，阅读《神代卷》时将会困难重重。但若掌握了它，则会十分顺利。这既是学习神道的入门方法，也贯穿了神道的始终。大家应该听说过吧。

土、金的传授，正是这"入流之传"……在《神代卷》中曾经记载，土被一分为五。伊奘诺尊将轲遇突智斩为五块，也正意味着土被一分为五。

火中生土，火即是"心"，心中有神。我在平常授课时并不讲此事，但为了你们能够在内心中贯彻这一原则，我才将其讲给你们……

土松散、零碎之处，无法生出任何事物。只有牢固的土上才能生出万物……没有土就无法生出物，但即使有土，却没有一定的"约束"，就无法生出金气。这个"约束"——即"敬"存在于人的心中。就像松散凌乱的土无法生出万物一样，放浪形骸的人体内也无法萌生金气。金气就是参于神前时的心境，而不是别的东西。金气正是那种严厉的、冷酷的、令人生畏的东西。它不允许任何的妥协、投降和折衷……

如前所述，没有土就没有金，这就是土生金的道理。但是要注意，这与中国的"火生土、土生金"不同，不是儒书中所讲的这这那那。日本的神代之道是这样的，它现在也在我们的眼前：天照大神虽是女体，但面对素盏鸣尊时也拿起了剑。又如伊奘诺尊和伊奘冉尊，也是用剑和锹进行统治的。从很久以前开始，日本就是金气统治的国家。这也正是为何我平日里宣扬日本乃金气之国的原因。说到底，没有"敬"就无法萌生金气，而"敬"在心中。

[TR]

（陈宇译）

---

① 素盏鸣尊是风暴之神，大己贵是他的孙子。

熊泽蕃山

熊泽蕃山（1619—1691）

  熊泽蕃山作为日本阳明学的主要拥护者，从形而上学转向了更注重实践、社会政治和经济应用意义的直观的思想系统。与其师中江藤树的学术创见多带有很强的精神性不同，他的主要著作《大学或问》《集义和书》表达了这样的主张——真正的哲学应该是有助于解决现实迫切问题的学问。他以其哲学使命，积极投身于实际政治事业。即便当权者明显不感兴趣，他依然直言不讳。1657年，他辞去了顾问幕僚的臣职，显然是害怕连累主君池田光政，以免其陷入危险的境地。此后，他迫于压力，颠沛流离。不过，政府为避免他的思想引发动乱，仍对其进行严密监视。最后，他被幽禁，直至去世。

  除政治经济著作以及对佛教、基督教的严厉批判外，蕃山还对诞生于11世纪的文学巨著《源氏物语》给予了很积极的评价，早期近世儒者则把此作品视为贵族堕落和不道德的典型，而进行批判。蕃山还对自然环境表示了关注。

[JAT]

大道论

熊泽蕃山 1672，341，399，401-2（398，399；402-4）

  问：何谓大道之实义？

云：五典、十义①是也。有"行一不义，杀一无罪，而得天下，不为也"之实义，是人固有憎不义、恶耻之明德故也。养此明德，日日明之，使不为人欲所害，谓心法。此又心法之实义也。

仁者其言也讱。言而不行，虚也，君子所耻也。仁，实理也，故仁者言行相顾而无虚。

理　气

言理则遗气，言气则遗理。理气之离，乃言有所遗，言道时则无所遗。理气者，一体之名也。于其大谓空虚，于其小谓隐微，于其妙用谓鬼神。天地位，日月明；四时行，万物生。皆依道而成也。其真乃寂然不动、无声无臭也。……

（道为）天下之大本，自然而无穷。然有阴阳之度、日月之寒暑、昼夜之变常者，无极而太极之理也。……

（道）体物而不可遗。道之不动，非如形之不动，而至神至动，无欲而不显之谓也。

[MR]

佛老之见

熊泽蕃山 1672，260，368-9（400）；1686A，76（130）

心友问：异端云空，云虚，圣学唯实乎？

答：空则实也。有形色者，无常。无常者，非真之实。无形色者，常也。常者云实。异学未穷得无，圣学乃穷尽无者也。上天之载，无声无臭，至也。

心友问：贵老垂训曰，老佛未穷得虚无。然彼以虚无为道甚详，而圣学不以虚无为学。何以有此训耶？

---

① 据《左传》解释，"五典"就是"父义、母慈、兄友、弟恭、子孝"。据《礼记·礼运》，"十义"即"父慈、子孝、兄良、弟悌、夫义、妇听、长惠、幼顺、君仁、臣忠"。——译者注

云：我心则太虚也，我心则无声臭形色。万物生于无，圣学无心而虚无存，虚无之至也。老佛于虚无有心，故非真之虚无。用心而云虚无，故其学详，然是有为所也。

阳明子曰："仙家说到虚，圣人岂能虚上加得一毫实？佛氏说到无，圣人岂能无上加得一毫有？"又如告子之不动心，心自不动上用功夫也。心之本体，本不动也。所为于义不合，是动也。

[MR]

佛教和道教思想

熊泽蕃山 1672，260，368-9（400）；1686a，76（130）

理与气

当人们讨论理时，常会忽略气。当他们讨论气时，常会忽略理。虽然理和气从未分离，但对它们的讨论往往忽略其中一项。只有当我们讨论道时，两者才都不会被忽略。道是指理和气的一体之名。当我们讨论其伟大之处时，我们会提及空虚和虚无。当我们讨论其微小之处时，我们会提及它如何隐藏和微妙。当我们讨论其神秘运作时，我们会提及鬼神。天地的层级，太阳和月亮的光辉，四季的变化，万物的诞生都源自于道。然而它的实相是静谧不动，没有声音也没有气味……

因此，道是天下一切的伟大源泉。虽然道可以被描述为自然而无穷尽。阴阳交替的永恒性质，太阳和月亮的温暖与寒冷，白天和黑夜的转换，都彰显了道作为无尽非存的最终原则，同时也是"至高无上"的……

道体现万物而不遗漏任何事物。然而，道的不动性质并不可与有形而不动的事物相比。道是完美的灵性和完美的运动，同时也是未显现和没有私欲的。

[MR]

一位同事问道："'空'和'无'是异端吗，而圣贤的学习只关心现实吗？"

蕃山回答道："空确实是真实的。有形有色的事物不是永恒的，而不永恒的事物不是真正的真实。无形无色的事物是永恒的，而永恒的事物被认为是真实的。异端的学习无法彻底理解'无'，但圣贤的学习可以。天没有声音也没有气味，但它是至高无上的……"

一位同事问道："你说道教和佛教并未完全领悟虚无和无为，然而他们详细讨论虚无和无为作为他们的道路。圣人的学问并不把虚无和无为作为研究的对象。为什么会这样呢？"

蕃山回答道："我们的心灵确实是大虚空。我们的心灵确实没有声音、气味、形态和颜色。万物皆从虚无中生出。在圣贤之学中，当我们没有心灵时，虚无和无为存在。那正是虚无和无为的最高境界。但是道教和佛教对虚无和无为心存所图。正因为如此，他们的并非真正的虚无或无为。他们用心灵来思考虚无和无为。因此，他们的学问详细讨论这些。然而，他们心中有动机。

"王阳明先生曾观察到：'即使是圣人也无法增加一丝现实到道家追求长生者口中所说的虚无。然而，追求长生者讨论虚无是为了修炼长寿。圣人也无法为佛教徒讨论的无为增加一丝真正的存在。然而，佛教徒讨论无为是为了逃离生死之间固有的苦海。'告子的'不动心'讨论是类似的。对他来说，努力在于心灵不动。心灵的本质自始至终是不动的。当一个人做与正义相违背的事情时，才会发生运动变化。"

当今佛教徒对国家的危害极大。米商的态度和行为就像在水稻抽穗开花时期渴望台风一样。夏天，他们高兴地期待着干旱的到来。他们的目的就是给百姓带来痛苦和折磨，使他们处于饥饿之中，从而自己获利。这样的人是净土宗和日莲宗的信徒，当他们去寺庙时，寺庙告诉他们，不管他们心怀多么邪恶的欲望，通过念诵所谓的圣名阿弥陀佛，他们仍然可以成佛。当他们去日莲宗寺庙时，寺庙告诉他们，即使是诽谤《法华经》的人也能成佛。原因是，即使是诽谤也意味着听过《法华经》的名字。更有甚者，他们被告知，哪怕只有一句，即当他们念诵"妙法莲华经"的经题时，即使是杀害君主或父母的恶人，也必定能够成佛。世上再也没有比他们更大的魔鬼了。称他们为淤泥和糠秕都是恭维。

禅宗比这更糟糕。可以理解的是，以前的禅宗，如果一个人没有觉悟的初步基础，僧人是不会理会你的。但现在的禅宗，即使是那些不迷惑的人也被迷惑了。他们说，只要一个人已经开悟了，不管他做什么都无所谓。当那些拥有大地产的显赫人物的心灵因此变得混乱时，他们被放荡所淹没，奢侈无度，使农民贫困，给武士带来痛苦，忘记了文武职务，没有任何适合统治者的态度和行为。这是国家毁灭的征兆。

[IJM]

政　　德

熊泽蕃山 1672，213-4，238-9，262（403-4，408）；
1686B，238-9（379-83）

知者理也。今所谓穷理，于书上，即文讲明，或议论于空谈。此非即物穷理。……天下之理，其重者齐家治国平天下也。其中每事，有天所与之才知。君亦察其质之所得，授命其职；臣亦自尽力于天者也。……天下之事多，而理无穷。……一人不可穷而知之。合力筹谋，用天下之知，可尽天下之事。……

人亦随天理之自然，或劳或休。其间不入私心，无为也。为君者随时、所、位，行无事，则天下国家清净，谓无为而治。

……

夫先王继天立极，当以诚为本，以勤为本？当顺自然，或先制作？唯当以诚为本。以诚为本，则自然应；随时而勤，制作可行。抑过者，立诚也，自然应无作为也。此法之首也。

[RM]

或问：当成富有大业之事，如何？

云：欲行仁政于天下，不富有不可成。近世无告者多。所谓无告，乃无求托之方，无依靠之所，无法于父母妻子共度一生者也。仁君之政，先救此无告者。今无告之至极，牢人也。饿死于频发之饥馑中者，不计其数。……武士百姓既然，工商亦困穷。是天下之困穷也。……然以政救，又当容易。……

问：所谓政，何耶？

云：富有也。世间之富有，利己则损人，己喜则人怨。国君富有，则国中恨；大君富有，则天下怨。是小富有也。大道之富有，国君富有，而一国悦；大君富有，而天下喜。是大富有也。天长地久，子孙受福禄，令名传后世，身安心乐。武家之代，今已五百余岁。虽当其器之大树不乏，然无闻此言，甚可惜也。有大匠，眼力虽强，工艺虽善，若无规矩，亦不能作家屋。虽有名君出，若不得先王之法，亦不能平治天下，使之永久。

问：先王之法，存于经传。至其器，君何以用之乎？

云：先王之法中，有时、所、位之至善，笔纸难显。生而备于国君大君，生知之圣不知也。此至善独难得。生于下，通事变人情、有学力、有其志、有本才者，可知是。知是者，可为王者之师。

[GMF]

源氏物语

熊泽蕃山 N.D.，420-1（128-9）

夫日本王道之长久，以不失礼乐文章、不堕俗也。过刚强者不长，而宽柔者久。如齿刚而早落，舌柔而终保，是所有之物理也。武家以强梁之威，一旦获执天下之权，如齿落而不能长久。王者居柔顺，不失其位。然柔而无德，则人之敬薄。……可继绝、观古之礼乐文章者，唯残此物语耳。故于此物语，首当尽心者，上代之美风也。礼正而和，乐谐而优，男女皆温雅。常玩雅乐，心无卑也。

次书中所述人情之事之详也。不知人情而失五伦之和者多。戾此，则国不治，家不齐。此故，《毛诗》亦残淫风，善恶皆达人情之为也。国民皆欲为君子，政刑亦无用。欲教凡人之政道，不知人情时变，则难成功。此物语详汇各样之事，使人尽人情，乃至知时势之移变也。自歌之首至词之末，描绘各样之人事，清楚明白也。是又此物语得人情之所，尤妙也。

[IJM]

（王起译）

山鹿素行

山鹿素行（1622—1685）

山鹿素行生于会津若松，是一名浪人之子。在形成于将军都城江户的新知识氛围中，他是最早走向成熟的理学家。素行5岁时，其父山鹿贞以迁至江户，成为一名儒医。6岁时，素行开始学习汉学。之后，他师从林罗山接受理学的教导，同时还跟随江户时代的一些大家修习兵学、和学和神道思想。他在20—30岁期间，结合兵学、神道和理学思想，著述巨著，表现为一名兵学者。1642年，他出版《兵法神武雄备集》五十卷，名扬于世。

素行在1652年，30岁时，成为赤穗藩大名浅野长直（1610—1672）的家臣。素行为帮助长直设计赤穗城，在当地短暂待过一段时间。不过，在8年的奉仕生涯中，他大部分时间都居住在江户，为主君讲解有关赤穗奉仕将军的职责的内容。这一时期，他写了一系列旨在解决武士所关心的问题的著作，包括《武教小学》《武教要录》和《武教本论》。

1660年，素行辞去奉仕赤穗的职务，原因不明。不过，众所周知，他一直梦想着从仕德川幕府，为其提供直接服务。因此，原因很可能是——他认为供职于小名是他升迁从仕德川幕府的阻碍。1662年，素行40岁时，他宣布对朱子学的不切实际感到失望，并郑重声明——尽管朱熹已经做过——要回到儒家经典文本中去。这一举动经常被作为素行不再是理学家的证据，不过我们也应该注意到，朱熹对《论语》《孟子》的诠释，是以其本人回归古代儒学的声明为中心的。从这个意义上来说，素行的哲学思维，也仍然深深存续于理学的脉络中。

《圣教要录》（1665）无疑是素行最著名的作品。他甚至因为出版该书遭到贬谪，在赤穗待了差不多有十年之久。当时，幕府高级顾问保科正之（1611—1672），明显参与了对此"骇人听闻之书"及素行涉嫌无端诋毁朱子学的指控。众所周知，山崎暗斋是朱子学的最忠实信徒。正之作为其弟子，自然把素行视为理学中的败类。确实，素行著作背离了朱熹的观点，不过，祸端肯定是那篇夸夸其谈的序言。素行认为宋明思想家（包括朱熹）对世界进行了罪恶般的误导，而这正是正之的逆鳞。更重要的是，儒者们把素行选择哲学辞典式的著述体裁，看成是他纠正政治秩序的一种策略。因此，素行或许给人传达了这样的印象：他承担起了纠正哲学术语的责任，以为政治领域的重组作好准备。这种傲慢是让人无法容忍的。

素行谪居赤穗期间，撰写了一部重要著作，即《中朝事实》。他主张，中国并不是"中朝"，日本才是，因为日本是万世一系的。1675 年，素行被赦免，重返江户。晚年，他致力于探索形而上学的变化本质，《原源发机谚解》是他最后一部哲学著作。直至 1685 年去世，他一直都在修改该书。

[JAT]

圣人本质
山鹿素行 1665A，8-19，21-7

圣人杳远，微言渐隐……先生勃兴二千载之后……门人等辑其说为篇。谒先生请曰："此书可以秘，可以崇，不可广示于人。且排斥汉唐宋明之诸儒，是违天下之学者，见者献嘲乎？"

先生曰："噫！小子不足谋。夫道者天下之道也，不可怀而藏之。可令充于天下，行于万世。一夫亦因此书起其志，则赞化育也。君子有杀身以成仁，何秘吾言乎？且说道而谬人者，天下之大罪也。汉唐之训诂，宋明之理学，各利口饶舌，而欲辨惑惑愈深，令圣人坐于涂炭，最可畏也。

"圣经粲然于世，不劳多言。吾又乏博识薄文辞……不然，乃学者之污染竟不可新也……吾言一出，天下之人可以告，可以毁，可以辨。得其告其毁其辨，而改其过，道之大幸也……学志圣教而不志异端，行专日用不事洒落，知之至也。欲无不通，行之笃也。欲无不力，然犹敏于口而讷于行，是吾忧也。圣人之道者，非一人之所私也。如可施于一人，而不可扩天下，则非道。必示之于天下，待后之君子，惟吾志也。"

门人等谨奉其旨，锓梓以行世。

圣　　贤

圣人者知至而心正，天地之间无不通也。其行也，笃而有条理。其应接也，从容而中礼。其治国平天下也，事物各得其处矣。别无可谓圣人之形，无可见圣人之道，无可知圣人之用。唯日用之间，知至而礼备，无过不及之差。上古君长，皆教之道之。后世不然，别立师，既衰世之政也。

致知在格物……能至其物无不尽，则其知至而无不通。无不尽无不通者，圣人也。……

学唯学于古训，致其知，而施日用也。知之至，遂变气质。学在立志，志不立则不为人也……

学必在问，问必在审。不问则不新。学必在习，学而时习也。学必在思，不思其知不至。学必有弊，心学理学，甘心嗜性，其弊过；读书泥事，其弊不及。共学之弊也。

学必有标准。其所志不正，乃读书至日昏，觅道理日惑。其行过于俭，其称君子，亦事物不通……

人非生而知之者，随师禀业，学必在师于圣人。世世无圣教之师，唯文字记问之助耳。

然道在天地之间，而人物有自然之仪则。其言行贤于己者，可以师。何有常师乎？天地是师也，事物是师也。

立师以严。重师事之，所以修身也。师道不重，则所学不固。师有轻重。一技之术亦师也。如圣教，其深重同君父，古人以君父同相称之。

师示其端倪，朋友辅其私，师友之益也。

读　　书

　　书者，载古今之事迹器也。读书者余力之所为也。措急务读书立课，以学为在读书也。学与日用扞格，是唯读书不致其道也。

　　读书以学之志，则大益也。以读书为学，则玩物丧志也。

　　读书在圣人之书。圣教甚平易也，每读而味之，玩而绎之，推而行之，足以证之。他皆涉利口便知事。其一言半句一事一行，有可执用焉；推其始终乃不全。唯广才博识之一助也，又不可释之。

　　读书之法，专记诵博识，乃小人之学也。忌多走作，详味训诂，本圣人之言可直解。后儒之意见无所取材。

诗　　文

　　诗者志之所之，内有志则言必动。古诗自然之韵叶也，其志或存讽谏，或评事义，或述好风景，或自警，或称时政君臣德。如此，则六义自然相具。后之学作诗，巧言奇趣，其所言皆虚诞也。故诗人者天下之闲人，佚乐游宴之媒也。

　　作诗必事经书文字，言道德仁义，欲涉世教，亦诗之一病也。……文者言辞之著于书也。圣贤之言，不得已而发，自然之文章也。后之作文，皆巧言令色也。无事之处，求奇趣向造作来……（韩柳欧苏）文章之达人，而其学皆乖戾。文过质史也。

道

　　道者日用所共由当行，有条理之名也。天能运，地能载，人物能云为，各有其道不可违。

　　道有所行也，日用不可以由行则不道。圣人之道者人道也，通古今亘上下，可以由行也。若涉作为造作，我可行彼不可行，古可行今不可行，则非人之道，非率性之道。

道名从路上起也。人之行必有路。大路者，都城王畿之路，而车马可通，人物器用可交行。天下之人民，各欲出其路。小径者，吾人所利之路，而甚狭陋也，其险阻隘曲少可玩也。圣人之道大路也，异端之道小径也。小径少可玩，而终不可安。大路无可玩无可见，而万小径在目下，终不可离。

理、德、仁

有条理之谓理。事物之间，必有条理，条理紊则先后本末不正。性及天皆训理，尤差谬也。凡天地人物之间，有自然之条理是礼也。

德者得也，知至而有所得于内也。得之于心，行之于身，谓德行。其德公共，而通天地不惑万物者，天德明德也。浅露薄轻而不蹈实地，则不可谓德。

仁者，人之所以为人，克己复礼也。天地以元而行，天下以仁而立。……圣人之教，以仁为极处。

汉唐儒生以仁作爱字，其说不及。至宋以仁为性，太高尚也。共不知圣人之仁。汉唐之蔽少，宋明之弊甚。仁之解，圣人详之。

仁对义而谓，则为爱恶之爱。仁因义而行，义因仁而立，仁义不可支离。人之情爱恶耳，是自然之情也。仁义者爱恶之中节也。……人皆有此情，能修道，乃得中节。

鬼　神

鬼神者幽远而能通也。天地人物之生生，其流通贯彻，阴阳之灵，鬼神之迹也。鬼属阴，神属阳。

……

鬼神者幽远之间无不通，故不可见闻其言语形状。然同气相凭依，亦不可疑。

魂者属阳，其灵神也。魄者属阴，其灵鬼也。人物合阴阳为形，阴阳之灵精曰魂魄。

人物既形，鬼神之见于物也。精气为物也。人物不形，亦鬼神流行，而为造化之变，游魂为变也。

阴　阳

盈天地之间，所以为造化之功者，阴阳也，天地人物之全体也。消长往来屈伸，生生无息。

轻而升者阳也，重而降者阴也。阳者气也，阴者形也，形气更不可离。阴阳互根，不可偏废，不可偏用，互为主而无定位。

阴阳之形象，其著明水火也。水火相对相因而其用亨，水火之用大哉！

五行者阴阳之既形也，五者所以行天地之间也。阴阳者气而五行者形也，更不待作为。水火者五行之主也。水火有象而无形，相对待流行而万变尽。

五行有生数行数，又有相克。天地人物之间，相克对待而相生，生与克循环无穷。

天　地

天地者阴阳之大形也。天地之成不待造作安排，唯不得已之自然也。故长久也，无始终也。其极不可以数论焉，不可以事计之。阴阳流行终为天地，为日月，为人物。

气升而无止天也，降而凝聚地也。升降之诚，阴阳之著明也。

天地生生无息，唯自疆不已也。……终而复始，无始终也。其德至大至公至正，而天地之情可见也。

阴阳之形气，其至天地也，其精为日月。日月县象著明，而天地万物各得其处。天文地理之变无不通，而后与天地为参。

性

理气妙合而有生生无息底，能感通知识者，性也。人物生生无不有天命。……

理气相合，则交感而有妙用之性。凡天下之间，有象乃有此性也。此象之生不得已也。有象乃有不得已之性，有性乃有不得已之情意，有情意乃有不得已之道，有此道乃有不得已之教。

……

人物之性一原，而理气交感自有过不及，其妙用感通亦异也。人同禀天地，而四夷皆异，况鸟兽万物之区乎？

性不可以善恶言。……后世不知其实，切认性之本善立工夫，尤学者之惑也。学者嗜性善，竟有心学理学之说。人人所赋之性初相近，因气质之习相远。

修此道以率天地之性，是圣人也，君子也。习己之气质从情，乃小人也，夷狄也。性唯在习教。不因圣教，切觅本善之性者，异端也。

圣人不分天命、气质之性。若相分，则天人理气竟间隔。此性也，生理气交感之间，天地人物皆然也。措气质论性者，学者之差谬也，细乃细，而无益圣学。

生之曰性。曰性恶，曰善恶混，曰无善无恶，曰作用是性，曰性即理也，皆不知性也。性不可涉多言。

心、意、情

性充形体之间，无方形之可指。其所舍寓之地谓心胸。一身之中央，五脏之第一，神明之舍，性情之所具，一身之主宰也。

心者属火。生生无息少不住，流行运动之谓也。古人指性情曰心。凡谓心，乃性情相举也。

以知觉为心，以理为性，是切欲分性心，以性为本然之善认来也。人心道心正心，皆知觉及理共具也。

意者性之发动未及有迹之名也。既有迹乃曰情。发动之机微，是意也，心之所乡也。性心者体，而意情者用也。

有恻隐羞恶辞让是非，是情也。情之发而及物，其目不出二五之间。圣人以仁义礼智，令其情中其节也。

志者心之所之，意情有所定向之谓也。志必因气，思虑者意情之审于内也。思虑不致乃乖戾。……性心意情志气思虑之字说，圣人不详分之，后学利口之辩也。圣人之道，其多端乎？

人物之生

理气交感而万物生焉。其间根阳为男，根阴为女。天地及万物之生无先后。强谓之，有天地而后有人物也。

妙合之间未尝无过不及，故有万物之品。禀二五之中，是人也。人亦有过不及之差，而有贤愚也。君子小人之成，皆因习教。

人者禀正气，物者禀偏气。正气者理之正也，偏气者气之厚也。

太极、道原

太极者象数已具，而未发无朕之称也。理气妙合，而其间广大变通，县象著明，悉具而无缺处，甚相至极，曰太极也。太极之相已发，而天地便广大，四时便变通，日月便县象著明。云行雨施，万物品节。

理气妙合，则幽微渺茫之间必太极。天地人物各一太极也。

圣人于事物，唯太极耳。依天地物则含蓄众理，故未发之间象数既具。……夫子论《易》以太极。

天地之道，圣人之教，不涉多言，无奇说造为，以自然之则而已，可一言而尽之。百姓日用而不知，古今相由而无穷。弄精神认性心，乃道遥远。

[JAT]

（王起译）

伊藤仁斋

伊藤仁斋（1627—1705）

16世纪末，伊藤仁斋家族迁到了历史悠久的皇都京都。当时，德川家康（1543—1616）行将统一日本，开启幕府武士统治的德川时代（1600—1868）。家康在江户（后来的东京）建立了武士政权，将其作为"幕府"的首都。不到一个世纪，江户就成了日本的文化中心，而京都，在知识、艺术以及文化领域都迅速黯然失色。不过，在仁斋生活的时代，虽然京都已经不再是政治权力的中枢，但它依然保留着文化中心的地位。仁斋家族虽不是"老京都"中的一员，但它在皇宫附近确立起了自己的地位，这使得它与重要贵族成员保持稳固的联系成为可能。伊藤家的具体职业是什么并不是很清楚，但经常会出现关于他们参与木材工业的记载。这是因为，他们居住在京都的木材商人聚居区。不管怎样，仁斋出生的时候，其家族显然处于相当富裕的境地。这使得他可以追求儒家哲学的学问——尽管其家人希望他成为医生。当时，修习儒家哲学的人不是佛教徒便是武士，而仁斋的出身本质上是町人。这使得他与众不同。

和当时很多受教育的日本人一样，仁斋追求学问的起点也是理学文本，尤其是那些以宋代哲学家朱熹（1130—1200）思想为本旨的入门书籍。后来，仁斋钻研道教和佛教，发现它们缺乏实践性，因而感到失望。最终，他形成了自己的儒学思想，强调《论语》《孟子》在朱熹著作之上，具有至高无上的地位。这一哲学思想体系，更多的是仁斋对儒学和理学思想进行改造的产物。他声称回归孔子和孟子思想，但并没有多言其他。不过，我们从中可以很好地描述出他在概念上对理学体系的有序修正。他的思想，是诞生于德川时代的最系统的、最独创的哲学思想之一。在他的哲学代表作中，《语孟字义》尝试将哲学术语的含义系统化，我们可以把这看成是建立在正确语言基础上的、对儒家政治哲学的一种表述。毕竟，孔子已断言，如果他被授予国家行政大权，其首要任务就是"正名"，并认为，如果语言没有被正确定义或使用，就会导致社会和政治的混乱。正如以下诸多文献所示，仁斋的哲学本体论，是建立在对生成力（气）一元的形而上学的信奉之上的。

[JAT]

天　道
伊藤仁斋 1705

道犹路也，人之所以往来通行也。……盖天地之间，一元气而已。或为阴，或为阳。二者只管盈虚消长往来感应于两间，未尝止息。此即是天道之全体，自然之气机。万化从此而出，品汇由此而生。

……

其实一也。流行者，一阴一阳往来不已之谓。对待者，自天地日月山川水火，以至昼夜之明暗、寒暑之往来，皆无不有对，是为对待。然对待者，自在流行之中，非流行之外，又有对待也。

……

何以谓天地之间一元气而已耶？此不可以空言晓。

请以譬喻而明之。今若以版六片相合作匣，密以盖加其上，则自有气盈于其内。有气盈于其内，则自生白醭。既生白醭，则又自生蚘蟫。此自然之理也。盖天地者一大匣也，阴阳匣中之气也，万物白醭蚘蟫也。是气也，无所从生，亦无所从而来。……非有理而生斯气。所谓理，反是气中之条理而已。夫万物本乎五行，五行本乎阴阳。而再求夫所以为阴阳之本焉，则不能不归之于理。此常识之所以必至于此，不能不生意见……

《易》曰："天地之大德曰生。"言生生不已，即天地之道也。故天地之道有生而无死，有聚而无散。死即生之终，散即聚之尽。天地之道，一于生故也。

父祖身虽没，然其精神则传之于子孙，子孙又传之其子孙，生生不断，至于无穷，则谓之不死而可。万物皆然，岂非天地之道，有生而无死耶？故谓生者必死，聚者必散，则可；谓有生必有死，有聚必有散，则不可。生死对故也。

或以为："自天地既辟之后观之，固一元气而已。若自天地未辟之前观之，只是理而已。……"

曰："此唯想象之见耳矣。夫天地之前、天地之始，谁见而谁传之邪？若世有人生于天地未辟之前，得寿数百亿万岁，目击亲视，传之后人，互相传颂以到于今，则诚真矣。然而世无生于天地未辟之前之人，又无得寿数百亿万岁之人，则大凡诸言天地开辟之说者，皆不经之甚也。夫四方上下曰宇，古往今来曰宙。知六合之无穷，则知古今之无穷。今日之天地，即万古之天地，万古之天地，即今日之天地，何有始终？何有开辟？此论可以破千古之惑，但可与达者道，不可与痴人道。"

或谓："既不可谓天地有始终开辟，则固不可谓无始终开辟。"

曰："既不可谓天地有始终开辟，则固不可谓无始终开辟。然于其穷际，则虽圣人不能知之。况学者乎？故存而不议之为妙矣。"

夫善者天之道，故《易》曰："元者，善之长也。"盖天地之间，四方上下，浑浑沦沦，充塞通彻，无内外，莫非斯善。故善则顺，恶则逆。苟以不善在于天地之间者，犹以山草植之于水泽之中，以水族留之于山岗之上，则不能一日得遂其性也必矣。

夫人不能一日有以不善立于天地之间，亦犹如是。故善之至，无往而不善；恶之极，亦无往而不恶。善之又善，天下之善聚之，其福不可量焉；恶之又恶，天下之恶归之，其祸不可测焉。天道之可畏可慎如此。

命

凡圣人所谓命云者，皆就吉凶祸福死生存亡相形上立言。盖或吉或凶，或祸或福，或死或生，或存或凶，其所遇之幸不幸，皆自然而至，无可奈之何。故谓之命。既谓之命，则有不可不顺受之意，又有既定而不可逃之意。

……

何谓知命？安而已矣。何谓安？不疑而已矣。本非有声色臭味之可言。盖无一毫之不实，无一毫之不尽，处之泰然，履之坦然，不二不惑，当谓之安，当谓之知。孔子曰"丘之祷也久矣"，亦此意，不可以见闻之知而言。

夫所贵乎学者，以其致知崇德而能变气质也。倘果如其说，则智愚贤不肖、贫富夭寿，皆一定于受生之初，而学问修为皆无益于己，圣人之教亦徒为虚设。弗思之甚也。

道

道者人伦日用当行之路，非待教而后有，亦非矫揉而能然，皆自然而然。至于四方八隅，遐陬之陋，蛮貊之蠢，莫不自有君臣、父子、夫妇、昆弟、朋友之伦，亦无不有亲、义、别、叙、信之道。万世之上若此，万世之下亦若此。故曰"道也者，不可须臾离也"，是也。

若佛老之教则不然，崇之则存，废之则灭。

……

佛氏以空为道，老子以虚为道。佛氏以为，山川大地皆是幻妄。老子以为，万物皆生于无。然而天地万古常覆载，日月万古常照临，四时万古常推迁，山川万古常峙流，羽者、毛者、鳞者、裸者、植者、蔓者，万古常若此。以形化者，万古常以形化。……何所见夫所谓空虚者邪？彼盖出于用智废学，屏居山林，默坐澄心，所得一种见解。而非天地之内，天地之外，实有斯理。

凡父子相亲、夫妇相爱、侪辈相随，非惟人有之，物亦有之。非惟有情之物有之，虽竹木无智之物，亦有雌雄牝牡子母之别。况于四端之心、良知良能固有于己者乎？非惟君子能存之，虽行道之乞人，亦皆有之。……

故若圣人之道，则非徒征诸庶民，考诸三王，建诸天地，质诸鬼神，无所悖戾。凡至于草木虫鱼沙砾糟粕，皆无所不合。若佛老之说，求之天地日月山川草木民物诸汇，皆无所验。可知天地之间，毕竟是无此理。

理

或谓："圣人何故以道字属之天与人，而以理字属之事物乎？"

曰：道字本活字，所以形容其生生化化之妙也。若理字，本死字……而不足以形容天地生生化化之妙。……老氏以虚无为道，视天地若死物然。故圣人曰天道，老子曰天理。言各有攸当。此吾道之所以与老佛自异，不可混而一之也。

盖道以所行言，活字也。理以所存言，死字也。圣人见道也实，故其说理也活。老氏见道也虚，故其说理也死。圣人每曰天道，曰天命，而未尝曰天理。曰人道，曰人性，而未尝曰人理。唯庄子屡言理字。吾故曰："后世儒者以理为主者，为其本从老氏来也。"

仁义礼智

仁义礼智四者，皆道德之名，而非性之名。道德者，以遍达于天下言，非一人之所有也。性者，以专有于己而言，非天下之所该也。此性与道德之辨也。

……

孔门学者，以仁为其宗旨，若家常吃饭然。出入起居，莫不从事于此。而观夫子答门人问仁，多举道德之旨，而与爱字不相干涉，何也？盖仁者之心，以爱为体，故其心宽而不偏，乐而不忧，众德自备。故夫子每必举仁者之心答之。

……

佛老之所以与吾儒异者，专在于义；而后儒之所以与圣人相差者，专在于仁。其故何哉？佛氏以慈悲为心，平等为道，故以义为小道，而慢弃之。殊不知义者天下之道路，苟舍义，则犹弃正路而由荆棘，其不可行也必矣。

若后儒者，其德量浅狭，差别甚过，而无包容含弘之气象。故视仁泛然若无紧要者，而不知其自陷于刻薄之流。是所以与圣人相差也。

心

心者，人之所思虑运用。本非贵，亦非贱。凡有情之类皆有之。

……

凡佛氏及诸子盛言心者，本不知德之为可贵，而妄意杜撰耳。与孔孟之旨，实霄壤矣。

夫人之有是心也，犹有源之水，有根之草木。生禀具足，随触而动，愈出愈不竭，愈用愈不尽。是则心之本体，岂有实于此之者乎？

今乃以心为虚者，皆佛老之绪余……以清净为本，无欲为道。暨乎功夫既熟，则其心若明镜之空，若止水之湛，一疵不存。心地洁净于此，恩义先绝而彝伦尽灭。视君臣、父子、夫妇、兄弟、朋友之交，犹辫毛缀旒然，与圣人之道相反，犹水火之不可相入。

夫草木生物也，流水活物也。虽寸苗之微，然养之而不害，则可以参云。虽源泉之小，然进而不已，则可以放乎四海。人心亦然，养而不害，则可以与天地并立而参矣。

性

性生也，人其所生而无加损也。……犹言梅子性酸，柿子性甜，某药性温，某药性寒也。而孟子又谓之善者，盖以人之生质，虽有万不同，然其善善恶恶则无古今，无圣愚，一也。非离于气质而言之也。

……

夫天下之性，参差不齐，刚柔相错，所谓"性相近"是也。而孟子以为，人之气禀虽刚柔不同，然其趋于善则一也。犹水虽有清浊甘苦之殊，然其就下则一也。盖就相近之中，举其善而示之也，非离气质而言。

……

盖老子之意以谓万物皆生于无。故人之性也，其初真而静。形既生矣，而欲动情胜，众恶交攻。故其道专主灭欲以复性。儒者之学则不然。老庄之学与儒者之学，固有生死水火之别，其源实判于此。

情

情者性之欲也，以有所动而言。……而恻隐羞恶辞让是非之心，乃显然有形者，非心而何？若不谓之心而谓之情，则将指何者为心？乃悉废心字，而独用情字可也。

忠　信

夫做人之事，如做己之事；谋人之事，如谋己之事。无一毫不尽，方是忠。凡与人说，有便曰有，无便曰无……方是信……

又忠信二字，有朴实不事文饰之意。……

忠信，学之根本，成始成终，皆在于此。何者？学问以诚为本，不诚无物。苟无忠信，则礼文虽中，仪刑虽可观，皆伪貌饰情，适足以滋奸添邪。……

宋儒之意以为，主忠信甚易事，无难行者。故别选一般宗旨为之标榜，以指导人。殊不知道本无难知者，只是尽诚为难。苟知诚之难尽，则必不能不以忠信为主。

恕

夫人知己之所好恶甚明，而于人之好恶泛然不知察，故人与我每隔阻胡越，或甚过恶之，或应之无节。见亲戚知旧之艰苦……茫乎不知怜……

苟待人忖度其所好恶如何，其所处所为如何，以其心为己心，以其身为己身，委曲体察，思之量之，则知人之过每出于其所不得已，或生于其所不堪，而有不可深疾恶之者，油然蔼然，每事必务宽宥，不至以刻薄待之。趋人之急，拯人之艰，自不能已。其德之大，有不可限量者也。

……

（后世学者）不知以忠恕为务也。盖道本无分人己，故学亦无分人己。苟非忠以尽己，恕以忖人，则不能合人己而一之也。故欲行道成德，则莫切于忠恕，又莫大于忠恕。苟以忠恕为心，则万般功夫，总有与物共之之意……

诚

诚实也，无一毫虚假，无一毫伪饰……诚者道之全体。故圣人之学必以诚为宗，而其千言万语，莫非所以使人尽夫诚也。所谓仁义礼智，所谓孝弟忠信，皆以诚为之本。而不诚，则仁非仁，义非义，礼非礼，智非智……

圣人之道，诚而已矣。犹佛氏曰空，老氏曰虚。言圣人之道，莫非实理也。而实与虚，犹水火南北，一彼一此，悬隔离绝，互不相容。然今之学者，以虚灵、虚静、虚中等理为学之本源，而不知其本自老子来。或以虚命其名，或以虚扁其斋。何哉？根本既差，枝叶从谬，不可缕举。学者不可不句句著意，辨究推察，以归之于一是之地也。

学

学者效也，觉也，有所效法而觉悟也。按：古学字即今效字。

所谓觉者，犹学书既久而后自觉悟古人用笔之妙，非一义之所能尽也。……

学是笃。佛氏专贵性，而不知道德之为最尊矣。圣人专尊道德，存心养性皆以道德为之主。

夫有充满天地、贯彻古今、自不磨灭之至理。此为仁义礼智之德。……反之则为残忍刻薄之人。辨别取舍截然不紊之谓义，反之则为贪冒无耻之人……是非分明善恶无惑之谓智，反之则为冥然无觉之人。

……

故天下莫贵乎学问之功，又莫大于学问之益。而非但可以尽我性，又可以尽人之性，可以尽物之性，可以赞天地之化育，可以与天地并立而参矣。若欲废学问而专循我性焉，则不仅不能尽人物之性，而赞天地之化育必（不能）也，虽我性亦不能尽矣。

君子小人

君子小人之称，虽有以位言与以德言之别，然本主位而言。盖天子诸侯谓之君，卿大夫谓之子，而郊野细民谓之小人。……其为人之上者，其人宜气象老成，智识远大，足以为天下之仪表。故有其德者，虽无其位，亦谓之君子，尊其德也。其人猥琐卑微，伪诈褊憸，有细民之气象者，虽在位，又谓之小人，鄙其人也。……

鬼　神

鬼神者，凡天地山川宗庙五祀之神，及一切有神灵能为人祸福者，皆谓之鬼神也。……

盖三代圣王之治天下也，好民之所好，信民之所信，以天下之心为心。而未尝以聪明先于天下。故民于鬼神则崇之，于卜筮则信之，惟取其直道而行焉已。故其卒也，又不能无弊。及至于夫子，则专以教法为主，而明其道，晓其义，使民不惑于所从也。……

子曰："务民之义，敬鬼神而远之，可谓知矣。"又曰："子不语怪力乱神。"……此皆见圣人深恐人之不务力于人道，而惑于鬼神之不可知而言之也。……

从义则不必用卜筮，从卜筮则不得不舍义。义当去矣，而卜筮不利就，则将从义乎？从卜筮乎？……义当生则生，义当死则死，在己而已，何待卜筮而决之也？

杂　论

夫道德盛则议论卑，道德衰则议论高。议论愈高，则离乎道德愈益远矣。故议论之高，衰世之极也。而其最高者，至禅而极。故离乎人伦，远于日用，无益乎天下国家之治焉者，亦莫禅为甚。

儒者以为，当以议论胜之，过也。苟使吾道德盛焉，则彼自退听，将服从之不暇。若不是之务焉，而徒欲以口舌与彼角冲，犹赤手与人斗，相伤俱止。可谓陋矣。

[JAT]

（王起译）

贝原益轩

贝原益轩（1630—1714）

出生于九州岛的贝原益轩，是日本著名的理学家。他以其博物学研究，被誉为"日本的亚里士多德"。原来热心佛教的他，在哥哥存斋的引导下，14岁时转入儒学，年少便开始读朱熹。他的父亲是当地大名的御医。追随着父亲的脚步，他年少便习医，且一生对养生葆有兴趣。

益轩在28岁时搬到京都，一住就是7年。在此期间，他与当时名儒多有交往。在后来的旅行中，他也一直保持着这一习惯。回到九州后，他给黑田大名授课，并辅导其继承人。与此同时，他还编制了黑田家家谱，制作了筑前地区的地图，并撰写了具有开创性意义的日本本草学著作《大和本草》。

使儒学易于被大众理解和接受，是益轩的一大夙愿。为此，他撰写了旨在教育家人、妇女和孩童的通俗文章。《女大学》一直流行到了20世纪中叶。不过，该书的作者也可能并不是益轩。益轩除出版了日本首部关于朱熹《近思录》的评注外，还为一般日本大众编写了有关朱熹其他作品的简易本。他在致力于儒家思想通俗化的同时，还试图澄清一些关于本源（理）和生成力（气）之间关系的哲学层次的论争。他热爱朱熹，不过这并没有妨碍他对朱熹的二元论持审慎的态度。

特别是，益轩认为，儒学的生命力已经被迷失在抽象思维中的宋明思想家所消散。这一观点反映在他行将去世时所著的最重要的哲学著作《大疑录》中。他在阐述与朱熹的分歧时，希望复活他所体认的传统核心——生命主义与自然主义。他尤其关注充斥于现实的、必不可缺的生成力（气）。他希望通过这种方式，扭转道教和佛教所具有的相对较强的脱离现实世界的倾向，使修身不再近于清静无为。对他来说，参与到现实世界是最重要的。"实学"的本质就是要谋求社会的福祉。因此，他对诸如植物学、农业、数学和分类学等，都怀有兴趣。所有这些都表明，他在事物中对理的追求是为了贡献社会。与此同时，他的自然生命主义具有浓厚的宗教色彩。他把天地描述为"大父母"，即人所敬重的生命之源。人们有义务重新给大自然以深沉的孝顺，照顾它而不是放肆地对待它。他把孝的典型描述为"人性"。借此，人类与万物建立了一种身份认同。

下文关于《大疑录》的摘录内容表明，持续与变革的复杂过程是儒家传统的一部分。该书通过肯定和批判，演奏出了传统曲折顺应的乐曲。儒学并不是一代代学者简单的、不加鉴别的老生常谈。益轩对文本和传统的咀嚼，证明了儒学在东亚不同时期、不同地域、不同环境下的生命魅力。他在精心设计的论点中，主张一个人要获得知性的进步，就必须有疑问。他的目标并不是要颠覆同样高度评价了疑问相对于求学者的重要性的朱熹，而是要表明：要想在日本产生更广泛、更持久的影响，生命宇宙论对儒家传统是不可或缺的。他的这种态度，至今仍不断引起人们的共鸣。

[MET]

《大疑录》
贝原益轩 1714，154-68（95-133）

偏曲、察识、拣择

人非圣人，虽贤者多有偏曲。故其学识性行，亦必有通，有塞，有所长，有所短。其所通必开明，其所塞必固滞。故读书之法，虽贤者之言，复当要有拣择去取。苟偏信而不疑，恐不免有蔽固昏迷之失。然则学者之于先儒也，当信而信，当疑而疑，则可也。苟于其取舍也，平正而无偏僻，则可谓善学也。后世之学者，往往阿所好，偏陋主张之病多矣。

……

虽豪杰之士，其立说不免有偏异，学者之所宜精择而取舍也。盖有言圣人之所未言而当道者，是圣人所说之余意，而上下同流者也。其有与圣人所言条贯不同者，是可为异说。然则虽先贤之言，苟有与圣人之说不同者，不可不择而审之。

……

与人议论学术之是非，大率与谏人一般。卒尔诽议者，欲信己而屈人，是小人逞胜心。而自是夸人，轻薄之事，非君子忠厚之道。假令其所说粗有理，然有浄气，则闻者不从矣。善导者，以诚意为主，辞气从容不迫，和平婉曲，而语明意畅，故闻者信从，是忠告善道也。凡与人议异同者，不要厉气抗论，须气象从容，言语婉曲，使诚有余而言不足，则能动人。盖人不直，则道不见。虽然，不欲强诽谤其过矣。只须含蓄而有余味，只欲理之直而已，不可欲我说之胜人而争以口舌也。苟吾所言轻卒，而好胜欲上人，则不能使人信服，却为人所忿戾。孔子曰："不可与言而与之言，失言。"……

孟子有功乎圣学者，繇循夫子之道而不违也。宋儒之说，苟本乎孔孟之说，而源流相同，统纪不异，同条共贯者，是诚发明其道也，所当依据也。苟不本孔孟而无统纪，其源流不同而别立异论者，亦往往有之。虽贤者之言，不可曲从矣。

……

宋季学者，往往拘其所闻，私其所好，不本乎孔孟之正宗，别立门户，不免于一副当习熟缠绕，可谓所蔽固之深也。是以其说，与孔孟所立之教往往龃龉者多矣。

学者无主张于彼说而虚心思之，则知鄙言之不僭妄。然而如曲士束教之辈，其蔽塞深矣。苟不能洗去其旧见而来新意，则此弊不能改，而终身必昏迷于此。

下　　学

孔孟设教也，以孝弟中心为本，以学文力行为学，平易如大路然，虽愚者易知易行。渐而真积力久，而极其趣，则致广大而极精微。是下学而上达也。

宋儒之学，以太极无极为致知之先务，以静坐澄心为力行之先务，以支离破碎为文学之先务。是乃高远艰深，细末无用之事，以难知难行无用不急者为先。与圣门之所立教，以孝弟爱敬文行忠信为先务者异矣。故其所为教，高深艰险，所以为难学难行而不易入也。后世学焉者，厌苦之而难进者，由此也。

凡此等之疑议，可与聪敏通明博达平正之人语，不可与蔽固昏塞曲学偏僻之士论。所谓"不可与言而与之言者，失言"也。

凡博览古人之书，其妄信者为蔽也。因不明妄疑者，为僭率狂妄。只信可信，疑可疑，是通明之士之所为，乃为学良法。有识见者如此，曲学蔽昧者之所不能也。盖人非圣人，孰能无过？故虽先贤，其学术有与孔孟不同条共贯者，而其言往往有与圣言相戾者，不可不审择也。……

人　　性

盖"性相近"者，言性善之中，其禀受虽有高下厚薄贤愚不同，其所禀皆有恻隐羞恶辞让是非之心。是以人之生也，秉彝之性皆有之，故曰性善。是以天下古今之性不相远，故曰"性相近"。

盖天下古今之人，只有一性，不要分析于天地之性与气质之性。其天地之性亦岂非气质之禀乎？苟非气质，则何处禀受天性乎？气质之性亦岂非所受天地者耶？然则气质之性，亦是天地之性耳，不可分而为二。故孔孟未尝说二性，不分析天地与气质而自分明。……

盖论性之本源则同善也，是为一本；论其末流则为万殊。……其所受不同，不可混为一性。盖物之不齐者，物之情也，所以有万殊也。

夫性者受于有生之初者也，天之降命也，固是善。其初无有不善，是一本也。然既成之而有性，则其初受气时，自有清浊厚薄之不齐一，既禀受而在人身，则各一定而成性，故圣愚之初自不同。

与宋儒之异

说经，如训义之有小异者，无害于道，此犹可也。如宋儒说理气、说无极、说道器、说性道类，皆是义理之根源，须要与圣言无小异。苟于此处有所龃龉，则虽先正之成说，不可阿谀曲从。须以圣言比较之，而知其异同也。

盖不正则道不著也。

朱子曰："如云不主一门，不私一说，则博而杂矣。"笃信窃谓，朱子斯言，以吾愚观之，则不能无疑。何则？苟以圣人为依据，如七十子之辈则固当如此而可也。

程朱虽贤哲，其纯粹至善，无偏无党，恐与圣人不同。若众人主其一门，私其一说，则恐不能广览公听，而或有固陋寡闻，蔽塞于聪明之患。又恐偏僻之士，不免有阿谀曲从为党，以同伐异之私。是区区之疑惑，所以不可解也。后学固不蔑视于昔贤，轻议于先辈。是后学之所当戒也。但虽古人未尝无少过失，然则是是非非之际，不可有毫发假借阿谀之私也。

夫初立言者，虽贤哲或有未详尽。如程朱之言，间有与圣人异条贯者，是也。苟自后世而论前人，则虽中材亦可能焉，是所以后出者巧也。然则虽后人所议，又有不可尽废者。

后辈之于先贤，其高下浅深大小广狭，诚不可同日而语也。故吾辈之尊信先儒也，固当厚重。然先贤之与前圣，亦岂可无高下偏正之同异邪？然则虽先儒之成说，又须取与圣人之言不相乖戾者，而信其可信者，疑其可疑者。要在审择之而已矣。

古来时运之变替，日渐赴繁华而未已。此浇漓之世，所以斫丧其本实也。古今天下之时势世态，自不能不如此。是以经世之道、为学之术，须娓娓以去其繁衍，反其本实为要务。不要因循于世运变迁之时俗为可也。

孔子生衰周。时论以繁文为君子，以质实为野人。孔子欲从其先进者，盖厌其繁文而欲反其质实也。孔子时尚为近淳古，然其世运之变替既如此，况后世浇漓之时，益失质实，而日趣繁华乎？秦汉以来，时运渐变迁，世道益烦扰。方今世学者之居世，当以质实为本，亦且稍稍顺时宜。苟背戾于时宜者，非居世之道也。……

至后世则泛滥流荡而忘反，是以本实日斫丧。后儒之于此学也，不能奋发兴起而改旧习者，滔滔皆然焉，故不能融会贯通而自得之。虽有名士，只随时俗，而不能改旧习而就本实。然则后世为学之道，须要奋起而改旧习，省繁细而反本实，退凿碎而就浑融。盖不可无随时制宜之道也。是即圣人从先进之意，后学之所当仰向也。鄙意如此，君子以为奈何耶？……

圣人之道，诚大中至正，其执德也为弘，其为行为有全功。其下焉者，虽贤者，恐不能全备。宋儒之学，虽纯正，亦未到圣处，宜乎不免有偏僻也。故其说往往有与孔孟之教不同者。以无极为太极之本，以理气决为二物，判断天地之性气质之性分之为二，以一阴一阳为非道，以阴阳为形而下之器，以所以一阴一阳者为道，以气与体为有死生，以理与性为无死生，以静坐为常时工夫，以主静为立人极之工夫，且以孔子之说性与孟子之说性为气质天地之异。此皆愚之所以不能无疑也。

读　　书

读书之法，只是须除却自己私意，而依圣贤所说理会，不可妄加一字一句之间言语。如此，则久而自然有得于圣贤真实意思。不可先立自己意思，作气势，硬执为也，张作杜撰。苟如是，则不能见圣贤意思。呜呼！虽先儒恐不免有斯病。然则学者之于先儒之说有可疑者，则不可一向固信矣。古语曰："人必是所学。"然则豪杰之士，恐不能无此蔽。宋儒之信《太极图说》，亦以厚信好学，故有此蔽。是见过而知仁也。

后学之于先儒也，固当不可不推尊。然学问之道，天下之公道。其是是非非之际，可为公直之正论也。自宋以降，学者阿谀曲从于先儒而习为俗者，何耶？

学者偏执固滞者，于宋儒之说虽有可疑者，阿谀曲从而不敢疑，终身迷而不悟。苟有微疑议者，则睚眦相杵，以异学邪说，且退而后言诽谤。甚哉！蔽固不通也。

圣人之教，易简平直，无穿凿烦扰之病。后世之学术，动为支离零碎，而无浑融平正之意味。故学者不堪其烦扰。夫好易简而恶烦扰者，天下之人情也。后世之学术，烦扰如此，是以与天下之人情乖戾。宜乎世俗之不好学也。夫圣人之教人也，使学者勇进而不知厌倦。后儒之教人也反此。

小人有才辩者之教人也，居而不自疑。众人不知人之诚伪，故信之而不疑。此非有贤德而能化人，只是利口才辩之使然也。

为学者不本圣经，而信末世偏僻之异论，安能悟其非而造大道之本源乎？

论形而上下

愚谓，形者有体质之谓。上者在天之谓，下者在地之谓。盖形而上者谓阴阳之气，无形而在天，是在万物形器之上者，故谓之形而上者。象者形之精华，发于上者也。以其气在上而见，谓之成象。以在天之二气，流行交运，谓之道。形而下者，谓万物各成刚柔之形质而在地也。形者象之体质，流于下者也。以形质具而各有成，故谓之器。

盖天者在上，地者在下，故以上下言。天道无形而有阴阳之象，故曰"在天成象"。地道成形有体质，故曰"在地成形"。是以在天者无形，在地者有形。所谓在天成象者，非是阴阳乎？阴阳在天，未有形质，唯其所流变易，便气象露显耳。……盖阴阳流行，化生万物，是乃天之道也。

天之为道也，唯有阴阳。阴阳之外，更无别物。一阴一阳往来不穷，以其流行谓之道。在地成形者，非是万物乎？万物者谓山河大地人物，皆有形而在下者也。……所谓形而下者，指在地成形者，如山河大地人物。凡有形者皆是器也。凡有体制者谓之器。阴阳未有形体，不可谓之器。

太　极

《易·系辞》曰："易有太极，是生两仪。"……窃谓，太极是阴阳未判万物未生时，一气混沌之名。然而有至理存焉，故谓"有太极"。是言天地万物，皆以之为本，故不言无而言有，所谓"易有太极"者是也。"无极而太极"是本佛老之言，分明谓"有自无而生"也。《老子》第四十章曰："天下之物生于有，有生于无。"

盖以无为万物之本，且以为宗者，是佛老之说也。以有为万物之本为宗者，是圣人之教也。故有无之说，是吾道与外道之所由分，不可不慎审也。然则欲言太极，而不可先说无字。若夫以太极为无形，虽愚者亦可得而知也。然则如其同于一物，不足以为忧也。且不可以极字解为形字。

论天下归仁

"一日克己复礼，天下归仁焉。"一日者犹言一旦也。盖以其用功之时言而已，非言一日之间也。克己复礼，至难之事。故其用功也，非积日之久则不能矣。岂一日之功所能也乎哉？归者如孟子所谓"民之归仁也"之归，谓归宿也。克己复礼，则无私欲之障碍，无物我之间隔。天下虽大也，人物虽多也，我心之量，无处而不至，无物而不体。苟若是，则皆归宿于我仁心之度内，而无所不爱恤。

譬如人之身体，无病疴而气血贯通，则四肢百体，无非己有，是为归仁也。苟气血有滞塞而不贯通，则手足痿痹、肌肤痛痒亦不知矣。四肢百骸虽是我身体，为不属己，医书谓之为不仁。盖仁者以天地万物为一体，无非己之意。……

愚窃谓，一日之间，实无此事。圣人之言每每的实，不如方外之徒大言，说怪诞无实之话，而夸耀于人。大抵天下有兹事必有兹理。苟一日之间克己复礼，则天下之人皆称许其为仁，是无此事，必无兹理。且一日之间而其效如是，是自张之言，恐非圣人谦逊自反语意。

[MET]

乐　训

贝原益轩 1710，605-11

受天地之惠而生之万般无穷之内，无有贵于人者。何者？人为万物之灵也。生而为人，幸甚之至也。

然吾辈愚，而不知人之道，失却生禀天地之人心。不行人之当行之道，惑于不当行之道，朝夕苦心。且私己身，无怜心，无思虑，不知人之忧。至近事父母，其心不合。凡其交人伦而失道，白白浪费生而为人之贵体。与鸟兽同生、草木共朽者，非其本意也。……"人身难得，莫要虚度"，当谨存于心。故人当自幼学习古之圣道，行吾心禀受天地之仁而自乐，且行恰好之仁于人而使之乐……

凡人之心内有禀自天地之太和元气，是人之生理也。如草木发生不已，我心之内机生而不张，有可喜之势而不已者，是名曰乐。此人心之生理，即仁之理也。

非唯人有此乐，鸟兽草木亦有此乐。草木之生茂，花开花实，鸟啭，禽兽戏游，鸢飞戾天，鱼跃于渊，皆得此乐也。众人且不知此乐而失之，不及于鸟兽也。

人心本有此乐,私欲不行则无时无地不乐。是本性流出之乐,非外求也。又吾之耳目口鼻身五官接于外物,见色,闻声,食物,嗅味,动身,若此五业静而少欲,则左右往来莫不乐。是非以外物为乐之本。……然若无饮食衣服等外物之养,则饥饿冻馁,元气不保。……

加之,朝夕充斥于眼前之天地伟业,月日之明光,四时往来之转合,至时时景色之美状,云烟朝夕伸展之动态,山耸、川流、风曳、雨露之润、雪之清冽、花之盛装、芳草之荣、嘉木之茂、鸟兽鱼虫之行等等,皆万物之生生不已。赏玩此,则无极之乐也。

……

思人之忧苦,不可成为人之妨害。心常怜悯,救人惠人,决不可妨害人。我独乐而苦人者,天之所憎,可畏。与人同乐者,天悦之理,真乐也。是故顺天道、行人道、自乐而乐人者,当常以行善去恶。务为此,无他务,唯当学圣道而知其理也。

恨人、怒人、自夸、谤人、责人之小过、难人之言、怒无礼者,其器小也。此皆失乐而生之行也。……

明心而详思知世理、感物有情之人,以知自心有乐为本,常于身外之四时,赏玩天地阴阳之道法运行,见闻天地间之万千事样,于此悦耳目快心。此乐无极,手舞足蹈而不可知也。……

世俗之乐,其乐未已而速成我身之苦。如贪食味美物而不节制,初虽快,终病出而身苦。凡世俗之乐,惑心,损身,苦人。君子之乐,无惑,养心。以外物言,赏月花、观山水、吟风羡鸟等,因其乐淡,故终日乐而无碍身。不致生人之难、神之怒。

此乐虽贫贱,然易得而无后祸。富贵之人,荒于骄怠而不知此乐。贫贱之人少有失此二者,有志则易得此乐。

君子知足而不贪,故身贫而心富。古言:"知足者,心富。"小人身富而心惑,贪多而不知足故也。故当知此乐而安贫贱,不祈计富贵而已。老者宜渐不贪,而知足甘贫贱。

若知此理,则即身而乐,不可显于外。于贫贱,于患难,无论何时何地,莫不乐。坐有坐之乐,立有立之乐。行卧、饮食、见闻,无有不乐。

其乐本生于心而备于身故也。然知此乐而乐者少。理暗则不知乐，欲深则失乐。……

人命有限，难延长。在有限之生命中，当珍惜光阴，乐送日月。不可于少间为无益之事，行错误之事，不快乐而徒浪费生命。且忧苦怒悲而失乐，愚也。若无为、无乐而虚度日月，纵活千年，亦无价值。

[JAT]

（王起译）

佐藤直方

佐藤直方（1650—1719）

　　佐藤直方是18世纪初朱子学最正统的代表者之一。他出生于日本西南部，在京都跟随山崎暗斋学习理学，当时山崎暗斋还是一名狂热的正统朱子学者。后来暗斋提倡神儒习合，直方就和他决裂了。事实上，从那以后，直方就成了讽刺神道以及暗斋之日本卓尔于万邦的盲目沙文主义之最严厉与最辛辣的人之一。

　　直方并没有去讴歌祖国，而是看重自己对朱熹哲学中更为普遍性的原则的敬畏感受。某种程度上，他甚至提出要把"太极"作为自己的"统治者"。显然，在这个概念中，他找到了一个超越家庭、主君和国家的至上核心。一般认为，直方还是一名静坐工夫的倡导者。这种工夫也常被拿来与禅定进行比较。它作为一种工夫，出现于中国宋代，朱熹认为，是直觉个人天性乃至宇宙伦理与抽象之理密切联系的方法。

　　直方在政治上倡导孟子的主张，认为暴君可以而且理应被推翻。但与当时多数武家学者赞扬赤穗浪士为故主报仇杀人之举不同，直方则明确地肯定法律的终极权威，谴责那些浪人以及他们的主君是愚蠢的懦夫，因为他们不遵守法律。总之，直方批评武士的自负，批评赞美他们"己忠"的著作，并抨击武士道或"战士之道"。

[JAT]

静坐集说

佐藤直方 1717，465-7，469-70

夫动静者，天道自然之机。而主乎静以制其动，则学者修之之功也。古昔圣贤小学大学之方，居敬穷理之训，良有以也。老佛之徒厌动而求静，固非天道之全矣。俗儒又初不知静坐之为要，则其所习皆无用之妄动而已。何足谓之学者乎？

程朱所谓静坐，乃学者存心之术，而积德之基也。今欲学圣贤者不能用力于此，则亦岂有所得于己哉？但静坐之可虑者，或有流入于坐禅入定之患耳。吾辈能循朱子之明诲而实用其力，则诚可谓善学者矣。

……

静坐者，存本心养善性之工夫也。人不知程朱所教之意，或陷于打坐异端。然一日离此工夫，即大误也。无事时，静坐为合适之工夫。静坐则邪思妄念得去，心得澄明平静，气质自然而变。……

静坐不可于朝夕之间掌握。非致力长久而真正纯熟之人，决不可完整体会。究理可去私，唯以究理，难变气质。静坐而涵养，可全变气质。……究理不止，乃至专于圣贤之言语，抑或使人思虑纷扰。而静坐所得之静心，为最高层次之澄明……反之，人性不静，则无法求学。

人若于日间闲言语省得一两句，闲人客省见得一两人也济事。若浑身都在闹场中，如何读书？人若逐日无事，有见成饭吃，用半日静坐，半日读书，如此一二年，何患不进？……

依静坐，人可沉潜于涵养喜怒哀乐未发之中。依虔敬，人可据中以察其情之和。此可谓学之实也。

[JAT]

批判性思维

佐藤直方 著作年代未明 507-8，512-4（423-6，428-9）；
1716，86-7，121，126（421-2，426，428-9）；
1706，558-9；1686，44-5（40）

学者，讲习讨论而互正其非者也。恶人之正我，非学者之义。……思我身之至圣贤者，喜他人之有批判也。恐人知我身之非而有诽议，卑怯也。无论如何，愿人正我身之非者，可谓实学者也。

论学术道理之是非，不入人之细虑。恶人所言，当道理，亦善；善人所言，不当道理，亦恶。

……

依靠老师的榜样的学者不会得到别人的信任。无论你怎么看，一个人都要自立。因此，确立自己的人生目标是学习中的首要问题。

潜意识和显意识状态所做的努力永远不应该被打断。那些处于迷茫状态的人已经失去了他们的思想。无论这些人的举止多么得体，如果他们的思想没有活力，他们就没有用。当代所谓的实用学问的学者并不了解这一点，因此也不了解心灵的方法……

尊敬是必不可少的；它是学习圣贤的基础。如果一个人不从敬畏出发，人性就会出现中断；会有自私的欲望；勇气会缺乏；知识将是肤浅的，没有根基的。我在这里说的是尊重美德的本性，进行学习和探索。

[MR]

学者不信自己之理，非本。信圣贤，善则善矣，然不及信自己之理。……神道者信神明而倚靠之，失本者也。人人有尊于己者，天理也，其尊无对。我心之外，无有可依赖之力。

我无法同意这样的观点，即正确的道路在于最初掌管天地的人的后代应该永远统治。成为国家之主的人应该是一个有德行的人。在日本，树立"天子"的正统地位成了符合国家风俗的正确之举。这并不是基于德行而做出的，也不是"神代之光"，只是遵循了习俗。这并不反映出尊敬统治者的正义意识。

……

宇宙之间一理而已，固不容有二道矣。儒道正则神道邪，神道正则儒道邪。从于正则离邪，从于邪则离正。岂有两从之理乎？先生之杂信，吾不识其义也。

[BDS]

王阳明

阳明云知行合一，包知于行，毕竟老佛之见也。知行自然有别，其理一也之义，程朱之说详明也。二而言合也。初为一，不云合字。……

王氏学术之要归，致良知也。然读书而成无用，唯玩道德论是非，何邪？良知人人皆备，为学问而其良知出也。虽言有良知，然若不尽穷学问之道理，则如镜明而暗。人若不磨镜，可谓大愚。而惑于此者，可谓至愚。

镜暗不磨则无用，人皆知也，此无惑。明明德即谓此也。学者不穷理，暗心本虽明，然不磨不行，此是当然也。学圣贤，颇知之，而无同见，不快也。知不明则不行，朱子格物穷理之说，天下学者当日夜尊奉恭敬也。

本然良知无损，圣贤也。学者磨而缮其损者，如圣贤，因本然之权度不足故，而用致知之工夫也。知明者，度物而合道理也。如王学流，以有良知故而度物，万事皆无，四书六经成无用之具也。

[MR]

沙文主义和愚忠

佐藤直方 1706，564-6（97-8）；1705，580-1（449-51）

直方大师说：……如果一个人以最高的终极为自己的统治者，并理解所有国家都是它的附庸，那么……就没有必要过分地赞美和偏爱一个国家……

或人问曰：……日本古来神国云，优于万国之盛国也。

直方先生答曰：唐土、天竺、南蛮，何国耶？唯日本为神国而卓尔者，谁人定之？神国之神者，他邦岂无耶？

又神道者言，日本为中国而优胜于万国。是难理解。中国者，古来因地形而一定之物也。当然，中国道明而风俗善，夷狄风俗恶。然定中国、夷狄之根本者，为地形，而非风俗之善恶。

考日本古记，我邦自帝王始，皆娶同姓为后。此外，亦有娶姐妹为后。如此，则与圣人所教夫妇之道相违。况为臣弑君，取代其君之弟或子，而为天子者多。父兄被杀，从杀父杀兄之臣之指示，而登天子之位者，不以为耻，无报仇之义。杀父兄而又以其子弟为主君，有形式之君臣之交，然优于万国君臣之义正者，难云。

日本一姓而有天下，不渡他姓之人。虽善，然追放正统同姓之兄、弟、从兄弟，而为天子者，甚于追放他姓者也。自神武天皇以来，姓无变，然弑逆篡夺者，不可胜数。

[BDS]

四十六浪人

此命令义理明白也。不行大刑，而施以切腹之刑，乃上之慈，可谓彼等之幸。然世俗雷同，称四十六人为忠臣义士。……

夫四十六人，以上野介为君之仇，引"君父之仇，不共戴天"之言，大非也。上野介非彼等之仇。若上野介害内匠头，则可谓仇。内匠头被行死刑，是背大法犯上之罪人也。

又以士之志考之，考怨怒之意之不得已于己尽职之地，可害之事也。于敕答大礼之节，背大法，讨上野介，追狭怯懦之行也。上野介与梶川与总兵卫并立谈事，自后拔短刀，刺其所逃，疵少而不到死，被梶川氏所捕。无勇无才，可笑之甚者也。行死刑，缴封地者，事理之当然也。……

四十六人者不悲大罪，而背上之命，带兵具，密谋暗合，讨以战场之法，是又大罪也。

思亡主之愤，一味自心之昏惑而讨之。省背上命之罪，自杀于泉岳寺。虽不中理，其志可怜。诉于仙石（氏），待上之令云。上奉之书，述敬上之意。于仙石氏之面前，亦述敬上之意为第一。此非人之得感赏遁死得禄之谋乎？破大法背上，无可诉，令无可待。非究死者之能事。彼等流浪之身，激意而起，处以权谋，主忠义而非出于恻怛之情。

[BDS，JAT]

（王起译）

浅见䌹斋

浅见䌹斋（1652—1711）

浅见䌹斋出生于近江，一开始是要被训练成一名医生的。不过，后来，他在京都附近跟随山崎暗斋作学问。在那里，他把自己的余生奉献给了暗斋关于朱子学"正统"解读的译作。由于认识上的差异，暗斋最终与䌹斋和佐藤直方断绝了关系。不仅如此，暗斋的高徒之间，认识也不尽一致。例如，直方并不尊重神道，䌹斋则更接近暗斋，坚持神道对所有日本人具有显著的重要意义。据说，䌹斋曾经批评那些轻视神道的日本学者，骂他们还不如"夷人之子"。与此相应，直方认为强调愚忠和武士自我牺牲很粗鄙，而䌹斋则在自己的代表作《靖献遗言》中，宣扬忠诚的至高无上，甚至强调忠诚就是对主君的献身。

䌹斋不像直方那样小心翼翼地坚持孟子的立场——主张暴君可以被正当地铲除，而是赞同大多数早期近世宋明儒学学者的观点——从来没有，也不可能会有暴君，这是他从自己的牢狱经历中形成的忠诚立场。他坚决主张，当政体内部存在邪恶时，那些服侍统治者的人就应该反思，自己应该因没有对统治者尽职而承担责任。最后，与直方谴责四十六浪士不同，䌹斋盛赞他们是武士忠诚和责任的最高典范。

[JAT]

敬君俗

浅见䌹斋 1718，676；1695，130；1794，580-1（18）

天下无不是底君父。思不是，已生阴谋弑君父之事。可畏！何者？无以是非待汝。我自尽，无他事焉。汝之恶云者，皆我未尽之故也。

推之，天地以天地立，四时流行，万物化育，无绝无断。水之流，山之耸，虽无重此之心，仍不失不散，无如视死人而生者，是敬矣！

如有对天子谋反者，应不待命而为天子之襄助。将军退天子，有合理，当力谏之。天子有将亡将军者，不力亦善。何者？无罪也。今因武家之荫而治，切记。

[BDS]

崇神道

浅见絅斋 著述年代未明-A，630（41）；著述年代未明-B，2.26，3.9，1.32（38-9）

吾邦之神乃唐神所变云者，皆无稽之谈也。……天皇、地皇之名号，唐国上古已有。唐国人物盛，地境大。故圣人相续，基于天地自然之道，立人道纲常之教。故鬼人神明之道，亦正大精明，不流于奇怪邪僻。日本神道之妙用，唯流于神秘、浅陋之学也。

今之神道者，以唐之敬为工夫，日本之敬为道体而贵之云。……如此者文盲也。……虽祖先与神灵之道卓绝，然原理一也，故无所谓教义之混合。……今之奉神道者，惟述所承宗派之传，然不求夫不易之常理，斯乃可耻之事也。

上古神明之时，古云神代。朱子亦言上古灵神，天人之间不远、人道未开者，自然也，故云神代。……其文化次第开者，亦其时之开也。

神道云正直，善也。然不体会是非邪正，一心弃亲。……纵心上无秽，实毫无所知也。

[BDS]

宇宙之道，日本之道

浅见絅斋 1698，634（45）；1858，643（42）；1701，368-0

日本天地之道，与唐天地之道，如茶碗与药罐。就物而言，无别。

当尊圣贤之道。似是而非，奉经书等人之尊，是谓别焉。生于日本，今逢太平之时，因上之恩，心安居，养生命。偏异国者，为大异端。今孔子、朱子蒙异国之君命，来攻日本，我当身先士卒，以铁炮击孔子、朱子之首。……此谓之君臣大义。……世儒读书，心异国人也。……仿异国人者，不知正道故也。

[BDS]

中国夷狄之名，儒书既存，来之已久。是故吾国儒书盛行。而观儒书者，以唐为中国，吾国为夷狄。甚者哀怨其生于吾夷之地，亦在此也。甚哉！读儒书，而失其神，不知名分大义之实，可悲之至也。

夫包天地之外，地往而不戴天者，无之。于是各其天地风俗之所限，其地成而戴天，各一分之天下，互无尊卑贵贱之嫌。……生于吾国，纵吾国德不及，然自任夷狄之贱号，以必在唐之下，忘己国所戴之天者，皆与贱己之亲者同，是背大义者也。况吾国天地开辟以来，正统相续，万世君臣之大纲不变。

三纲为大，岂他国所能及耶？此外，武毅丈夫，廉耻正直之风根于天性，是吾国之胜所也。……（中兴以来）数圣贤出，吾国善治。全体之道德礼义，何劣于异国乎？

儒书所说之道，天地之道也。吾学所开示者，亦天地之道也。道无主客彼此之隔，则从开道之书学其道，其道即吾天地之道也。如火热、水冷、乌黑、鹭白，亲之可怜、君之难离，不论唐、吾、天竺，似无云此方之道者。

读儒书，云"唐道！唐道"，然以全体风俗当全盘置换，举旗而投唐者，其错误皆不见天地之实理，闻见之迫狭故也。

[BDS]

四十六士论
浅见䌹斋 1706，690-3（453，455-7）

以大法言，自他争执同处罚之法也。若又科内匠头以乱大礼之场之罪，非唯其乱，皆因上野介之私意而然，则内匠头被审判，上野介亦当被审判。然只内匠头以乱大礼之场之罪而被诛，对手上野介因其分却未受丝毫责罚。

内匠头因上野介而被诛，此无疑也。内匠头之臣子，若不执内匠头大刀讨杀上野介，则大义终不济。其讨主敌，与主欲讨敌情同，无一点对上之怨，无一毫对上之恨。此明白也。

唯独背上之怨云，愚俗虽有惑者，然如先所言，对亲之敌，虽上恕之，然为子者，无不可讨之理。此非背上。亲之敌不顾他故，自后视之虽似背上，然同于瞽叟杀人，舜负而逃之事也。非有意背上。……君父同前之理，此则忠孝之至也。

因一己之忿，不顾公廷，其罪固不可逃。然与对君上有一点不敬之意而讥之，同事也。四十六人之书信，无一言之怨上之心，极尽道理，辨礼义之书信也。……全无犯上、骚乱之心。

讨亲之敌，因对手、场合，可能产生骚动，然此非人之所期。且处之泰然，唯考虑恐惧，讨敌所致业果，为后君父云者也。况此等人之准备，虑及旁邻之宅邸，即便于本宅，对于无关者不杀，亦考虑到不引起火事。如果没有如上之心……

大抵是等之大事，即便有少许之越度，辨其本意而恕之，因忠义而不求疵为善。……况此等人，书信及其他，始终一心哀叹其主君，毫无混淆，清楚明白，不管什么吹毛求疵之事，皆非也。

[BDS, JAT]

（王起译）

新井白石

新井白石（1657—1725）

作为荻生徂徕同时代的对手，新井白石以儒学者的身份服侍德川将军很多年。在此期间，他尝试说服将军家宣，至少在外交舞台上接受"日本国王"的称号，以反映其名义以及实际上的政治地位。不过，正如白石的诸多社会、政治和经济提议那样，他对"将军"这一概念的术语化、仪式化，并没有取得持久的效果。

意大利传教士约翰·巴提斯塔·西多契抵达日本后，重新进行基督教传教活动。当时，他被带到白石面前，白石以政府代表的名义问询之。加上与荷兰东印度公司代表们的对谈，白石对基督教和西方习俗有了相当程度的了解。这反映在他于1715—1725年撰写的《西洋纪闻》中。通过该著作可以发现，白石是排斥基督教的。因为基督教与德川日本的伦理和等级制度存在无可调和的尖锐矛盾。

在白石的其他作品中，《折焚柴记》和《读史余论》可为代表。前书被誉为日本的第一部自传，后书则是自平安时代至成书时的讲评叙说式日本史。他还有一部晚年著作《鬼神论》，它详细地阐述了正统理学对精神现象以及宗教实践相关问题的主流观点。在林罗山的强烈影响下，白石运用新儒学中以"气"为基础的形而上学去理解鬼神。他对实践和哲学问题的理性与现实态度，尤其反映在他对年号的讨论中——反对年号影响政权命运的传统观念。

[JAT]

错误年号[①]

新井白石 1716，127-9（191-2）

　　天下治乱与人寿长短，或由天命，或由人事，焉有因年号用字而有祥不祥之理？……

　　本朝自采用年号以来，如细考历代史事，谓某事某事不祥，则何字无不祥之事耶？倭汉改元之故，无不多由天变、地妖、水旱、疾疫等。故自古年号所用之字非无遭逢不祥者。考虑不祥之事必为年号用字所致，何如古代时本无所谓年号耶？当倭汉古代无所谓年号时，天下治乱、人寿长短亦无世无之。余遇意多利亚［意大利］、喝兰地亚［荷兰］等国人，曾详询各国之事，用年号之国不过二三。其余自天地开辟几千几百几十年来，无所谓年号之事。自二十余年前以来，西洋欧逻巴诸国，其君死后因继嗣问题而国乱者不少。据云去冬今春战死者不少。此又因何物为祟而致然耶？由此可见，虽无年号，苟天运有衰，人事有失，亦难免于乱亡也。

[JAT]

反基督教

新井白石 1725，780-1

　　然其所教，以天主为生天生地生万物之大君大父。我有父不爱，我有君不敬，此犹是不孝不忠。

　　况夫事大君大父，不可不尽其爱敬云。《礼》言，天子有事上帝之礼，诸侯以下非敢祀天。其尊卑分位，不可乱之故也。臣以君为天，子以父为天，妻以夫为天。事君以忠，所以事天也。事父以孝，所以事天也。事夫以义，所以事天也。三纲之常（君臣、父子、夫妇）外，非有事天之道。

---

　　① 此节译文引自周一良译《折焚柴记》，北京大学出版社1998年版，第142—143页。——译者注

若于我君之外有当事之大君，于我父之外有当事之大父，然其所尊不及我之君父，则不仅家有二尊、国有二君，还会致使蔑君轻父，引发大事。其所教虽不致蔑君轻父，然流弊之甚，必至于弑君杀父，无复可疑。

[JAT]

鬼　　神
新井白石 1710，1-3

鬼神之事，诚难言。非唯言事之难，闻事又难。非唯闻事之难，信事又难。信事之难，乃因知事之难。能信而后为能闻，能知而后为能信。非能知之人，焉能得言事？言事诚可谓难言。

昔子贡问："死人有知无知也？"夫子答曰："吾欲言死者有知也，恐孝子顺孙妨生以送死也；欲言无知，恐不孝子孙弃不葬也。死人有知无知，非今之急。后自知之。"① 闻是，可知能信之难故也。

（夫子）又答子路曰："未能事人，焉能事鬼？""未知生，焉知死？"据是可知之事之难矣。

然能事人，而后能事鬼；能知生，而后能知死矣。此理正是夫子所教。（夫子）又答樊迟曰："务民之义，敬鬼神而远之，可谓知也。"遍考之，能事人，务民之义也；敬鬼神而远之，事鬼之道也。……

《礼》云："所以养生送死，事鬼神之大端也。"② 《礼》又云："明则有礼乐，幽则有鬼神。"幽明虽似二，其理实一也。能通此，亦能通彼……

今试以三礼为首，并观古圣贤之遗言、世代先儒之格言，释辨其名义，又非易事。闻得其事，犹可为难。知得之事，如何可及？唯据其名，焉能求其义？

先天云神，地云祇，人云鬼。此由《周礼》可见。其名虽异，然实乃阴阳二气之灵。通而言之，（阴阳）亦可谓鬼神也。

---

① 子贡问孔子："死人有知无知也？"孔子曰："吾欲言死者有知也，恐孝子顺孙妨生以送死也；欲言无知，恐不孝子孙弃不葬也。赐欲知死人有知将无知也？死徐自知之，犹未晚也！"（《说苑·辨物》）

② 汉戴圣《礼记·礼运》："所以养生送死，事鬼神之大端也。"

虽云阴阳二气，然其本是一气之屈伸（一元之气，屈伸往来云也）。其气凝伸而谓阳（如春夏也），归屈而谓阴（如秋冬也）。阳之中又有屈伸（阴之来，伸也，是阳中之阳也；阳之归，屈也，是阴中之阴也）。此屈伸往来自然之能，可谓二气之良能也。……但不可言阴阳为鬼神。其屈伸自然妙用，谓鬼神也。

是故鬼为阴之灵，神为阳之灵云（《礼》注疏）。对文而言，天神地祇人鬼者，是天气之常伸。又气之清明者谓神。日月星辰之类是也，而变化不可测，在天名神；而如地，山耸川流草木生出，显而有迹，故在地名祇。祇字作示，可为示见、著见之义。

在人云鬼者，鬼之声归也（鬼归声近）。人死，其魂必归天，其魄必归地。魂魄归天地，故名鬼。

古先王制礼，昭告天下，必有祭祀天神地祇人鬼之仪式。至日月星辰、寒暑水旱、山林川谷丘陵等能出云致风雨者，悉在祀典。

（王）又为群姓建大社，为自己建王社，祭祀社稷之神。又立司命、中霤、国门、国行、泰厉、户、灶之七祀。……春有禘祭，秋有尝祭。

诸侯不得祭天，只祭封内之山川。又为群姓建国社，为自己建侯社。又建五庙五祀。

大夫三庙三祀。士二庙二祀。庶士庶人不得建庙，唯祭其先于寝，得建一祀。

可见，盖先王之祀典，为各随其分之所至而制。天子居天地之中，为天地之主。天地之气，赖其一人之身。其极尽诚敬，则天地之气亦集于其身，百神自受其职。诸侯为国之主，而封内名山大川赖气于其身，其神自有感应之理也。大夫为家之主，彼五祀之神等，何不感应其祭？

又《礼》可见，三年之丧，自天子达于庶人。是其尊卑之位异，而孝亲之心同。究其因，至（王）其奉先，自七世以下而降数代；庶士庶人止祭其亲。且人死后其魂魄各得归于天地。至后之子孙祭祀，乃愿求（先祖）之归来。若无其理，则古之圣王不可制作此礼。

[JAT]

（王起译）

荻生徂徕

荻生徂徕（1666—1728）

荻生徂徕从政治出发，在日本构建了最倾向于独裁主义的儒家哲学思想。荻生徂徕虽然自称不过是对六经的哲学思想进行了初步的系统性阐释，而六经当作一切社会政治研究的绝对准则。但实际上他建立了一套哲学体系，其哲学体系对统治精英阶层的管理非常有益，因而统治阶层急切希望所有社会成员接受荻生徂徕的思想并视之为绝对真理。不止一次地，荻生徂徕盛赞中国古代帝王之贤明，认为这些帝王开辟了一种"道"，后人也应坚守此道。若此，后世之帝王，即便本身并不贤明，也可成为其统治地区百姓的模范。这可以使其维持和平，造福万民，更可成就其个人之德性。

荻生徂徕思想的实用性使得众多研究者将其理解为一位实用主义哲学家，认为其主要目的在于实现大多数人的幸福。荻生徂徕的思想体系中存在霍布斯哲学的要素，他认为统治者应通过强制力，确保万民在社会体系中安守各自的职分。在东亚儒家哲学视野下，荻生徂徕经常被同荀子进行比较，荀子因主张人性本恶而著名。荻生徂徕本人从未直言人性善恶，但他反对宋明儒学主张的性善论，认为人性可变，既能行善，也可作恶。

如同荀子一样，荻生徂徕认为"天"不可被认知。与宋明儒学的正统思想不同，荻生徂徕认为即使谨思慎学而得道，亦不可能知晓世间万物之理，更不可能通晓"天"之理。荻生徂徕强调"天"的超然性与不可知性，认为必须敬天、敬鬼神。这些行为也是先代帝王之行，因而必须践行而不可置疑。

荻生徂徕的哲学中存在明显的反智主义要素，特别是对那些被统治阶层。

荻生徂徕不认为全民都应读书识字、讨论哲学、传播知识，他认为只要在日常生活中守"道"即可，无需理解"道"。基于自己对《论语》中一段话的理解，荻生徂徕认为人应当通过行动进行学习，而不需要通过更加抽象、概念化的方式。

荻生徂徕在德川纲吉（1646—1709）的宠臣柳泽吉保（1658—1714）手下担任御用文人多年，其哲学思想非常清晰地反映了这一政治经验，虽然他的代表性主张在之后才被系统化。在德川纲吉的哲学圈中，荻生徂徕仍然属于正统理学家，其思想与朱熹大多相合。此后，荻生徂徕得到向第八代将军德川吉宗（1684—1751）谏言的机会。利用这一机会，荻生徂徕将自己的哲学理念转换为更具实践性的主张，著成《政谈》一书进献给德川吉宗。《政谈》是荻生徂徕哲学思想应用于实践的最高杰作。此后，荻生徂徕又写成了《辨道》与《辨名》，皆于其逝世后方得问世。

[JAT]

辨　名

自生民以来，有物有名。名故有常人名焉者，是名于物之有形焉者已。至于物之亡形焉者，则常人之所不能睹者。而圣人立焉名焉，然后虽常人可见而识之也，谓之名教。

故名者教之所存，君子慎焉。且理者，莫不适者也。吾以我意而自取之，是安能得圣人所为物者哉？名与物失焉，而能得于圣人之道者，未之有也。故欲求圣人之道者，必求诸六经，以识其物。

道

道者统名也，以有所由言之。盖古先圣王所立焉，使天下后世之人由此以行，而已亦由此以行也。辟诸人由道路以行，故谓之道，自孝悌仁义，以至于礼乐刑政，合以名之，故曰统名也。

……

先王之道，先王所造也，非天地自然之道也。盖先王以识明睿知之德，受天命，王天下。其心一以安天下为务，是以尽其心力，极其知巧，作为是道，使天下后世之人由是而行之，岂天地自然有之哉。

……

人虽各据其德，亦必和顺于先王安天下之道，不敢违之，然后足以各成共德，此孔门之教也。大抵先王孔子之道，皆有所运用营为，而其要在养以成焉。……

大抵先王之道，若迂若远，常人所不能知。故曰："民可使由之，不可使知之。"（《论语》，VIII，9）

故先王因人皆有相爱相养相辅相成之心，运用营为之才，立是道而裨天下后世由以行之。……是其意岂欲人皆为圣人乎？又岂求使人人皆知之乎？又岂以难知难行者强之人人乎？要归安民焉耳矣。

……

又有曰夏之道，曰殷之道，曰周之道者。盖道者，尧舜所立，万世因之。然又有随时变易者，故一代圣人有所更定，立以为道，而一代君臣由之以行焉。是非必前代之道有所未足而更改之也；亦非必前代之道已为至，而我故更改欲新天下之耳目也；亦非必万世因之者为道之至，而随时更易者为次也。乃一代圣人有所前知，数百岁之后而以此维持世运，使不遽趋衰者存焉。自非圣人之智，未能与知其所以更改之意者也。

德

德者得也，谓人各有所得于道也。或得诸性，或得诸学，皆以性殊焉。性人人殊，故德亦人人殊焉。

……

盖人性之殊，譬诸草木区以别焉。虽圣人之善教，亦不能强之。故各随其性所近，养以成其德，德立而才成。

仁

孔门之教，仁为至大，何也？能举先王之道而体之者仁也。……且也相亲相爱相生相成相辅相养相匡相救者，人之性为然。……仁也者人也，合而言之道也。……故人之道，非以一人言也，必合亿万人而为言者也。

今试观天下，孰能孤立不群者？士农工商，相助而食者也，不若是则不能存矣。虽盗贼必有党类，不若是则亦不能存矣。

仁者，谓长人安民之德也。

然圣人之道，要归安民而已矣。虽有众美，皆所以辅仁而成之也。人性虽殊乎，然无论知愚贤不肖，皆有相爱相养相辅相成之心、运用营为之才者一矣。故资治于君，资养于民，农工商贾皆相资为生。不能去其群独立于无人之乡者，唯人之性为然。

诸儒主心，主心而语爱，则释迦亦仁人耳。其无安民之德，则非吾所谓仁也。……仁斋先生乃曰，慈爱之德，远近内外，充实通彻，无所不至。是又泥孟子，而欲扩充恻隐之心以成仁，不属诸先王，而属诸人人，不知归诸安民，而徒以慈爱言之。故其弊遂至以释迦为仁人，岂不谬乎！

智、圣

圣人之智，不可得而测焉，亦不可得而学焉。

……

后儒乃不察二子所以言之意，妄意求为圣人，于是乎欲详论圣人之德，以为学者之标准。遂有圣人之心浑然天理阴阳合德不偏不倚之说，是其操心之锐，以圣者自处，喜测其不可测者，而以不可学者强之人人。其究必立德之至者以律之，则其优劣古圣人之德，亦势之所必至也。

礼

盖先王知言语之不足以教人也，故作礼乐以教之；知政刑之不足以安民也，故作礼乐以化之。礼之为体也，蟠于天地，极乎细微，物为之则，曲为之制，而道莫不在焉。君子学之，小人由之。学之方，习以熟之，默而识之。至于默而识之则莫有所不知焉，岂言语所能及哉？

由之则化。至于化，则不识不知，顺帝之则，岂有不善哉？是岂政刑所能及哉？

夫人言则喻，不言则不喻。礼乐不言，何以胜于言语之教人也？化故也。

习以熟之，虽未喻乎，其心智身体，既潜与之化，终不喻乎？且言而喻，人以为其义止是也，不复思其余也，是其害在使人不思而已。

礼乐不言，不思不喻。其或虽思不喻也，亦未如之何矣。则旁学他礼，学之博，彼是之所切劇，自然有以喻焉。

义

先王既以其千差万别者，制以为礼。学者犹传其所以制之之意也，是所谓礼之义也。……先王诚亦取诸其心焉而矣。然先王之本意为安民故也，且其聪明睿智之德，通天地之道，尽人物之性，故所立以为义者，千差万别，各合其宜，是其人人所能哉？徒据宋儒之说，取诸其臆以为义，是后世之说，虽若可观，而所以异于先王之道者，为是故也。

恭敬庄慎独

盖先王之道，以敬天为本，奉天道以行之。人之奉先王之道，将以供天职也。人唯以天为本，以父母为本。先王之道，祭祖考配诸天，是合天与父母而一之，是谓一本。君者先王之嗣也，代天者也，故敬之。民者，天之所以命我使治之者也，故敬之。身者亲之枝也，故敬之。是先王之道所以敬天为本故也。

中庸和衷

中者，无过不及之谓也。……盖天下之理以无过不及为其至。故人无贤知无愚不肖，惟中是求。自生民以来为然。然人殊其性，所见以性殊。人殊其居，所见以居殊。而中不定焉，天下之所以乱也。于是先王建中以为极，使天下之民皆由此以行焉。

故极或训中，是中也者，圣人之所以独知，而非众人所能知也。凡先王之所建，礼乐德义，百尔制度，是皆中也，是皆极也。然先王之所以为中者，亦非己所见，故建夫不偏不倚无过不及精微之理，以强天下之民使从我所好也；亦非建斯极，而使学者由是以求夫不偏不倚无过不及精微之理也。唯其以安天下为心，故建斯中为极，使天下之人皆由此以行，然后天下可得而统一不乱耳。故先王之所建，莫非不甚高而人皆可勉强行之者焉。贤知者俯而就，愚不肖者企而就之，是所谓中也。……故先王之道虽不远人，而不可以不勉强者，中之谓也。

……

所谓中者，性之德也。人之禀质，本非若禽兽之偏，虽知愚不肖之有异，皆有相生相长相辅相养之心，运用营为之才，而随其所习，能移化之，犹如在中者之可以左可以右可以前可以后，故谓之中焉。

天命帝鬼神

天不待解，人所皆知也，望之苍苍然然，冥冥乎不可得而测之。日月星辰系焉，风雨寒暑行焉，万物所受命，而百神之宗者也。至尊无比，莫能逾而上之者。故自古圣帝明王，皆法天而治天下，奉天道以行其政教。是以圣人之道，六经所载，皆莫不归乎敬天者焉，是圣门第一义也。学者先识斯义，而后圣人之道可得而言已。

后世学者，逞私智而喜自用，其心傲然自高，不遵先王孔子之教，任其臆而以言之，遂有天即理也之说。其学以理为第一义，其意谓圣人之道，唯理足以尽之矣。以其所见，而曰天即理也，则宜若可以为其尊天之至焉。然理取诸其臆，则亦曰天我知之，岂不不敬之甚乎！

……

夫天之不与人同伦也，犹人之不与禽兽同伦焉。故以人视禽兽之心，岂可得乎？然谓禽兽无心不可也。呜呼天岂若人之心哉！盖天也者，不可得而测焉者也。……

鬼神之说，所以纷然弗已者，有鬼无鬼之辨已。夫鬼神者圣人所立焉，岂容疑乎？故谓无鬼者，不信圣人者也。其所以不信之故，则以不可见也，以不可见而疑之，岂翅鬼乎？天与命皆然。故学者以信圣人为本，苟不信圣人，而用其私智则无所不至已。

自佛氏以诸天饿鬼及地狱天堂之说溷之，而后人始轻视天与鬼神也。鬼神有无之说，所以兴焉。宋儒见圣人尊天之至也，乃阴以法身如来拟之，而谓天理也，而其轻视鬼神自若焉。仁斋先生则固执远之之言，而欲一切弃绝鬼神，皆不知以先王之礼之意。

性

苟能信先王之道，则闻性善益劝，闻性恶益勉。苟不信先王之道，则闻性善自用，闻性恶自弃。故性之论无益，孔子重以行至学。

天性可易，乃宋儒之说……此非先王之道，亦非孔门之学。古人言易，是为易行。

……

其所谓本然之性者，唯可属之天，而不可属之人也。又以为理莫有所局，虽气质所局，实有所不局者存。成之者性，是皆古人言性者也。

胚胎之初，气质已具。……人之性善移……习善则善，习恶则恶。故圣人率人之性以建教，俾学以习之，及其成德也，刚柔轻重迟疾动静亦各随其性殊。唯下愚不移……故气质不可变，圣人不可至。

孟子性善，荀子性恶，皆立门户之说，言一端而遗一端者也。……苟能信先王之道，则闻性善益劝，闻性恶益勉。苟不信先王之道，则闻性善自用，闻性恶自弃。

故荀孟皆无用之辩也，故圣人所不言也，其病皆在欲以言语喻不信我之人，使其信我焉。不唯不能使其信我，乃启千古纷纷之论。言语之弊，岂不大乎！学者犹且不能求诸先王之教，而唯议论是务，悲哉！

情

喜怒哀乐之心，不待思虑而发者，各以性殊也。……大抵心情之分，以其所思虑者为心，以不涉思虑者为情。以七者之发不关乎性者为心，关乎性者为情。凡人之性皆有所欲，而涉思虑则或能忍其性，不涉思虑则任其性之所欲。故心能有所矫饰，而情莫有所矫饰。是心情之说也。凡人之性皆有所欲，而所欲或以其性殊。……顺其欲则喜乐爱，逆其欲则怒恶哀惧，是性各有所欲者见于情焉。

心

心者，人身之主宰也。为善在心，为恶亦在心。故学先王之道，以成其德，岂有不因心者乎？譬诸国之有君，君不君则国不可得而治。故君子役心，小人役形，贵贱各从其类者为尔。国有君则治，无君则乱，人身亦如此。心存则精，心亡则昏。

……

操之无益于存也，何则？心者不可二者也。夫方其欲操心也，其欲操之者亦心也。心自操心，其势岂能久哉？……

以礼制心，是先王之妙术，心不待操而自存，心不待治而自正。举天下治心之方，莫以尚焉。后世儒者仅知心之可贵，而不知遵先王之道，妄作种种工夫，求以存其心，谬之大者也。

理

理者，无形亦无定准者也。中庸为理，然人各有所见，各以其性殊。人各见其所见，而不见其所不见，皆论其见为理。居北者惟见南，何有定准焉。

理者，事物皆自然有之。以我心推度之，而有见其必当若是与必不可若是，是谓之理。凡人欲为善，亦见其理之可为而为之；欲为恶，亦见其理之可为而为之。皆我心见其可为而为之，故理者无定准者也。……

理者无适不在者也，而人之所见，各以其性殊。人各见其所见，而不见其所不见，故殊也。故理苟不究之，则莫能得而一焉。然天下之理，岂可究尽乎哉？

惟圣人能尽我之性，能尽人之性，能尽物之性，而与天地合其德。故惟圣人有能究理而立之极，礼与义是也。故《说卦》所谓究理者，圣人之事，而凡人之所不能也。

气

气，古不言之。……理气对言者，乃仿自宋儒矣，其意谓阴阳之化，往者过，来者续，是气也。往者过，来者续，而有万古不易者存焉，是理也。是以生灭者为气，以不生灭者为理。乃老氏二精祖之见，亦佛氏色空之说也。……

故能默而识之者，精粗本末，一以贯之，何必以理气为说乎？且其说必至谓天地积气也，日月土石人物草木皆气也，则其所谓气者，亦非古言矣。如仁斋先生所谓天地之间元气而已，要之皆非圣人敬天之意，则君子所不取也。

阴阳五行

阴阳者，圣人作《易》，所立以为天之道也，所谓极也。学者以阴阳为准，以此而关乎天道之流行，万物之自然，则庶或足以窥之也。然而人事则不然，何则？圣人不立此以为人之道，故也。后世说阴阳者，其言曼衍。遂至被之人之道，谬矣。

……

盖天地之间，物无算而不出水火木金土五者，动物无算而亦不出羽毛裸鳞介五者，声色嗅味亦无算而不可得端倪也。圣人各以五纪其类以象之，而后人始得以别焉。日月亦无算也，以干支纪其名，而后人始得以命焉。物之数不可得而穷极也，圣人立一二三四五六七八九十之名，而后人始得以算焉。

学

教者，惟师是从。何也？此谓君师之道也。故师者，传道授业，定学生之思者也。生无需待师言，而须自察其实。若生不识，则启之导之。师无需劳形，而生思已至半途矣。……孔子曰："不愤不启，不悱不发。"

好辩者难服人，师者传信者以实也。先王治下之民，信先王之志；孔门弟子，信孔子之德。故可教也。孟子欲说不信者而从之……是非教之道也。

学者，效也，觉也，有所效法而觉悟也。学字之训，兼此二义，而后其义得尽矣。所谓效者，犹学书者，初只得临摹法帖，效其笔意点画也。而所谓觉者，犹学书既久，而后自觉悟于古人用笔之妙也。是二先生皆不务学圣人之道，而务学圣人者耳。故欲效法圣贤所言所行以悟圣贤之心，辟诸大匠授人规矩，而其人不遵其规矩以学之，乃欲效法大匠之所为以悟其用斤之妙，则其不伤手创鼻者几希矣，岂不谬乎？且学之为言效，本言效之音转为学之音已。然效学一分，岂可即以学为效乎？徒以字义为解。苟使无先王教法犹之可也。今舍先王教法，而欲从其所好，乃旁援字义为之解，适足以见其不学之过已。

学之道，信圣人为上。圣人之智仁至极，其思虑也深。圣人之教法远人性矣。

后儒狃闻老氏之说，以为道者天地自然有之，苟有圣德，则道举而措之。故其说皆窒碍不通矣。学问以道德为本，见闻为用，非若今人专以读书册讲义理为学问者比焉。殊不知学者学先王之道，以求成德于己耳。故道德之外，岂有他哉？何本末之有也。

诗

《诗经》之序曰，古人借诗以明志，述景以显其心性，何须注释焉？然诗本无定意，何须作序而定诗之本意乎？

大抵《诗经》之诗，上自高堂，下至里巷，收诸列国之作也。尊贫男女智愚美丑，无不收于《诗经》。世风之变，乡野之俗，庶民之情，万物之状皆在其中。其韵平舒，其情深挚，其词复唱，移情于人也易。诗言琐事，故其情不腐，其志不傲。故君子可知小人，夫可知妻，官可知民，壮年可知垂暮，是为《诗经》也。

且诗之意非行之标，美丑皆存。读者可识诗之志而扩之，或与之较，亦不失其细处，如是而已。故古人以《诗经》启智治民慎言，与邻为和。《书经》言政，而《诗经》言情。《书经》立圣，而《诗经》叙琐。犹若日月光易，阴阳互盈。故《诗》《书》本一体，循之以为理法之典也。

[JAT]

答问书

易气可易

君言忧己之恶气质，以外气为著。知己之非为益事，然过虑气质之恶则无益也。气质为天赋秉性，受之父母。气质可变，乃宋儒之妄说也，令人行其所不能，此为大谬也。气质不可变，米为米，豆为豆，遵其性而养之，此为学问成就之道也。无论米豆，皆依天性而结实，而谷壳无用。米为米用，豆为豆用，米不可为豆，豆亦不可为米，世间之理也。宋儒之言气质变化，浑然中和者，无异于豆为米用者也。……

圣人聪敏睿智之德得于天，与神明相齐。以人之力何以至圣人哉？自古无人成圣，宋儒妄说之事明也。圣人之说，无言可成圣人。遵圣人之教，可为君子。宋儒之说，效佛法之说，效佛之行可为佛。宋儒之说，人欲净尽，天理浑然者为圣人，实则非圣人也。以此心而自识为圣人者，恰似绘雷与鬼于画中，推量不可见之物也。思雷为打鼓，鬼披虎皮，稚女之行也。宋儒之言于圣人，与此相似也。

占卜之事

圣人之书中，亦言占卜之事。尔言难以置信者，是为理学之习弊也。理学之弊，凡事皆依理而思，视界愈狭，故疑卜签之意也。

卜签可测吉凶，而无重其稽疑。女子小儿之卜，为知其吉凶幸灾。知今日死则明日无益。古之占签非此。行路者不知所从，若理不清道不明，则赖占签以问鬼神。无事而占今年之吉凶者，古未有之也。此谓稽疑。

……

世间万事，人智人力有其极限。天地为活物，人亦为活物，天地与人，人与人之合可生万变，岂可预知乎？愚人偶言中一二，妄思为己智力所及，谬之至也。皆天地鬼神之助以成之事，人智人力所不可及也。君子知天命而不动心，尽己之责，自得天地鬼神之助。愚者不知其智，故生疑惑，无心尽责，其事亦败。

理学之过，在其思之狭也。若蟹之壳，皆一孔见天，以己身而思万物。……有甚者，人智人力不可及之天命之上，亦存理。故而尔不可解圣人之用卜签者也。待尔学问大成，则疑惑自释也。

［SHY］

（丁诺舟译）

石田梅岩

石田梅岩（1685—1744）

　　石田梅岩是京都一家干货店的店员，清晨和深夜，当他的同事们在睡觉时，他仍在潜心读书。1729年，他辞去工作，开始向公众免费讲授其选定的日本和中国的经典著作，并注意使用他所处环境中的商人和工匠容易理解的术语。梅岩的哲学被称为"心学"，其中心思想是强调了解自己的真实本性。根据梅岩的说法，只有当个人成功地追求这种内在知识时，才能在家庭和社会中实现"道"，他将其与儒家的"五伦"相提并论。虽然这一教导的灵感主要来自宋代理学家的自我学习完善之说，但梅岩在很大程度上借鉴了禅宗——特别是他提倡的冥想工夫——以及日本本土的宗教传统和道家思想。事实上，他奉行的是一种比较哲学，经常在他那个时代的多种知识和宗教传统中游刃有余。

　　后文的摘录来自他与不同学生和批评家的谈话记录。在第一段中，梅岩将经典的"圣知"解释为一种自发的、自然的意识，其中心灵不受自我中心冲动的限制，能够完全认同在任何特定时刻遇到的特定形式。这种"依赖形式的心"的理论具有重要的伦理意义：当一个人明心见性，就会意识到心中实有万物，因此自然地将他们的需求置于自己的需求之上。在第二段节选中，受一位本土主义对话者的挑战，梅岩要解决儒家和神道的宗教崇拜传统之间的明显矛盾，他重新解释了经典的儒家文本及其理学式的评论，重申了敬仰日本神灵的重要性。

[JAS]

（张政远译）

都鄙问答
(112-5)

曰：然，积修行之功，至无疑会心之道，乃何种胜也？

答：孟子曰：我四十而不动心，遇国事天下事，皆无所疑无所惧，修身为要。然，世中为传道招收弟子，却不知教授弟子，反受弟子供养，则反之。譬如，男儿不养妻子，反得妻子供养，此也。不知心而从教者，相反如斯。大学之道，明明德为本，新民为末。为学者，知心为本为先。知心则慎身。敬身故合礼，故心安。心安是仁，仁为天之一元之气，天之一元之气生育万物，悟得此心为学问之始终。呼吸之间，以心养性为我任也。行仁爱，合乎义，虽小，心安。除我心之安乐外，岂有教之道乎？我心本未得之，却露出好似得之颜色，乃伪也，心难以接受，苦也。此如前汝所言古歌云，口中言伪可，问心则如何？孔子曰："君子不忧不惧。"又曰："内省不疚，夫何忧何惧。"吾所云无他，平日不忧不惧，内省不疚，心静安乐，岂有胜于此乎？

曰：圣人生而知之，非汝等问而知之。然心易判断圣知与私知，如何能如此也？

答：汝心知黑白易分之，圣知与私知之分亦如是。禹治水时，知彼高此低。所谓私知，因添了许多人为之解，故非自然之知。若欲知此圣知，可举例喻之。程子曰：今人羁勒以御马而不以制牛，人皆知羁勒之作在乎人，而不知羁勒之生由于马。圣人之化亦犹是。圣人见马后，做羁御马用之。此非于母胎内知之，乃生而后能之，乃以眼中之物为心是也，此即为圣知所殊之处。映物不曲，心如明镜止水。人者，本来之心虽同，然小人为七情所蔽昧，以为圣人之知由外索而得之，昧而生疑。实应以本来之形为心，形即心也。譬如，夜寝之际，痒而搔之，非有意为之，乃不知不觉中，随形为之。此乃形即心也。又，孑孓于水中不蜇人，变为蚊即蜇人。此乃由形之心是也。鸟类畜类之心如何？蛙恐蛇，乃老蛙曾教子蛙，蛇将食汝，汝应畏之，子蛙学而习之后，渐传晓之，既生为蛙形必恐蛇。此乃形即心也。此外，细思身边，蚤至夏皆知跳人身，此亦非老蚤教子蚤，汝须食人度世，须谨慎人手速飞逃命，迟则命丧。此由形所致，不须习之，自能为之也。孟子曰："形色天性也，惟圣人然后可以践形。"所谓践形，行五伦之道是也。不能者，为小人也。畜类鸟类无私心，反易践形。此皆为自然之理。圣人亦知此也。《日本纪》云：夫大己贵命与少彦名命勠力一心，经营天下，复为显见苍生及畜产，则定其疗病之方。又为禳鸟兽昆虫之灾异，则定其禁压之法。是以百姓至今咸蒙恩赖。无论何国，其道相同。《史记》亦见唐土之伏羲驯伏牲畜之记载。首先人与畜类不同类，故鸟兽等皆惧人类而不亲近。圣神无私心，知彼等惧怕人类，以此为心，故知牛好此，羊好彼，豕好此，马好彼，此强彼弱，此厉彼静，以所向物之心为心，知彼等气质之性，驯而伏之，利后世鬼神之供品，及老人之养命。然，天地所生万物，自有弱者随从强者，此乃天之道也。因圣神其德在，故不杀无益植物。为尽其理，根据场合和时间，不得已杀之以供祭祀待宾客养老人。无用时，不杀一虫。又，于万草之中，知五谷殊胜，麦为夏产之物，何时撒种可丰登，稻何时撒种可丰登，大豆小豆小角豆何时撒种可丰登，根据时候，教授种植五谷。此外，于多种草木中，知可食用养身之物。且能分辨土地，知此处可作为田地种植，使天下成为人可免于饥饿之世。此皆为大己贵命、少彦名命、唐土伏羲神农黄帝之仁德之功也。天生万物，生物自育。《日本纪》云：保食神乃回首，向国则自口出饭，又向海则鳍广鳍狭亦自口出，又向山则毛粗毛柔亦自口出。所谓保食神之口，乃认知万物之口。天神地祇如斯，为自由之神。因由自由之口所生万物，亦为自由之物。譬如，蝉非由口中出声，乃是腋下发声之物。身虽有口，难以分辨何方，其口非为发声之物。春夏空中所飞小虫，虽未见食何物，亦未见饿死，而是生于虚空，死于虚空，不知出处者为多。

[JAS]

（韩立红译）

安藤昌益

安藤昌益（1703—1762）

在近世日本，安藤昌益可以说是创造了最系统且深刻的形而上学理论的哲学家，然而在那时，他几乎不为人所知。他门下没有多少弟子，连他的著作都是在19世纪末才被重新发现的。尽管他既被公认为日本近世最为犀利和创新的神佛儒道批评家，又被看作构建了更加精细复杂的气本体论体系的哲学家，但现在的西方学者对其仍然知之甚少。

昌益在作为一名哲学家的同时，还是一名医生，他在日本东北部的八户城城下町为人看病，这也是导致他不为人所知的重要原因。他出生于秋田县的二井田，后来又返乡并度过了他人生最后的时光。他不曾在京都或江户的学者们面前阐述自己的思想，也正因此，他没有建立起自己的学派，也没有太多追随者。

昌益致力于《自然真营道》的写作直到去世，该书以风趣但尖锐的方式，批判了神、佛、儒的哲学体系。他还猛烈地抨击精英武士的统治和所有自诩高人一等之人。他用乌托邦来批判现实世界，在那里，所有人类无论男女，都生活得自由、轻松且平等，人们和鸟兽鱼虫、山川草木相依相偎，人类与自然处在和谐之中。

在这方面，昌益的思想与《老子》和《庄子》相呼应。道家思想不仅与他对和谐世界的希望相吻合，而且适用于他对儒家思想的批判，因为儒家思想时常受到道家思想的攻击。然而，即使昌益同意道家对儒家的批判，但他面对道家思想时总是谨慎的。在他看来，老子和庄子的目的是让自己成为无上的圣师，所以在根本上与他们所批判的圣人没有根本区别。这与昌益的思想是一致的，他希望解构各个学派以及他们的自大，而非创建属于自己的学派。

尽管昌益的思想极为犀利，然而彼时的人们对之置若罔闻。毫无疑问，在武士精英的压迫统治下，那些了解儒家哲学的人，能够深切地感受到他书中强烈的反独裁情绪，但阅读这些作品的文人们显然不为所动。尽管如此，昌益的作品还是证明了德川时代存在类似道家的反对现状的思想，这在今天会更加唤起读者们的兴趣。

在下面所选的段落中，昌益采用了《庄子》中的一种体裁——动物对话作为开场，旨在缓和严肃的气氛并避免他人的批判。接下来的一段自传性的内容中，昌益叙述了自己是怎样走上自然之道和活真之道的。在这段文章中，昌益是发声的主体。最后是一段从《大序》中节选出来的文字，它标志着昌益杰作的最终完成。

[JAT]

自然活真
安藤昌益 1762，6：93-4，107，145-6（143-4，149，170）

针对儒学和佛教

狗说："我从人类家中的锅釜等铁之精气中出生，吃人类不要的剩饭和残渣，见到可疑的影子或者小偷就向他们狂吠，从而保护主人。我不耕地而贪吃主人的剩饭，是因为我受'横气'的主宰而生。然而这是自然而然的，并不是我的错误。法世之人模仿我……孔子、孟子、唐宋明的学者、释迦、达摩、诸学僧、老子、庄子……日本的圣德太子、罗山、徂徕，他们不耕种而盗取众人的直耕，贪求众人的余粕，不知互性具足之妙道。他们生于偏气，把扭曲之心和扭曲之知写入书中，为了盗窃天道而制作文字……书中千万章句，皆非天道，而只是虚妄的私作。

"因此，与活真、自感、进退、互性、通横逆等备于天地人物的具足之妙道相对比，作为文字学问之大本的易、历、五常、五伦和佛经等……都不过是因为扭曲之心而出现的互性妙真的幻影。儒书的讲谈、佛经的说法、老庄的著作、医书、神道书、所有的诗文书说等，就像狗对着影子狂吠一样……

"世间说'出家、士、狗畜生'。'出家'指僧侣，'士'就是圣人，这句话的意思就是，圣人、和尚全都和狗一样。多么有道理！我也不耕地而吃别人的东西，圣人也不耕地而盗取他人的直耕，僧侣也不耕地而靠布施吃饭。他们定下教义，向众人讲谈说法，就像向真妙道的影子狂吠一样，我也向影子狂吠。所以我们的心、知、行、作没有丝毫的不同。"

……

狐狸说："……本是通气的人被横气所迷，就变成了狐狸……横气和偏惑泛滥，人变得疑心深重，心灵和理智就会充斥种种妄想：或说易、历、干支、五常、五伦、四民，或说人心道心，或说佛心众心、五时八教……或说谷神不死，或说无为之为，或说军法兵术，或说十二经络、不知气行的药种，或说天神七代、地神五代……所有的文字书籍和学问，都是受横气驱使而盗窃天道，是堕落为畜生的罪业，是我等的同类。因此我就是兽世最大的学者，法世的学者都是我的弟子。"

……

蚂蚁说："法世里有这么一个人①，他喜爱鞠躬行礼，不履行天道直耕的责任，不耕而贪食。他一生周游诸国，贪求俸禄。偶然有人收留他，他便在此停留。若没有俸禄，他便再次前往别国。别国也不给予他俸禄，他便又前往另外的国家，结果还是无法得到俸禄。他回到家中，写下大量不正之书，贻害后世。这些书中大多是不正之言和偏惑之说，后世也就逐渐盛行仁义、赏罚等，使得盗乱不止。所以我就是动物界的孔丘，法世的孔丘也就是一只大蚂蚁。"

[YT]

---

① 指孔子。

良演哲论

安藤昌益 1762，1：178-80，187，190，210，217-8，245，254，267-70，280-2，289-90，294（198-9，201-2，209-12，223，228，233-40，245-7）

良中先生明道

良中先生，氏属藤原，乃是天儿屋根名①的第一百四十三代后裔，他居住在出羽国秋田城的城下町。先生从出生到长大，从未跟随老师学习，也不研读经典，靠自己懂得了自然即是在活真、自感、进退、互性、八气和通横逆中运转，是天地、央土之中的"活真之一全体"。

通过观察人的面部，良中先生发现人体自身也有具足之八气、互性和妙道，天地与人体同样是"活真之一全体"，所以人道也应当与天和活真一样，以直耕为道。天真、万物、生生的直耕，与作为谷精的男女的直耕，在根本上是一致的。在此之外，绝无其他的道。

所以古书、圣人、佛祖、老子、医师和神道家等流传下来的大量文献，都不是活真、天地和互性的妙道，而是生于"清偏精"的"偏惑说"。

所有的文字都是在"偏惑知"的指导下而创作出来，似道而非道，皆是盗取天道的工具。也正因为这些东西都是错误而虚伪的，所以我们要利用这些文字纠正错误而寻找到"道"。这并不意味着我们重视这些文字，而是以这些荒谬的文字打破荒谬的思想，从而到达"活真妙道"和"互性具足之道"。

……

良中先生说："从木春到金秋、从春花到秋实的互性，是活真的生成之道。不知此道而作《春秋》，从而制定赏罚标准的人，实际上加重了后世的杀业和偏惑。"

……

良中先生说："心这个东西，由于心与知的互性，才具有了心的奇妙。不

---

① 神道中的一位神，在神话中是藤原氏的祖先。

明白这个道理，专说佛心、众心、不生心、不灭心和直指人心等，都是偏惑。所以一切佛经中所说的，也都是偏惑。

"日和月的互性才能被称为'神'，不明白这个道理，编造出'偶神''生神'之类神道的人，都处在偏惑之中。"

关于治理

中香问道："治乱兴亡是源于法还是源于道？"

良中先生说："道不知治乱。私法兴，治乱出。如果不去追求治，那么也不会有乱，兵祸也不会出现。"

荣泽说："……私法立，治乱起。治是乱的根源，统治者希望统治他人，被统治者就会反乱。被统治者发起反乱，那么统治者就希望加强对他们的统治。所谓的'知'，只不过是将天下化作私物的名义而已，所以盗乱是不会终结的。"

……

"不耕贪食之人，无论贵贱高低，都是国家身上的虱子。但如果憎恨他们，自己的心就会为其所夺而耽误正事。所以不要憎恨他们，做好自己便是遵循天道和天真。"

天与地

静香说："天和地乃是活真的全体，是进退、退进、互性的统一体，因此没有差别。万物也生于活真的自耕和进退互性不止之处，因此万物不是整齐划一的。男女虽小，也是一方天地。就像天地之间没有差别一样，男人和女人也都是人，这是自然的法则。因此无论人与人之间有着怎样的差异，也同样为人。既然同为人类，那么便不可将人划分出上下的等级。人之所以没有上下之分，原因在于天地一体。天地乃是互性的统一体，何有上下之分？所以无论是天地还是人类，都没有上下之分。"

……

"人是天地的缩影，是活真妙道自行、进退互性的体现。因此天地万物之中，没有人类不能知晓的。"

释迦牟尼

新风说:"……释迦牟尼出家而立佛法,在其之上又立五戒之法①,这是法上加法。他自己虽然定下了五戒,但是舍弃了应当赡养的父母,犯了杀生的大罪;不劳动而吃他人的粮食,又将天道据为己有,这是犯了偷盗的大罪;侵犯弟子、小僧的肛门,淫邪至极;一生都在宣扬'方便'之说,从而偷吃他人粮食,简直是妄语的极致;不知自身的互性之妙道,醉于偏惑心,这又破了饮酒之戒。自己所立的戒律为自己所破,这犯了佛法中所说的'破戒无善'的大罪。"

恢复和谐的方法

男女是天地的缩影。因此,男虽主外,但男中有女;女虽主内,但女中有男。男人的本性有女,女人的本性有男。男女互性、神灵互性、心知互性、念觉互性,这八种精神与感情"通横逆"地运转,耕地织麻,永不停息。这就是"活真",男女的直耕。

天地一体,无上无下,万物互性,没有差别。所以男女皆是人,无上无下,互性而无差别。人们有着同样的相貌、行动、情感,共同直耕。这就是自然活真的人世,盗乱、迷争连名字都不存在,有的只是平安。

然而圣人出现,他们不事耕种,贪求天道和人道的直耕,立私法从而收取租税,享受宫殿楼阁、珍味美食、绫罗绸缎、美女游乐,这些无用的奢侈和荣华不计其数。

后来他们又定下王民、上下、五伦和四民之法,又设立赏罚,将自己置于上从而耀武扬威,被统治的人们因此羡慕他们。此外,他们还创造了金银货币,以富人为上、为贵,以穷人为下、为贱。

……

如果统治者中存在能够体得活真妙道的"正人",那么即使是当今天下,也可以变成平等、直耕的活真之世。如果没有此种正人,那么便无计可施。如果有人希望改变这个盗乱不绝的世界,那么实际上存在一种方法,能够让

---

① 一不杀生,二不偷盗,三不邪淫,四不妄语,五不饮酒。

人即使身处有上下之别的盗乱不绝之世，也能够到达自然活真之世。

有一种以谬误阻止谬误的方法，有一种以上下差别消除上下差别的方法。举例而言，天和地、男和女本无二别，然而由于私法的缘故，天和男人被视为高贵，地和女人被视为卑贱。但这种尊卑贵贱实乃一体两面的关系，以这种关系为前提来订立上下尊卑，那么当今之世便与自然活真之世没有区别。

统治者之所以希望获得大量的家臣，是因为担心动乱的发生。因此他们首先应当放下保有大量家臣的想法，而专心于设法消除动乱上。

……

统治者的天职，是维持社会的稳定。给予人们可以耕种的土地，才是普遍的"天真"之道。

文字、书籍和学问，是不耕而贪食并且窃取天道、天下和国家的基础。首先要将这些东西取缔，并给予这些文人土地令其耕种。如果他们不接受而宁愿流浪，其一族之人应当把他抓住并不给他提供饮食。等到他经历过饥饿的痛苦之后，再令其从事耕种便可。人一旦切身体会不耕种者不得食的道理，必然就会主动地去劳动……

奖惩之法必须迅速废止。统治者如果自己耕田而不剥削他人的话，是不可能出现罪人的。没有罪人，何谈赏罚？所以赏罚是圣人创造的恶法，它对后世造成了深刻的不利影响，所以应当迅速废止。

针对僧侣，应当废除佛法，分配土地令其耕种。并且要教导他们："直耕是天真之妙道。所谓成佛，就是到达了天真，所以说能够做到直耕，就是成为活佛。"

……

如果统治者不耕贪食、穷奢极欲，将天道据为己有的话，被统治者就会羡慕他们并去偷盗财货，盗乱由此而生。如果统治者能够明白道理，禁止奢侈的话，被统治者就不会有羡慕之心，私欲之心自然消失。统治者断绝了盗乱之根，在被统治者那里，枝叶也就不会生长。上上下下的私欲和盗乱一旦断绝，连"乱"这个字都不会出现。

……

圣人居于上而不耕贪食，这是犯了将天道据为己有的错误。这个错误是盗窃的根源，所以被统治者中的盗贼层出不穷。统治者不去解决根本，只是处死盗贼的话，盗乱是无法根绝的……在此处逮捕盗贼，他们又跑去其他的地方偷盗。如果盗窃的根源没有被斩断，即使用尽手段处死他们，也无法根绝盗乱……

[YT]

互性的哲学

安藤昌益 1762，1：63—76，86—7，104—5（253—9，264—5，273）

妙　　道

自然，就是互性妙道之号。什么是互性？即是无始无终的"土活真"的运转及其大小进退。小进木、大进火，小退金、大退水。此四行进退又变出八气，此八气也处在互性的关系当中。木主始，其性水；水主终，其性木。所以木非始、水非终，而是无始无终。火主动始，其性收终；金主收终，其性动始……这就是妙道。妙是互性，道是互性之感。以上这些都是土活真的自我运动，不教不习、不增不减、自然而然，所以被称为"自然"。

活　　真

活真的本体——"土"位于天地的中央，而其精华"土真"则位于北极星之处，具有生命力且无始无终，保持着动态而没有停止和死亡。面对活真，我们无法进行一丝一毫的增减，其自身的运动丝毫不曾停歇。这是因为它是有生命力的。活真前进而产生木火的进气，同时又包含金水的退气，这样一来就生成了天。活真后退而产生金水的退气，同时又包含木火的进气，这样一来就生成了地。天地之中，有着"土体"。进气精凝而生成太阳，其中又包含月亮，这样一来，它就成了"天神"。退气精凝而生成月亮，其中又包含太阳，这样一来，它就成了"地灵"。日月互性，昼夜互性。金气具备八气的互性而成为八星天、八方星，它与日月和合，升天而后下降，最终成为地。八气能够互性，进气成四隅，退气成四方，随之出现四时八节。八气升天降地，与央土和合，通过"通、横、逆"的流动方式，生成谷物、男女、鸟兽虫鱼和草木。这就是活真的直耕，它无始无终。

活真的自我运动形成了天地，又将天地作为四体、四肢、脏腑、神灵和情行。活真常常"通"着上天、"横"着入地、"逆"着巡回央土，它的"逆"形成了谷物和草木，"通"制造了男女，"横"创造了鸟兽虫鱼。活真的直耕创造了万物而不知停息。世间的万物，都是活真的一部分，这就是所谓的"营道"。

所以说"自然"就是八气互性；"活真"就是"无二活，不住一"，它是不断流转的不动不静的自我运动；"营道"就是活真不断创造人与物的过程。所以说，天地、人物、事理乃至微尘，还有语默动静，都只是自然活真之营道的极致。正因如此，我把自己的著作，起名叫作《自然真营道》。

我常常看人家里的火炉，发现灰土中存在活真。在火炉里，木火金水完成了自行、进退、互性、八气和通横逆的妙用。柴火相当于进木，热水相当于进水，二者处于互性的关系。

……

火炉中包含天地之间四时八节之气的运行，以及它们之间互性而生成一年的妙道……所以天地之间八气互性的妙行，皆备于火炉之中……

这是为什么呢？这是为了让人类能够烹调豆子和谷物。天下万国万家，虽然各有各的不同，但是炉子的四行八气互性之妙用都是一致的。人们都是依靠炉子而活，所以无论什么人，都必须负起直耕的责任。炉子的如此妙用，男女出生之时是谁告诉了他们？他们又是从何处学到的？恐怕没有人能回答这个问题。啊！活真备于人类的体内，这多么明显啊！

……

人的存在和天地、日月星辰一样，都是进退互性的八气，八星天也是互性的八气，八列星也是互性的八气，地之八方也是互性的八气。所以鸟兽鱼虫是进退互性之八气所变化出来的，草木的四枝四叶也是互性的八气。

所以说天地、人物、心神、行业，都只是八气之互性和活真之自行的极致。其明证，就是家中的火炉和人脸所表现出的天地八气互性之妙道。所以我通过观察火炉和人脸，明白了自然、天地和人物都是活真自行、八气互性、明暗一感的妙道。

这些说法并不是我的主观臆测，也不是从哪位老师那里学来的。这些内容不曾存在于古代的孔子、释迦、老庄和圣德太子的著作之中，所以也不是从古书中学来的。只是通过观察炉子和人脸，发现了我家炉子和我的面部都体现了这些道理，我才真真明白了它们。这些道理是自然而然的，无论是天下万国的什么人，都无法质疑或否定我的说法。

文字和书籍

所有的文字，都由圣人们擅自创作。他们称之为学问，并居高临下地将其传授给被统治者，以此建立私法、不耕贪食，从而盗窃直耕之天道，种下盗乱的祸根。以学问统治天下，天下因此盗乱不绝。文字和学问都是盗窃天道的工具，这些圣人们并不明白"真道"存在于火炉和人脸之中。专心于文字和学问之人，都是天真的大敌。这便是我否定文字和学问的原因。

有人问道："你既然说文字和书籍是盗窃天道的工具，是天真的大敌，但你所写的也是文字，你为何要使用这些盗窃工具？"

我回答道："盖房子时必然使用橛子①，如果房子破损需要改建，那么就需要把旧橛子拔出来，拆掉整座房子。如果橛子拔不出来，就必须拿新橛子撬出旧橛子，从而改建旧屋。若要纠正以往学者们的错误，就要拔除文字之弊。若想拔除文字之弊，就要以文字来对付文字。这是为了破除文字和书籍等盗乱的根源，到达没有盗乱的、安宁的活真之世。这是利用错误纠正错误，是为了见到'真道'。你要懂得这是在以盗制盗，是在利用文字和书籍，去破除作为盗窃根源的文字和书籍本身。只有这样，我们才能将之彻底破除，这就是我借用文字的原因。"

老子和庄子

有人这么质问我："如果说天地一体，男女一人，上下、贵贱、善恶都没有区别的话，那么你诋毁释迦和圣人，岂不是非常的傲慢吗？"

我的回答是这样的："老子早就诋毁过圣人了，他曾说'大道废，有仁义'，这正是诋毁圣人的发言。庄子……将圣人视为大盗。这不都是些十分激烈的诋毁吗？老庄虽然诋毁圣人，但是他们自己也不耕而贪食，盗窃天道，实际上与圣人同罪。批评圣人却又看不清自身，这是多么的片面。我以天地

---

① 日本传统建筑中用来紧固榫头的工具。

一体、男女一人和自然互性的妙道，讲上下没有区别，这并不是在诋毁圣人，仅仅只是把自然、活真、互性的妙道给表现出来了而已。圣人创造了各种区别和等级，是因为他们的认知极为片面而不懂得互性之真道。这哪里算得上诋毁？"问者口吐白沫而退去。

[YT]

（陈宇译）

富永仲基

富永仲基（1715—1746）

富永仲基出生并生活在大阪，他的父亲既是大豆商人，也是怀德堂的创始人之一。怀德堂是为市民和商人服务的儒学中心。虽然富永仲基常年患病，最后英年早逝，但他留下了两部重要的作品：《出定后语》和《翁之文》。前者尝试对亚洲的佛教传统进行历史性的解构，后者则展现了富永仲基对神道、佛教和儒学的评论。他的第三本著作题为《说弊》，批判性地分析了东亚历史中的儒学传统，但早已失传。由于他倡导与传统相悖的学说，因此被从怀德堂中驱逐。在日本近世时期，富永仲基作为最为全面的神佛儒传统的批评家，与安藤昌益站在同一战线。在更广阔的背景下，他被比作欧洲启蒙运动时期的伏尔泰。

简而言之，富永仲基认为，种种传统学说之所以要使用辞藻华丽却荒唐无稽的修辞，其本意在使自身成为能够同化、吞并其他主张的传统。然而最终，在细致地、历史性地考察各种学说和传统之后，富永仲基发现它们都简单地传达了一个核心信息，它以深刻的方式超越了神佛儒。这个核心信息，富永仲基在肯定道德在现世中的重要性时称它为"诚之道"。在其著作的前言中，富永仲基表示这一文本乃是他与一位无名老人的讨论的抄本，这明显是在强调这条无所不包的诚之道的独立性。

[JAT]

翁之文

富永仲基 1746，547-59（195，198-200，204，206-10）

　　当今之世，或认为神儒佛三教是天竺、汉与日本三国各自的代表性学说，或认为它们在根本上一致，或是相互之间争论对错。然而这三者都不是"道之道"，都不能被称作"诚之道"。若问为何，佛教乃天竺之道，儒乃汉之道，既然是别国之道，那就不是日本之道。神道虽是日本之道，却距今甚远，并非当下之道。真正的道应当超越任何国家、任何时代。但道的最根本原则应当是实践，无法被实践的道不能被称为"诚之道"。在当今的日本，神儒佛三教正是不能被实践的道。

　　……

　　那么在当今的日本，应当怎样实行"诚之道"呢？——努力于当然之事，做好当下的工作，让自己的身心正直，谨言慎行，孝敬父母。

　　侍奉主人者，要事君以忠；育养儿女者，要好好教育；为臣下所戴之人，要善于管教臣下；有夫之妇，要顺从丈夫；有妇之夫，要引导其妻；有兄长者，要尊敬兄长；有幼弟者，要爱护弟弟；对待老人要亲切，对待幼者要慈爱；不忘祖先，家庭和睦；与人交往要真诚。

　　不沾染不良的娱乐；尊敬贵人，也不嘲弄愚者；己所不欲，勿施于人；不要尖酸刻薄、棱角分明；不固执己见，遇事冷静；愤怒时不被怒火吞没，高兴时也要有节制；不沉湎于享乐，逆境中也不自暴自弃。

　　无论贫富，皆是自己的幸福；不应受之物，即使是微尘也不当取；应当作出取舍之时，就算是国家天下也不应当吝惜；衣食住行的好坏，要符合身份；不豪奢，不吝啬，不偷盗，不虚伪，不好色，不酗酒，不滥杀无辜；注意休养，不暴饮暴食；若有闲暇，应当学习有益的技艺，求知若渴。

　　写当下的文字，说当下的话语，吃当下的食物，穿当下的衣服，用当下的工具，住当下的房子，遵循当下的习惯，遵守当下的法律，与当下的人交往，不做诸种恶行，多行善事。这就是"诚之道"，这就是当今日本应当遵循的道……

这"诚之道"既非天竺传来，也非汉地所来，又非遥远的神代时产生而现在要学习的东西。它既不从天上所出，也不由地中所现。它只关心现世的人。如果遵循此道，自己喜悦，他人开心，诸事顺利。如果不遵循此道，那么便会惹人怨恨，自己沮丧，诸事不顺。它是从人性中自然流露出来的东西，而非思索或假设的产物。当今之世，就算是学习神佛儒三教之人，也无法离开"诚之道"……

富永仲基认为，神佛儒三教的原始教义是由伦理道德构成的，他承认这与"诚之道"相一致。然而当它们成为"传统"之后，这些传统的代表者哪怕不惜扭曲原始教义，也要压制其他的学说。在分析了从释迦牟尼到禅宗的佛教传统之后，他转向对儒学和神道进行历史性的分析。

孔子祖述尧舜、宪章文武、宣扬王道，乃是在彼时多言齐桓晋文、专崇五伯之道的背景之下产生的……宋儒不了解古往今来思想发展的历程，认为这些思想都是一致的。最近的伊藤仁斋，主张只有孟子继承了孔子的学统，而其他的学说都是邪说。又如荻生徂徕，认为孔子之道直接就是先王之道，子思和孟子等人都背离了先王之道。这些都是错误的想法。

……

又如神道，中古之人将其伪装成遥远的神代就存在的东西，并称之为"日本之道"，声称其远超佛儒之上。……这都是后世之人创作的故事，神道在遥远的神代并不存在。最先出现的是"两部习合"，其以儒佛之道为基础，适当加减编造而成。其次出现的是"本迹缘起"，这是当时佛教徒嫉妒神道的兴起，表面上宣扬神道，但在暗中将人引入佛道。然后出现的是"唯一宗源"，它剥离了儒佛两道的内容，宣扬纯粹的神道。这三种神道都是中古出现的。又如最近出现的"王道神道"，主张没有别的神道，王道即是神道。还有表面宣扬神道，暗中实为儒道的神道。这些神道在神代并不存在，都是捏造出的各种说法，是想要超越别人而编造出来的。

……

神佛儒三教皆有弊端，要明辨是非，勿入迷途。佛教的弊端乃是幻术，幻术就是现在的魔术。天竺是喜爱魔术的国度，讲道化人时若不掺杂魔术，人们往往并不相信。释迦的魔术十分出色，他入山修行六年，学的就是魔术。诸经中所言的各种神变、神通和神力等，皆是魔术。白毫光中现三千世界、出广长舌上至梵世、维摩诘设八万四千狮子座于方丈内、神女现神通变舍利弗为女等，也都是魔术。除此之外还有很多弊端，诸如说生死轮回、因果报应，说本事本生未曾有，说种种奇妙等，都是为了让人信教的方便。此乃引导天竺人的方法，在日本并不需要。

儒道的弊端在于文辞，就是今日所谓的"辩舌"。汉地是喜爱文辞的国度，讲道化人时若没有文采，人们往往不会相信。譬如，"礼"本是冠婚丧祭的仪式……结果它被抬到了天地的高度。又如"乐"字，其本是鸣钟击鼓的娱乐，后来将之称为"乐"，再后来又被叫作"天地之和"。又如"圣"字，其本指有智慧的人，后来内涵扩大，用来指代人间最为高级的层次。

孔子求仁……孟子说四端性善，荀子说性恶，《孝经》说孝，《大学》说好恶，《易》说乾坤。如此种种，皆是被辩舌所夸大的简单概念，是吸引人们追随他们的方便而已。汉地的文辞和天竺的魔术一样，都是日本所不需要的。

神道之弊，在于"神秘""秘传"和"传授"等隐匿事物的行为，此乃伪盗之本。幻术和文辞尚有观赏的价值，而神秘比幻术和文辞更加低劣。在远古之世，人们的内心正直，神秘尚可作为引导众人的方便。然而在当今末世，伪盗盛行，神道的教导反倒会保护这些恶行。那些卑贱的猿乐和茶道，也效仿神道搞出传授印可，赚取利润并以此为生。可悲！若质问他们为何要定下这些规矩，他们会说是因为秘法难以向根机不熟之人传授。这听起来似乎有些道理，然而要知道，无论是秘传还是售卖技艺，皆非诚之道。

[KAS]

出定后语

富永仲基 1745, 83, 125, 135-6 (81, 131, 123, 144-5)

是诸教兴起之分，皆本出于其相加上……为善则顺，为恶则逆，固不待于儒佛之教。

语　　言

凡言，有世、有类、有人，谓之言有三物。一切语言，解以三物者，吾教学之立也。苟以此求之，天下道法，一切语言，未尝不错然而分也。故云，三物五类，立言之纪是也。

人　　性

然而是皆乏于实理，何以谓之乏于实理？譬之儒家有性之说……告子云"性无善无不善"，孟子云"性善"，荀子云"性恶"，杨子云"性善恶混"，韩子①云"性有三品"……性善恶之说，盖亦至此而极矣。然而其实皆空言也，何也？苟于其身，为善则可，亦何择乎性之善恶？苟于其心，无恶则可，亦何察乎理之空有？徒以是说互相喧豗者，事皆属无用，故曰其实乏于实理。

"性相近也，习相远也"，是真孔子之说，性善恶此时未之有也。"诸恶莫作，众善奉行，自净其意，是诸佛教"，是真迦文之教，理空有此时未之有也。

[MP]

（陈宇译）

---

① 杨朱（前370—前319），提出了利己主义的学说来对抗儒家学说；韩非（前280—前232年），他是一位贵族，也是法家思想的支持者。

手岛堵庵

手岛堵庵（1718—1786）

手岛堵庵出生于京都富裕商人之家。在青壮年时期，他是石田梅岩的追随者。总体上，他最终继承了"心学"运动的领导者地位。1760年，堵庵开始授课，定期进行有关儒学经典和日本文学经典的讲座。此外，他还出版了几本用日语写的道德小册子，有一些专门面向妇女和儿童。堵庵作为梅岩的继承者，还举办巡回讲座的活动，这使心学伦理思想在农村和城市都得到了普及。

大部分情况下，堵庵的教学对象几乎都是没有时间读书的普通劳动阶层。因此，他会尝试迎合当时大众话语中流行的不同宗教和不同知性观点。他的主要学说"知其本心"，本质上是对梅岩学问本旨——通过冥想实践和道德纪律来理解自己的本性——的重申。其灵感来源，很大程度上是孟子对人类性本善的发现。不过，堵庵的认识也受到禅教开悟理想的改造，缺乏理性主义和差别主义，甚至比他的老师梅岩还严重。

在德川时代禅师泽庵宗彭、铃木正三、至道无难的作品中，或许可以找到非利己本位的自发行为概念。从堵庵的著作来看，对他影响最大的应该是禅宗传道者盘珪永琢。在下面的段落中，心学大师（东郭子）说，一旦我们放下自私的冲动，使自己的行为合理化、理智化，就会重新发现人心固有的纯洁和道德——或是盘珪所谓的"不生禅"，抑或是宋学学者所谓的"明德"。

[JAS]

反抗合理化

手岛堵庵 1771，21-6

或问曰：前几日，我读了盘珪和尚的《法语》（又名《和语说法》），感觉和您的教诲完全一致，很受触动。想努力反复阅读，但要是它和您教的有不同之处，不知道看了会不会有害。请像盘珪那样，用我们能听懂的通俗语言告诉我们，如果您认为它不好，就说说它怎么不好；如果您认为它和您教的一致，就说说怎么一致。

东郭子曰：这是个寻常的问题。你确实是个乡巴佬。既然盘珪的说教方式你能听懂，那我就随你的意，用和尚的方式和你说，好好听着！

那和尚是个极有洞察力的人，他教的和我说的没有一点不同，是一回事。和尚第一次有求悟之心，是对"明德"感到疑惑。他经过千辛万苦，在 26 岁的时候，终于顿悟——明德就是"不生"之别名。人的本心是虚灵的东西，因为无法形容，又是光明的，所以就叫它"明德"。要说这个"虚"是什么，它是"不生"。"灵"是灵明。因"不生"，故无不至。即使目视、耳听、言动、心知之时，其处亦无一念、无不善。这个莫名其妙的明亮物事，就是灵明啊。

此"不生"就是我常说的"无思虑"，盘珪所布之道和我教的没有不同。不过，我在说到"不生"这个词的时候，有些人不熟悉，所以我就只告诉他们如何摆脱"思虑"。

又曰：盘珪总是直接告诉别人要保持"不生"，我则告诉他们首先要理解超脱思虑的境界。这里的分歧是如何引导的问题。和尚自己历尽艰辛，可怜别人，说"哎呀哎呀，人只要能无思虑，那就无所欠缺啦。"不过，现在好像没有太多能立刻接受他观点的人吧。所以，我让他们先受点苦，暂且先让他们知道无思虑的境界。你问这样的问题，并对盘珪教导中的真理发自内心的感动，是你听了我的主张，先让你知道无思虑的明德的缘故吧！

这不是我自己造的，要全归功于古先生[①]。心怀感动，就不能忘了他的恩

[①] 石田梅岩。

典。忘恩负义的人还不如禽兽，不是吗？在此"无思虑"中知得见闻所动之处的人，一遍又一遍地研读和尚的《和语说法》，是再好不过的事情。但不知道"无思虑"的人，就算读了，也是毫无意义呀！

又曰：圣人之道，只是要人知道无思虑之明德，并把身体完完全全地交托给明德，仅此而已。人本来无思虑，而见而闻而动，全无缺失。无思虑之时，无"我"。如果有人"无思虑"，却有"我"，那这种人在哪儿能看到呢？是没有这种人的。无"我"则无"己"，因此我们又给它起了个名字叫"仁"。无"我"则无恶，因此又叫"性善"。如果有一点类似善的想法，就是思虑，这个"性善"就不是叫作"本然之善"的根元之善。比如，一个人原本没病的时候，是不会有愉快、不愉快或其他事情的，这是"根元之善"；而"凡夫之善"，好比一个原本健康的人第一次患病，并康复——"变善"。在病恶所出之地，相对于恶的善，是次一级的善，并非性善之善。

为此，修"道"只是要人不违此明德啊！《大学》言"勿自欺"，是说人做卑狭的事情，都是思虑导致自身放纵的缘故。为此，由于思虑违反本心，在思虑产生的时候，不管在任何情况下，我们都要仔细区分，不能流于思虑而行。盘珪因此严厉警告说，人如果偏袒己身，他从父母那里继承而来的"不生之佛心"，就会变成饿鬼、畜生、修罗。所谓"不生之佛心"，即是"明德"。要是说偏袒己身的到底是什么，那就是思虑。

所谓饿鬼、畜生和修罗，要我说就是人欲。思虑使己身放纵，"使"之名即人欲。若放于人欲而不听明德，内心就会感到羞耻、痛苦。这就是"地狱"呀！地狱就是苦的统称，而地狱中最大的陷阱里充斥着饿鬼、畜生和修罗。

在这里，他教的基本和我一样。无论是老人，还是年富力强的人，抑或是年轻人，都无法摆脱色欲、利欲、名欲三者。孔子赐教说："不要陷入这三个里面去！少年人躁动，血气未定，虽然三个都需要注意，但尤其要戒色欲。年轻气盛的成年人，尤其要戒为立名而行争斗之事。气血衰弱的老年人，尤其要戒贪婪之事。"[①] 留恋不是和畜生的蠢笨一样吗？燃起修罗而争斗，不是和嗔恚之怒一样吗？拿来还不够，有了还想要，这种贪欲，不就是饿鬼气质

[①] 孔子曰："君子有三戒：少之时，血气未定，戒之在色；及其壮也，血气方刚，戒之在斗；及其老也，血气既衰，戒之在得。"——译者注

吗？苦闷又不外如是。这难道不是一样的事情吗？

又问：虽然您告诫我们要无思虑，但我们如果无思虑，处理事情不知道会做什么样的错事！尽管这样，无思虑还是好的吗？

东郭子曰：这是个好问题。总之，并不是任何事情都不思考啊！思考和思虑有很大的差别。人是个活物，没有时间是不思考的。打个比方说，本心就像四体，头与手脚乃至全身无时无刻不在运动，思考与身体的运动一样，是心运动工作的地方。它遵循本心而运行，是善，微尘亦没有本心之害。而所谓思虑，是指歪曲此思考的东西啊！自古以来，从来没有人说思虑是恶的东西。我是第一个教导所有思虑都是错误的人，以便任何人都能轻松理解这一点。

我给你说说为什么思虑是恶的吧？好好听着！首先，不管任何人，完全摒除思虑，在这里做些恶事让我看看？嗯，可以吗？思虑是诡计。完全没有诡计，就不会产生恶事。这难道不是真的吗？

再给你举个切身的例子，你看看！早上躺在床上睁开眼的时候，要是直接起床的话，脑子里面是什么也不想的。然而，那恶的思虑却冒出来——今天早上真冷啊，昨晚熬夜了啊，怂恿自己放任而不起床。不过，因为本心诚实，睡也不会踏实，所以思考是善的东西。心说思虑毫无用处，但在要起床的时候，它又会冒出来，说些身体坚持不了之类的话。但是，由于本心之光是强大的，又会斥责它，想起床。这种挣扎的时刻，就是被诱惑误导的时候啊！因此，世人认为善的思虑，其实就是本心的思考啊！恶的思虑产生时，又变为原初的本心之善的思考，人会觉得这个思考就是思虑，不过它并不是思虑。本心之光，就是善的作用啊！

这可不是我们随意瞎说的。古圣人孔子说过："有个叫季文子的，他在处理事情的时候，要思考三次，在第三次打定主意，然后处理事情。他这样不好。思考两次，第二次打定主意，处理事情，就行了。"① 这就是思虑和思考的区别。总的来说，众所周知，无思虑，事物能很好地完成，无所谓思虑。思虑是内心的独自思量。最初思量的时候，都是思虑；而第二次的反思，则完全属于本心所出。季文子思量两次就行了的教戒说的也是这个啊！孟子也

---

① 季文子三思而后行。子闻之，曰："再，斯可矣。"——译者注

赐教说"心之官则思",又赐教说,人常思之心有善之作用,故不违其本心。这是思考把恶的思虑筛选出来的缘故啊!

　　佛教的"正念",说的也是这个思考;而所谓"有念",指的就全部是因烦恼而产生思虑。"无念"也是"正念"。不过,"无念"不是"没有念"。若"没有念",就不可能会有"无念"。正念即能觉念,即是无念啊!悟觉无念,又有何无念呢?难道不是这样吗?

[JAS]

(王起译)

三浦梅园

三浦梅园（1723—1789）

  三浦梅园居住在九州岛富永村（位于今大分县）。他在这个小村子里教学，并形成了自己的哲学思想。与此同时，他和其他理学家也保持着联系。其中有个名叫麻田刚立（1734—1799）的天文学者，是他的好朋友，这个人独自发现行星的轨道长度与它和太阳的距离相关。梅园的主要著作包括伦理学的《敢语》、玄学方面的《玄语》以及其姊妹篇《赘语》。

  在 26 年的时间里，梅园写过不下 23 个《玄语》本子。与其他著作不同，最终版《玄语》中的很多段落，只有在梅园所设计的整个形而上学的语境中才能获得理解，其中包含与科学发现相一致的、环绕着他的整个复杂世界。梅园用一个独特而又复杂的对立组合系统——"条理"，取代了阴阳理论。由于需要相应的专门词汇，他就用"条理"生成了上百个术语，每个术语都用一对词汇表示。每一对中的成员都能够从对方那里获得准确的定义。当一个成员与另一个词汇并提时，其意义就会发生相应变化。在整个体系中，每一个词汇都保留了一些基本用法。比如他设计的两对概念——"整体与侧面"和"整体与部分"，"侧面"和"部分"，以及两个"整体"的含义，都是完全不同的。"整体与侧面"是用锦袍这一意象来进行解释的概念之一：一种可以说是树木、鸟和岩石的世界，一种可以说是亚原子的微观世界。它们是一个世界的两面。

  下文所录，有一封他写给同僚的书函，还有一封他写给麻田的书函，然后是《玄语》中的前言"例旨"，最后是"本宗"中深奥难懂的开篇及其后续段落。

[RDM]

旧阴阳理论之误
三浦梅园 1776，748-9

昨与子语甚乐。由谭阴阳，未竭所怀。因来笔研，以卒余论。

盖阴阳之目，于《易》始见。然其所言，或曰道焉，或曰仪焉，或曰爻焉。虽于说易则然，于观之于天地，犹隔靴搔痒也……借别生义，莫关于此。夫有学以来，历也既久，历人不少。虽然，犹望洋于观天地。何以望其洋？不知阴阳也。

观天地有二忌。忌以己意，逆在彼者。忌执旧见闻，不征其实。晋虽无似不屈膝于古人者，有得于阴阳也……

夫天地之数唯一，触之则能一一。自三以上，双奇双偶。十复一。而百千万亿相积者，于天无所用也。以无所用于天者，求之于天。三才、四大、五行、六气、洛书之九、河图之十，以瞀人之宋明也……

虽然古之人，颠倒其位。若谓左阳右阴、男阴女阳、白阴赤阳之类，则意识自解，亦不役聪明，则惑矣……

一一者，阴阳之未有各名也。阴阳者，一一之已有各名也。气物即一一也。而一一谓之阴阳，气物谓之天地。不知者以一一如虚气物如实，以分之为支离焉。是乃条理之所不明于世也。

唯舍在己者，体在彼者，措旧见闻征之于实者，而可始与言之尔。

[RDM]

自然现象之复杂
三浦梅园 1785，752

观于天地者，先先智焉，未开人境而固居此焉。以珍重其至贵至灵，以人窥造化。窥窬生妄，金屑为翳，忧世悯众。虽则仁也，而以人窥造化，非智之事矣……

思推立标准而得通天地者，惟有条理焉尔。条理之态，一具二，二有一。二即一一，一一即一。知之之诀曰："反观合一，舍心之所执，依征于正焉。"……

晋惟以视之短计之拙，乾象之态一仰之于子，而旧交不弃。……首春所谕数条，卷舒数日，裁领其大意。……

得以闻斯绪言，如制器以知日表有黑子之旋转，知月体有坳突错综之象，知天白有弦望之状，知土木有附星之运，知纬星之周日而运。验于月食，知南极之地有大壤。则姑舍之，至察东线之一行……

至推之之术，我复何言？晋察诸条理，大得通畅，请尝言之。

［RDM］

玄　语

三浦梅园 1775，2-4，20-1，32-4（78-81，115-6，118，121，123，127）

术　语

学而弗党，思而弗偏，获则而履焉，斯道也。我知其弗可及，而以射之拙废鹄乎？……故将欲读斯语者，与溯流，与沿流，与自左，与自右，与自中提，与自端起，犹环从手之所触而起转。

若次序之，则"本宗"有统。郁浡能活，混沦能物。人开小境，亦与天张势。盖人如欲于天地达观，但要观于天而获之于天，观于人而获之于人。书与图皆赘疣，姑为鱼兔设筌蹄尔。

故读此书者，观于天而有合也，则宜取之；观于天而有误也，则宜舍之。晋何与？

……

举甲也，乙丙丁皆来系甲。举乙也，甲丙丁皆来系乙。自丙丁，戊己壬癸，所往皆然焉。是故居机也，则天地皆机；居体也，则天地皆体。

……

故言气，则有气物、气体、气形、气质、气象、天气、心气、气色之类。言神，则有天神、本神、神物、神灵、鬼神、神人、圣神之类。言天，则有天地、天神、天物、天人、天命之类。

……

《玄语》已草，直说某所见。

阴　　阳

物有性，性具物。性与物混成而无罅缝，故其一也全。物偶体，性偶气。物与性粲立而有条理，故其二也偏。性性乎物，物物乎性。故一即一一，一一则一。气成天，物成地。性具一，体阙一。具一阙二，剖而为经。一气一物，对而为纬。

分则二粲立，合则一混成。一徒一则不分合，二徒二则不剖对。一二不徒，立则各焉，成则全矣。是以以剖分一，以对合二。剖则经焉，对则纬焉。经之纬之，条理自分。

以锦言之，为物经纬朱绿，成物鸾凰华卉，其神则巧妇之意匠也。

是以锦必一经一纬，神用物成。于是无一纬之不与经分，无一经之不与纬合，合则能龙起鸾舞。虽龙起鸾舞，而分则经自与经比，纬自与纬比。是以一匹之锦，性具表里之二体。巧妇连神，蚕丝立物，人巧不知，至天道之蕴。

盖大物之为气物，经纬以通塞，精粗以没露。经通为时，而神用事于此。纬塞成处，而物体物于此。

天　　地

经通而时，生来者，化往者，为神游之路。此天为宙。纬塞而处，载乘者，容居者，为物立之地。此地为宇。

宇能容物，宙能通神，则宇宙隐没，能容神物。物能居宇，神能通宙，则神物见露，能居宇宙。

于是隐没吐物而为地，见露吐气而为天。

神物靡弗活立，经纬靡弗通塞……

郁浡含机，混沦立体。天定神变，天动地止。

盖混然之一，性具一一之体。其体则一气一物，其态则精没粗露。相比相反，相食相吐。粲立有条理，混成没罅缝。

故块块敷处，而物居此。而物之居此也，得中乘之，得外居之。中也则其征无内，载天地而不重。外也则其旷无际，容天地而不大。

衮衮引时，而期从此。而期之从此也，得今见之，得端没之。今也则其间倏忽，露事物而弗遗。端也则其长攸远，藏事物而无示。神亦行此途，天亦居此宅。

……

于是虚实之天地，水火之阴阳，时处之宇宙，动止之转持，偶偶相合，成一大天地也。

……

动者神而变焉，止者天而定焉。是故地止而定焉，而其地不以磅礴为界。天动而变焉，而其天不以穹窿为界。

……

以质言气，质者实焉，气者虚焉。以气言质，气者精焉，质者粗焉。精于气者，虚于质焉。粗于气者，实于质焉。

夫黑白之棋子，胜败相成者，托诸局也。今气体物乎何？天神事乎何？人之于天地，亦其幕席①已。

[RDM]

（王起译）

---

① 囿乎堂者，不知幕席之所由来。不知幕席之所由来，则不知幕席也。故囿于天地者，则不能知天地也。——译者注

二宫尊德

二宫尊德（1787—1856）

　　二宫尊德出生在一个不健全的家庭，但通过专心致志的努力工作，对学习的迷恋，以及操持家业自强不息，他能够获得高官厚禄，拥有令人印象深刻的追随者，并在现代日本史上留下了德川时期任何哲学流派的思想家都无法企及的财富。

　　尊德并非传统意义上的儒学家。相反，他把自己的哲学描述为儒家、佛教和神道的混合体，就像一剂药水，其中各教思想按恰好的比例调配。尽管在他的思想中表现出折衷主义，但具有他自己独特印记的儒家主题是明确无误的。与那些精确引用古代儒家文本的人相去甚远，尊德经常回忆他认为的文本要点，然后给出他自己的独特解释。这样一来，尊德在日本儒家思想的演变过程中扮演了一个过渡性的角色，他从通常封闭的地方学院的研究中走出来，来到了农村，来到了农民中间，在那里，对思想的理解比对任何传统文本注释的准确忠实更重要。

　　尊德最喜欢的儒家经典之一是《大学》。该书通过正心、诚意、修身、齐家、治国、平天下，解决了农民领袖寻求改善自己和邻里乡党的生活命运的关键问题。尊德最有名的是他强调了个人对社会政治秩序的责任感的重要性。他对无私的"报德"的强调与帝国政府的需要很好地结合在一起。然而，尊德的思想甚至在战后仍然很受欢迎，因为它开创性地强调了为了自己的社区和整个人类而进行自我完善。

[JAT]

1. 翁曰：夫诚之道乃不学自知、不习自觉，无书籍、无记录，亦无师，人自得之且不忘，此乃诚之道之本体。渴则饮，饥则食，劳则寝，觉则起，皆此类也。古歌曰，水鸟去归无踪迹，然不忘归返之道。如是无记录，无书籍，不学不习，却不能明道，则非诚之道也。我之教也，不尊书籍，故以天地为经文。予歌曰，天地无音无味，却反复书写不书之经文。如此日日反复之天地之经文，诚之道也。将如此尊贵之天地经文不顾，于书籍之上求道，乃学者辈之论，不应取也。开目读天地之经文，此为求诚之道也。夫世界，横之平也至水面，竖之直也至<u>垂针（测锤）</u>。凡如此，万古有不动之物，才能测量地球。无此，则无测量之术。历之道亦立表测影，九九之算亦如此，皆自然之规，为万古不易之物也。依此物，可考天文，可算历法，无此物则智者亦无术可施。夫吾之道亦然。天不言，然四时行焉，百物成焉。不书之经文，不言之教戒，则种米得米，种麦得麦，此乃万古不易之道理，诚之道也。以此为诚，则为勤也。

2. 翁曰，夫世界旋转不停，寒往暑来，暑去寒至，夜明昼来，昼尽夜至。又，万物生生而灭，灭而生生。譬如钱往物来，物走钱至。无论是寝是醒，是居是行，昨日必成今日，今日必成明日。田地、海、山皆如此，于此处烧薪，山林则生木；于此处食谷物，田地即生育。蔬菜、鱼类亦如此。世间所消失之物，将皆由田地、河川、大海、山林生生化育出来。所生之子每时每刻会长大，所筑堤坝每时每刻会崩溃，所挖之河日日夜夜会埋没，所苦房屋每日每夜会腐坏，此即天理之常也。然人道与此异也。为何？人生于风雨无定、寒暑往来之世界，无毛羽、无鳞甲，裸体出生。若无房屋则不敌雨露，若无衣服则不能抵抗寒暑，由此建立人道之规矩，以稻谷为善，杂草为恶，以造屋为善，破坏房屋为恶，此为人所立之道也，故为人道。自天理来看，无所善恶。其证在于，一任天理之时，皆为荒地，可归于开辟以前之远古。如何是也？天理自然之道是也。夫天地无善恶，故稻荞不分，有种者皆生育，有生机者皆使其发生。人道顺乎天理，然渐生区别，如以稗荞为恶，以稻麦为善，皆人之设定，以方便人体之为善，不便之为恶所使然，此与天理所异之处。若问为何，人道乃人所立之道也。譬如人道如烹调物，如三倍醋，历代圣主贤臣烹调之，腌晒之，所制之物也。因俱有所破坏，故立政、立教、定刑法、制礼法，历经繁冗、细致之过程，人道渐立。由此，视人道为天理自然之道，为大谬也。慎思。

3. 翁曰，夫人道譬如水车，其形半分顺水，半分逆水，旋转不止。将车轮全然放置水中，则不转被冲走；完全离置水面，则车轮不转。夫所谓佛家思想，遁世弃欲，则如水车离水一般；而不闻凡俗教义，不尽义务，一味偏于私欲，则如水车沉入水中一般，皆不能为社会所用。故人道尊中庸。水车之中庸，为适宜入水，半分顺水，半分逆水，则运转不止。人道亦如此，顺天理而播种，逆天理而除草也。顺欲精进家业，抑欲而尽义务。

4. 翁曰，夫人道乃人造之道，与自然之天理有别。天理为春生、秋枯，火烧燥处、水流下方，昼夜运动不止，万古不变。人道须日日夜夜尽人力维护所成。故若如天道般任其自然，则会废而难行，若纵其情欲，则难以立之。譬如漫漫海上道路，不守船道则易碰礁。道路亦同，随心所欲则会走入死胡同。语言亦同，随意说话，会起争执。此乃人道须勤于抑欲制情。夫欲美食美服乃天性之使然，须顺乎家产之况与身份克制忍耐；追求身体安逸奢侈亦同，节制饮酒，戒安逸，抑制美食美服之欲，守分有余，让渡他人与未来，此为人道也。

5. 翁曰，夫人所鄙之畜道，实为天理自然之道。尊贵之人道虽顺乎天理，但为作为之道，非自然之物。为何出此言？畜牲雨天湿濡，日照风吹，春食青草，秋食木果，有则饱食，无则忍饥，此非自然之道何也？然造房屋以遮风雨，造仓库以蓄米粟，制衣服以御寒暑，四季皆可食米，此非作为之道何也？确非自然之道也。夫自然之道，万古不废。作为之道，懈怠则废。然则，将人之作为之道，误为天理自然之道，而所愿之事不成，所思之事不遂，便怨世道为忧世。夫人道，于荒山野地处，将土地肥沃草木茂盛处辟为田地，欲此处不生杂草；将土性贫瘠不生杂草处辟为草场，欲此处草木茂盛，此为人道。人道乃作为之道，非自然之道，相距甚远。

6. 翁曰，天理与人道之差别，能辨别之人甚少。夫人有体有欲，天理也。如田地生草，天理也。堤坝毁坏，河道埋没，桥梁腐朽，此为天理。然人道以制服私欲为道，以除去田地之草为道，以筑堤立坝、清河化淤、修缮河桥为道。如此，天理与人道为不同之物。故天理万古不变，人道一日懈怠则顷刻荒废。夫道以勤为要，克己为教。己为私欲也，私欲譬如田地之杂草。克为除去田地杂草也，克己为除去我心田地之杂草也，使我心中禾苗茂盛，此为人道也。《论语》云"克己复礼",为此也。

7. 翁常曰,居于人世,坐视房屋漏雨,道路毁坏,桥梁腐朽,却无忧虑,为人道之罪人也。

8. 翁曰,世中诚之大道唯一。所谓神道、儒教、佛教皆同,为大道入口之名;或天台宗或真言宗或法华宗或禅宗,皆为入口处小路之名。夫何种教义何种宗旨?譬如此处有清水,此水化蓝染布,为青染屋;化紫染布,为紫染屋。其本为一个清水也。紫染屋称吾紫之妙,可染天下织物,无物不成紫。青染屋称吾青之德,洪大无边,故一入此瓶,无物不成青。故染青色者为己之缘故,说除我青色宗难得以外,无他物;染紫色者为己之缘故,说除我紫色宗尊贵以外,无他物,此所谓徘徊三界城内执迷者也。夫无论青色紫色,洒落地上,即复原如初,紫色青色脱落,回归本源之清水也。如此,神、儒、佛外,有心学、性学等不能枚举,皆为大道入口之名,入口虽多,尽头只有一个诚之道也。若以各道分别不同,或教以分别不同,则为邪教也。譬如登富士山,因向导不同,有自吉田口登山者,有自须山口登山者,登山口不同,攀登至山顶则为一个。若非如此,非真大道也。然自云导引至诚之道,未至诚之道,引至无益之左道,此为邪教也。世中多有欲入诚之道者,受邪说欺瞒,误入左道,迷惑陷入邪路者,须慎之。

24. 翁曰,无论是农家是商家,富家子弟无所事事,贫家子弟则为了生计不得不劳作,且为求财富,勤勉读书。富家子弟恰如在山顶一般,无须攀登,前后左右皆在自己眼下,由此,于身份之外发愿,效武士,效大名,膨胀之结局,终至灭亡。天下富者皆如此。由此,欲长久维持富贵,保持富贵,唯有吾所主张推让之教之道也。富家子弟,若难蹈此推让之道,纵有千百万金,与马粪菌何异?夫马粪菌应季而生,无几便会腐朽,于世上无用,只是徒然而生,徒然而灭。世上被称为富家者如斯,岂不可惜?

25. 翁曰,百事规定与用心最为重要,为何?无论何事,皆根据百事规定与用心才能成事,即便小事,若无规定,若不用心,百事皆败。夫一年十二个月也,然农作物非月月收获,唯有初冬一个月收获。十二个月皆能食米,为人之规定,且用心之上收获而成。由此,纵二年一度,或三年一度收获,若人人守规定和用心,决无妨碍。凡物有不足,皆由未做准备而生。由此,众人平日的度日方式,如能守住规定和用心,至年末会有余,不会不足。如不能注意此点，糊涂度日，至年底方吃惊，便是至愚至极，不用心之极也。有一煮饭女曰，一日一度搅合米柜查看，不会有米柜突然无米之事，此为煮饭女之用心也。搅合米柜查看，亦是一家米店应做的，须做好规定和用心。

26. 翁曰，若论善恶，论甚难。论其根本，本无善无恶。所以有善，是因为有恶，此乃人道作为之物，自人身所需成之。故，无人即无善恶，有人才有善恶。故人以开辟荒芜之地为善，以荒废田地为恶。然以猪鹿来看，或以开拓为恶，以荒废为善。人世间，以盗为恶；而盗世间，以盗为善，以制为恶。然如何之物为善，如何之物为恶，此理难以辨明。此理尤适于远近，远近与善恶理一也。譬如两根橛子，一根记作远，一根记作近，将此交付与人，嘱咐分别立于离汝远处与近处，便速知也。予作和歌曰："放眼望过去，并无远与近，只因自身处，形成远与近。"若将此歌作"无善恶"，因与人关系密切不甚明了。若是远近，因关系不甚密切，便会明了。欲做工事时，测量曲直，过于近则无法测量，过于远则眼力不能及也。正如古语云，远山不见木，远海无波涛。故由我身之远近论之。夫所谓远近，己之居所定后才有远近，己之居所不定则无远近。谓大阪远之人许是关东人，谓关东远之人许是京都人。福祸吉凶是非得失皆如是，福祸为一体，善恶为一体，得失为一体。本为一体之两端，一半为善，另一半便为恶。然则愿另一半非恶，此事古难全。夫人喜于生，则会悲于死，此相即相随。正如盛开之花，必会败落，生生绿草，必有枯干。《涅槃经》所言，一位容貌美丽端庄的妇人来到某家。主人问：您是哪位？妇人答：我乃功德天也，我所至之处，有吉祥福德无量也。主人喜悦遂请入。妇人曰：我有一相伴之妇人。

34. 翁对高野某曰，物各有命有数。即便不应近之猛火，薪尽则火灭。箭矢、弹丸之势猛也，射中必破，必有杀伤，若弓势尽、药力尽，则落入草丛被人拾去。人亦如此，己之势力行于世时，切勿思为己之力，乃父母先祖传袭之位禄之力，或己所拜受之官职威光而已。若无先祖传袭之位禄，或官职之威光，无论何人，亦如失去弓势之矢，失去药力之铁炮弹丸，落入草间，被人拾去玩耍。当慎思。

35. 同氏高野某，为相马领内恳愿仕法兴业之人，同氏于所辖成田坪田二村内开始仕法。仕法谨一年，结余分度外稻米410俵，同氏云欲建立仓库收纳储存分度外稻米，以备灾年之用。翁曰，谋求村乡复兴之人，不应将米钱储存于库，而应将米钱用之于村乡也。村乡复兴之迟速，决于米钱使用之巧拙，此为切要。灾年备用为仕法成功之后事。今卿所谋村乡之仕法自去年始，须谋求一村复兴，立永世安稳计划。率先商议村乡当务之急之事业，开拓也罢，道路桥梁、帮扶贫民也罢，优先当务之急。后着手村乡利益多之事，用于消除有害之事。当务之急完结，可建设山林，改良土壤，预备非常时期饥馑病疫之储备。当慎思。

36. 谋氏做事，有做过之癖。翁晓谕曰，凡事凡物皆有度，煮饭、烹调皆以适宜为要。吾之仕法亦同，帮助不到不可，帮助过度亦招人厌恶。不知如何才好时，可放置一段时间。古诗云："梅花开放过于盛，反招人嫌不美丽。"此诗妙也，百事过犹不及，须领会也。

37. 浦贺人氏饭高六藏，能言善辩，请假回乡前来告辞。翁晓谕曰，汝归故国，切记要管住嘴，不可对人说教。不可向人说教，要以己之心规劝自己之心，以己之心规劝自己之心比"取柯以伐柯"更易。因本来自己之心是也。夫规劝之心为汝之道心，被规劝之心为汝之人心也，无论睡抑或醒，坐抑或行，道心与人心无有分离。故行住坐卧不可忘记规劝。若己喜欢喝酒，要规劝自己不多喝，速速戒掉为好。不能戒掉要多次规劝。此外，有骄奢之念出来时，安逸之欲起来时，百事如此，自己规劝自己，此为无上之工夫。此工夫日积月累，会修己身，齐自家，此为以己之心规劝自己之心是也。届时，他人才能听汝之说教，修己及人之故也。以己之心规劝自己之心，如己不听规劝，则不可说教他人。且汝归乡后，欲从商，自当地情况与几代家业传承来看，皆为适宜之事。然而，汝从事买卖，勿要想必赚大钱，只要勤奋遵守商道之本。商人如忘记商道之本意，即使获得眼前利益，亦会碰壁招致灭亡。能守商道之本意，勤勉敬业，财富不求自来，富贵繁荣不可估量。切记勿忘。

38. 嘉永五年正月，翁在吾家温泉沐浴数日。吾与兄大泽精一陪同翁入浴，翁于浴池边晓谕曰，夫世上如汝等富人皆不知足，贪利无厌，无有止境。正如成人于浴池中站立，不屈身蹲下向肩拍水，反骂池水浅，不过膝。若如所愿加水，则小孩童子难以入浴。此非因池水浅，乃己不屈身之过也。如能知此过，屈身入池，汤水浸至肩，自然足以，何以他求。世间富者唱不足，与此何异？夫若非守住分限，有千万石亦不足，凡醒悟此过分之误，守住分度，自然事事有余，亦能有余救人。夫浴池中水，以成人屈身浸肩，小孩站立至肩，此为中庸也。拥有百石者，屈身使用五十石，让出有余五十石；拥有千石者，屈身使用五百石，让出有余五百石，此为中庸也。若一乡内有一人，践行此道，使人人皆能悟出过分之过，人人醒悟，守住分度，实行克让，一乡则富裕繁荣，和顺无疑。古语云："一家仁则一国兴仁。"即如此，须用心领会。夫仁为人道之极，儒家之说甚难，不足以用。譬如近处事情，正如此浴池水，以手朝己之方划水，看似水朝己方来，实则流向对方。以手朝对方划水，看似水朝对方去，实则朝己方流过来。轻推则少归，劲推则多归。此为天理也。夫仁与义，乃推向对方时之名，朝己方推时，为不仁为不义。须慎之。古语云，克己复礼，天下归仁。为仁由己，由乎人哉？所谓己，手向我方时名称；所谓礼，手向对方时名称。手向我方时，说仁说义皆无益。须思之。夫查看人体之结构，手朝向己方，可为己提供方便；朝向对方，益处推向对方时，为人道之本也。鸟兽之爪，与此相反，只朝向自己，为己方便。如此，为人者，有益处推向他人之道。故只知手朝向自己，只为己事忙，忘记手朝向对方，将益处推向对方，作为人而非人也，则禽兽也。岂不羞耻！不止羞耻，因有违天理终究灭亡。故我常说，夺无益，让有益。让有益，夺无益，此乃天理也。须思之品之。

44. 翁曰，世人对运的理解有误。譬如，将柿子梨子从篮子中倒出，自然有在上的，有在下的，有朝上的，有朝下的。私以为如此便是运。故所谓运如此，不足以依赖。若问为何，非尽人事而成就者，是偶然也。再次装入篮子，再次倒出，情形与前又不同。此为博弈类，与运不同。夫所谓运，运为运转之运，即运气。夫运转基于世界的运转，因天地有定规，积善之家有余庆，积不善之家有余殃，无论如何反复运转，也不脱离此定规之外，此称为运气。世上常有此事，因灯笼火灭免祸，因鞋履带断逃过一劫，此非偶然，实乃运也。佛家所云，因果报应之道理是也。儒家所云，积善之家有余庆，积不善之家有余殃，虽为天地之定规，为贯通古今之格言，但如不以佛理解释，便不甚明了。夫佛家有三世之说，此理即若不通观三世，疑念决无消失可能。疑念甚之，则会怨天尤人。通观三世，此疑念无有，云开雾散，犹如晴天，皆自作自受也。故佛有三世因缘之说，此为儒家不及佛教之处也。今此处有一草，现为嫩草，了悟其过去为种子，其未来将开花结实。茎高因为肥多之缘故，茎矮短为肥少之报应。其理通观三世可明了。世人皆称此因果报应之理为佛说，此为书上道理。将此按我"不书之经"查看，此理在释迦未生于此世之古昔便已运行，天地之间真理也。所谓"不书之经"，如我曾作歌曰"天地无音无味，却反复书写不书之经文"，为四时运行，百物始成之真理也。观看此经时，关闭肉眼，打开心眼，若不然，不能观看。非肉眼不能观看，乃是观看也不能彻底明白。夫因果报应之理，种稻得稻，瓜藤之上不能得茄之理也。此理自天地开辟始运行，直至今日，没有变化。不仅我皇国，万国皆如此。天地之真理，不辨自明。

45. 翁曰，夫天地之真理，非不书之经文不能见也。观看此不书之经文，肉眼一阅之后，须关闭肉眼，打开心眼观看，则任何细微之理皆能明了。肉眼所能观看为有限也。大岛勇助曰，师说确为深虑之后言也，愿冒昧作歌一首。其歌曰："闭眼观看这世界，晦日夜里有明月。"翁曰，此乃卿之生涯上作也。

46. 贺茂神社神学者梅辻来江户，讲演神典，并天地之功德，造化之妙用。翁一夜静静听其讲演，曰，其人口才甚好，朴实无华，举止稳重，无拘无束，实为行家达人也。其说大体尤是。但亦有未尽之处。若按其所说，一家尚不能自衰向兴，遑论一村也。为何出此言？因其说未立目的，亦未立目标，只尊俭约。只言俭约，未言为何俭约；只言行善，未言何为行善，且未言如何行善；未言实行俭约和善时，如何根据身份，如何根据国之大小实行。如此，作为一般俭约，没有趣味，亦不是为了国家。其他诸说，亦只是口才甚好。夫我所崇尚的俭约，是为有用也。卑宫室，恶衣服，菲饮食，用此资本，使国家富裕，救济百姓。与彼之没有目的没有目标，只云俭约之论不同。勿有误解。

120. 翁曰，方今世界，虚假盛行。因对方亦虚假，彼此虚假，到处充满虚假。譬如，骗子无赖之间交往是也。然若以虚假对真实，马上碰壁。譬如百枚纸张，抽出一张，浑然不知，数到九十九张即可知少一张；百间长绳剪掉五寸，量到九十九间时便可知少五寸。人如每日挣十钱，花十五钱，挣二十钱，花二十五钱，即便到年底不知，三十也会知道亏空。虚假难以胜真实，此也。

121. 翁曰，贫也罢，富也罢，非偶然也。富也有因，贫也有因。人皆以为财富聚集于富者之处，非也。财富聚集于节俭处，努力处。一天挣百元者，花费百元，既不来富，也不来贫。一天挣百元者，花费八十元、七十元，富也聚集，财也聚集。一天挣百元者，花费百二十元、百三十元，贫即来到，财便去也。是进到分外，还是退回分内，只是此区别也。有和歌曰："有便有时在人思，呼之而答是山声。"世人今日有时，亦不知有之原因。"无便无时在人思，呼之而答是山声。"世人今日无时，亦不知无之原因。夫原本今日有却没有，原本今日无却有，譬如今日本有钱，变为没有，是因为买了物品；今日本没有钱，变为有，是因为做工挣钱了。搓一捆绳子挣五厘，做一天工挣十钱也。现在手中十钱，如饮酒马上消失，明白无疑之世界。《中庸》曰："诚则明矣，明则诚矣。"搓一捆绳五厘，花五厘则得一捆绳子，青天白日之世也。

122. 翁曰，山地里粟、稗成熟时，山猪、野鹿、小鸟出来觅食，无礼也无法，亦无仁义，唯有饱己之腹而已。人非育粟施肥之山猪、野鹿，亦非为稗除草之小鸟也。人若无礼法，与此何异？我曾戏咏和歌曰："秋来山田稻麦熟，猪猴昼夜与人争。"夫前来检地之地方官是为收取稻米，接受检地之地主是为收租，作农自不必言，皆为有仁，有义，有法，有礼，故内心相争，不至于乱。若此三人中，一人忘记仁义礼法，强行私欲，速乱之。世界须尊礼法。

123. 翁曰，或问，是否确有地狱极乐？翁曰，佛者说有，未能取出示人。儒者说无，亦无法验证。说有说无，皆为空论而已。然人死后却有生前之果报。儒者说无，所依非三世之说，佛家有三世之说，一说无一说有。我认为必有三世。如此，不能说没有地狱极乐。看不到不能说没有。然有地狱极乐，亦非念佛宗所言，只要念佛便可往生极乐，不念佛便落入地狱；亦非法华宗所言，只要口唱妙法莲华，即可升天，不唱则坠入地狱；更有甚者言，为寺院供奉金、谷者，可往生极乐，不供奉者，坠入地狱。道理绝非如斯。夫地狱原本为做恶事者死后所去之处，极乐乃做善事者死后所去之处，此毫无疑问也。夫地狱极乐为劝善惩恶之所在，非为信与不信宗旨之所在。须不迷亦不惑。

149. 神儒佛之书，有数万卷，欲研究此，或欲深山坐禅悟道。求道至极时，皆可救世益世，此外无路。若言有路，为邪道也。正道必为有益世界也，譬如钻研学问。学道若不至此，便如同艾蒿、葎草丛生一样，成为人世间无用之物。无用之物不足以尊，愈生则愈为世之害也。许数年后，圣君出，将烧毁此无用之书。即便不烧毁，亦如开拓荒芜之地，割除艾蒿、葎草一般斩除，以迎拓展有用之道之时节。总之，不读对人世无益之书，不做对自他无益之事。光阴似箭，虽人生六十年，但有幼小时，有疾病时，有事故时，成事之日甚少，切勿做无用之事。

150. 青柳又左卫门曰，靠弘法大师的法力，越后国自土地中涌出水油，至今不绝。翁曰，奇虽然奇，只是一处涌出，不足珍奇。吾道与此不同，尤为奇特。无论何地，开拓荒地撒菜种，收获后将此送往油屋，种子一斗，出油二升，永世不绝。此乃皇国固有天祖所传大道，食肉娶妻，衣暖饭饱，不分智愚、贤不肖，使天下人皆可行也。此乃开辟天地以来相传之大道，有日月光照，有此世界，即有此道运行。如此，岂不胜过大师之法？且吾道更为奇特之处，不须一分财，可救四海之困苦，施万民使海内富饶有余，其方法只是确定分度而已。予将此传相马、细川、岛山、下馆等诸藩。然非诸侯富豪不可行也。此外，还有其他方法。将荒野变为田地，将贫村变为富村，使愚夫愚妇有为，山村人家可钓海鱼，海滨人家可深山砍柴，自草原出产稻麦，是不争必胜之方法，非只一人可做之事，乃不分智愚，天下人皆能做之事，此如何不是奇妙之术？学而时习之，归乡后应勤于实践。

151. 翁又曰，樵夫深山伐木，非喜欢木材而砍；烧炭人烧炭，亦非喜欢炭而烧。夫樵夫烧炭人，忠诚职业，白米自然会上山，海中鱼，山中菜，酒、油皆会上山也。可谓奇妙之世界。

152. 翁曰，世界中，不仅是人，至禽兽虫鱼草木，凡天地间生生不已之物，皆为天之分身也。孑孓也罢，蜉蝣也罢，草木也罢，如不借天地造化之力，靠人力难以生育。且人为其长，故称之为万物之灵长也。其长之证据，我能随意支配禽兽虫鱼草木，执掌生杀权力，且无人咎。人之威力广大。本来人与禽兽与草木何有区别，皆为天之分身也。故佛家有悉皆成佛之说。我国为神国，应为悉皆成神。然世人以为，人活着时为人，死后即可成佛，此言差矣。活着时为佛，死后才能成佛。而没有活着时是人，死后成佛这个道理。没有活着为鲭鱼，死后成为干制鲣鱼之理。没有活着时为松树，伐木死后成为杉树之树。由此，生前为佛，死后才能成佛，生前为神，死后才能为神。世人祭祀死人为神，此因生前是神，故死后为神。此理岂不明白？称神道佛，虽名异也，实则相同。只是因为国不同，名才不同。予曾将此作和歌曰："世上草木本为神，死后方知命所归。""世上草木本为佛，死后方知命所在。"呵呵。

153. 翁曰，儒称循环，佛称轮回，是为天理也。所谓循环，由春至秋，暑去寒来，由盛至衰，从富到贫。所谓轮回亦同。且佛教祈求脱离轮回，往生安乐之国。儒教惧天命，事天以祈求泰山之安稳。予所教之道，乃由贫至富，由衰至盛，且可脱离循环轮回，安住富贵昌盛之地也。夫果木今年结果多，明年必然少。世上称为隔年歇。若想无隔年歇，欲每年结果，须剪枝，含苞时减苞，以减少开花；多次施肥，也可无隔年歇，每年结果。人之家产亦有盛衰和贫富，如隔年歇一样。父母勤劳，孩子懒惰，父母节俭，孩子骄奢，延续不过二代、三代，即所谓隔年歇，循环轮回也。若欲无隔年歇，效仿打理果木之方法，须学习予所说推让之道。

154. 翁曰，自人心而论，米为至高无上之清净之物。自米心而论，粪水为至高无上之好物。此乃又一循环之理也。

155. 或曰，《女大学》为贝原氏所著，是否过于压制女子？翁曰，非也，《女大学》为妇女儿童训教之道，无微不至，为妇道之至宝也。斯如此时，仿佛没有女子立足之地，实则此乃女子训诫书是也。妇人女子者，能知此理，则能齐家也。如同舜服侍其父瞽叟，是为子之道至极也，此乃同一理也。然若男子读《女大学》，则知妇道本应如此，则大错也。《女大学》为女子训诫，为修炼女子贞操心之书，如铁不打不锻，则不能成为不折不曲之刀，故，训诫书亦如此。然非男子能读之物也，不可误解。世上往往有此误解。夫训诫各自有别，读《论语》可知，君有君之教，民有民之教，父有父之教，子有子之教。君不学民之教，民不学君之教，父亦如此，子亦如此，君民父子夫妇兄弟皆如此也。君须明白仁爱，民以忠顺为道，父须慈爱，子应孝行。各自有道，不应有错，则天下泰平。与此相反则乱。男子不读《女大学》即为此也。譬如，训诫犹如治病之药，因病施药是也。

156. 与翁交往甚密某人家，婆媳中恶。一日，其婆来，喋喋举媳不善之事。翁曰，此因缘也，非是非也。忍耐之外无他。你年轻时未能事姑完全，报应也。无论如何，数落媳妇不是无益；自省后忍耐才是。毫无顾忌说后使其归。翁曰，此为善道也。如此说后，婆必反省，改向来之癖，会有几分好转。此时若一起说媳妇的不是，婆媳愈来愈交恶，最后导致父子关系不好，婆媳亲情尽失。须注意。

157. 翁曰，"追闻杜鹃声声鸣，只见高悬黎明月。"此歌所吟之心为，虽镰仓曾繁花似锦，如今只剩下残垣断壁，感慨之心也。不只镰仓，人之家亦如此。今日建房建仓，人丁兴旺，熙熙攘攘，一朝有过，便会倾家荡产，只剩宅地。须恐之慎之。总之，人造之物，一有变故终究会灭亡，只剩下天造之物。此歌吟出此心，细细体味其深意可知也。

168. 翁曰，山谷闭于寒气，雪降冰冻。然有一柳芽初放，则山之积雪，谷之冰寒皆到此结束。秋至，桐树落一叶，天下绿叶到此结束。夫世界自转不止，故顺时令者生育，违时令者枯干。上午东向房屋有日光，西向房间无日光；下午西向房间有日晒，东向房间有阴凉。若不知此理，则迷惑。慨叹自己运不好，或慨叹末世来临，皆错误也。现此处有几万两金负债，有几万町荒芜之地，然若有贤君，行此道，不足以忧。岂不可喜？反之，纵有几百万两金储蓄，几万町领地，有一暴君，不行道，称此不足也。彼不足也，骄奢傲慢，即便增长，亦会消灭，正如秋风扫落叶般消失。岂不可怕？予曾歌曰："深山闭于冬时寒，河柳绽于纷飞雪。"

169. 翁曰，佛家有悟道论，颇为有趣，却有害于人道。既生者必灭，会者定离等。因其揭示事物本源，譬如悟道，将草根如此这般，一根一根拔出给人看，理虽如此，实际做出来皆会枯干。儒家与此不同，不言草根，认为不见草根亦可。儒家教导，因有根才生育，须重视根部，须重视培养。夫松树翠绿，樱花美丽香溢，是因土中有根之缘由；莲花馥郁，菖蒲美丽，亦是因泥中有根之缘故。当铺仓库漂亮，是因前来抵押的穷人太多之缘故；大名之城雄伟，是因领地人民多之缘故。伐砍松树之根，翠绿就会衰萎，不过二三日枝叶凋枯。民穷君亦会穷，民富则君亦会富，明明了了，毫无怀疑之道理也。

170. 翁参拜某寺，有浴佛节。翁曰，说"天上天下唯我独尊"，犹如侠客流口吐狂言说，天下虽广大，却无如我者。有人以为，此为释迦之自大，非也。此非释迦。世皆以为，唯我天上天下独尊之物，故无胜于我者，无尊于我者。此乃训诫之语，告诫每个人都是天地之间无上之尊者。若问为何。无论是谁，天地之间若无我，即无物。由此，每个人都是，天上天下唯我独尊。犬也独尊，鹰也独尊，猫也独尊，谁都独尊。

171. 翁曰，佛法传来，祖祖相传，非常严密。然自古至今，有如表里之差异。古之佛徒，托一铁钵，即可度日。今日之佛者，饱食厚味。古之佛者，身裹"粪杂衣"，乃人舍弃破衣，连在一起缝制所成。今日之佛者，常绫罗绸缎裹身。古之佛者，常在山林洞穴，草地席坐。今日之佛者，常安坐于高堂之上。此皆与遗教经等所说，有天地云泥之差别也。然此乃自然之趋势。若问为何。遗教中有不得安置田宅之训，然而，皇上却赐予朱印地；遗教中有远离财宝，犹如避火坑之训，又不得有积蓄，而世人争相捐财布物；虽有不得结交贵人之训，然而贵人自愿追随，且自称弟子。譬如大河流水之沙石，不聚于河水撞击处，聚于水撞不到之处，此亦自然之趋势也。

172. 某人曰，慧心《僧都传记》曰，若当今佛者所云佛道为真佛道也，即没有比佛道更坏之物。岂非可笑矣？翁曰，诚名言也。予以为，不只佛家，儒家、神道亦相同。若现今儒者所行之道，为真儒道，世上没有比儒家更无聊之物。若现今神道家所说神道为真神道，世上没有比神道更无用之物。夫神道作为天地开辟之大道，将丰苇原建设成瑞穗国，安稳之国。道之大事，不辨自明。如当今神女、神官之流，发神札，要钱之辈，岂可明白？有川柳曰："衣衫褴褛者，凄惨神道家。"说的正是当今神道家陷入贫穷之窘态，是因为不知道真神道之缘故。夫所谓神道，是将丰苇原建成瑞穗国，将漂泊之国建成安稳固定国家之道也。然知此大道者决无陷入贫穷之理，此为彼等不知神道为何物之证也。可叹之事也。

173. 翁曰，《庭训往来》中写到，虽订单上没有，亦可奉借。此为满有人情之句，愿百事如斯。正如"鞭打快马好插秧"，快马即订单，虽没有订单，却可以鞭打。"供品之上有蝇飞，挥拍驱赶是贤妻。"供品为订单，虽然订单上没有，却要挥拍驱蝇。进而，尽忠乃是订单，退而补过，订单上没有亦积极去做。侍奉父母到"几谏"是订单之内容，敬而不违，劳而不怨是订单上没有，也须尽力。赠送菊花是订单，虽然订单上没有，亦应将根一起呈送。若凡事如斯，则不会志向不达，事情不成。至此，孝悌之至，贯通神明，自西向东，自南向北，无思不服。

174. 家仆将薯种掩埋后，在其上立一木札，记上"薯种"。翁曰，卿等以为大道为文字上之物，认为只研究文字，即学问也，谬也。文字乃传道之器具，非道也。故以为读书即为道，岂不谬也？道不在书上，道在于行。现可看彼处木札之文字，按此札之文字，将薯种挖出，植于旱田中，可长成食物。道亦相同，根据标志之书物，求道且身体力行，便能得道也。若非如此，则不能称之为学问，只是读书而已。

175. 翁曰，现今之忧虑为乡村之贫困，风气不好。欲扭转此风气，须救济贫苦。为救此，只是施财，怕财力不能及。故吾设立无利息金借贷方法。此法实为"惠而不费"之道也。此法还设立了一年酬谢金之法，此为在惠而不费之上"欲而不贪"之法。可谓借贷两全之道也。

176. 翁曰，经济有天下之经济，有一国一藩的经济，有一家的经济，各不相同，不可同日而语。因为，办博弈馆也好，开娼妓屋也好，自一家一身看，皆是经济也。然政府禁止，不许这些猥琐之行当，是因为对国家有害。此等非经济也，只顾眼前一己之利益，不顾后世如何，亦不顾他人。诸藩亦如此，于驿站开设娼妓馆，却严禁藩中及领地中人去，此为藩中经济也。若不禁止，有伤我藩我领地内风化礼仪。米泽藩内，略有歉收之年，便减少一半造酒。碰上大凶歉收之年，严禁造酒，且严禁自他藩进酒。如大豆歉收，则禁止做豆腐。此为禁止自己领地之财物，流向外边之政策，为一地方之经济也。夫天下经济并非如此，须光明正大。《大学》曰："国不以利为利，以义为利也。"此为国家经济之格言。农、商一家之经济，须不忘此意，世上富有者亦须领会此。

223. 翁曰，《论语》云："哀公问曰，年饥，用不足。如之何？对曰，盍彻乎。曰，二，吾犹不足，如之何其彻也？对曰，百姓足，君孰与不足？百姓不足，君孰与足？"此难以理解之理。譬如，盆栽中，松树养分不足，将要枯萎，若问如之何，只能回答，须剪枝。又问，即便不剪枝都要枯萎，还要剪枝？曰，根枯，木如何不枯？却是不容置疑之问答。夫日本为拥有六十余州之大盆栽。虽大，此盆栽中松树若养分不足，须将无用之枝叶剪掉，此外无他法。人之财产，每个人都若一个小盆栽，生活出现不足，速要剪枝。此时，若称此为先祖代代所传规矩、家风，彼为父母精心建造的别墅，此为特别所爱之物等，不知剪掉无用之枝叶，则迅速枯萎。已经枯萎之物，即便剪掉枝叶，也来不及。此尤为富家子弟所应领会之处。

224. 翁曰，欲振兴村里颓废，不投入金钱，则无人跟随。投入金钱亦有道也。受其恩者，若不知感恩，则无益也。夫天下之大，善人不少。然未能洗涤污俗，振兴废邑，皆因未能得其道之故也。凡村长者，或做事者，必其邑之富者也，纵然善人好捐助，若自己依然过骄奢生活，接受捐助者，也不以其恩为恩。只是羡慕富人之奢侈，不想放弃自己的奢侈之念，忘记身份，不改往昔错误，故无益也。若村长等能自谦，放弃骄奢，节俭谨慎，守住身份，推让余财，去除村害，兴起村益，补助穷困，则受助者会感受其诚意，欲骄奢之念，羡慕富贵之念，贪图救济之念，皆能消除，不惜勤劳，不厌粗衣素食，羞于僭越身份之举，以分内之事为乐。如此，可兴废邑，一洗污俗也。

225. 翁曰，"一日克己复礼，天下归仁焉"，乃道之大意也。夫人若能克制己之随意，去除私欲，守住身份消费，将有余推让，行此道时，若为村长，会使一村之人顺服，若是国主，会使一国之人顺服，若是养马之人，会使马肥，若是种菊之人，会使菊花盛开。释迦本为王子，舍弃王位，将一生交与铁钵，才使天下弘扬佛法，贱山樵亦知尊信佛法。此乃我所说"让分"之道也。乃克己之功，天下归此。凡人为灵长者，缘何不依靠此道也？故予常曰，村长及富有者，常常只是粗衣素食，其功德无量，使众人羡慕之念消除。若能守住分限，推让及人，其功德更加无量。

226. 伊东发身曰，翁患重疾，环顾门人左右，翁曰，我死期已近，葬我时不能越身份，不能立墓石，亦不能立碑。只要土葬，堆起土包，在上栽种松树或杉树即可。必按我遗言行事。忌期过后，有云尊遗言者，有云虽有遗言，但作为弟子不忍，应按照先师身份立一碑石者，议论纷纷。最终按照未亡人意愿，多数人赞同立一碑石。

227. 翁曰，佛家说，今世为临时居所，应该重视来世。然现有君、有双亲、有妻、有子，如何？纵出家遁世，舍弃君、双亲、妻、子，此身体当如何？有身体就须有食有衣，否则如何度日？没有船费，如何渡海渡河？故西行和尚曾歌曰："一切可舍弃，雪降之日寒冷至，此身奈若何。"此为实情也。儒家教导，非礼勿视，非礼勿听，非礼勿言，非礼勿动。通常在汝等生活，仅此不够。故我说，既不利我，也不利人，就要非礼勿视，勿听，勿言，勿动。若于己于人都无益，即便经书上有，经典上有，也不应取。故我说与神道、儒道、佛家虽不同，但我之说无错，可细细玩味。

228. 翁进山林检查树木，指锯开之木材芯弯曲处，论曰，此木材芯可谓天性也。天性如此弯曲，弯曲内部多长树肉，弯曲外部树肉则少，随其长时间生长，大体成为直树。此因空气压迫所致。如同人被世间规矩所限制，天性不能显现一样。故取木料时拉墨线以免露出木芯，若露出木芯，时间一长，必会弯曲。故若好木工会取木料一般，能够不让天生人性显露，世上之人皆为有用也。所谓不露木芯，即使佞人不露其佞，奸人不露其奸，将芯包裹，将其直处用作柱子，弯曲处用作横梁，粗壮者做基材，纤细者做横木，美丽者做装饰，就没有剩下者。用人亦如此，可谓栋梁之器也。又，建设山林，须多栽树苗。苗木茂盛，则共同长成，后随其生长，分辨树苗质量，进行间伐，则山林全部成材。此间伐有要领，间伐过于生长之树木与生长缓慢之树木也。世人只知间伐生长缓慢之树木，不知间伐过于生长之树木，纵然知道，亦不间伐。且此间伐，勿要错过时机迟伐，及早间伐为要。迟则成大害，如一反步面积中有四百棵树，须间伐至三百棵，再间伐至二百棵，长成大树还须间伐。

229. 翁曰，天地为一物，日月亦为一个。如此，至道无二，至理为万国同一也。只是尚未穷尽其理也。然诸道各自以为相异而相争，各自将区域划小竖上篱笆，故造成相隔局面。其皆为束缚在"三界城"内之迷者也。破此篱笆后才能谈道，束于此篱笆内之论，闻也无益，说也无益。

230. 翁曰，老佛之道高尚也，如同日光箱根等地山岳之巍峨。其云其水可爱，其风景令人愉悦，但对生民百姓无甚功用。我道如平地村落般粗鄙，风景亦不可爱，无令人愉悦之云之水，但此处有百谷涌出，使国家富强。佛家知识所讲之清净，如海边之真沙，而我族所讲如同泥沼，然莲花不生于海边真沙，却生于污泥当中。大名之城漂亮，市里繁华，其财源在村落。以此，至道在卑近处，不在高远处，实德在卑近处，不在高远处。卑近非卑近也，须悟此道理。

231. 翁曰，予考虑很久，神道何以为道，何所长，何所短；儒道何以为教，何所长，何所短；佛教何以为宗，何所长，何所短。考虑之结果，皆相互有长短。予曾歌曰："世间所弃木桩子，长短不一无须比。"感慨万千。若说各道所专，神道为开国之道，儒学为治国之道，佛教为治心之道。取此三道之正味。所谓正味，是指适用于人道之内容。取适用之内容，舍弃不适用之内容，立人界无上之教，此称为报德教。我戏称之为神佛儒正味一粒丸。其功能广大，数不尽数。故用于国家则国患愈，用于家庭则家病除。此外，因荒地多而忧虑者服用之就得开拓，因负债多而忧虑者服用之就得偿还，因资本缺乏而忧虑者服用之就得资本，因无房屋而忧虑者服用之就得房屋，因无农具而忧虑者服用之就得农具，其他贫穷病，骄奢病，放荡病，无赖病，懒惰病，皆能服用之而痊愈。衣笠兵太夫曾问，神儒佛三味的剂量如何？翁曰，神一匙，儒、佛半匙。某人在旁将之画为图，问道，三味分量如图？翁一笑曰，世间有如此集合之药丸？既然已说是药丸，就会完全混合，分不清何物才好。不如此，进入口中服用，就会引起舌头不适，食至肚里，肚子不好。须混合一起不能分辨为要也。呵呵。

[JAT]

（韩立红译）

神道与国学

综　　论

　　古代日本文化的四种因素引发了18世纪国学运动的一系列哲学思考与分析。第一乃是对"神"的崇拜，即向可畏的灵性存在表达仪式性尊崇，不管这种存在是天神、自然现象、鬼神，抑或是具有超凡人格魅力者的人类器物。"神道"或"神之道"的意思从字面来讲就是"神灵之道"。第二个因素乃是古代日语在创作与鉴赏和歌中价值的上升。第三个因素是早期神话的历史记录〔《古事记》（712）、《日本书纪》（720）〕。第四个是日本天皇之世系。这些主题至少从13世纪开始合并成为一个不断变化却又连续不断的话语，因为从这时起朝廷贵族集中发展他们的文化资本以弥补他们在政治力量上相对于"将军"的劣势。作为这种努力的部分尝试，他们开创了一套新的围绕古代朝廷主题的教义和习惯，特别是和歌、神以及天皇身份之性质。这种理论化的起点几乎都是源于和歌。和歌煞费苦心地用所谓纯粹的语言书写，即禁止使用任何源于中国的词语或语言结构，从而在大陆文化统治的环境中成为"日本"本质的代表。这种观念认为，古代日语词汇的语音中暗含着精神的或美的力量，这种力量可以将歌人的思想或心灵与世界及听众融合在一起。这种精神性力量被称作"言灵"，后来它成为赞美所谓"原初"日语那种近乎神奇力量的一个术语。

　　从古典时期开始，日本朝廷通过编纂官方和歌集实现了对和歌的独占。其中最著名的就是905年编纂的《古今和歌集》，其中宣称和歌乃神灵所创，它源自"神代"，即伊邪那岐、伊邪那美创造世界之时。中世则习惯借助和歌与它们的古代日语之起源，来宣称日语和日本拥有其他语言和国家所不具有的神圣性。

　　一直到17世纪，这种话语多见于佛教徒的用语和逻辑中。比如，和歌的词语被认为是佛教咒语，其拥有力量的理由乃基于一种类似空海文章中的所谓"声音、词语、真实"。类似地，日本岛被等同于佛教的曼陀罗①，天皇则被等同于具现"达摩"的"大日如来"。在朝廷中的和歌创作与天皇带领下的日本神灵崇拜相关联。这些行为被集体性地赋予了新的、更深刻的意义，即激活日本作为"大日诞生之地"的佛教本质，与其作为达摩以纯粹形式显现的神圣地域。将写有和歌的装饰华丽的卷轴献给神社，正是这种观念形态影响下出现的一种行为。

18世纪，两个主要因素致使这种中世纪话语转变为国学。第一，在之前的一个世纪，佛教遭到了剧烈的反对，尤其是佛教与其他传统的混杂，被人们批评为不纯之教。在排佛运动中儒学者充当了先锋，但他们很快被神道家和歌人模仿。由于中世纪日本主义背后的佛教性前提被损害，因而产生了一种在全新基础上重构"日本"这个观念的需要。18世纪和19世纪的国学家努力地去填补了这个空白。

社会因素也促进了国学作为新哲学流派的兴起。它包括拥有闲暇时间参与文化追求的市民阶层的出现，以及满足他们教育需求的家庭教师和私人学校的兴起。朝廷先前对和歌创作的垄断被不断增长的研究群体削弱，这些群体主要由热衷和歌创作技艺的市民构成。在江户时期，国学与早已形成的教授汉诗和汉文写作的私塾相竞争。

这种对学生和声望的争夺加深了汉学者与和学者之间的分歧。然而从根本上来说，二者的讨论基本沿着类似的线索展开。对于文字，二者都表达了一种近乎宗教的敏感。儒学者中，比如影响巨大的荻生徂徕（1666—1728）②将古代汉语视为古代之"道"的语言，认为它无与伦比。他指出，通过辨析汉语中的"名"，可以找到纯粹之道的作用；用汉语作文，可以与此"道"共鸣，并在当时施行这种"道"。比荻生徂徕稍晚一代的贺茂真渊（1697—1769），对于记录于《古事记》《日本书纪》和日本最早歌集《万叶集》中的最早和歌语言，也抱有相同的看法。在他看来，这些和歌反映了古代日本人

---

① 曼陀罗：密教认为，曼荼罗主要是聚集之意，亦即诸佛、菩萨、圣者居处之地。
② 荻生徂徕：江户中期儒者，字茂卿。起初学朱子学，后主张古文辞学。著有《辨道》《论语征》《蘐园随笔》等。

的"真诚"（まこと）。他认为，使用这种古老、纯粹的古代和歌之语言来咏唱和歌者，可以在其内心重获相同的价值。贺茂真渊还发展出另一个不同于荻生徂徕思想的观点，即崇尚自然、反对人为。徂徕强调，由具体制度体系构成的道乃上古中国圣王制作的，而不是人心固有之理的自然呈现。贺茂真渊针锋相对，他将"自然"与神圣和真诚相联系，反对制作，即他拒绝人为（因人不及神圣）、虚伪和自以为是。接着他再用这种区别去强调古代优于现代、日本胜过中国。在其《国意考》（1765）一文中，他将日本自然灵活的"圆融之道"与中国人为制作的"有棱角之道"进行了对比，并由此把和歌之欣赏、创作转变为关乎民族的大事。

贺茂真渊的弟子本居宣长（1730—1801），在其学业伊始时就对和歌与日本古典文学抱有兴趣。但他在某一时期将兴趣从诗歌转移到了日本最古老的朝廷史书《古事记》。它记录了神代之时到天皇朝廷的建立。《古事记》用异质的，有时是晦涩的表记法来标记，但它包含了有记录以来最古老的日语的例子。作为神道的虔诚信徒，本居宣长坚信《古事记》记载了以天神们最原本的语言来记述的创世故事。因此，他运用这种由徂徕和真渊发展起来的哲学方法，试图挖掘该文本中最深、最古老的底层，弄清其晦涩的叙述，而不是借助先前评论中惯用的隐喻性解读法。在某一方面，本居宣长解读《古事记》和荻生徂徕解读中国古典所用的方法相同，即对于无法用人类理性去理解的更高真相，必须要用绝对的虔诚来接受。

本居宣长在《古事记》中发现的真相展示了一个强大神灵栖居的世界，他们的意志无人能反对。众神中最主要者乃是仁慈的太阳神天照大神，她敕命其子孙永久统治天皇朝廷。天皇象征了天照大神在世界上的至高权力，以及日本人对于天皇朝廷的忠心，这二者证明和保证了他们的国家是世界上最神圣的民族。本居宣长坚信，《古事记》晦涩难懂的书写体系保证了它历经千年不被抄录者以自己的意图去改变它的词语。故而，他推断，《古事记》的创世传说乃世界上唯一真实的。对于本居宣长而言，这意味着日本神灵和天皇拥有宇宙性的地位：日本乃是太阳最初诞生、被供奉的土地，它的子孙统治着这里。因此，天皇乃是世界的君主，其在日本的神圣统治利于所有人。

在《直毗灵》（1771）一文中，本居宣长提出了他苦心分析《古事记》后得出的结论。由于观点偏激，该文在各思想流派中掀起轩然大波。其中一个批判者是徂徕学派的儒者市川鹤鸣（1740—1795），他的回应受到本居宣长猛烈的抨击（《葛花》，1780）。市川鹤鸣完全不同意本居宣长关于《古事记》地位的说法，他指出：《古事记》并非神的启示，而是它被书写的那个时代的产物，是对当时天皇统治策略的呼应。本居宣长将市川鹤鸣的这种观点看作异端，他辩称《古事记》包含了神圣的传说，它也曾存在于其他国度，但被古代中国的圣人完全毁坏了，因为他们按照自己的目的重新书写了造物神话。当市川鹤鸣指出《古事记》情节之矛盾时，本居宣长指出"神之行为非人智所能理解"，并斥责市川鹤鸣用中国式的狡黠玷污了古代日本人真诚的信念。本居宣长认为，事情乃真实发生过的，所以使事情去切合人的理解标准而不惜歪曲事情的奇妙性质，这种做法乃"汉意"的表现。他说，不同的书写体系防止了这种歪曲。本居宣长进而反驳市川鹤鸣关于日本文明源于圣人之道的断言，指出：中国历史有很长一段时期处于混乱，而日本则自神代开始处于万世一系王朝的统治下，这是因为日本乃"天照大神诞生之国"，"天皇与天照大神后裔之地"，"上下之臣民不论贵贱，其心性皆优于他国"。国学者超出他们的领域，与外部人士讨论他们的基本立场，这在他们的著述中很少见。而市川鹤鸣的例子说明了这种原因，即他们的研究领域存在不可逾越的鸿沟，这使得所有的讨论没有结果。

　　对本居宣长的主张表示怀疑的不仅仅是儒学者，其他国学者中也有反对其观点的人。而最激越者恐怕乃是富士谷御杖（1768—1823）。其父为当地有影响力的和歌家，富士谷御杖发展出来一套不断追寻"内在"意思的语言理论。他批评本居宣长按照字面意思来解读《古事记》，忘记了这部神圣作品的隐喻性质。同时，他也不赞同本居宣长将《古事记》看作真实的历史。相反，他提出这个神秘的文本乃是通过使用"倒语"（indirect language）与诗歌来操控"言灵"的例子。本居宣长认为《古事记》中的超自然事件拥有人无法用理性去理解，而只能凭真诚去接受的特殊"神圣逻辑"。富士谷御杖则将《古事记》中的这些"荒唐无比"的事件看作古代作者有意为之的安排，意在表明这个文本不应该被看作简单的历史记录，而是对"倒语"艺术的展示。他强调，这种艺术乃是神武天皇为建立其在日本的神圣统治而发明的，《古事记》即是他的遗产。当汉学传入以后，"日本之道"被削弱，其通过释放"言灵"（spirit of words）来创造和谐的能力也被损害，因而天皇借助"倒语"

的统治无法继续维持。富士谷御杖认为，本居宣长将《古事记》看作完完全全的历史，乃是受到了汉式语言观的影响，这同样无法突破语言的表面形式。本居宣长重新发现了《古事记》乃神之启示的这种本质，富士谷御杖坚信这是一种功绩，但他认为本居宣长的解读彻头彻尾地陷入了误区。总之，本居宣长和富士谷御杖都认为《古事记》乃充满神启的文本，它必须避免外来的、"汉式"的曲解。但二者在何谓必须避免的曲解上，没有达成一致意见。对本居宣长来说，它是指把人的理智作为唯一获取真理的标准，从而消除了事件的神秘。对于富士谷御杖来说，正是语言上的直译主义（linguistic literalism），才损害了神灵们曾使用过的古代词语的神奇力量。

富士谷御杖并没有很多追随者，我们在此介绍他的著作并不是因为它的影响力，而是因为它在哲学上的重要性。比富士谷御杖稍年轻的平田笃胤（1776—1843）则不同。本居宣长拥有数百个学生，而平田笃胤的学生有数千，并且他的很多学生在19世纪中叶获得了富有影响力的地位。

不同于富士谷御杖，平田笃胤与其说是诗人，倒更像是个史家，这和本居宣长相似。平田笃胤将古代的纪事看作日本之道的神圣记载，于是完完全全地把这些记载当作事实。但他对日本之道的把握在很多方面不同于本居宣长。本居宣长决心不借助任何学说或《古事记》文本以外的概念来重建《古事记》的世界。这就意味着，比如，人们必须接受一个事实，即人是受善神与恶神以及它们那神秘莫测的意识所支配的。这也意味着对于死亡，人不能期待死会后有更好的境遇，而只能去往"黄泉"（yomi）这个黑暗污秽的痛苦之地，不论这个人生前做过善事还是恶事。

平田笃胤自视为本居宣长的传人，并试图通过利用新材料来进一步巩固本居宣长的发现。不同于本居宣长，平田笃胤重视从其他的、非日本传统中搜寻那些可以用于证明日本"古道"的证据。这不仅包括中国的各种著作，而且包括经由出岛的荷兰商馆不断流入日本的西洋翻译书籍。本居宣长放弃了所有未被《古事记》确证的知识，认为它们都是人类有限智慧做出的无聊遐想。而平田笃胤感觉需要证明《古事记》的叙事乃与西方科学的观察相一致。他并不是第一个进行这种尝试的人，事实上，他的《灵能真柱》利用了本居宣长另一位弟子服部中庸（1756—1824）的著述，该著被本居宣长载入了其《古事记传》。服部中庸以自己的西方天文学知识对于《古事记》中描述的宇宙论作出了新的诠释。平田笃胤于 1812 年写《灵能真柱》以支持服部中庸，因为在 1811 年，本居宣长的继承人本居大平（1756—1833）批判和否定了服部中庸的理论。通过以"日心"模型替代"地心"模型，平田笃胤实现了对于服部中庸成就的更新。另外，他引证了服部中庸尚未考虑到的更多外国资源。一个显著例子就是他引用了圣经传说中的诺亚方舟，以此来说明未遭遇此洪水的日本诚然乃是世界上接近上天的最高之处。这生动说明了平田笃胤囊括外国思想资源的策略，即主张日本神圣的传说乃是终极的根据。

《灵能真柱》还有另外一个令人惊奇之处：平田笃胤著此文坚决反对本居宣长（以及服部中庸）关于死后世界的理论。他否定本居宣长依据《古事记》认为死者灵魂去往幽冥的黄泉之地这个观点，而借助《日本书纪》中令人费解的一段文字（被本居宣长贬斥为汉意的产物），来主张一种完全不同的理论。根据该著述的某一版本，世界乃为两位神所统治：天孙琼琼杵尊掌管"显明之事"，国神大国主命掌管"幽冥之事"。平田笃胤充分利用这段特别的文字，假设出可见与不可见这两个平行存在的世界。他强调死者之灵并没有去往幽冥界，而是生活在人们看不见的周围，护佑着他们。有意思的是，平田笃胤著该书时还在悼念他早逝的妻子织濑。

死后世界、灵的本质、魂魄的幽界，成为平田笃胤著述中的中心主题，并深刻影响了后来的许多国学和神道思想。平田笃胤意识到日常生活背后的幽冥界，并竭尽全力去认识它，他不仅通过古代日本的文本，而且请教声称去过幽冥界的同时代的"仙人"。平田笃胤将国学从对古代文本的狭窄研究扩展为更广阔的实践，这不仅吸引了歌人和学者，而且吸引了社会各阶层的人。他的学说，一般被称为"古道"，而不是国学。它对于 19 世纪中期出现的众多神道流派产生了重大影响。

在平田笃胤的弟子中，大国隆正（1792—1871）获得了一个极具影响力的位置。不同于之前所介绍的其他国学者，大国隆正属于武士阶级，且致力于教育武士。另外，他生活于幕末和明治维新——日本历史上最具变革性的时期之一。1853 年，日本向更多的外国商人开放门户，在这种时代的冲击浪潮中，大国隆正开启了作为国学者和教育者的一生。受时代因素的影响，大国隆正认为将国学与当时的政治形势相结合十分迫切。国学（大国隆正更喜欢用"本学"这个概念，意指"原本的学问"）成为在与西洋的冲突中捍卫日本独立的主要武器，并且它需要得到提炼和升级以便完成这个目标。

这就是为什么大国隆正从荷兰法学家雨果·格劳秀斯（Hugo Grotius，1583—1645）那里获得灵感，起草了"国学版"的国际法之概要（日本天皇应该被尊为地球总王）。并且，日本国学还需要增强科学基础以应对西洋人的质问。大国隆正本学的终极目标并不是大多同时代人所主张的要赶跑夷狄，而是要在他们中间传播日本之道，并确保日本在新纪元中作为"本国"之地位。

最为紧要的，乃是需要在日本民众中宣扬"本教"以抵御基督教的传播。为实现这个目标，大国隆正依据其对古道的独特理解，积极创立了一种通俗的宗教修行。他在《神理小言》（1861）中宣扬这种"易行之道"即出于此目的。在明治初年，新政府采纳了大国隆正关于日本乃神道之国的设想，甚至曾有过短暂的设立神道布道团的尝试。但他们很快就发现，这种政策只会疏远日本佛教徒，而日本禁止基督教也激怒了基督徒。同时，即便在神道理论最重要的几个问题上，国学者和神道思想家也无法取得一致。当日本按照西方路线全力进行现代化急行军时，到1870年代晚期，国学和神道都处于被严重边缘化的危险中。只有当日本成为殖民者，以及20世纪初发觉社会主义的威胁时，神道才重新找到它的机会。此外，神道由于成为日本帝国的官方意识形态，因此它经历了另一场变革。这种所谓的"国家神道"在人们看来"并非宗教"，但它宣称日本人拥有共同的创世时期的神圣祖先，其以天皇连接神与政治秩序而尊崇之，并号召保卫日本的神圣国土。因此，各种仪式性的天皇崇拜使用了神道的内容，却以民众宗教这种政治性强的形式显现。

最后所选的两篇文献形成于不同的年代与截然不同的背景。它们的共同之处在于，它们代表了现代人对于十八九世纪国学思想遗产以及对国学运动所阐发之教义的思考。神道学者折口信夫（1887—1953）写于1943年的那篇文章重提国学者本居宣长和平田笃胤，号召以他们为榜样为日本燃起"信念驱动下的激情"，从而再造奇迹。两年后的1945年，当日本战败已成事实，折口信夫更加感到日本人缺少"宗教热情"。他热情倡导对神道进行现代化，以使其成为一个"有组织的宗教"，并且他从国学运动的伟大人物中探寻灵感来形成教义。其他的神道领袖对这个主张甚为怀疑，且事实上战后神道选择奉守战前对神道的定位，即神道不是一个宗教。折口信夫以神道为真实宗教的设想遭到人们拒绝的理由在于，它号召以一个共有的全国性仪式来统一日本人，而不管人们的宗教信仰。折口信夫所设想的这种宗教教义，不仅会引发"二战"最后几个月即已出现的理论上的纷争，而且也会损害他通过神道仪式来统一各种信仰的日本人这个更高目标。同样，上田贤治（1927—2003）对于纯现代神道教义的解释——将神道改造成一个世界性宗教而不是一国意识形态或国家道德——在神道界里并没有获得广泛的认同，虽然他的著作在祭司中被大量阅读，并且有时还在日本两大神道大学里得到教授。

将一小部分被认为具有绝对权威、超越人类一般思维的古代文本奉为经典，这是日本国学的基础。其拒绝了外国起源的普遍性教义，而从经典文本中找到的"启示"被赋予了普遍性地位。同时，不同时期的作者之间存在重要差异。或许争论最激烈的地方在于语言的地位及其与事实的关系。即便人们同意《古事记》是一个天启的文本，其拥有源于词语灵魂和世界诞生背后的创造性力量，但问题仍在于我们如何解读文本中的这些神圣文字。人们应该照字面意思去解读，以为其记述了历史性的创世行为？还是将它看作一种隐喻——它是内含神奇特性的神圣文本的间接形态？本居宣长以及略带有争议的平田笃胤，是前一方面的代表；而贺茂真渊和大国隆正以各自不同的方式代表了后一种方式。他们呈现的语言之"神奇"，被许多利用了国学思想的神道教派所继承。而战前的国家正统——其当今的主要继承者乃是以神社为主的神道，更倾向本居宣长和平田笃胤的这种历史的、"科学的"方式。

国学因其政治思想和阐释上的争论代表了一种重要资源。

延伸阅读

Bryll, Lydia. *Ōkuni Takamasa und seine Weltanschauung. Ein Beitrag zum Gedanke ng ut der Kokugaku*（Wiesbaden：Harrassowitz，1966）.

Burns, Susan L. *Before the Nation：Kokugaku and the Imagining of Community in Early Modern Japan*（Durham and London：Duke University Press. 2003）.

Hansen, Wilburn. *When Tengu Talk：Hirata Atsutane's Ethnography of the Other World*（Honolulu：University of Hawai'i Press，2008）.

Harootunian, H. D. *Things Seen and Unseen：Discourse and Ideology in Toku-*

gawa Nativism (Chicago: University of Chicago Press, 1988).

McNally, Mark. *Proving the Way: Conflict and Practice in the History of Japanese Nativism* (Cambridge, Mass.: Harvard University Press, 2005).

Nosco, Peter. *Remembering Paradise: Nativism and Nostalgia in Eighteenth-Century Japan* (Cambridge, Mass.: Harvard University Press, 1990).

Walthall, Anne. *The Weak Body of a Useless Woman: Matsuo Taseko and the Meiji Restoration* (Chicago: University of Chicago Press, 1998).

[MLT]

（高伟译）

贺茂真渊

贺茂真渊（1697—1769）

  贺茂真渊生于一个神官家庭，他的早期教育是在当地集神道研究与和歌学习于一体的学问环境中完成的。1728年，贺茂真渊拜在著名神道学者荷田春满（1669—1736）门下，为离老师近一些，贺茂真渊后来搬到了京都。荷田春满死后，贺茂真渊搬到了他在江户的侄子荷田在满（1706—1751）那里与他一道工作。荷田在满效力于将军德川吉宗的次子田安宗武。1752年，贺茂真渊被邀加入了荷田在满与田安宗武关于和歌性质与功能的辩论中。贺茂真渊在辩论中的表现吸引了田安宗武，因此获得了四年的聘任，取代了已在此职位上担任了十四年之久的荷田在满。在此期间，他写下了关于《万叶集》《源氏物语》《伊势物语》等的评论，以及关于古代日本语言的学术著作。贺茂真渊自己也是歌人，以复兴"万叶体"和长久以来被遗忘的诗歌形式而著名。当结束对田安宗武的侍奉后，他创立了自己的私人学校，并继续写作各种评论以及一系列更加哲学化的散文，试图将古代日本的语言和文学与日本文化的纯粹性这种观念相连接。

  这里节选的其最重要的文章，乃是其为了回应荻生徂徕门徒太宰春台所写的。太宰提出了一种古代中国圣王所创之道的哲学，认为在儒学传来之前日本缺乏统治社会的规范。贺茂真渊通过主张本土性的"日本之道"来反驳这个观点，并认为古代日本是一个没有欺骗、与自然和谐共处的社会，但后来由于外国价值体系的理性思维观念而堕落。

《国意考》

贺茂真渊 1765，7-10，12-13，17，20-4

曾有人言于吾，曰："吾不在意和歌这等琐细之物，唐国治平天下之道方乃吾所好者。"吾当时笑而不语。其后再遇其人，其曰："前番吾讲说万物之理，汝只笑而不语，必有蹊跷。"吾曰："汝所言者乃指唐国儒道乎？其乃人为之物，自小天地之心也。"此人闻此甚怒，曰："汝怎可言儒道为小物耶？"

……

确实，人稍稍听闻此道，似乎觉得无可置疑之处。然此是因为儒道甚细微，且工于理，故而为人所容易理解。而最为关键之处在于，虽说吾国乃太平之世，人们贵世代相承，有儒教之理法。但天下人心看似相似，实则内心各异。故而可知，众人表面遵从儒道，内心则不以为然也。但儒道传入吾国后被说成唐国以此理而治，此乃虚言也。若将迷信儒道之人送入唐国使其观之，则其必有浦岛太郎归乡之感也。①

吾国原本以天地之心来统治，原本无此等琐细讲理之物。忽然儒教传来，古昔率直之人以之为真而传播开来。吾国从古昔开始，历经代代天皇统治，稍稍变得繁荣。但随着儒学传来，天武天皇之时，出现大乱。② 自此之后，奈良宫中，衣冠用具等变为唐风，万事仅表面趋于优雅，人多邪恶之心。总之，儒道使人心变得狡黠，为使国君得到崇拜，人们过度抬高国君，于是天下变为奴仆之心。

此后终于发生将天皇流放于孤岛之事。③ 此皆为唐国儒教传入吾国之后所发生的。有人以佛道为恶，然它只是使人心变愚昧。天下之人不愚，则君主无法昌盛也。故而佛道非无大害也。

正如荒山、荒野自然形成道路一样，神代之道在吾国自然流布。适合此

---

① 丹后国渔夫浦岛太郎曾救过一只海龟，某日在海龟的邀请下去往海底龙宫，受到了龙女的款待。当他回到村里时，时间已过去三百年。

② 指壬申之乱。672 年天智天皇之弟大海人皇子与天皇长子大友皇子围绕皇位继承所引发的内乱。大友皇子失败自杀，次年，大海人皇子即位成为天武天皇。——译者注

③ 指元弘之变时后醍醐天皇被流放于隐岐岛。——译者注

国之道其自然昌盛，亦使天皇更加昌盛。然正是儒道，不仅乱了唐国，亦使吾国如此。但不知事物之心者，为表面所迷惑，只以其道为贵，以之为治天下之物，此甚愚也。

和歌乃诉说人心之物，看似可有可无，于世间无用。但人通晓和歌时，治乱之缘由自然可知也。孔子亦未曾舍弃诗歌，而使其居于卷首，定是此用意。"凡物必定是此理"——此论乃是以万物为死物。随天地而生之自然事物，方为活物。通晓万物虽非坏事，然人容易有所偏颇，此人心使然，故弃知乃佳也。而和歌即便言非道邪欲之事，并不乱人之心，人心却因此变柔和，通向万物。

书写与意义

此人又曰："然此国无文字。吾用唐国文字才知晓万物。"吾答曰："唐国万事繁琐，恶世难治，此自不待言。以细处来说，其文字如画。今有人举出常用之汉字，达三万八千。比如，描述'花'需要'咲''散''蕊''树''茎'，以及其他十多个字。另外，某处之国名，某种草木之名，又另造一字，其中有些别处不用。如此之多的文字，即便是努力识记之人，亦可全部识记乎？汉字或是被错用，或是其用法代代发生变化，其论甚是繁琐无益。"

然天竺以五十个字，写下五千余卷之佛语。只需知道五十个字，就可知晓和传递古今无限制之词语。不仅仅是文字，五十音乃天地之声，故而内含于五十音中之物，乃是自然。与此相似，皇国亦曾有某种文字，但唐国文字传来以后，其发生错误，为唐国文字所遮蔽，现在只剩下古代词语。这些词语虽不同于天竺五十音，但在表达万事万物上，与五十音相通。同理，比如以上所讲之"花"，"绽放"（さく）、"凋零"（ちる）、"含苞"（つぼむ）、"辉映"（うつろふ）、"蕊"（しべ）、"茎"（くき）等相关之词，皆不用借用字，不管好坏，其容易表达不烦琐。荷兰使用二十五个文字，吾国使用五十个文字，大体文字模样，四方之国皆同。但只有唐国制作了甚为繁琐之文字，世道亦不太平，万事皆不变。

吾国虽然使用了唐国文字，但古代只是借用字音，作为词语之标记。之后虽夹杂使用了汉字之意（用以表达词语），但（词语的读音）依然只使用

"训",与"意"无关。①……如此以"语"(指"语音")为主,"字"为奴,人们从心所欲来使用"字"。然而,后来则仿佛"语"失去了其主要地位,沦为"字"之奴。此乃在彼国贱奴可成为王,被这种恶俗传染之故。毫无疑问,不知此理而只以"字"为尊,何其愚也。

皇国之古道

唐国学问一开始就是人心制作之物,多尖锐之棱角,故而易于理解。吾皇国之古道,乃依于天地,圆且平,用人之心与词语,难以言尽,故后人对此难以理解。因此,有人问"古道皆绝乎"?然天地只要不绝,古道不绝也。因易解之唐国之道,才有现今之吾国乎?放眼天地之长,五百年、一千年,只是转眼一瞬。人所言之物乃狭隘之物,无需尊奉也。

天地间自然存有之物,包括日月,皆圆也。以草上露珠为喻。露珠置于有凹角的叶子时,呈现特殊形状,而置于平坦处时,又恢复圆润之形。因此,治理天下也应该以此圆形为本。议论严格之物无法治世,观唐国可知也。"圆"乃天地之心,故而适当之时,万物应回归此圆形。以鄙俗狭隘之人心处理世事,则反而容易导致混乱。……

特别需要注意的是皇国乃据此道而立。另外,在上者显示朴素之好处在于,在下者见在上者之朴素,便心生敬畏之心,人人皆效仿朴素之生活。生活朴素则嗜好少,嗜好少则内心安,内心安则太平。在上者显贵乃陋习。在下之人见到宫殿、衣服、宫女服之装饰、朝臣之着装等,自然会以(在上者)为贵,心生尊仰之感。故在上者无需刻意显贵(来使他人敬畏),在下之人亦不敢造次。

……

自不待言,佛道传来之后,使人变得极其邪恶。真正之佛心自不应是如此。然而僧侣陷于己欲,假借佛而谎话连篇。佛道言唯人有罪,然天下苍生

---

① 这段文字表达的观点并不符合历史事实。比如认为"古代只是借用字音,作为词语的标记"。因为从"万叶假名"来看,它既有"字音假名",也包含"字训假名"。"字训假名"的读音乃与汉字意思有关。《近世神道论·前期国学》(日本思想大系39)也注意到这点错误,注释到:"字音仮名をさすか、史実とはくい違っている。"(这里是指"字音假名"?此与史实不符)。——译者注

皆同为活物，为何佛不向鸟兽传教耶？

很多人相信报应。但报应之说不可信，古代事例不胜枚举。然众人仍迷惑于此，故吾以今世来取喻。首先罪孽之大莫过于杀人。然在先前之时代，天下大乱，众人从军连年征战杀人。当时未杀一人者，乃成了当今之平民。杀了一些人者，乃成为当今之旗本。杀更多人者，乃成了大名。再甚者，成为大大名。杀人无数者，乃成为无比尊贵之将军，代代昌盛。此何来报应？可知，杀人与杀虫无异也。

……

有人曰："今观研习兵法者，其渴望战争以成为元帅。而研习武道者，乃渴望乱世，以成为镇守一方之将领，扑杀强敌。故而武威于治世无益。"吾应答曰："非也，此乃不知人心之论，汝可自问己心。人生于太平之世，不遭逢战事，人会厌恶太平。此时，人定会想：'吾一生仅如此乎？忆往昔先祖之事，若吾逢时，或可威震一方。然当今之世吾何可为？'故其乃行可行之事，终其一生而已。其人内心虽有所想，但只是跟随时势度日而已。研习兵法武道者，仅是如此，其虽渴望乱世，然世道并不因此而乱。一二人有所图谋，然其若不应时势，则寸步难行，最终只能偃旗息鼓。人心皆是如此，如果在上者有勇猛之威，则其即便内心有他想，亦只能顺从在上者。故而研习兵法武道，传之子孙，使其备于非常之时，不亦善哉？"

某事若无回报，则人对此事难动心也。佛道因讲回报，许诺拯救此世来生、成就富贵，所以才将众人引入，而众人皆执迷于此。武之道因无回报之许诺，故即便将其看作理，只教人此处为恶、彼处是害，它也不能吸引人，其教说无法传播。……

有人曰："汝所讲之物诚然在理，然此乃上代之事。当今之世，风俗大异，人心已邪，如何能回归古代？故而，应合于当今之世，便宜行之。古代之事，于今无益也。"吾答曰："诚然众人皆有如此想法，……认为世道不能改变，乃是短见。在上者一人之心，可使世道为之一变。人命关天之战事，大将一人之心，可使万千人舍命而搏。但不论何事，皆应返回本心之朴实来观之。"

[PF]

（高伟译）

本居宣长

本居宣长（1730—1801）

近世日本国学运动中的卓越学者本居宣长，生于松阪的一个棉花商人家庭。1752年他去往京都学习汉医，在那里他拜在了儒者堀景山（1689—1757）的门下。通过包含和歌与散文之传统的学习，本居宣长熟悉了两种诠释学上的方法。第一种源于荻生徂徕，其主张返回到中国儒学的原初文本，通过文本词语意思的分析来究明真正的"圣王之道"。第二种源于契冲（1640—1701）的日语语言哲学，契冲乃是僧侣，对《万叶集》进行了开创性的评论。当本居宣长于1757年完成汉医的学习后，他回到了松阪开始行医。

本居宣长多产的学术生涯致力于对日本人精神遗产的诠释。他在歌论（《石上私淑言》，1763）、文学论（《紫文要领》）、历史及日语语法研究上的贡献也很大。而他最主要的业绩在于从1764—1789年写成了44卷的《古事记》注释书《古事记传》。

现存最早的日本古典乃两部神话性史书《古事记》（成书于712年）和《日本书纪》（成书于720年）。《日本书纪》几乎全用汉文写成，在官方模仿中国正史编修的"六国史"中居首位。而《古事记》并没有官方上的地位，除了神名与和歌乃借用汉字来表音外，基本是以汉字音义混用的形式写成的。本居宣长认为《古事记》虽然被汉字所遮蔽，但事实上乃是关于日本真正渊源的古代口传下来的原初文本，它由天神传给了其后裔，即统治日本的天皇。在他的注释中，本居宣长用"大和语言"重现了对于《古事记》整个文本的母语性解读，即以未受汉字借用之影响的、更原初之日语来探寻文本的意思。

在 17 世纪占主导地位的新儒学这种意识形态之下，人们对于《古事记》、《日本书纪》"神代篇"中所记载事实的解释，乃是要使其符合新儒学普遍主义者所宣称的普世性原理。本居宣长认为这种普遍性只是一种基于中国式认识论的观念。在他看来，作为内在于所有事物的道德力量，"天道"这个概念使拥有美德的人获得权力成为统治者，并使君主的行为成为被统治者的典范，因此它只是一个为使统治合法化而人为构想出来的东西。本居宣长认为，在古代日本之中，人们坚信世间秩序是由创世神灵与其后裔—即日本天皇—所维持的。

以下所选文章第一则来自本居宣长的《直毗灵》，它集中表现了其关于"日本古道"的思想。第二则显示了本居宣长与徂徕学派儒者市川匡麻吕（1740—1795）的论争。市川在 1780 年写下了《末贺能比连》，他是第一个从儒学角度批判本居宣长著述的人。本居宣长在同一年写下了《葛花》进行反击，在其中本居宣长一一罗列了批判意见并进行了反驳。

[AW]

直毗灵

本居宣长 1771，50-2，54，57，62；28-32，35，40

古代未曾有"道"之论。……"道"只是指通往某处的路。除此以外，古代并没有所谓"道"者。

"事物应有之理"，"万物之教"，此等所谓某种道者，乃是异国习俗。

……

圣人制定之物被称为"道"。故而唐国谓之"道"者，究其根本，乃是夺人国与不被他人篡位之策略此二端而已。圣人为了夺他人之国，事事费尽心机，不断劳其筋骨，做尽善事，以笼络人心。故而圣人似善人，其制作之道给人美妙无缺之感。然而，圣人自己首先违背道，弑君夺国。因而这一切皆为谎言，圣人非为善人，乃十足恶人也。圣人之道或因其原本就以如此污秽之心制作，欺骗众人之缘故，后人虽然表面尊奉，然遵守践行者实际上无一人。故其于治国无益，唯名远扬，最终无法施行于世。圣人之道沦为一味讥讽他人的世代儒者之聒噪。

……

圣人之道者为何？曰"仁义礼让孝悌忠信"，其制作各种繁琐名目以教化人。儒者讥讽此为后世之法，认为有悖于先王之道。然先王之道乃是上古之法耶？圣人又制作《易》，说得十分深奥，以为穷尽天地之理，然此亦乃吸引、统治世人之谋略。

天地之理皆为神之所为，乃无比奇妙灵异之物，人以有限之智难以推断，又怎可尽知？然有人以圣人之言皆为理之至极而尊奉之，何其愚也。……因此，若以唐国之说，道乃无尚且唯一之由，在于道之存在乃不可名状，不被道名却确实存在。故此，夸夸其谈道与不论道者，别于不言于表，亦不如唐国者般假装论道。

"天命"者何也？乃是彼国古代，弑君夺人国之圣人为逃避罪责，所编造出的托辞。

……

若问汉国之道为何道，其非天地自然之道也。此须铭记，勿与其老庄之道相混淆。

……

安于本分，仅守其身，安稳过日方为紧要。……如果执意求"道"，那么请拂除肮脏之汉籍之心（からぶみごころ），以澄明之御国心（御国ごころ）研读古典，然后自然可知，人无应行之道也。知此，则是尊奉神之道也。吾如此论述，虽不合于道之本意，然对于祸津日神①之行为，吾无法观而不语。

[SN]

葛　花②

有人作《末贺能比连》一书，责难吾所论之道（此书曰《直毗灵》，一

---

①　祸津日神（まがつひのかみ）：指引发邪恶祸害的大柱津日、八十柱津日二神。据"记纪神话"记载，祸津日神乃是伊邪那岐命从黄泉国归来进行祓除时，从其污秽中所生之神。——译者注

②　本居宣长的思想是建立在对所谓外来学问的贬斥基础上的。故而，本篇有很多关于儒学或中国历史的偏颇之词。请读者注意辨识。——译者注

卷)。观其书之大意，可知此人似乎亦喜好皇朝之学，但因是儒者，长年只以汉国圣人之道为尊，故对于皇国古代，亦只是以汉国之意来推定。其观吾之论不同于其意，且吾剖析了彼圣人之恶事，故勃然大怒写下此书。天下之学者，千百年来一直饮汉籍之毒酒，耽于其文辞之美，众人皆醉而无法察觉，偶有因直毗神①之御灵而清醒者，劝说沉醉之人，其尤曰：吾未醉也。醉者口吐狂言更甚，甚至强迫稍微清醒之人继续饮毒酒，使醉者更在烂醉。此状之悲哀，吾不忍直视，故而采来此葛花②让众人服之以醒酒。

《末贺能比连》中写道："其或以老庄之说为佳，故而极力讥讽圣人。"

由此一言可知责难者之固陋。批评圣人则必定是老庄之徒？不以老庄之说为佳，就不能言圣人之恶？因人所论之物与老庄之说相同，则认为此人乃老庄之徒，这种想法就好比深夜村落有人家着火，附近有正在赌博之人首先知晓，出而救火，然后村里人亦全部听到，同样出来救火时，旁人见此情景曰：那些人和赌徒一样去救火，那些人都是赌徒之友。圣人之道好比起火人家，老庄好比赌徒，吾所著《直毗灵》乃如村里人，责难者则是旁人。老庄赌博固然是恶，然救火是善。因为一样去救火，所以被认定为同一伙人，此论岂非谬哉？

《末贺能比连》中写道："所有口头传说之物，云云。"

比较口头相传与文字相传可知，二者互有得失，孰胜一筹难定也。当今之世用惯了文字，以当世之心来看，则众人皆会认为：若仅靠口传，则万事不可靠，故使用文字更胜一筹。但如果当今世人回归只靠口传的上古时期之心性，则不觉上古时代无文字不便也。

不仅仅是文字，一切器物，都是历经各代不断产生的，逐渐方便了人们。这种新产生之物，在用惯此物的人看来，古代无此物则甚不方便。然而古代无此器物时，人们并不觉有所欠缺。文字上亦是。皇国有汉字、片假名、平假名，此三者缺任何一者，皆不方便。然而汉国无片假名、平假名，丝毫不觉不便。向远方传递重要之事，口传易有误，故而以书状传达，此乃文字之

---

① 直毗神（なおびのかみ），亦写作"直日神"。指"大直毗神"与"神直毗神"二神。此二神乃是伊邪那岐命在筑紫进行祓除时所生，是祛除污秽与罪恶之神。——译者注
② 葛花：药名，具有解酒醒脾之功效。——译者注

德。然而书状亦有难以传达之事，于是便会根据对方身份派出下人，以口头传递具体内容而很好地实现了沟通，此乃口传之德。故而汉人亦曰：书难尽言。

由此观之，上古之事如以口传传到后世，反而可以传递详细之意思。而人用文字相传以后，意思传达并非没有疏漏。再论口传与文字相传二者之得失，可以举出很多。然责难者仅举出口传之短处，不言其长处；对于文字相传，则只举长处，不言其短处，此非偏颇之论哉？责难者认为口传只遗留不实之事，然文字相传亦有相同之事。虚言即便以文字相传亦无真实。真实即便以口头相传，亦无损于真实之留存。责难者以口传有误，诚是如此，因文字乃不朽之物，某事一旦记录，则历经千年亦可原样保存，此乃文字之德也。然而无文字之世乃有无文字之世的心性，故而即便是口传，亦与有文字之世的口传大不一样，其无捏造之事。当今之世，识字之人万事依靠文字，其无法背诵之事，不识字之人，反而可以很好记诵，由此可知也。而古语中亦曰皇国乃言灵相助之国、言灵惠泽之国。故吾国言语之妙，乃优于万国。

《末贺能比连》中写道："上代之古事，乃后世天皇深谋远虑之下令人作成的寓意之说。"

"深谋远虑之下令人作成"，此说法不佳，难以令人理解。吾推测其意乃是说：应神天皇之前尚无文字之时的古事，全是后来的天皇出于某种考虑所粉饰之事，并非事实。呜呼，责难者蒙天照大神之光却口吐狂言！无文字则其世之事消亡乎？何其无稽之谈也。汉国未有文字之上古，其事不详，只有模糊不清之说。责难者以此推想，认为皇国上代亦是同理。因此种谬误，其以曲枉为规矩，来矫正正确之物，可谓"勺子定规"。非独限于此事，儒者不论何事，皆不知皇国之正，反以汉国之曲枉为正，视之为据。此种狂心皆因儒者被彼国之书这种毒酒所灌醉。老夫现今让彼等尝一片"葛花"，使其醒酒，然后听吾一一道来。皇国从天地初判开始到国土日月万物之形成，有详细之传说。这是因为吾国乃天照大神出生之国，胜于万国，人心正直，且中古以前无文字这种自作聪明之物，可谓奇妙言灵相传之德的显现。外国非天照大神之国，万事不及皇国，故而上古之事不清也。虽然不像皇国古传那般正确，但各国皆有其传说，彼汉国亦是如此。然而汉国出了圣人这样狡黠之物，其以一己有限之智，对于天地之始等诸事，皆妄自推定。对于上古以来之传说，亦斥之为虚诞，以之为无用、不足挂齿之笑谈。故而汉国古传自然丧失了。圣人中有所谓周公旦者，其人甚爱自作聪明，喜以私智臧否事物。汉国之人皆以之为佳事，流于此俗，故而到周代时，上古传说已基本消失。然即便有些许残存之说，也被视为虚诞，无人采信之，其国俗真恶也。像这样不信古代传闻，凭一己之心来裁断事物，则万事万物之被曲解必然甚矣。现在责难者亦是只崇拜彼国圣人，以彼国恶劣风俗为佳，而试图否定皇国之正确古传。彼国之人因为不知晓吾国正确之传说，故而只以彼国国俗为佳，此无可厚非。但作为皇国之人，耳闻目睹此正确传说，却为彼国恶劣风俗所迷惑，岂不悲哉？老夫如此点拨，汝若还是执迷不悟，那么再尝一片葛花。

责难者认为，后世天皇编造了上古之事，乃是因为从应神天皇到天武天皇三百年间，汉国之书被深入阅读，掌握了圣人之道。若诚如责难者所言，由于学得了圣人之道，才如此巧妙编造出了上古之事，那么《古事记》之事之意理应像舍人亲王编纂的《日本书纪》之文章那样，文辞汉式，叙事庄严。然而《古事记》行文非汉式，尽是彼圣人之道中不以为然的虚妄，神代多此类之事，此是为何？可见《古事记》未模仿彼国之书，其中记载非杜撰之事。另外，天照大神赐给天孙之灵镜，现今仍存于五十铃宫①，草薙剑仍存于热田神宫②，神代之遗迹今日仍存于各地。且神武天皇以来历代天皇之陵墓现存于各处，朝廷亦多有神代遗事。中臣、忌部、大伴等氏族，代代继承从神代起之职位，延绵不绝，此皆古事乃事实之明证也。诸如此类的各地遗迹，以及各家之族谱，非一时可以捏造。彼汉国，不论名门望族之子孙，还是国郡之制度，代代皆变化得毫无踪影。恶薄之国，不可与吾国相类比也。然责难者用其奸邪之智，不顾遗迹、遗事、子孙等存在，欲否定与此相合之古事。有遗迹、遗事、子孙等之存在，则《古事记》之记载应无疑。依责难者之意，吾国由于神代之世时无文字，故而真正之古事没有流传，于是后来又捏造了古事。如果真是如此，那么《古事记》之文应该符合汉文样式，然其非此。故而可知责难者乃故意为否定吾国皇神之道，而作此说。

《末贺能比连》中曰："'天照'之名，有以为'天日'之意，云云。"

---

① 五十铃宫：伊势皇大神宫（内宫）的别称。——译者注
② 热田神宫：位于名古屋热田区神宫的神社，以热田大神（神体为草薙剑）为主神。——译者注

难以摆脱近世儒意之神道者亦有此见解，此乃拘泥于汉意之谬误，仿照彼汉国将祖先配于天。皇国之古昔，无此类牵强附会之事也。

《末贺能比连》中曰："若强以日神为天日，则天日未诞生之前应为漫漫黑夜。然并非如此，可知天日从天地之始就已高高悬挂于天。"

责难者所谓假设日神为天日一说甚是荒唐。日神即天日，此《古事记》《日本书纪》中已明见，确凿无疑。而责难者现今却不以为然。此日神普照天地，而溯其源乃生于皇国，其皇统即作为皇国之君，现在仍统御四海。此神隐藏于石屋户时，万国乃为常夜。此神未生之前，是否为常夜？——即便孩童亦会有此疑问。现在责难者却煞有其事地质问，可见何其幼稚也。然据于此，亦可知神代古事乃真实无妄。假如《古事记》此说乃后世天皇之捏造，则怎会如此肤浅、令人难以置信？此处须细细体会。

盖神之所为，非人以寻常之理能够推知也。人之智，不论何其聪慧亦有限渺小，超越人智之事，不可知也。神之所为，其虽为真，但让人觉得浅薄、虚假，这是因为其与人智之极限，有天壤之别。故它不易为人心接受、理解。汉国之说，皆是虚妄，但因其原本就是穷尽人智所造设之物，故而其贴近人之所想，容易为人接受。然汉国之人，以为圣人之智，穷尽了天地万物之理，因而以此为先例，用自我有限之小智，强欲知难知之事。故而，遇到以理难以推断之事，则不信，以其无理也。此虽似聪明，却显露己智之渺小。

责难者如能暂忘此陋习而细思之，则现今之疑虑自然烟消云散。伊邪那岐大神去往夜见国时，因为黑暗而点火；其在显国时，则未曾点火。由此思之，黄泉国因有黑暗之缘故，因而黑暗；显国在日神诞生之前自有光明之缘故，因而光明。而日神尚未诞生之前，显国为何明亮，其所以然之理，原本就是无法知晓之事。《日本书纪》纂疏中，引用劫初①之人自身发光之事来证明。但此乃佛书之说，神代亦有萤火虫神灯，但这是邪神之事，非一般之例子。除此之外，未见有身上发光之传说，故而因何光被照亮，无法知晓。存在人所无法知晓之理，故而其会光明。若问日神隐于石屋户时，为何导致了天地一片漆黑？这是因为日神诞生以后，天地间需要此神之光照，非其光，则不得光明。此和天孙降临以后，高天原与下界很久无神往来一样，乃是有其人难

---

① 劫初，佛教用语。指成劫之初，即欲界有情世界成立之初。——译者注

以知晓的所以然之理。此外，神代有很多极其奇异之事，吾等皆应如此视之。

上古之人对于神之所为皆不以己智私自推断其理，然后世之人，由于心为汉国风习所化，故而好自以为是。此看似精明，实则愚也。这是因为神代之奇异，不同于人代之事，故而人们感觉奇怪。然而事实上人代之事，其旨趣虽然不同，也皆奇异者也。吾等切身见惯了、听惯了，常身处其中，故而不觉得奇异。且细看此天地万物之形态。此大地乃是悬于天空，还是附于某物之上？不论何者，皆甚为奇异。如果附于某物之上，那此物之下又是以何物来支撑？此理甚是难解。因此，在汉国亦有各种主张，但终究仍让人觉得奇异。其中"浑天说"以地球为球体，为天所包，浮于空中。乍闻诚然如此，但以寻常之理来看，虽说天充满了气，然此大地、大海等，没有理由悬于空中不动。因而，此亦不能不让人惊奇。另外，以天只是气，为无形之物，此说虽看似有道理，但如果大地之外皆是气，那此气有无边际？如果无边无际，那么以何处为边，以何处为中，皆难以判定。地球又有何处可以停住？无正中，则地球无法停住也。假若有边际，则其气定如一弹丸，则其以何处为核心相聚集？而使之相聚集之物又为何物？此毕竟还是让人不得不惊奇。吾等身处如此奇异之天地间，却不惊奇其之奇异，而只对神代之事感到惊奇，认为其毫无道理，其非愚哉？

再看人之身体。以目观物，以耳听物，以口言物，以足行路，以手摆出各种姿态，此皆奇异也。又鸟虫遨于天空，草木开花结实等，亦皆奇异。另外，无心之物变为有心之鸟虫，狐狸暂化作人形等，乃是奇异中之奇异也。故而，此天地万物，可谓无不神奇。对于此，即便彼圣人，也无法穷知此所以然之理。由此可知，人智乃是有限渺小之物，而神之所为乃奇妙无穷之物。

然而，彼圣人见到以有限之己智可知晓的事物之理，便以为穷尽了天地万物之理，甚是可笑。无比奇异的天地万物之开始，非靠无比奇异之神的所为，则难成也。对于此天地万物之始，汉人乃以阴阳论之。然而此阴阳又因为何种之理而成，此亦让人不得不生疑。若曰此天地乃无始无终之物，则无始而有此物者，更是让人疑惑。

责难者若好好思量以上之言，现今之疑惑自然消解。若还有疑问，则吾以近取喻。鼬鼠于黑暗中，视物无异于白昼。此乃因何种光而可以见物也？又有鸟于黑夜可见物，在白昼反而看不见物。此岂非以寻常之理难以推知之物哉？责难者认为神代之光明毫无道理，但不可说这样的光明乃无其理。如此卑贱之鸟兽亦存在理外之事，更何况与天地之始相关的皇祖神。

《末贺能比连》中曰："'神代卷'中为何不言星星之事。"

《日本书纪》"神代卷下"中有星神"天香香背男"①，但"为何不言星星之事"，此质问乃是说"为何不言星神之始"。责难者对此进行质疑，乃是因其拘泥于汉意。因为异国将"星"与日月共举，称为"三光"②，以之为尊贵之物。然皇国之古非此也，星不可与日月同列。天上虽多见星，但其与云雾乃是同类，不足以言其始。故而星神只能称为"天香香背男"，而无"某神""某尊"这种尊称。由此推之，可知其他星亦卑贱也。虽有人将"天之御中主神"配于星，但此亦是追随汉意之妄作，毫无缘由。非只是神代，即便到了人代，在异国之书还未传入之前，并无提及星星之事，更何况对其进行祭拜。天皇元旦朝拜属星，三月三日、九月三日北辰灯花祭，但这些都是后来才有之事。百官送斋宫回行之年，京畿伊势近江沿途之国，皆禁止祭拜北辰。延历十五年（796）乃全部禁止，这些都有其缘由。然而责难者将星看作可与日月并列之物，岂非拘泥于汉意哉！反过来，不言星星之始，正说明神代之传说非虚言也。若如责难者之谬见所言，上代之古事乃后世天皇在学得汉国圣人之道后有意编造之，则其必如彼国一样将日月星并列，像描述日月之始那样编造星神之始。然其无此，这岂不说明古传无关汉意，乃是上古之事原原本本之流传。

问：为学之人，总认为日本之物不同于异国之物。

责难者指出"有人总喜欢将日本置于天地之外"，其所言何意，甚是难解。吾细观其前后文意，其应是批判"天照大神即天日，生于日本"这一事。此事乃明见于《古事记》《日本书纪》，毋庸置疑也。然责难者却为何将其说

---

① 天香香背男（あまのかかせお），又名"天津瓮星"。见于《日本书纪》，其中记载曰：一书曰，天神遣经津主神、武瓮槌神，使平定苇原中国。时二神曰："天有恶神，名曰天津瓮星，亦名天香香背男。请先诛此神，然后下定苇原中国。"又记载："二神（经津主神、武瓮槌神），遂诛邪神及草木石类，皆已平了。其所不服，唯星神天香香背男耳。故加遣倭文神建叶槌命者则服。——译者注

② 三光：日、月、星。《庄子·说剑》："上法圆天以顺三光，下法方地以顺四时，中和民意以安四乡。"汉班固《白虎通·封公侯》："天有三光日月星，地有三形高下平。"——译者注

成是吾新创之说？责难者之心，或为汉意毒酒所蒙蔽，故而不知古书之旨趣。然被迷惑者非独此人，当今神学者流皆被彼毒酒所醉，怀疑"天照大神即天日，其生于皇国"这一事实，提出诸多歪理邪说。这些主张皆悖于古传之意。吾对此等有悖于古传之私说皆不采信。盖天照大神者，乃是天日，生于皇国，此无需赘言。然由于外国无此正确传说，故而对于日月之始亦不知晓。偶残存有盘古左右眼变成日月之说，但由于其国俗只喜欢自以为是，故而将此等之说斥之为虚诞，一概不予采信。只以自我之臆测，认为乃"阴阳之精"。盘古眼中化生之说，乃伊邪那岐大神洗眼生神这一传说，偶然讹传到了外国所形成的。虽然流传不完整，但远胜于彼臆测之说。责难者认为学问之人首先应心怀天地之无穷，去除私心。但其本人只是将心蜷缩于汉国之内，对于他国全然不知，此非私心哉？责难者如此，乃是因其只将汉国人之见解作为模范，无视他说，故不知皇国之意。吾等先不论和汉之优劣，只将汉国之意、皇国之意分而论之。以汉国之意来看，则皇国之意非也。以皇国之意来看，则汉国之意非也。但责难者只取汉国之意，来一味推测皇国上古，岂非偏私之心哉？如此亦有人会说：由于天地乃是同一个天地，无汉国之意、皇国之意这种区分，将其分之乃是私心。但责难者只是取汉意而怀疑皇国上古，此乃分而论之、偏袒汉国之意也。其以己心充斥天地，却未发觉自我之迷醉。责难者尊圣人，在此却不知已违背孔丘尊内卑外之意。如果无彼此之差别，则万国各有其古传，各守其主意方是正道。况且皇国优于万国，古传又正确无疑，其道乃普照万国之大御神之道。责难者抛弃大御神之道，以毫无理由的他国之意为是，将吾古传视为虚妄，是何等乖逆之心。

责难者认为吾之所言前后不一致，即"既言万国皆蒙受日神之恩德，却又说异国非日神之国"。吾所谓"万国非日神之国"，乃是指"日神非诞生于万国"，不是说"万国不受日神所普照"。盖某人出生地所在之"本国"，通常只是称作"国"。返回故乡，称作"归国"。同一地之人，称为"国人"。责难者认为吾将天日看作不同于异国的东西。此何其愚蠢之论。日神生于吾国，普照万国——吾何曾将天日看作不同于异国的东西？责难者如此误解，乃是因为其长年只习惯于汉国之说，一旦听闻天日诞生于吾国，则感觉甚是奇怪。这就好比一直以为铁只是坚硬之物者，看到铸造师将铁熔化，就甚为惊奇。诚然天神普惠于天地，然皇国乃是天照大神之本国，乃是其子孙统御之国，故而胜于所有异国，不可同日而语也。

责难者曰：洪荒之世，无君臣之别，云云。

若如责难者所言，则为人臣者，不论何时皆可曰：此乃洪荒之世，以谁为君？然后随意弑君夺人之国。以桀纣之时为洪荒之世，虽然乃是为了刻意隐藏圣人之不义，但由于桀纣乃恶王，故而可如此说。然既将当时无君臣之别看作洪荒之世，则汤武弑君之行乃是洪荒之世的举动也。将人之无君臣之别，看作洪荒之世的行为，而将自己之弑君说成"创业"，岂可使人信服哉？汉人尊崇如此奸恶之大贼，其等人之心究竟为何物，使人难以理解。如果没有夺人国之心，由于殷之亲族内有箕子，则应该立此人为君。但没有立此人为君，而是自成君王，庆幸此洪荒之世，篡夺之实昭然若揭。

责难者曰：汤武乃天神之子，云云。

天神之子这个称谓，乃是指无比尊贵之天皇，除此之外别无他指。随意用此来称呼外国贼王，名之乱甚矣。

责难者曰：推翻彼等暴虐之君后，君臣之道亦再立。

果是如此，则是说推翻纣王之前，文王、武王皆不知君臣之道。在夺取君主之国以前，由于世无君臣之道，故而行事无不可；而既然已夺他人之国，则又突然想立君臣之道，此无非怕被自己臣下所推翻。周朝中期以后多乱臣贼子，实则因武王之始作俑者也。故而可知圣人之道，表面看来多益，实则多害。

……

责难者曰：圣人之道传来，天皇甚喜之，云云。日本之上代亦必如同虾夷。

责难者此段话满是邪说，对皇朝肆无忌惮地贬低，把先皇之世，刻意比作夷岛，等同于禽兽。虾夷者，与皇国人原本乃种类上不同之物，至今其人仍多留长须，样貌大不同于皇国人，故无疑其心其行亦相异也。至中古时，陆奥出羽等地，多虾夷人，与皇国人杂居。虽然其长年已习惯皇国之风习，且对其有细心之教谕，然其难化之事往往见于史籍，此亦乃种类不同之故也。然而责难者对于此等之事毫不细察，却依然胡言乱语称皇国上古"如虾夷"。责难者所崇拜之汉国，在皇国看来，其无贵贱之别，君臣之道不立，近乎禽兽。巍巍皇国，本为天照大御神之国，天皇即为大御神之子，下至人民之心不论何物，优胜于万国。原本君臣父子及其余各道，本自有之，无须立道来谕诲人，又何待外国圣人之道耶？异国非大御神之御国，得恶神之地，万事坏恶，国家人民难以治理，故设众名以教谕人。比如无盗之乡，防盗为无用也，有盗之乡，不能不防。如同此理，汉国为多盗之乡之缘故，故严防死守耳。而防之愈严，盗之手段亦愈发高明。故而圣人之道，表面似多益，其实多害也，前文已有论述。

责难者曰：万国之制度，唯圣人之道乃上品。

圣人原本乃大盗，窃人之物，因为通晓此术，且巧于防止他人来窃，故而"圣人之道乃上品"。

责难者曰：东照神祖德川家康治天下之道，亦是圣人之道，云云。

责难者作此番论说，其用意甚为险恶。他乃是将历代天皇和东照神祖德川家康拉入其喜好的圣人之道，来为自己撑腰。其引德川家康鼓励文武忠孝之策，作为其论说之佐证，乃牵强也。因为"忠孝礼义"者，其名目虽乃汉国圣人所创，然皇国早就有其"实"。为人者皆知晓践行之事，无需教诲也。故而，其原本无此等名目。汉国圣人创设此等名目，煞有介事宣扬，恬不知耻也。儒者为此等名目所惑，认为"因无其名故无其事"，何其愚也。比如在汉国，关于人之心，有"意""情""欲"等各种名目。但在皇国只曰"心"（こころ），并无以上这些名目，但事实上存在"意""情""欲"。若如责难者所言，则此等之物也是待汉籍传来之后皇国人才产生了"意""情""欲"。故而，东照神祖所谓"文武忠孝"，只是依照世间习惯，借用彼国文字而已。事实上，"文武忠孝"皆是皇国固有之道。非限于皇国，所有不借用汉国之道的各国，原本都各自具备此等之物，名称不同尔。即便在天竺，"忠"称为"哩儒"（bhakti），"孝"称为"乌播迦罗"（putradharma），"礼"称为"俪底"（vinaya），"义"称为"阿啰他"（ārjava）。其他国度依此例亦可知也。然认为这些都是汉国圣人独自所创之道，乃极其愚也。

责难者认为，讥讽圣人不仅违背了古代天皇之心意，亦违背了东照神祖之心意，乃罪也。此言乍一听来似乎有理，然而古代天皇之敕诏、东照神祖之令①中，皆无"讥讽圣人者罪也"这种规定。故而不论对儒还是对佛，辨其非，无罪也。如果议论圣人之非乃是罪，则儒者讥佛，更是重罪。代代天

---

① 指德川家康于庆长二十年（1615）颁布的十三条"武家诸法度"。——译者注

皇与将军对佛道之尊崇，乃儒道所不能比。即便如此，还未曾听闻所谓"讥讽佛道者将获罪"这种法令。如果讥讽儒道、佛道乃是罪，则现在责难者将皇国之上古比作夷岛，等同于禽兽，此等讥讽之罪又将如何论之？圣人之道，从古至今代代为朝廷所用。现今吾以其为恶，此虽不符合皇国古道之意，但正像吾在《直毗灵》一书末尾所表明的那样。

这好比君王之侧有图谋弑君之臣，然君王不知其心而只以其为忠臣。此时有一微贱之臣，其虽深知此佞臣之贼心，但因身份卑贱无法近君侧，故而不能直禀于君王。而当君王性命危在旦夕时，此卑贱之臣不忍袖手旁观，于是不得不打破法度，直禀于君王。然则以此卑贱之臣为忠臣乎？为不忠之臣乎？

吾如此取譬，意在以"贼臣"为"异国之道"，以"君王"为整个"古道"。卑微之臣不能近君侧将致使君王受害，然在下者不可议上，乃古道之一端也。无可奈何触犯法令以救君王，乃是吾《直毗灵》一书。所触犯之法令，其虽重要，然只是古道之一端。所救之君王性命，乃是古道全体。整个古道皆亡时，其中之一端岂可存乎？天下万人违背古道，与微臣一人违背古道，此二者孰轻孰重？责难者所尊崇的汉国之道，有所谓"经"与"权"之譬。嫂溺，援之以手者，权也。

……

责难者曰：神见人之所为，而降之以吉凶祸福，云云。

此乃儒者常有之论，其不知人之所为乃是神之所为也。若如责难者所言，行善者神赐之以吉，行恶者神降之以凶，则此道理所讲之事乃善神之所为。然而责难者又为何认为凶事乃是恶神所降？使作恶者遭逢凶事之神，可以称之为恶神乎？责难者莫非想说，善人遭逢凶事乃是恶神之捉弄？如果是此意，则责难者表达不充分，让人难以理解。责难者关于恶神所为之事的主张，吾难以苟同。其缘由吾将细细道来。

所谓"天道福善祸淫"，无知孩童亦知此也，诚是此番道理。然而此说虽合于道理，然比照事实来看，却并非如此。由于世间存在恶神，故而为善遭殃，淫泆得福之事，古今数不胜数。故天道天命之说于事实之处无用矣。然而汉国之人，由于不知存在恶神之所为，故而提出天道天命之说，当善恶祸福不符合道理时，则竭尽粉饰之能。然皆是牵强附会之说，无法解明事实。

其说在儒者中间虽勉强通用，吾则难以苟同。

责难者曰：佛道中亦将视吉凶为业障者归入外道，云云。

此乃责难者首肯佛道中一家之邪说而所发之谬言。佛道之事于此处无用，故而不论也。

责难者曰：此乃否定鬼神存在之谬论，云云。如果"神代卷"乃异国之书，云云。

责难者这一段话难以理解。其是否想说："神代卷"如果是异国之书，则吾必然排斥之而不信；吾内心虽然认为神不存在，但为了主张吾日本国之神话，故把神说成是有之物。若责难者乃是此意，则有许多需要辨明之处。

首先御国之古传，非人以巧智制作之物。因其乃真实之古传，故而对照和汉古今之事，若合符节，毫无相违之处。因而世间之事，无疑皆是善恶之神的所为。善人得荣华富贵，恶人遭殃，此乃善神之所为。而恶人亦得荣华富贵，善人却遭殃，则是恶神之所为。御国之古传有善神恶神，因而对于世人福祸之解释虽然不合于道理，但明显合于现实。吾又怎会怀疑神之存在？

然而汉国天命之说，乃是圣人自作聪明，用道理制作之物。因而虽然很符合道理，容易为人理解，但世间之事，与其说并不相合。因而，余知天命之说乃圣人制作而不信之。盖圣人虽然智力过人，然尤有局限，对于世间恶神所为之事，全然不知，只是一味以道理论之，造出了天命之说，所以相违者多矣。圣人若知晓恶神所为之存在，其所论天命之说与世间之事不相违，则即便乃制作之物、异国之说，余又怎会排斥而不信之？余不信其说，非是因为其乃异国之书，而是因为其乃妄作，不合于世间之事也。然而责难者将御国古传之意和汉国天命之说混为一谈，因此对于吾所说之意多有误解。

责难者曰：天地乃活物，故以其心赋天下万物以仁，云云。

责难者此一番主张亦是那汉意也。天地乃死物，既无心又无行。觉其有心有行，乃是因为神之心、神之行的缘故。此好比天地乃器物，神乃使用器物之人。有人使用之，器物才成各自之用，而不是器物自身发挥其用。然而汉人因为不知晓神之所为，故错以天地有心，将此天地之心称为"神"，大谬也。

……

责难者曰：合于天意者，即便贱夫亦可称天下之主，云云。

夺了君主之国，却曰自己符合天意，以此来欺民，此乃汉国圣人之奸智邪术也。皇国如同天壤无穷之神敕那样，即便经过万代，君为君，臣为臣，皇位岿然不动。吾人蒙幸生于此美妙之国，却崇拜君臣之道不立的外国恶俗，是何迷狂之心也。

……

责难者曰：纵是上代之所行，也不全是出于"真心"①，云云。

仰产巢日神之灵，人之"真心"生而有之。人之真心，有智者，有愚者，有巧者，有拙者，有善者，有恶者，各种各样。由于天下之人皆不一样，故而神代之神灵不论善事恶事，亦根据各自之真心来行事。然而责难者认为智巧之事非出于真心之行，此错也。吾认为，外国学问盛行，天下之人失去真心。因为世人或信佛道，或信儒道，不论何事皆以外国学问之意为佳。即便不事学问之人亦为此风所化，失去了天生之真心。举其一端而言，沉溺于佛道者，弃父母妻儿而出家，迷于儒道者，有人竟然轻视君主。不论善恶，改变天生之心者，皆使真心丧失。

[AW]

（高伟译）

---

① 本居宣长所讲的"真心"虽也标记为"まごころ"，但不同于儒学中的真心（"誠の心"）。——译者注

富士谷御杖

富士谷御杖（1768—1823）

　　富士谷御杖，又名富士谷成元，生于京都一个显赫文人家庭。其父富士谷成章是一位富有想象力的博学之士，写下了很多用自创的语法范畴来分析日本和歌语言的著作。其伯父皆川淇园是著名的儒者，对语言理论抱有强烈的兴趣。富士谷家是筑后柳河藩的世袭家臣，这种职位使富士谷家能够过一种充裕的生活。在少年时期，富士谷御杖获得了那个时代最重要的文化活动的训练，即学习创作和歌、儒学和俳谐。在十八九岁时，通过学习《古事记》和《日本书纪》，他受到了日本近世国学这种文化运动的影响。

　　对古典文本的兴趣使富士谷御杖注意到了本居宣长的著作，他后来称本居宣长为"彰显了御国之上代且领会了古代词语"的人。尽管给出了这种赞誉之词，但富士谷御杖批判了本居宣长对《古事记》的开创性注解所基于的假设。他批判本居宣长将《古事记》看作史实，认为他对古代语言的作用存在误解，不应要求读者必须完全相信《古事记》之记载。在以下节选的《古事记灯》的开篇章节中，富士谷御杖通过批判本居宣长的著述，阐明了他对《古事记》的理解。其讨论的中心概念乃是出现于古代和歌中的"言灵"（ことだま）。他所谓的"言灵"是指形象语言和诗歌中使复杂个体间得以沟通的特殊能力，因为这些复杂的个体在其人际交往中需要与其自身的欲望和来自社会的限制相抗争。富士谷御杖认为，在古代，"言灵"的沟通能力为众人所知，形象语言和诗歌经常用于充当各种社会关系的润滑剂，尤其是在君主和民众之间。他将自己所处时代人际的失序和紧张归因于这种重要文化知识的丧失。

《古事记灯》并没有完成，但该著的现存部分表明富士谷御杖试图依据"言灵"来解读《古事记》，从而触及借助复杂的隐喻网络来表达的"真正"内含，而不是表面的叙事。在关于其他日本古典如《万叶集》和《百人一首》的著述中，他运用了同样的手法。

富士谷御杖晚年失宠，被柳河藩解除公职后陷入贫困，于56岁去世。他的著作在现代遭到极大忽视，直到1980年代因为"文化转向"才重新燃起对其语言和主观性理论的兴趣。

[SLB]

古事记灯

富士谷御杖 1808，37-43，46

古来读神典①之人，皆以该书为言天皇之始。而因未知"言灵"之故，众人愤慨吾国无经典，故以儒佛之书来附会润色神典，以此强说理。然而这些解说本无任何凭证，乃一己之见，故而有些解说使神典像经，有些解说使神典像史，可信与不可信之事皆有。因此，虽然神典世世与儒佛相竞比，但因对神典之解说皆为一家之私言，精彩之处与平淡之处俱存，不足以成为教说，所以神典为儒佛之教所遮蔽。

然而近来，伊势国松阪之本居宣长发现《古事记》优于《日本书纪》，指摘彼皇子②之非。吾观其论，诚然如此。《古事记》多是以吾国本身之语言记述，宣长之论不失正鹄明矣。予亦承蒙此翁之恩，毫不费力知晓了《古事记》之正确。原本《日本书纪》"神代卷"不同于《古事记》之写法，舍人亲王汇集诸本以得其意，以模仿汉籍为宗。然而古来之神学者，皆只依"神代卷"，故而无人知晓《古事记》之正确。然如今《古事记》之明光显现，可谓吾国千年来之大幸。……

然而，宣长使吾国古代得以揭晓，察明了古语含义，补其师翁之不足，

---

① 指《古事记》《日本书纪》。——译者注
② 指《日本书纪》编者舍人亲王（675—753）。——译者注

更正了师翁之误，功绩可谓无法尽言。然由于宣长并未想到吾国语言乃是以"言灵"为宗（言灵之事，观下文可知），因此之故他只将吾国语言之宗旨认定为"雅"（此乃其师贺茂真渊之说，宣长乃是继承师翁之见而作如此理解）。故而，宣长一味认为，此神典只需看词语之表面，无隐含之意乃是吾国之风。如此，他全凭一己之确信展开论说（其论定《古事记》无隐含之事，此并无根据。他只是为了与一味流于说理的古今神学者进行对抗）。故而，宣长认为：神典乃是讲述天皇世系之源，非教化之书。"'教'本是风俗颓坏之国所需之物，吾国殊秀，怎须教也？若读此神典可知，天皇世系之源乃如此神妙，天皇乃天神子孙，故吾等只需对其敬畏，遵从其意，任何之智皆为无用之物。"此乃《古事记传》之大意，也是其写《直毗灵》之旨趣。

此种主张乍一听来似乎有道理，故而近来相信此说之人甚多，让人真正放弃一己之智。这种主张虽然于世无碍，但吾思考此种主张产生之源头，乃应是这样：

"不论怎样阅读和思考此神典，只会觉得它充满了极其不可思议之事。即便尝试去解释它，因它与人事不相合，故乃徒劳，人无法知晓神之事也。此神典只是记录了天皇祖先神之奇妙事，以便在后世彰显天皇之威。对于《古事记》中奇怪难解之处进行深究，乃是'汉心'。"

那么，于不解之处便以不解处之，就可说是"大和心"吗？此甚让人疑惑。（然而，汝若用心于《古事记》，则会在某些地方靠近"言灵"。而此时折回到《古事记》语言之表面，则甚为可惜。）

相信本居宣长此种主张之人，因生性老实听话，故而认为神之事不可知也。然像吾成元这种乖戾之人无法相信此说，故即便是宣长之论亦无法接受。吾观世间之人，会相信宣长此说者甚少，像吾这等乖戾之人甚多。温顺老实之人即便不让其看神典亦接受此说，不信此说之乖戾者，即便一味劝其相信此说，其能信此说乎？如果怎么劝说其也不接受，对于此等人，除了蔑视此人之外又有何良方？

虽然有人反复讲，像吾这种乖戾之人世间变得如此之多，乃是因为儒佛之教传来所致。但天地之间有昼就有夜，有男就有女，有圣贤诞生亦有虎狼之徒降临。即便是吾国之古昔，亦不可能尽是好人。纵是神典中亦有白兔欺骗鳄鱼之事①，迩迩艺命怀疑木花之佐久夜毗壳同房一夜即受孕，"神武卷"中有长髓彦、兄猾、弟猾、兄矶城这些豪强，②此种之事多矣。此所谓只知白而不知黑。

吾国之人品性优良故不须教化——此说甚难接受。因为吾国有如此独特之教，尚未对其加以究明，却肆意断定教说无用，此令人羞愧。吾国原本有教却弃之以为无用，此实乃丢弃吾国之教。以之无用而弃之不用，这好比穷人说米和黄金皆无用也。另外，宣长认为探究神典中可疑之处乃是汉意，其本人对可疑之处不进行解明，却为何要禁止别人进行探究？若是认为对任何事情不去追问为佳，则《古事记传》中却夹杂了一味论求道理之处，从这些地方来看，则与不求道理处前后不一。由于迷于人事，所以难求其中之理；因被人事所迷，所以难以探求。如果是因为难以探求，故宣长主张不要探索难解之处，则从宣长认为难以理解的地方来看，并无这种准则。盖宣长对《古事记》之注释没有一以贯之的准则，是因为宣长只依据"言"，没有依据"灵"。宣长认为难以探求事理之处，当然很难探求，因为这些地方是以言灵为宗旨写成的，且与词的表面意思相距甚远。

现在如果按照吾所说的那样，以言灵来贯通前后，将天、地、神、人合而观之，则《古事记》中看似写得荒诞不经之处，其实没有一处有奇异之事。因此，顾忌汉心而不探寻《古事记》这些地方之意的做法，说到底乃是力有不逮。本居宣长也是如此。对于《古事记》有谁不感到惊奇？吾惊奇于其中纪事已有多年，而自从知晓言灵之道以后，吾终于知晓，从表面之言辞来看《古事记》，则其甚是荒诞，然而其内在之意只是讲述吾等身边人情世态之极致。

追求深切之理被称为"汉心"，然此令人难解。吾国之言灵，并不是为了巧妙传达事理，而是不歪曲神灵。言灵之宗旨在于让钻研事物之人积极探查事物，故而对于事物之理的探究怎可曰"汉心"？言灵者，原本就与人之贤愚利钝无关，乃人自然可知晓的平凡事物之理。

因此，本居宣长关于吾国之风俗虽然立言甚多，但从真正的"大和魂"

---

① 参看《古事记》"因幡国白兔"。——译者注
② 关于这些传说的详细记载见于记纪神话中的"神武东征"一节。——译者注

来看，其论反而是"汉心"。因为神典原本就不以人言事，而以神言事。所有表面之物皆是由内部的活动之处所产生，故而讲述此活动之处，不依靠表面之物，而是深入中心，由中心来阐发之。吾国国风乃是如此。而只依靠风雅的外在样貌，乃落入了与汉国相同的重外在样式的风习。如果其意乃在推崇不加装饰之外在样式，认为词以"雅"（みやび）为主，本居宣长为何又称赞"祝词"之用法？故而宣长乃是尊崇对外在样式之修饰。如果贵素朴（すなお），又怎可推崇修饰？

《古事记传》中有一处提到了"言灵"，观本居宣长之意，其乃是指被修饰之言。〔不可将"雅"与"修饰"（かざり）相混同，雅不是修饰。其与"俗"相反，即世人所谓上品下品。故而正如吾讲的吾国之风习，不论何事皆不直接言说，只言他处以启发人。雅之精髓在于温和，直抒胸臆且修饰过甚者，又怎可称为雅？此处须细细体会。〕"灵"这个字或为"玉"之假名耶？然而在《万叶集》中"ことだま"皆是用此"灵"字（虽然文字不可靠）。……可知，言中必有灵妙之物，它会辅助吾思考之形成发展。吾国无"礼制""仁义"之教，乃是因为有胜于此者之物，外在样貌皆由神气所生。从吾国此种风习来看，则本居宣长所畏"大和心"者，反倒是一种"汉心"。吾国风习之详细状况，观此神典可知也。

读本居宣长对《古事记》之注解，可知其精于探究语词之义，事实上却未能讲出《古事记》之真谛。其专注于纠正先前神道学者之错误以及与儒佛相竞比，如其能将此功力用于研究神典，则此翁必能发现此言灵。吾知晓《古事记》之正确乃受惠于本居宣长，吾如此责难本居宣长，似乎已忘却这种恩情。然而，由于古来神学者之见解皆不足论，此翁之说近来信者甚多，故而吾纠正其错谬，乃符合此翁之志，将使《古事记》之光更加闪耀于世。

只看到"言"而不知晓"灵"乃会使神典死亡，使神典死亡有何益哉？虽说只看"言"亦无不可，但如果将《古事记》看作真实之记录，则此书无比奇怪。将此神典看作史，则好比将其付之一炬而又想吹灭火。吾国人之聪颖优于他国，吾国必然有优于他国之教说。毋庸置疑，吾国之教乃是"言灵"，《古事记》写得甚为奇怪，这是为了使人不误以为它是真实的记录。然而当言灵之道丧失之后，世人不解于此书的奇怪之言，不断曲解之，以之为史，此甚为可笑。此神典诞生之时，人人皆知言灵之道，故而以为后世不会有人将其看作真实记录。

……

宣长曾反复说：人不应揣测神代之事。然而，所谓"神"者乃是何物？所谓"人"者乃是何物？人之身内即是神。只是从外来说叫作人，从内来说乃是神。但宣长立论如此玄之又玄，这是因为他尚未弄清神为何物。非只是宣长一人，世代之神学者流亦是如此。一说"神祇"，则他们必定认为是指天地神祇。然而将天神地祇与人身体中的天神地祇看作不同之物，这种观点很可笑。

……

对于"神世""人世"，众人只是一味认为《古事记》上卷为"神世"，中卷以下为"人世"。神世、人世怎能如此划分呢？众人对此毫无怀疑与探究之心。世代神学者流也只是视而不见。原本我大御国在神世时并没有文字，为垂训世人，在各分国建立神社，祭拜天神地祇，将道理寓于事物、化作行为，从而晓谕世人。

若问吾如何知此，则因吾观当今祭拜神社之方式，乃同于神典中众神骗天照大神走出天石屋之事。且此神典将人之身体视为八处、将吾国视为八岛，乃是因为其将日本国配于人之一身，故而在各分国建立神社。此等神原本存在于人之身体中，因为不得其所，故而选定居所而居之。此是建立神社之意，从而代替书籍进行垂训。当今之世借用唐国文字自由自在地进行记录，以此来看上述之法，则其似乎极不方便。然而，将道理寓于文字和寓于神社，只是相同之行为。

言灵辨

吾从年幼时开始，遵父亲之志学习和歌。因吾十二岁时父亲去世，故只以父亲所留下的《脚结抄》为师，咏遍和歌。然忽忽有感，如果咏歌只是赏玩之物，则不管如何都想使其于己于人都有益。如果咏歌乃有益之事，则吾将更加坚定志向，多加用心。然吾又想，神代之时，因无后世那种咏唱和歌之师匠，故而无繁琐之歌学。……

总之，"言"乃使神死亡之物。如果你欲向他人证明自己力气之强大，仅说："吾不强大乎？"并不会令他人内心之疑惑消失。因此，要让他人从心底里认同你之强大，莫过于以行动展示。要让他人觉得自己力气大，莫过于向其展示。正如万叶和歌所咏唱的那样"苇原瑞穗国，依照神意，乃是不言之国"①，"蜻嶋倭之国者，依神意，乃是不言之国"②。然而，当自己说："我力气不是很大吗？"如果对方回答："诚然如此"，则大家一定会认为对方此时心无他想。然而，即便对方如此回答，对方真心这般想吗？对方内心一定在呢喃："吾岂逊于彼乎？"如果去追问对方："汝真是这般想，还是骗人？"那谁人又会说自己在说谎？

因此，人之内心是不能去询问的。盖"直言"无法使对方共鸣，故而吾大御国以"神奇之妙用"为根本。（运用"倒语"时会有神助，此乃"言灵"。）"神圣"（神さび）之妙用，具有远远超出语言之用途，其必能直达人之内心。如入内心，则语言岂不成为无用之物？故而万事虽然都要遵循神道，但有些事情很难托付于神。（所谓"不言"，不是慎于言，而是因为知晓胜于使用语言的神之妙用，使用语言反而轻率不宜，故而不用。不要与老子所谓的"多言不如少言，少言不如不言"相混同。③）

此亦无可奈何之事，正如《古事记》中"七神三段"之始、"天地初发之时"所讲的那样，人之身心乃是理和欲之主，人不能无理欲，故而有些事难以顺从神灵，也不是人之私意的表现。因此，人会将"直言"变为"倒语"。倒语有"讽"和"歌"。由于"讽"之用犹有穷时，故而吾大御国乃有咏歌之道。"倒语"乃在于言与不言之间。吾所说的话似乎是吾之所想，然并不是吾之所想；吾所讲之事似乎是针对某一事，其实意在别处。此乃"倒语"的关键之处。

若论"直言""讽""歌"三者，则"直"与"讽"乃相反之物，"歌"乃超越于"讽"之上。因此，"倒语"本以"直"为灵来产生"言"，通过

---

① 《万叶集》第 3253 条。原文为："葦原の 瑞穂の国は 神ながら 言挙げせぬ 国。"——译者注

② 《万叶集》第 3250 条。原文为："蜻蛉島 大和の国は 神からと 言挙げせぬ 国。"——译者注

③ 《老子》第五章曰："多言数穷，不如守中。"——译者注

"言"，其他人知晓吾之所思。此乃万叶和歌中所谓"在言灵护佑下昌盛"①，表现于言语之外的吾之所思乃称为"言灵"。此"言灵"者，其与正邪毫不相干，即便是合乎道理之事，言灵若不允许，则无效果，事情不成。故而以"倒语"为贵也。

文亦同然。故而以所思为"直"而将其改为"倒语"，此即神之言。如果靠言语之讽足以达到效果，则无需别有歌道。然当效果薄弱，讽无法传递时，此时则需要和歌。万叶和歌中所谓"因言灵之力而昌盛之国""言灵相助之国""平安之国""不言之国"等，皆修饰"国"来咏唱，此显示了吾大御国之国风。《古事记》"崇神天皇卷"中，大毗古命被派到高志国时，见一少女立于山代的币罗坂上作歌。大毗古命觉得奇怪，回转马头去，问那少女道："汝所发之言是何言也？"少女答道："吾非言也，只是咏歌罢了。"说罢这话，便忽然消失，不知去向。②……

正如吾指出的那样，当"直言"与"讽"都不能使用但又不能不言时，则不得不咏唱和歌。此从以上之事例可知。"崇神天皇卷"中少女所谓："吾非言也，只是咏歌罢了"，表明"直言""讽语"和"咏歌"之间存在明显区别。后世之人不能辨别"直言""讽""歌"三者之区别，认为贺③、哀伤、离别、恋、旅等所有与人事有关的咏歌，只是语言之"直言"，花鸟风月之类的咏歌，只是咏唱物本身。如果这些咏歌与"直言"无异，则又何有咏歌之道？咏歌与"直言"之区别，须明辨也。

虽然不知言灵之道存续到了何时，但"垂仁天皇卷"中的"物言如思"，④乃是指"直言"，是说言中无灵。此词语见于景行帝年少时"虽长至

---

① 《万叶集》第894条。原文为：大和の国は 皇神の 厳しき国 言霊の 幸はふ国と 語り継ぎ 言ひ継がひけり。——译者注
② 参看《古事记》（《新编日本古典文学全集》，小学馆）"崇神天皇卷"，第188—189页。——译者注
③ 贺：贺歌，和歌的一种类型，祝人长寿时所咏唱之歌。——译者注
④ 《古事记》"垂仁天皇卷"中记载：本牟智和气御子成人后还不能讲话，某日，其听到天鹅的叫声后咿咿呀呀发出一些声音。于是天皇乃命人把天鹅捕来，以为皇子见了此鸟后就可以说话了。但出人意料，皇子还是不能说话。这里的"物言如思"来源于日文原文中的汉文"于思物言，非如思，无物言事"（物言はむと思ひしに、思ひしが如く非ず、物言ふ事無し）。——译者注

八拳之须垂至胸前"那一段。所谓"真言"即指有灵之言，乃吾现在所讲的"倒语"。(《万叶集》中亦于多处出现"真言"。)由此可以明知，关于语言之"直"与"倒"，当时乃是独尊"倒语"也。这以后，如前所引山上忆良之长歌中有："（大和国乃言灵相助之国）当世之人皆亲眼所见、所知。"① 由此可知，那时世人尚且深知言灵之道，且亲眼见证言灵之显现。从"垂仁天皇卷"、山上忆良之长歌来看，在此以后，世人知晓言灵者变得越来越少。即便在言灵之道尚未消失之世，也会偶尔见到因错误而直言者。然而，在神代，不论是咏歌还是作文，无不遵循此道。

知晓言灵之道而仍然发生错误，这种情况即便是往古之人亦难免。大体说来，即便是将自己所思照直咏唱之和歌，那也不是所思内容之本身，皆是别有所欲求才咏歌，此乃神世之风习也。即便是后世，亦有能很好地分辨"直""讽""歌"之区别者，且有自然符合此道者，因而不可一味认为后世不值一提。然而当汉学盛行之后，此道几乎为其所淹没。咏唱毫无关联的花鸟风月，言非自己所思考之主题，乃是因为众人不以其为捏造。故而从现实事物来观古歌，则其多有不合于常理之处。此乃以"灵"为主，以"言"为客，非咏唱事物之表面。不执着于此等之处，乃是古人之言的常态也。推想其心，如吾先前所言，即便说了此事对方也不会允诺，咏唱并不存在的月亮、花朵，即便言灵不相助，他们也认为无关紧要，于是还是如此咏唱。古人这样做，乃是因为比起表面之物他们更重视内在之物。即便别人不听其言，他们也从确信神道之灵力中获得了快乐。

神人辨

世代神学者流，由于皆不能仔细辨别神与人，故而此神典之教旨，直至今日不能再现于世。概言之，吾大御国不以人示教，而以神示教，因此辨别神人之区别十分重要。首先，所谓"人"，乃是体内有神之物的名称。所谓"神"，乃是藏于人之体内之物。故而可以知晓，以神为主原本乃是以人为要

---

① 该和歌在《万叶集》中原文为：大和の国は 皇神の 厳しき国 言霊の 幸はふ国と 語り継ぎ 言ひ継がひけり 今の世の 人もことごと 目の前に 見たり知りたり。——译者注

之教也。若问此人体内之神为何物，则人必有理欲二者，掌管欲者谓之神，掌管理者谓之人。（理欲以天地为父母，人之心身禀受此理欲二性，此详见于论"天地初发"处。）此理欲如同天与地，理自然尊贵，欲自然卑贱，故而作为人应该尊理贱欲。然人皆只以控制诸欲、保全诸理为急务（此曰"混沌"）。但是，能行此者甚少，因为欲望而使理埋没者甚多。不能行此者称为"愚"，善于行此者称为"贤"。诚然，不论高贵还是卑贱，见识广博还是贫乏，世间之人皆循于此。此曰"人道"。勤勉于此道者常常担忧的乃是此神，或其言行被掣肘，或起自负之心（此为两种勤勉，一以身外为主，一以身内为主。详见于论"混沌"章节），深受神之控制。因受此神控制，故而虽有诸家之教，然此神一旦召唤，则即便能暂时遵循诸家之教导，终究由于人之性无法改变，所以人力无法去制止。由于这原本是禀受了地的重浊之性，所以不可谓人之私。

如此似乎人无可奈何，然人只要尽其道，则不久必定有妙事产生。因而吾国之教，则专以使人尽此神道。故而，人只需要遵循此神道。对于外在之人事树立是是非非来凌驾于此内在之神道，乃是以末制本，怎会有效果？

所谓神道，本就指偏离道理却不能抑制所思所想的这种道。此名最早出现于《日本书纪》"难波长柄宫之卷"，其中注曰："惟神者谓随神道，亦自有神道也。"这似乎乃舍人皇子之注释，但或许是古传写成后才加上去的，文辞不像此皇子之意。然而本居宣长在其《直毗灵》一书中注曰："随神道者，天皇统御天下之术，只是按照神世以来之做法，毫无自作聪明之处。如此按照神世之态从容治理天下，则神道自然显灵，无需他求。此为'自有神道'。"宣长所谓"按照神世以来之做法君临天下"，乃是指"天皇依据皇祖神之行迹"这个意思。如此，神之所为乃是凡人不可推知之物，天皇统御天下有着此等之缘故，所以庶人无需知晓神之所为，只需要万事遵从天皇之意即可，此乃人之道。但是，虽说是庶人，也都有与其身份相应的家业、家人，常常会碰到各种各样不同寻常之事。虽然想使自己拥有宣长所说的那种心态，但正如会有刮风、下雨、地震、雷鸣，像宣长所想的那样，人世并不可能永远平安无事。此时人该如何行事？尽管《古事记》"黄泉国"一段中虽有"当苇原中国所有之生民为灾难所困苦时，应该救济之"，① 但于事无补。

---

① 参看《古事记》（《新编日本古典文学全集》，小学馆），第48页。——译者注

正如吾先前已讲，这些优美词句意指：当发生紧急之事时，不论贵贱，皆用此神奇之力去应对。故而，宣长之说吾难以认同。在吾看来，宣长对于此神典词语表面之奇特，似乎以"神之事""天皇之事"来搪塞之。此神典之言灵，本就不可公然说出，故其言泛泛。然吾道之教主，使吾人认识此言灵，此即是言灵之幸，故而也不能认为不谈论此道即是好。神代之时，世人皆深知言灵，故而不需要特地言明之，但现在，言灵之道埋没于世，且人们只纠缠于词语之表面，不言明则别无他途。宣长之说，岂非过于草率？

此皆因为他不究明神为何物，只是一味尊崇天皇祖先，将其称之为神。由此观之，古来之神学者将神与人视之为一，但又认为神之妙用乃人之所不能及，这种将神人视之为一却又使之天地悬隔的做法，完全是因为不晓神人之别。不合于道理的人之所为，此即神之缘故也。故而，"惟神者谓随神道，亦自有神道也"所指的并非如宣长所说的那样。所谓"惟神"，即从表面来看，人与神乃不同之物，但原本天地之神祇与人之神气，其妙用相同也。故可知，人不论贵贱，身内都有与天地之神相同之神，因此能行种种妙用。凡直接使用口舌手足者，其力量有限。此曰"人"。当使用倒语，则其功效自然会超过所思的直接表述，会超过口舌手足之用。此曰"神"。一部神典皆是对此进行的注脚，故而有"谓随神道，亦自有神道"，并非所谓的无法弄清之事。

神道者，如吾先前所言，本就是脱离道理的、无可奈何之道，它必然不同于用理辩论是非。故而，不遵从此道时，即便能成之事亦不能成。所以，神典主要是讲人必须遵循此道的缘由。……神道并非教之名，指的乃是与人道相反的神之道。故而世间称此教为神道乃是错误。后世，遵循此神之道的教义丧失了，只是祭祀神社、在肩上系绳子、摇铃、唱大祓词、进行斋戒，认为这才是神道。甚者认为神只存在于神社之内，十分可笑。正如吾先前所言，为了告诉人们神道重于人道，于是立神社以代文字来垂教。故而，斋祭神社乃是为了让人记住应以人道为后。立神社并非让人将所欲告之于神，而自己拱手无为让欲望得以实现。

虽然有些事通过祈祷能获得神的帮助，但要请神降灵助人，有比祈祷更好之法。系绳摇铃之类，皆是神道晓谕众人之物，其中所寓之义乃为关键。做此等无用之功，以之为吾御国之道，憎恶儒佛盛行于世，然又有何用？此皆是愚蠢之举。大体以人之力奋发而行，其虽有可成之事，但即便事成亦不能持久，这是因为神道被置于次位之缘故。遵循神道而行时，假设有十人之力，则必定可成千人之事。一己之力即便达于天下，亦有其极限，而不能延及万世。遵循神之道，借神力而行之力，其所及之处无边无际也。故而遵循此道，则好比用舟车来搬运货物时，其能够承载人无法承载之重量。……

是非皆遵循神之是非，此为"随神道"。人皆认为遵循神之是非十分危险，然其不危之事超出凡俗之见也。其不危之缘故在于，虽然较之于天，地乃是卑，然万物之生无不以地为母。尊卑成双对者，其卑一方乃是母。故而若控制混沌人欲，则产生妙事之源枯竭矣。由此可知，所谓孝悌忠信之类者，其诞生之源乃在于人欲。只要尽人欲，孝悌忠信不待教而自然有之。故而，吾神典无孝悌忠信之类的教诲，只是以作为孝悌忠信之根源的行迹来教诲人。

然而，当人之行动仅仅为满足一己私欲时，他人或难以接受。故神典前两章专讲如何实现他人之所欲。由于凡人之欲望无止境，故而众人以此术来行事，然日用而不深知。欲望虽然无限，但妙事很快会到来，因为神典第一章之后还写有第二章，其以实际事例让吾知晓，神道的这种教诲不是虚言。有人问，使人穷尽人欲，如果有人喜欢做幕府法度禁止的偷盗、赌博之类的事该如何？还是要让其穷尽其欲吗？若如此则此人性命不保矣。即便不是此类，对于好色、放荡懒惰之徒亦让其尽欲乎？吾答曰：有此等缘故，所以进行善恶两种祓除，神典第一章之后写第二章就是为了显示让神灵尽其神气。行为之极乃是神气，因而使其尽神气，即是使其尽行为之极。由此，即便某人生性喜欢幕府法度禁止之事，也绝无有害之事。只要神气至其极，则其行为不会走向极端，且产生妙事之机缘自然会产生。详细可见吾对神典第一、第二章之讲解，对凡情之担忧可解矣。

故而，所谓"随神道"之神道，乃是指脱离其上之理的道，"亦自有神道"的神道，乃是指脱离吾等之上道理的神道。① "孝德纪"中有"当今应以

---

① 现代学者对于《日本书纪》卷二十五"孝德天皇"中"惟神者谓随神道，亦谓自有神道也"一般这样解释："惟神乃是指遵从神道，又指自然具备神道。"（参看《日本书纪3》，《新编日本古典文学全集》，小学馆，第163页）富士谷御杖的神道说强调"人欲"的本源性和创造性，在承认"理"之可贵的同时指出其有限性。因此他关于"神道"的解说十分奇特，不同于一般国学者、神道学者的观点。——译者注

天神之心治理天下"，①《万叶集》中亦有"随神、惟神"，皆是此意也。一人之力，即便是圣人亦有其极限。乘神道之力，又怎可与此相类？由此，吾大御国乃异于他国之论也。故而神武帝若比于尧舜，则其显得平庸。然而，唐国之风，原本不尊神道，故其一人之事迹，则足以记述矣。神代记载天照大神隐于天石屋这件事时，将天宇受卖命②作为五伴神③中的主角，这乃是吾大御国之国风。故而对于神武帝之行迹，其应被记述之处，却未了然见于记述中。究其缘故，乃如同吾先前所言，盖神武天皇一统天下乃是秘策，忌明言，故而其生前行迹，皆变为神典中前面部分的神迹，没有一事正面提及。因此，虽说神武帝以后乃史也，但其写法不同于唐国之本纪。绥靖天皇、安宁天皇、懿德天皇、孝昭天皇等之世，只记载了其宫殿和皇子等事。此乃无比宝贵之事。凡显露之妙事，乃从神事中自然产生，由于这些天皇的行迹不可得见，故而好像未记录什么事情。

孝德纪云：尊佛法轻神道（伐生国魂社树之类，是也），为人柔仁好儒。④ 此"轻神道"之事，编纂者乃是以何心进行记录的？由于是儒佛盛行之世的事，因而难以理解。编纂者或许只是如同后世那样认为孝德天皇不尊崇神社，故而如此记录？然尊崇各种神社，即是尊崇神道，故而孝德天皇砍伐生国魂神社之树，很显然其轻神道、贵人道也。《日本书纪》"神武卷"中曰："今宜当取天香山土，以造天平瓮，而祭天社国社之神。"⑤ 此乃尚无儒佛之教时的事，故无疑乃是为了使天皇崇尚神道。（由此，神武天皇消灭了八

---

① 《日本书纪》卷二十五"孝德天皇"大化三年四月中有"今者随在天神属可治平之运"，这里的"随在天神"是指依照天神之心的意思。——译者注

② 天宇受卖命（あまのうずめ-の-みこと），在"记纪神话"又被称为"天钿女命"。天照大神隐于天之石屋时，其于屋前跳舞，将天照大神引诱出来。天孙降临时作为"五伴神"之一随琼杵尊从高天原降临。——译者注

③ 五伴神，记纪神话中标记为"五伴绪"（いつとものお）、"五部绪"。天孙彦火琼琼杵尊降临时相伴的五位神。分别为"天见屋命"（あまのこやねのみこと）、"太玉命"（ふとだまのみこと）、"天宇受壳命"あ（まのうずめのみこと）、"石凝姥命"（いしこりどめのみこと）、"玉祖命"（たまのおやのみこと），这五位神。他们被认为是与日本古代朝廷祭祀相关的部族中臣、忌部、猿女、镜作、玉祖的祖先神。——译者注

④ 参看《日本书纪3》卷第二十五"孝德天皇"，第108页。——译者注

⑤ 参看《日本书纪1》卷三"神武天皇"，第212页。——译者注

十枭雄兄矶城，毫无疑问，此乃依靠神道实现了平定，而不是以威力慑服。）

然而当今之世，人们尊崇神社，却不知乃为了遵循神道，其身以人道为先来崇敬神社，却往往多有不顺。总之，天地之神与人之神乃是同一，遵循此神道，妙事怎会不生焉？儒佛之道则不然，其虽专讲各自之修身，然考儒佛之始，则知此等之道非此也。若问为何，乃因为尧舜之心术人们无法窥见，故而其有与吾神典之意相同之处。后儒所论之处，恐异于尧舜之心术。佛道亦然。释氏之心术与后世佛学者流之所论乃不同也。故而当今之世反而可谓儒佛之心术不得传也。

吾国神典由于如此重视遵循神道，因而原本就不是与儒佛相竞比之教。若其外在形态为儒，则其为儒也。若其外在形态为佛，则其为佛也。若遵循神道，则即便喜好儒佛之学的人，其亦归于神道。

不论地位之尊卑、职位之大小，不脱离混沌之人，则最终其志不得遂，即便成功亦不能长久。天地形成之功乃切实不虚，观实际之事可知也。盖世间创一家之业者，不论古今，其所成就非出于人之力，乃是符合了此神典之宗旨。当今之世亦有不少苦心于实业者，其心智自然到达于此。此即是"惟神"之显灵，所谓"亦自有神道"，由此可明知也。……

由于神与外在形体无关，故而人不论贵贱大小，神皆于其内而贯之，这是神典之紧要处。若问人是否异于神，则答曰否。只是为"直言"者乃人，为"倒语"者乃神。传授此神教者，于各处展现神道之力，吾最近听闻不少在禽兽身上显灵的事例。草木鸟兽之类，甚至于人，当其无法分辨是非时，以直接的言语去教化，其又怎能听懂？神之妙用，其所及之处广大无边，此诚应信之。

毫无疑问，以"显"为依据则为人，以"幽"为依据则为神。男女贵贱，只要依神之力而行，即是神矣。神与人乃相同之物，因各自之用不同，所以古来难以分辨。

[SLB]

（高伟译）

平田笃胤

平田笃胤（1776—1843）

平田笃胤是19世纪上半叶最具影响力的宗教和政治人物之一，他积极推动被后世称作"复古神道"的建立。他作为武士家庭的第四子出生，后来前往江户，在那里被平田藤兵卫所收养。藤兵卫开设了一间小的私塾以传授儒学古学者山鹿素行的思想。笃胤自称是本居宣长的弟子，在宣长死后三年，他加入了宣长学派的门下，并由此参与源自17世纪的国学运动。该运动最初专注于奈良和平安时期的和歌，后来研究对象扩大至囊括了古代历史、宗教文学和小说。这场运动的学者们赞扬天皇及宫廷制度，以及古代的道德与美学价值观。他们推崇理想的上古时代，鄙视受中国思想、佛教思想和西洋文化等等外来思想所影响的世代。意料之中，笃胤和他的门人们变得越来越政治化和民族主义。他从古代神话和超自然的情报提供者中汲取力量，为其关于日本天皇在日本岛内外的最高政治权威的主张增添砝码。他用类似的来源和根据来论断日本人的种族优越于其他所有种族，声称只有日本人拥有与日本的神明一样的神圣的灵魂。①

笃胤的影响超出了国学的范围，其部分观点至今依然被采纳。他的著作

---

① 平田国学中体现出的偏狭狂热的民族优越论，一方面源于贺茂真渊—本居宣长所构筑的日本国学中的文化沙文主义立场，另一方面源于崎门儒学中尊内卑外的政治主张。平田笃胤在二者的基础上，又通过构建"神国—神君—神胤"的神学民族叙事，为这一民族优越论增添了神学的背景。这种民族优越论在进入近代之后，成为日本对外侵略扩张的思想工具之一。——译者注。

可以被看作日本民俗学研究的先驱，它们经常关注的一个主题，即对日本种族的独特本质的描述和解释。国学院大学的伟大的民俗学家、神道学者折口信夫宣称自己在研究一门新国学，并热切地表明对笃胤的赞赏，以及接受了笃胤的影响。折口进一步指出，虽然其先哲，著名人类学家柳田国男不承认与笃胤有如此密切的联系，但柳田仍然沿着笃胤留下的脚印前行。众所周知，笃胤对日本在其有生之年出现的新宗教的兴起产生了影响。特别是，他坚持保留并试图振兴日本本土精神的信仰和仪式，以面对现代化的压力，并将宗教的思想和实践合理化，这使得他成为后来日本精神主义者的英雄和长老。在将笃胤视为现代精神主义开创性奠基人的人物中，最具争议的是19世纪末大本教的创始人出口王仁三郎（1871—1948）。

此处摘录的段落中提到的"真柱"是指对日本的神或者说 kami 的尊敬的量词。在这段文章中，笃胤背离了老师的教诲，旨在消除日本古代传统中，一律将死亡视为永恒的不洁与痛苦的普遍观念。作为回应，笃胤为神道明确了新的灵魂理论，即承认灵肉分离，以及灵魂自然的神圣与不朽。因此，假设一个人的生活符合神之道，那么其死后的生活将是愉快而没有痛苦的。这种解释带来了神道政治思想的新阶段，例如，人们在为天皇奉献或为天皇死去时，死后的灵魂将确保成为神。摘录段落的第二个方面的内容是，其借鉴了引进的东方及西方思想，如大洪水，为日本的本土意识形态服务。随着国学在随后两个世纪中的发展，试图利用现代西方思想普及神道学说的倾向越来越明显。

[WNH]

灵能真柱

平田笃胤 1813，93，138-9，155-7，158-88

古学之徒，最为首要的是要坚定大倭心，若不坚定大倭心，则无法知晓真正的道。这其中的道理，我的老师宣长已经如同山菅的根系深入泥土那般深切地教导过了。这教诲有如深深扎根于岩盘中的庄严大柱一样，坚不可动。因此，若想要使大倭心高大坚固，则首先应当知晓灵魂归宿的安定。

那么，若要知晓灵魂归宿的安定，首先要对天、地、泉三者的初步形成，以及它们的状态，进行详细的考察。此外，还要熟知使天、地、泉成为天、地、泉的神的功德，还要熟知我皇大御国是万国的根本御柱之国、皇国的万事万物皆卓越于万国的原因，以及无上威严的天皇是万国之大君的真理，然后才可知晓灵魂的归宿。

……

古传曰，天照大御神赐令："丰苇原之千秋长五百秋之水穗国者，我御子正哉吾胜胜速日天忍穗耳命之所知国焉。"云云。于是武瓮槌神，降至于出云国五十田狭之小滨。云云。问其大国主神曰，云云，对曰："云云，此苇原中国者，随命而即将献焉，云云，吾者隐于百不足八十隈手而侍焉。"云云。于是武瓮槌神，云云，大国主神答曰："天神之命殷勤如此也，何将奉违于御言，吾所治显事者，天神之御子可治也，吾者隐而将治幽事焉。"云云，以其平国之时所杖之广矛授于武瓮槌神而白曰："吾以此矛成功既竟，天神之御子用此矛治国，则必当平安焉。又吾子等百八十神者，有八重事代主神率众神而奉仕，则不有违神矣。云云。八云立出云国者，我静坐之国，令青山回之，置玉而守也。"云云，遂于八百丹杵筑之宫长镇坐矣。造此宫之时，诸神等参集于宫处而杵筑矣，故云杵筑也。云云。而武瓮槌神，云云，还升于天而复奏劝服苇原中国之状矣，云云。而其太子正哉吾胜胜速日天忍穗耳命白曰："吾于为将降之装束之间，所生之御子，彦穗琼琼杵命，应降此御子也。"故是以如请白，而令科诏于皇御孙命，令坐于天都高御座。云云，以其招祷之八咫镜及天丛云之剑二种之神宝，永令为天孙之御玺。亦副赐其招祷之八尺琼勾璁、其平国之广矛，云云。而天照大御神，御手捧持八咫镜而诏曰："丰苇原水穗国者，吾御子之嗣嗣可治国也。汝皇御孙命，就而为安国，平然安然，所知于此天日嗣之高御座，云云。"而神鲁企·神鲁美命，奉依天祝词之大诏，而诏曰："云云，汝天儿屋根命、太玉命，云云，率诸部绪之神，供奉于其职，可如天上之仪也。云云。"于是诏命天日高彦穗琼琼杵命，离天之磐座，云云，于天浮桥之浮渚所在之平处而发，排分天之八重棚云，拓棱威之道，果然天降于筑紫日向之高千穗久士振峰矣，云云。如此皇御孙命，自其槵日之二上峰之天浮桥而行，自顿丘，过膂宍之空国，觅国而去，到于吾田笠狭之御崎。云云。故立宫柱深至地底之石根,立冰木耸及高天原矣。①

……

唐戎②的尧做酉长之时,其国中发生了严重的洪水,《尚书》以及《史记》中,都记载着"荡荡怀山襄陵,浩浩滔天",又有"下民皆服于水"的记载,洪水带来了三十年左右的苦难。而同样的时代,在西方尽头的诸国也发生了洪水,其中,甚至有国土的地面全部被水淹没,人们悉数溺毙在水中。有名能安玖③之人,与另外的一人两人,因为登上了高山而生还下来,洪水退去之后,其子孙渐蕃,散布诸国,西方诸国如今的人种便是此能安玖的后裔。从汉籍《物理小识》中也能见到此记载,书中记其事"在尧时"。而此诸外国发生洪水的时代,皇国正处于神代之末,丝毫没有这样的事情发生。

由此想来,可以知道皇国的所在特别高贵,而以汉土为首的西方诸国,则是下贱之地。其中汉土因其略与皇国接近,较西方之国的洪水少,并没有到人种灭绝的地步。此外朝鲜的古籍亦未有见此洪水之记载,亦是因为其相较于汉土更加接近皇国。由此可见,皇国位于万国的顶端可谓确确实实。

……

而天、地、泉,以及幽冥的灵妙的样子,再仔细想来,原本天如同上文所说,自其萌发向上之初便是澄明,其国格也十分优越,故而五柱别天神,以及伊邪那岐命、天照大御神为首的八百万善神都留居在此,偶有暴乱的神,则都被流放至根国,因此御国之国土上只有善事。

而泉国,因国土形成于重浊的底端,故而是尤其重浊之物凝聚而成,因

---

① 关于此段"古传"的文本,《日本哲学资料集》英译本并未按照日文底本译出,而是根据其大概意思进行了改写。但是,英译本的改写中出现了很多误解之处,例如将产灵神视作天照大神的"配偶",将众神为大国主神修建杵筑宫的目的视作"安抚其儿子以及其他反对天神接管的地上神",将"天之浮桥"直接翻译为"彩虹桥",这些都是原本的文本中没有的内容。——译者注。

② 平田笃胤出于极度的日本中心主义立场,拒绝将中国称作"中国",而是以"唐戎"这一蔑称来指代中国,后文中又可见其以"西土"指代中国,也是出于同样的动机。——译者注

③ 能安玖,即诺亚,《灵能真柱》中,诺亚传说一段引用自兰学者山村才助《西洋杂记》一书,因此也采用了书中的译法。在英译本中,能安玖被译者直接标作 No-a-ku,应当是英译并未意识到这是荷兰语的 Noach 译成日语的。——译者注。

此如师翁所言，是一切祸事、恶事停留的国土。于是这里成为凶恶暴虐的神所居留的国土，也是本来就有应当如此的道理的。

而此国土，因天将澄明之物、底国将重浊之物分离出去，由中间留存之物凝结而成，清明之物萌发向上的残余、重浊之物凝结垂落的残余互相混合，因此兼具天之善与根国之恶是毋庸置疑的。

如此，天、地、泉三者分离形成后，天与地之间多见诸神往来的事实，地与泉之间，在大国主神的往返之后，诸神自不必说现身，就连其御灵的往来的事实和传承也不存在。这是由于，伊邪那岐大神极其憎恶彼国的御心，而订立规矩断绝了往来，这是非常尊贵的规定。

然而，有这样的说法，无论古今，人死之后，其灵魂无不前往夜见国。这是没有尊奉崇高的伊邪那岐大神的尊贵的思虑，也是没有去顺考大国主神司掌幽冥的幽契的灵妙的道理，是非常严重的误说，让人无比愤慨。

那么就来详细地辩明这一误说。究问此误说产生的原因，细细想来，是由于将夜见这一词用"黄泉"二字来标示，因而产生了此说。首先，在孝德天皇的御纪中，苏我仓山田臣自尽之时说道："今我见潜身刺而恐横诛，聊望黄泉尚怀忠。"仓山田的这一席话本是表达死后仍然怀有忠心，而记录者则使用了一直以来的汉籍的矫饰文风记录成上述的模样。这么说是因为，"尚怀忠"毋庸置疑是表达死后的心情，但此处记载的趣旨则是其灵魂前往黄泉国而依然怀有忠心，这并不是皇国的古意。

然而，后世之人，不知其原本含义，渐渐开始传习这种说法，就连《万叶集》中也出现了诸如"只为妾身故，男儿动刀枪。生世难相见，相待黄泉旁。女儿隐真意，悲嗟上北邙"这样的表达，不仅是尸骸，连灵魂也一同前往夜见国，这完全是按照汉籍中黄泉的含义来咏歌，其趣旨和夜见国的古传相去甚远。不仅如此，又有佛籍中的那落之说混淆了进来，"吾儿仍幼稚，道路尚难明。献币下方使，负儿路上行"的歌咏之类，是根据佛籍中的冥途使者的内容来咏歌的。

正因古传如此混乱，世人都被迷惑是当然的事情，然而师翁也没有注意到这一点，列举了上文中的歌，并认为"神也好人也好，不论善恶，死后皆前往黄泉国"，这是思考不周所致的误说。然而，世间古学之人，无论何事都以师翁之说为准，无论是谁都在盲目跟从，自己不对此用心思考，这到底是为什么呢？

那么，如上所述，虽说人死后其灵魂归于黄泉的学说是混淆了外国渡来之说，古代完全没有这样的事实传承下来，然而有人举出伊邪那美命在国土与夜见尚未断离时，神避至夜见国的例子，来主张这一说法。伊邪那美命前往夜见国的理由是由于生产火时那十分凄惨的模样被兄神①看到而感到羞耻，其后决定不与兄神相见，其现御身离开了兄神的身边，前往彼国，并非其御魂单独前往。又怎能用这样的故事来作为说明此国土的人的灵魂死后归于黄泉的道理的例证呢？

于是伊邪那岐命因为其妹"神避"至下津国，不能抑制自己的哀伤之情，追寻其后也前去下津国，然而见到其国是无比丑陋污秽之国，感到畏惧，连恋慕妹神的心情也一并失去，而飞快地折返了回来，及至泉津平坂度言户之时，伊邪那美命最初因为夫神两度没有听从自己"不要见我"的请求而见到了自己的样子，感到愤怒和怨恨，故而追了上来，宣称"将一日杀千人"，而兄神则不甘示弱，宣称"将一日立千五百之产屋"，最终妹神的御心归于平和，宣言："吾与汝已生国矣，奈何更求生乎？吾者留于此国而将居焉。"与夫神离别。而此言之前，又曾宣言："吾之名妹命可知上津国，吾者将知下津国。"正如同此御言所说，伊邪那美命遵照其御心成为下津国的大神，永远镇居在彼国。而伊邪那岐命，为了不让彼国那些凶猛暴虐之物进入此国，因其尊贵的深思远虑的御心，断绝了彼国与此国之间的来往，在泉津户所刺立、封塞的久那斗神、道反之大神，如同五百磐群一般坚固地守卫着。

因此，由于统治上津国与统治下津国的二柱神的誓言的规定，以及伊邪那岐大神认为彼国污秽的御心，其为了祓除污秽而进行涤身之时，由其大御体的无上清明的庄严的御灵所生出的大御神，统治天日。而因与伊邪那美命的因缘而生的速须佐之男命，则遵循其道理，前往御母所在之国。彼国此国之间往来的理由已经消失，皇国乃是仅次于天的清明之国，因而日神和产灵神的大御孙天日高彦琼琼杵命接受日神、产灵神的尊贵的御依，从天而降，开始统治这里。因此清明与污秽的界限有着必须分明的道理，何况世间生出

---

① 伊邪那岐与伊邪那美二神既是兄妹也是夫妻，因此在接下来的文本之中，平田笃胤在"兄神"与"夫神"上的使用上是混淆的。——译者注

的天之益①人们，皆是承接了伊邪那岐命憎恶彼国污秽的御灵而生，又怎么能有，此国土的人草②的灵魂尽数归于彼国的道理呢？正因为没有这样的道理，才没有这样的事实出现。

此外，一切人魂不归于夜见的理由，不仅能从神代的事实中得知，从人的出生的理由，以及死后的事实来考察的话也能知晓。首先人的出生虽然是父母所赐，但其根本原因则是神的产灵，由这样奇妙不可思议的御灵的产灵，将风、火、水、土四种物质结合在一起，再赋予其心魂，人便由此诞生。人死后，水和土成为尸骸，鲜明地留在世上，而神魂则与风火一道离去。这是因为，风与火属于天，而土与水属于地的道理，因此，这也是人的神魂不归于夜见国的道理之一。而神魂本是由产灵神所赋予，从其原本的起因来说，理应归于天，但是无论是在事实中，还是在古传中，都没有见到确切的事例。那么，人死后，神魂与亡骸分离，亡骸是无限污秽之物，有从属于夜见国的道理，因此接触到亡骸的火也含有污秽。此外，神魂与亡骸分离后，因其仍然清洁，因此极度忌避火的污秽，若对其祭祀中有污秽之物的话，他就不会前来享用。从如今所见的事实试着想来，净与不净差别灼然，而如此忌憎恶会的灵魂，又怎能有归于作为污秽的本国、是一切污秽停留之地的夜见国的理由呢？

若归于黄泉的灵魂，在祭祀时被招来此国土享用祭品，那么就不应该有忌恶火的污秽的理由。这是因为，此国的火即便有些污秽，比起彼国的火来，也是没有污秽的。此外，一旦食用了彼国的火烹煮的食物，便不能归还此国，这才是从伊邪那美命不能归还此国的确切的事实中得出的道理。然而，又要再将其招来此方享用祭品的供奉，并呈现种种灵异，是实在难以置信的。倘若果真如此，那么每次归还都要与黄泉神争论后才能前来，然而这是不可能的事情。

因此，亡灵归于黄泉国的古说，总之是不成立的。那么，若说此国土的

---

① 出自《大祓词》，因伊邪那岐、伊邪那美二神在黄泉比良坂立下"一日杀千人"以及"一日生产一千五百人"的誓言，致使人的出生总要多于死亡，因此人又被称作"天之益人"，益取"增加"之意。——译者注

② 出自《古事记》，又称"民草"，将人口的增加比作草丛的茂盛。在《日本书纪》中，"青人草"的汉文表记为"苍生"。然而，本居宣长在《古事记传》极力主张"青人草"与"苍生"的含义"大为相异"，不能混淆。以本居宣长的继承者自居的平田笃胤，自然也承袭了这一观点，为了"清除汉意"而使用"青人草"这一表达。——译者注

人死后，其灵魂的归宿又是何处？是永远地留在此国土之上。这从古传的趣旨与如今的现实想来，就可以明确知晓。然而，正如《万叶集》的歌中所咏："八十之隈路，沿途献祭频。亡人若有幸，或可遇诸神。"居住在此显明世上的人，不能轻易确定其所在之处。若问其道理，这是遵从远古神代天神祖命所定下的大诏命，归于隐居在八十隈手的大国主神统治的冥府之下。

原本说来，所谓冥府，并非在此显国之外的某一处，而是在此显国内的各处。因其是幽冥，故与现世相隔而不可见。故而汉土之人也称为幽冥或是冥府。从冥府能看到人的所作所为，从显世却不能看到幽冥。这就比如，将灯笼用白纸和黑纸从中间分开，放在屋内的话，从暗处可以清楚地看到明处，从明处却不能看到暗处，从这一差别便可以明白显幽之别，以及幽冥之尊贵。

而人死后，其灵魂归于幽冥，因此如隐身在八十隈路一般，不知道向何处供奉祭祀。但是仔细地学习神代故实，就能知道，神代的诸神虽然不被现世人所见，但至今其御身依然隐居在各自的社中。由此来思考人的话，也能知道其道理了。首先，镇居在龙田立野的大神，只有其是伊邪那岐命的御气所生的传承，既没有御社，也没有祭祀，到崇神天皇的御代，才确定其宫社的所在并镇居在那里。其次，住吉的大神也是只有传承其因伊邪那岐命在檍原进行御禊时所化生的神，直到神功皇后的御世为止，都没有御社及御祭，而因其御托宣才根据其希望定下宫社的所在并镇居在那里。这些事例都应当被仔细地思考。最后，并不仅仅是此二柱神，神代诸神在某处镇居皆是如此，只不过，其御形不被人所见，然而与天地一道长久地存在则是毋庸置疑的。故而，有时会显现其御形，明确地展现其神妙的御所为。

那么，现身的世人在活着的时候居于此世上，死后归于幽冥，其灵魂最终成为神。其灵异的程度，也因贵贱、善恶、刚柔不同而有所差异，其中的卓越者，甚至有不亚于神代诸神的灵异的功德。此外，还能在事件未发之时，将之提示给世人，与神代的神并无不同。这与大国主神出于隐而侍的御心，守护现实的道理一样，归于幽冥的灵魂也从幽冥之中守护着他们的君主、父母、妻儿。

而若说其灵魂不前往黄泉，又安定在何处？若是建立社祠祭祀的话，应当镇居在其处，若非如此，则镇居在其墓的上方。这亦是与天地一道无穷无尽地存在，与诸神永远地镇居于各自的神社同样的道理。

而说到死后葬于墓所而灵魂居于其上的事例，倭建命御崩后，被葬在伊势的能烦野，灵魂化为白鸟飞翔至河内的志几并停留在那里，因此在其处营造了御陵"镇居也"。这是因为其御灵停留在那里。一切古代的墓所都是为了使灵魂能够停留在其上而建，从倭建命最初被葬在能烦野，但其御灵飞出因此又在其停留之处建立御陵的事例之中便可知晓这个道理。

如此自上代，墓处是为了隐藏亡骸并安定其灵魂而营建，因此，无论是我还是他人，死后的灵魂虽然与亡骸分离，但仍镇居在其上。正因如此，无论是诸夷还是大倭，上古也好今世也好，人的灵魂在墓上显现灵异的事例数不胜数。

原本说来，人死后的灵魂归宿的安定，无论古今都是世人心中所挂念的问题，无论是哪国都产生了各种议论，但这些都是不知道古传的国家的人根据自己内心的意趣生造出来的学说，乍一听似乎是这么回事，但这是他们在不知道其本来的道理的基础上编造的学说。因而征引事实思考、推测其根本而究明到底的话，这些完全是讲不通道理的学说。

其中，天竺国的学说之类，在师翁的歌中是这样形容的，"释迦惑世人，谬言复谬言"。诚然如此，其最初是将那些少数留存的古传的只言片语作为材料，由释迦法师妄作出来的学说。然而后世的法师之流，譬如画蛇添足，越发地为妄说添油加醋，使其成为厚重的、吸引人的、应当去皈依的样子。在此处戳穿它，便逃往彼处，追至彼处的话，又潜回此处，如同谚语所说的"以瓢捕鳗，不能得之"。因其学说编造出来，无论西土还是大倭，不论贵贱、有才无才，都沉溺在了这份妄说里，正因如此，甚是让人悲伤。

其中，也有那些仿如鬼神的古时的武士，也为自己取佛风的污秽的名字，畏惧所谓死后堕入地狱的谎言。我在读古书时见到这些事例，心中十分不悦，不由得头发也倒竖了起来，握紧了拳头，甚是惋惜悲叹。

除此之外，世上追求古学之辈，表面上抱拥大和魂并对佛法视如粪土一般，然而他们又有几多个是诚心诚意的？正如师翁所说："人的诞生之初以及死后是怎样的，这个问题无论是谁都会在意、想要解明，这是人之常情。"以及，"死后会成为怎样的存在，这一问题无论是谁都会在意。这在人情上来说是理所应当的"。诚然如此，这是身为人所不能逃避的情感，无论是谁都想将其究明。因而，不知死后归于黄泉的古说是无凭无据的混淆之说，即便心中想着"怎能去那么丑陋污秽的国土"，百人之中的百人，不知什么原因首先就这样认为了。

有些人在年轻力壮时，对佛法甚是不屑一顾，然而到了年老或是大病临终之际，大抵都在内心唱起佛的名号，对于这点，笃胤觉得非常不安。（如此想来，被世人称为"神道者"之辈，其内心的安定反而更加果断。这是因为，那些传播妄作神道之辈，早就思虑到了这样的人情，因而取阴阳五行、佛说等糅合在一起，制造出"相信神道者永生于日之少宫"这类的看似很有道理的教说，并坚定地相信着，因而直到临终之际，他们内心的思虑也不曾动摇，而是非常坚定，这样的神道者非常多见。然而，我们古学者在内心的安定上反而不如这些神道者，显得胆小怯懦，实在是非常遗憾。）

呜呼哀哉，这些人怀着如乘上大船一般悠闲安适的心情前往污秽的黄泉国，真希望他们能停止这样的想法。就如同上文所述，人的灵魂尽数前往彼国是既无传承也无事例的。师翁虽然也无意中错误地认为灵魂的归宿是黄泉国，但老翁的御魂并没有前往黄泉国。而是安静泰然地镇居着，先故的诸学兄都在其御前侍奉，咏歌作文，将此前思考疏漏之处、误解之处重新思量，若有人笃志求道，那么就给予他加护和指点，诸如此类进行种种神议，就如同眼前能够见到一样毋庸置疑。

因此，若问老翁的御魂所在何处，应是镇居在山室山上。因人死后灵魂归于黄泉的误说已流传多年，不能一朝订正。但自上古起，墓所便是为了镇留灵魂而营造之物，由此想来，师翁在生前营造自己的墓所，并咏歌"观花风不起，山室千岁春"，以及"而今求得万世居，自此不叹世无常"。这两首歌都体现了，师翁已经悟得，此处是灵魂的住所，自己将在此镇居的事实，更何况山室山是老翁还在世时就表明"此处是我永久镇居之山"，确定其是墓所所在，因而其灵魂镇居在此处毋庸置疑。其御心清明，正如其歌"若问大倭心，山樱映朝霞"中所咏的花一般，拥有这样御心的师翁又怎能前往那污秽的黄泉国呢。

顺便一提，世间古学之徒多半仍然是一知半解的倭心。一知半解的倭心之人，必然有一知半解的汉意。而汉土之人，若是怀有真诚之心，也能到达真的倭心。正如师翁歌中所咏："唐土有孔子，人皆称圣人。岂云圣贤类，应道孔善人。"孔子虽是汉人，但也是拥有大倭心的人。世间那一知半解的倭心之人都应该对此戎人感到惭愧。这么说来，笃胤也遵从自己的心意，写下著述，扬名于世，成就了出色的功绩。①

而笃胤此身死后，灵魂的归宿早已确定。要问归于何处，"无论亡骸葬于何处土中，灵魂必将前往师翁身旁"，与今年仙逝的妻子一道，立即飞赴师翁身旁侍奉左右，向师翁请教在现世时由于专注古道而疏于钻研的歌道，春天眺望师翁种植的山樱花，夏天眺望青山，秋天欣赏红叶和月，冬天则享受雪景，无论何时都侍奉在师翁的身旁。从此，在师翁想要给予后世的古学之徒启示的时候，笃胤虽然是末席的弟子，但不待师兄们开口，就前往传达师翁的话语。将那些传播唐土之说、法师之教，及其他一切邪道歪理的恼人的污秽之辈，一个一个地找出来，从根基上将他们的理论尽数驳倒。此外，偶尔有与大御国敌对的外国来袭，让师翁的内心感到痛苦的话，笃胤则上前向师翁请求暂时的休假，将山室山的桂木挂在衣带上，右手持柊木的八寻长的矛，左手持檀木的弓，背上背着装有千支箭矢的箭筒，腰间佩戴八握长的太刀，奔驰在天空中，加入神军的阵列。那时，若尊贵的诸神质问我："你这样卑贱之人为何前来？"笃胤便理直气壮地回答道："我平田笃胤亦是神的末胤，为何要轻视我呢？"决不像曾丹②那样被赶出去，一定要加入神军之中成为其先锋。以风日祈神宫吹来的神风为信号，一面大声宣言"异国的顽固之徒啊，我要让你们饱尝痛苦"，一面冲入敌阵，向那群乌合之众挥舞八寻的长矛，以烧镰之敏镰，如秋风扫落叶一般追讨敌军，让狗和猪的灵魂附在他们身上使他们痛苦，或者拧下他们的头颅，一脚踢开，将他们击杀，最后归还山室山，向师翁之灵复命。这是何等的愉快，笃胤的心中时刻怀有这样的志向。呜呼，我的这一席话，或许在别人看来是夸大其词，然而，所有的人，都应该努力使自己内心的安定如立于地底岩石的粗壮庄严的大柱一般雄健高洁。

想来，若有人内心柔弱胆怯，无论何时都畏畏缩缩，其灵魂的归宿就会像儒者所说的那样散失殆尽吧。而如上文所述，其灵魂刚猛者会与刚猛者聚集，而邪恶之徒会与邪恶之徒聚集。例如，世上有诸如疫病神、疱疮神，又

---

① 这一句在日文底本中，语义实际与下一段相连，但英译本不知什么原因放在了此段的最末。——译者注

② 曾祢好忠，十世纪的咏人。生前评价不高，并因其咄咄逼人的态度而被逐出朝廷。

有绞首神等,许多古代未曾听闻的邪恶之神。人们又是怎样想的呢?这些原本是由于祸神的御心而患有此病,而后因病死去,特别是心中扭曲而又无家可归的流浪者,因此病死去,不知其灵魂的归处,因对自己的死亡感到不甘,因而要让他人也体会自己所受到的痛苦,因此变成了这样的鬼。

若是内心不安定的话,就会像这样变成鬼。楠木正成,在凑川讨死之时,对其弟正季说:"因临终的最后一念,会划分来世的善恶,而你的心是怎样的?"正季笑着答道:"无论何时,都作为人而生,将反抗朝廷的人尽数歼灭。"而正成露出愉快的表情说:"我也是这样想的。那么就此暂别,转生之后,再贯彻此本怀吧。"于是二人互刺而死。身为武士之人,就应当如此。

而世上多见所谓的天狗,是内心傲慢之人或是含恨而死之人,其死后便会加入此行列,自古以来便如此传承。关于此事,人们往往认为这不过是僧人的空言而忽视,然而我很早就觉得这是有道理的说法。因此,若人的内心高尚雄健、正直清明,有力所能及地为世间造福之心的话,死后又为何不会成为有功绩的神呢?

师翁的《古事记传》中,在倭建命御崩之时咏道"吾妻床边,大刀安在"的一段下写道:"患病之身,弥留之际,仍然不忘此大刀之事,其勇敢与坚定是如此深深植根在心底。从此御歌中可以知道,此御子的御心将永久地驻留在此御大刀之上。此御歌是难得一见的高尚的御歌,身为武士之人,特别要时常保持此御心,直至临终之际也不应去思考那些无益的儒佛之意,深刻地回忆此御歌的内容,即便死去也要飞翔于天,护助子孙之勇。"这是难得一见的高尚的教诲。像那些迂腐的儒者所说的,死后灵魂消失不知所终,则是愚昧至极的说法,武勇之人绝不可怀有此心。

那么,综上所述,灵魂的归宿虽各有不同,但绝非尽数归于夜见,师翁所说,"人死后,其灵魂不分善恶,悉数前往黄泉国",是非常错误的说法。

原本说来,世上古学之徒,其大部分仅仅是只相信我师翁的学说,而对诸外国的学说不加分辨,一旦听到了自己不知道的外国的学说,大多会惊异迷惑,而被其吸引蛊惑。即便是没有被蛊惑之徒,也不过是所见狭隘,其尊奉吾师就仿佛老婆婆尊奉佛祖一样,并不是在熟知吾师是潮之八百重所及之处唯一的学问的大人的基础上才去尊奉,由此动辄说出那些没有灵魂真柱的话来，真是让人慨叹不止。此外，偶尔会看到看上去勇猛论斥其他学说的人，那也是连自身所立之道的主旨都并未熟知，对于对方的学说也是一知半解，只不过声音洪亮而已，因此即便是同道中人，也是不忍见之，冷汗直流。

［WNH］

（唐小立译）

大国隆正

大国隆正（1792—1871）

大国隆正生于江户津和野藩的武士之家。14 岁时他进入国学者平田笃胤门下，成为其最早一批弟子中的一个。同时他在幕府教育机构昌平坂学问所接受了儒学的正规教育。1818 年的长崎之旅使他对洋学产生了兴趣。他继而作为书法家和"古事"研究者在江户立足，秉承平田笃胤的精神专注于对"神代"的研究。1828 年在被任命为津和野藩大纳户武具役①后不久，大国隆正遭遇不顺，被迫放弃武士地位。此后他搬到大阪，到 1834 年时，开始聚集了一些弟子跟随他。大国隆正在其一生的其余时间里漂泊不定，很少在一个地方待上几年。1837 年大国隆正迎来了人生的重大转机，播磨小野藩大名允许其设立新学校，按日本方式教育家臣。此藩校主要讲授国学而不是幕府批准的正统儒学，其成立意义重大。在接下来的几年中，大国隆正受姬路藩校邀请去讲授国学。不久，大国隆正的武士身份得到恢复，被其原来所属的津和野藩大名龟井兹监（1825—1885）召回，并被任命改革藩校课程。

一连串标志封建时代终结和明治维新之开启的动荡事件严重困扰了大国隆正，并推动了其思想的形成。不同于先前国学者将自己定位为儒佛之反对者，大国隆正努力将国学变为抵御西方侵略的武器，并试图使西洋皈依日本的"本教"。从 1853 年开始，他不断进行著述，这些著述使他从平田笃胤那里继承的教说越来越具有宗教性格。以下节选的写于 1861 年的文章，清楚表

---

① 大纳户为江户幕府的官职名，管理将军衣服和日用工具，掌管诸侯、旗本献上的或者幕府赐予他们的金银等诸物。——译者注

明了大国隆正建构一种足以与西洋学问相抗衡的日本之教的志向，以及他提升国学吸引力的决心，使其从精英知识分子的观念体系变为面向所有人的民族宗教。这乃是因为他意识到了基督教的威胁，大国隆正对于基督教某种程度上既欣赏它，同时又担心它会降低日本人对于天皇的忠诚。

大国隆正的学说在其生命的最后年月里迎来了生机，因为他所在藩的大名在起草明治维新的思想纲要中发挥了主要作用。在大国隆正学说的影响下，1868年的政变以一种彻底"回到神武天皇时代"的姿态展现在世人面前，而不是沿袭1333年的建武中兴进行温和的改革。大国隆正将神道作为新的民族信念之设想对于新的明治政权早期的宗教政策有重要影响，其中包括重设"神祇官"以及实施彻底和极具破坏性的"神佛分离"政策。这一年大国隆正担任了一段时间的"神祇事务局权判事"，但由于年老体弱不堪重担，两个月后他就辞官了。其事业为其在津和野藩弟子之一的福羽美静（1831—1907）所继承，福羽美静遵循大国隆正的理念继续创制新国家的祭祀仪礼。

[MLT]

神理小言

"本教"一语，乃见于和铜五年、太朝臣安万侣所撰《古事记》奏上之序中，是指吾神代也。学习"本教"，非容易之事。佛家有"圣行道""易行道"之谓。仿照此，一字不差地解读"神代卷"所悟出者，乃是本教之圣行道。非其才，则即便修行三五年，亦难以得其真谛，本教不易也。故而，吾从所悟之神道中，择其要者，建立人人皆可到达的本教之易行道，以此来引导众人。首先使日本国讲同一语言之人知晓此教，其次使异言国之人亦遵从此教。

佛门之易行道乃教人唱"南无阿弥陀佛"或者"南无妙法莲华经"，则可避现世灾害，死后其灵魂去往善处，得无上之快乐。仿照此，则可说，唱诵"ト、ホ、カミ、エミ、タメ"（To, Ho, Kami, Emi, Tame）则能祛灾，死后其灵魂能够升往高天原。然而，仅是如此的话，则修身正心之法难以知晓。现在吾隆正所体悟到的易行神道，乃是将"天之御中主"这个名号中的

"なか"这个词之意，根据五十音图之本义，仔细考察而解其真意，从而知晓其归于"务本"（本につく）、"互助"（あひたすく）二者。此处之真意，吾将其作为神道之主旨。故而，务本、互助，此二者乃本教之要领。

"务本"有各种各样的表现。"思君之诚""思父母之诚""思兄弟姐妹之诚""女思夫之诚"，另外对于子，"思夫之子之诚"。应知道，这些乃是"务本"中最为重要者。此外，若居住于城镇，则应敬重"町役人"；居住于农村，则应敬重"村役人"；艺人、职人要敬重其师家、分家；别家要敬重其本家，此皆是"务本"也。

生于吾日本国，则尊崇传承吾天皇谱系之神代古事，永远守护此国。这乃是"务本"中最为崇高之志。日本国中之人若皆有此种之志气，则不论外国如何侵略，其亦无法得逞。此乃海防之第一实策也。

"务本之诚"乃是经，"互助之诚"乃是纬。人存于此世，乃是"我助人""人助我"也。"互助之诚"，儒教中曰"仁"，佛家中曰"慈悲"，西洋教中曰"友爱"。"务本"者，吾神道更胜一筹。

"务本之诚"乃更胜一筹，此从皇统万世不易可知也。儒教之放伐乃是疏于君，佛教之出家乃是疏于父母，西洋教中妇道不正。然即便在"唐土""印度""西洋"，对于忠臣、孝子、贞妇亦称颂之。由此可见，吾神道乃无比正确，此道充塞天地之间也。

人各有其职业。职业皆遵循"务本之道"这个法令，我助他人，他人助我。

……

对于各自之职业无诚者，其家业不能兴旺。沉湎于游乐赌博懈怠职业者，家道必破败。怠惰者，家业毁于眼前；耽于利欲、行不义之家，其子孙不能昌盛。在职业上，若多行利于上下、利于所有人之善事，无欺诈，以诚为宗旨，则即便其家不另积阴德，亦可得神之助，家道昌盛矣。

盖表面行善，暗地作奸犯科以遂己愿者，乃神极其厌恶之类也。

人死后其魂入于幽界成为幽物，此事古今多证据。然而儒家不采此说，认为人死后为飘散之物。佛家主张极乐地狱、六道四生、三世因果等，来讲说死后。吾隆正不依儒佛二道，不取西洋之说，乃依真迹、真事来考，发现转生之事亦时而有其真迹。人死沦为畜生、饿鬼这类物语，并非全然虚言。

幽界中亦有地狱、极乐之处，故而存在不用佛家之说来论此的神理。在佛道尚未传入之时，不论唐土还是日本都没有极乐地狱。由此可知，佛道传来以后于幽界中亦出现了这样的地方。吾等应该像这样从大的方面来讨论幽冥。

吾国古传中有"高天原"，其乃幽界之本源，乃是至正、至善之神界，乃生气起源之地。其存在于每日升起之日球的中心，其至正、至善，为神灵聚集之所。儒家中称为"上天"，佛家中称为"天堂"，西洋教中称为"天"。然而，这些只是表面之称谓，吾国古传中之"高天原"才是本体。高天原似极乐而不是极乐，其乃比极乐、净土更加卓越之神界，掌管生气之神聚集之地。其不离地球上之人间世界而助之。

另外，又有称为"黄泉国"的极其污秽之幽界，其与地狱相似但与地狱不同，乃是杀气兴起之地也。事实上，它乃是存于地胎中的幽界。伊邪那岐命乃日球之精灵暂化为男子之形，以己身为雏形，为建立人间世界，将人类繁衍后需要用到的万物的种子，从"高天原"洒落到此地球上。现在该神灵返回到了"高天原"，掌管人间世界之生气。伊邪那美命乃地球之精灵暂化为女子之形，以己身为雏形，为建立人间世界，将万物之种子从己身而生出。最后归于地胎之幽界，现在掌管人间世界之杀气。

伊邪那岐归于"高天原"、伊邪那美归于"黄泉国"之时，留下"造"与"化"之誓言。故而，现今亦然，生气乃以日球为本，每日一千五百之草木，因其叶正面禀日光之照射而生长。杀气乃以地胎为本，每夜一千之草木，由草木叶子背面升腾，灭昨日一千五百之生气中一千之生气。两数相冲，每日总有五百之生气存焉。

西洋理学者实际测算后，称曰："氧气三分之一，氮气三分之二。"此说理不周全。氮气若如此之多，则此世如何存焉？事实上，正如吾古传那样氮气少而"生素"多。氮气消灭"生素"的三分之二，三分之一的"生素"存留。三分之二的氮气消灭三分之二的"生素"，留存的三分之一的"生素"乃是生育万物者。

由此思之，吾国古传乃是活理，西洋之穷理可谓不谙活用之穷理。而唐土穷理家所谓之"造化"虽然也是论说此理，但粗陋，不及吾国古传那般精致。"造"相当于伊邪那岐命之妙用，"化"相当于伊邪那美命之妙用。这些乃是"圣行神道"之论，本不需要对"易行神道"者讲这些。然而由于有人认为其"过于肤浅",且有人认为唐土、西洋之神理说才是无比精巧之理说,故而吾在此须稍作说明,以使人知晓吾神理之说乃精妙正确、优于外国之说的真理。

……

至正、至善,乃是指具备"务本之诚"与"互助之诚"。守此"诚"之人的灵魂,在其还为人之时已经为至正、至善的高天原所系,故而身死时升入高天原。受天帝之命,又降于地球上,居于宫社①,守护并帮助人世。此乃当然之理,讲的是善人灵魂之所归。极善之人的灵魂变成极善之神,这从极其灵验的天满大自在天神②可以知晓。

凡物必有表里。昼为表,夜为里。男为表,女为里。善为表,恶为里。"务本之诚"的"里"乃是"舍本之私"。

与"互助之诚"相对者,乃是"损人、害人"的自私之心。此种人,当其活于此世时,就为杀气凝重的"黄泉国"所系,其魂如何能够升向至正、至善的高天原?其魂归于黄泉国,为黄泉大神所奴役,成为病鬼、饿死鬼之类。其助长"绞杀千人"之杀气,诱人向恶,以入黄泉国。古语曰:"从下津国狂暴涌来之物"即是指此物。③

唐土、西洋之穷理家,只讲外在的现世,不将现世、幽界合而论之。佛者把现世作为暂时之所,而只论未来、幽界之事。此亦偏颇之言。此二者不若吾神道之真理将现世、幽界合而论之,且对日球、地球之组合有详细之论。有人认为:"吾日本国往昔并无穷理与道。"此种说法只将外国穷理之说看作穷理,而未体悟到更胜于此的真理之源存在于吾国古传中。

……

人之灵魂存于头脑中为日球所吸引,跟随日球之旋转。因日出人则起,日落人则头靠地而眠,此乃跟随日球入地下而然也。日球中存在至正、至善的"高天原"。由此可知,人之灵魂乃为至正、至善所吸引。

---

① 宫社,以"某某宫"命名的神社,比如男山八幡宫、鹿岛神宫、香取神宫、明治神宫等,它比以"某某社"命名的神社地位更高。——译者注
② 天满大自在天神,指菅原道真或祭祀其神灵的神社,又称天神、菅神。——译者注
③ 是指《节分祭(祝词)》中的如下文字:忌豆投げ打ちて、根の国・底の国より疎び荒び来む禍津日・邪気等を追ひ却け。——译者注

人之身与人之灵魂相反，乃为地所吸引。因为人抬左足则右足落地，抬右足则左足落地。终是无法离开此大地。地中乃有污秽的黄泉国。由此二者可知，能控制身体之灵魂为善，为身体所驱使之灵魂为恶、为污秽也。能控制身体的灵魂乃是不失"务本之诚""互助之诚"的灵魂。为身体所驱使之灵魂，乃是"舍本之私""损人之私"的灵魂。为日球所吸引之灵魂，最终去往日球中的神界；为大地所吸引之灵魂，最终进入地中，此为当然之理。

不论"圣行"还是"易行"，① 志于吾神道、欲以此修身者，切莫失去"务本之诚"与"互助之诚"此二者，常存此心乃为关键。且应勤于祭拜当地神社，尊仰日球神界之主天照大神，口念 To, Ho, Kami, Emi, Tame（卜、ホ、カミ、エミ、タメ）这种神语，祛除被大地吸引的内心之污秽，感恩生于皇国。

有志于圣行神道者，应学习唐土之文字。印度和西洋之事物有很多可以通过其知晓，道理之名目亦可由此知晓。对父母之诚称为"孝"，对君之诚称为"忠"，对夫之诚称为"贞"。这些皆是"务本"中最为紧要者。以"互助之诚"为宗旨，具备"务本之诚"者，曰"仁"；以"务本之诚"为宗旨，具备"互助之诚"者，曰"义"。《中庸》为礼之本也，和吾国古言之"中"（なか）之意相符合。文字皆是唐土之言语，其虽有古语、方言、俗语之差别，但乃是唐土人常用之语言。"仁、义、孝、悌"等名目，并非仲尼所造。这些乃是彼国之古名、古言，仲尼对其意进行了详细解释。

这些名目不断发生变革。"四书五经"等周代以前之书，虽有"忠信"这个汉语词，然而并无"忠孝"这个词。"忠孝"这个词始于《韩非子·忠孝篇》，汉儒以后经常使用。这虽然是外国之事，然而遵守圣行神道之人应该明辨这些问题。概言之，和训即是和训，汉字之意即是汉字之意，将这两者区分开，然后合在一起看，则可知晓词汇之意恰不恰当。如果不这样，则可能会用和训错解汉字之意，或用汉字之意错解和语。此须谨记也。

另外，佛家所谓"烦恼、菩提、真如、圆相、因缘、因果"等文字，亦应该暂时借用。西洋学中"窒素、酸素、引力、重力、压力"等名目，也应

---

① 佛教中有"易行道""难行道"（圣道门），大国隆正将神道之修行分为"圣行神道"与"易行神道"，很显然乃是模仿佛教。——译者注

该使用。以吾国古传、古言为本，不偏倚任何一方，揭示天地的真正面目，树立大道，从而普遍引导世人。

某西洋学者曾说：

当今日本国所行之佛道乃极其狭隘之教。现今于西洋地方所盛行的耶稣教（基督教），乃极其广大之教。不明事理者，将耶稣教称为"吉利支丹教"（天主教），把二者混为一谈。天主教即便在西洋也被认为是邪教。耶稣教则不以妖术来迷惑人，其以唐土人所谓的"仁义"为宗旨。建孤儿院，贫困无法养育子女者将子女寄养于此，孤儿院将孩子抚养长大，再归还其父母。又建立医院，接收患者，使其得到疗养康复，但不收取费用。其资金从国王和信徒中筹集。最近，在医院以外又设立了疯人院，将疯人聚集于此，治愈能治愈者，不能治愈者则抚养其一生。此外，耶稣教对于鳏寡孤独和残疾人也悉心照料。这些乃是耶稣教之"仁"。

儒者虽讲"仁"，但因其以清高为旨，故其贫困而难以将"仁"施及于人。即便偶有身家阔绰之儒学者，亦不能如此用心。佛者讲"慈悲善根"，放生鱼鸟，施舍乞丐，但皆是小事，无益也。肆意向寺院施舍，徒增僧侣之骄慢。此乃佛者所讲之"仁"。

若说"义"，则持不同语言的西洋各国相互联合，共济国难。西洋教盖以"友爱"为旨，故人经常救助他人，国经常救助他国。像日本唐土这样一直拒绝和亲通商之国乃背离天意，故西洋会代天而惩罚之。然而，干戈不可轻易动之，如果外国存在暴政，其民不堪荼毒，则会灭其国王，让血统纯正的该国王之后继位，西洋之国不会肆意夺取他人之国。因此，耶稣教可谓正大，胜于儒佛也。既然都是借用外国之道来治理日本国，则应遵循"耶稣教"，舍弃无用的儒佛。

当今之世，兰学盛行，其精于天文、地理、历术、医术、炮术、军学、穷理、算术等，不少人惊于此而从学之。这些方面虽然应有出于"天主教"者，然大体上乃源于"耶稣教"。若问"天主"与"耶稣"之区别，则"天主"好比佛家之阿弥陀佛，耶稣则好比释迦牟尼。"天主教"与"耶稣教"之差别，好比佛家有"净土宗""法华宗"。据传"天主教"乃经由彼得这个人得以传播。"耶稣教"则是路德这个人得"天主""耶稣"之正意而使之复兴，不断建立正确之教义。现在准许通商之国中，美国、英国、荷兰皆主要信奉"耶稣教"。法国多信仰"天主教"。俄国主要遵奉作为"天主教"一派的希腊正教。土耳其信奉穆罕默德教。现在在唐土也建立了耶稣学院，信奉耶稣教的人很多。

然而日本国浅薄如井底之蛙的学者不知道这些事实，遵循固陋的儒佛之道，把无比拙劣的神道称为"吾国之道"，此种自鸣得意之态，十分可笑。吾听闻汝曾去往长崎，从吉雄权之助①那里略微知道了些西洋之事，但汝为何要主张浅薄无用的神道？因为日本之禁令尚未松弛，故而汝没有办法，信奉了神道。如果禁令松弛，汝亦定会相信耶稣教。吾想听听汝真实的想法。

吾隆正如此回答道：

首先，吾要对汝所谓的鄙陋之极的神道进行说明。不入流之神道，乃是极其拙劣也。不入流之神道有四派，两部②、唯一③、儒意④、古学⑤。两部神道，乃调和了真言宗的金刚、胎藏两部。唯一神道主张天人唯一，无甚学问。儒家神道，正如《国史略》《日本政记》等所说的那样，乃将神代古事看作"曲言"。⑥ 古学神道，则将神代古事看作"直言"，⑦ 亦未留心于神理。现在吾隆正所讲之神道，乃以神理为宗旨，正人伦，涉及天文、地理、万物，揭示其真面目。故而，吾所讲之神道，不同于此等神道。

耶稣教于我日本国乃是大害之教法，幕府绝不允诺。即便允诺，也不可

---

① 吉雄权之助（よしお-ごんのすけ），1785—1831 年生于肥前长崎，名永保、尚贞，江户时代后期荷兰语翻译家。曾参与编辑日本最早的英日词典《谙厄利亚语林大成》与《兰日词典》的编译。——译者注

② 指两部神道：日本神道中的一派。它将真言宗所讲的"胎藏界""金刚界"这两部曼陀罗的各尊与日本神祇相结合，主张"本地垂迹说"，是神佛二道相结合的产物，所以又称为"两部习合神道"。——译者注

③ 指唯一神道，室町时代末期由吉田兼俱创立的神道教派。它主张以儒、佛、道三教为枝、叶、花实，把日本古有的随神之道作为法的根本。又称"卜部神道"。——译者注

④ 指儒家神道，为对抗神佛习合，借助儒家思想所主张的神道。包括林罗山的"理当心地神道"、吉川惟足的吉川神道、度会延佳的伊势神道、山崎暗斋的"垂加神道"。——译者注

⑤ 指复古神道、国学神道。江户时代中期以后，以荷田春满、贺茂真渊、本居宣长、平田笃胤等国学者借助对日本古典的诠释，主张回到受佛教、儒学影响之前的古代神道。——译者注

⑥ 曲言：委婉的引喻。——译者注

⑦ 直言：直接的表述。——译者注

将此邪教晓谕下民使其遵奉之。吾自年少之时，就忧心于此，努力去防止耶稣教之传播。吾现将此意细说于汝，以表明吾真正的想法。吾先从儒佛两道开始说起，然后说西洋教。

作为吾天皇谱系之传承的神代古传，在吾日本国上古之时，并不被视为"曲言"，而被视为"直言"深信不疑。除此之外别无他道，别无他教，故而将此道作为教，日本国之人皆遵奉之。然正如众人所知的那样，中古之时，① 从三韩贡上儒佛二教，而当时天皇与大臣以儒佛利于国家，故而用之。于是此二教至今仍然盛行于世，因其盛行，故倾心于此儒佛者变多，轻视神道者亦不少。但在朝廷仍以神道为本，未将儒佛作为大道。以下可证吾之所说。

儒道乃以尧舜之禅让、汤武之放伐为大道。因而唐土之国王时常易姓以续接前朝。吾日本国则非也。以天地无穷之神敕为本，即便对于获赐姓氏、降为臣下的天皇子孙，亦不曾禅让宝位于其。由此可知吾日本国不以儒道为大道，乃以吾国固有之神道为大道。吾国亦不以佛道为大道，这从禁中举行神事时不让僧尼之辈接近皇宫可以知晓。因此，儒佛之道乃被作为辅佐之物，而未作为根本。

诚如足下所知那样，佛道在其发源地印度，自龙树、菩提达摩之后，未有此等英杰，故衰微。在唐土，自天台智者之后，未再有此般英杰。佛教传入吾日本国后，英杰辈出，如最澄、空海、法然、日莲、荣西、莲如之类。因设立了宗门，故有本寺、本山。其本寺多在京都，因此使京都更加繁荣。末寺之僧徒，若皆遵守释迦之遗教，则不利于金钱之流通。来朝拜本寺（本山）之僧徒，皆以其寺格为荣，以骄奢为宗，故而京都之商家、妓院等，多受其利。其金钱皆助于日本国之流通。

耶稣教则除彼得、路德之外，英杰之士辈出，故其本山、本寺皆在西洋。阿拉伯有穆罕默德之旧迹，奉此教者，不远千里乘船每年去烧香礼拜者甚多矣。由此可知，本山、本寺存在于外国，于日本甚不佳。这会使日本之财宝运至外国，最终导致国家衰败。若此等地方兴兵前来，则吾国难以拒敌。在萨摩，有禁止一向宗门徒之先例，故而若耶稣教易收拢人心，则更加应该严

---

① 4—5世纪时从百济传来《论语》和"五经"，佛教则于6世纪中叶经百济传到日本，大国隆正所讲的"中古"乃是指这段时期。——译者注

禁。民众信教之心坚定，则诚令人恐惧。

在日本国，不论何地皆应尊奉吾国之古传神道。至于小事，则可随心所欲利用任何地方之物，如唐土、天竺、西洋之教，择其善者而用之，使其作为解说神道神理之辅助。本末切不可倒置也。

……

易行神道，以"忠孝贞"为本，勤于职业，以具备仁义之诚为佳。此外，应该笃敬神祇，坚定为国尽忠之志。志于圣行神道者，和易行神道一样，应坚守这些品质。

另外，需要知晓"元质、后质、元气、后气、元灵、后灵"这些东西。吾将此作为日本穷理之根本。此乃唐土与西洋之理学者尚未知晓的真理。所谓"元质"，乃天地形成之时所生，"如浮脂般之物"，现在依然留存。活物之精、草木之种子、金石之元液，即是此也。"后质"，乃是活物之食料、草木之粪汗、金石之水土。"元气"，在人身上乃指肚脐。"后气"乃是指呼吸。不知此理者甚多，故吾细细道来。

当人还在母胎之时，乃通过脐带来通气。故而，人出生之后，肚脐乃是吾元气之所在，应该好好保护。人一旦掌握用肚脐呼吸，则胆力增强，延年益寿矣。唐土有神仙之道，专讲用肚脐呼吸，以之为养生之秘诀。可参看《性命至礼圭旨》①《悟真篇》《吕祖全书》等。

"元灵"，乃存于人之头脑。为天所吸引之魂，乃是此也。从天来看人之身，则如●。与唐土古文之"日"字相同，印度之一圆相、唐土之太极图亦与此相似。"务本""互助之诚"的心，也是由此产生。

"后灵"乃是语言。教诫皆存在于语言中。通过语言，邪恶之心亦可得到改正，成为被至正、至善的"高天原"所系的灵魂。另外，诱使人心变恶，也是通过语言。故而，语言乃是紧要之物。去往"高天原"，或是归入黄泉，都是依靠作为"后灵"的语言，所以要十分小心。

元质：人身

后质：米谷、鱼肉、兽肉、牛肉、日本、异国

---

① 此《性命至礼圭旨》当为《性命圭旨》。——译者注

元气：肚脐

后气：呼吸

元灵：务本、相助

后灵：语言、教诫、诈谋

志于圣行神道者，应精通此宗旨。为易行神道者，也应该知晓此理。任何国家在其所被赋予的语言中都存在道。因而释迦观"阿字""唵字"等，得到了佛道。在唐土，仲尼通过详细阐发"仁义"等字义兴起了道。"中"字与"东"同韵，日本在唐土的东方。

生于日本国最令人欣喜之处，乃是アイウエオ这五十音图的排列。五十音图外国无之，乃是天神降赐给吾日本国之物。故而，要体会每一行、每一个音之意味，知晓其组合使用之规则，由此来阐释道理。可参看吾《音图真义》《音图神解》中所讲内容。

[MT]

（高伟译）

折口信夫

折口信夫（1887—1953）

　　作为新本土主义民俗学家、神道学家、古典文学家、短歌作家（笔名：释迢空），折口信夫诞生于大阪农村。为了在国学院大学学习，他搬到东京，并于1910年毕业，获得了日本文学的学位。十二年后他成为教授，讲授神道且注重展现其作为宗教的性质。从1928年开始，他也在庆应大学讲课。①

　　他在新渡户稻造（1862—1933）组织的学习班中与柳田国男（1875—1962）的相遇，激发了他此后一生对民俗研究的兴趣。1913年他开始在柳田国男手下担任助理，两人在1930年代合作密切。比起柳田国男，折口信夫更具有传统国学色彩，好比约两个世纪前的贺茂真渊。折口信夫在古代文学，特别是"万叶和歌"中追寻现代日本人精神的本质。其巨著乃是对日本早期历史的研究，如三卷本的《古代研究》。

　　从以下节选的篇章可以看出，折口信夫对于神道的认识颇受平田笃胤的影响。他也认为神道学乃是传统日本信仰以及国学者谱系的核心。正如许多热衷于探寻想象的日本性根源的日本学者，折口信夫在其晚年试图为神道找到其应有的位置，而这期间日本遭遇了1945年太平洋战争的失败。他的这种紧迫意识体现在，他坚信只有恢复对神的信仰才能够给日本社会带来一种有秩序且美妙的生活。

[PEN]

---

① 折口信夫于1923年成为庆应义塾大学的讲师，1928年成为教授。

国学之目的

折口信夫 1943, 313–19

国学所研究的对象被认为是古典研究。而目的确,经典是国学研究的起点,但它们并非研究的真正目的。接下来我想说明国学之目的,那就从古典开始说起吧。

在国学系统中,有一位著名僧人,其名为契冲。然而若要说国学四大家,则一般将荷田春满、贺茂真渊、本居宣长、平田笃胤这四人称为历史上国学者的代表或者国学四大家。契冲在这里虽未被列入国学者之列,但若仅将国学作为知识来看的话,则契冲确实应该进入此列,或者可以称其为国学之创始者。他当之无愧是国学者,是国学的创始者。故而,我朋友中也有人认为契冲是国学之创始者、国学的老前辈。这是单从知识角度来讨论国学,则契冲乃了不起的人物。但若以国学院大学作为一生动例子来说明的话,则契冲不能算入国学者之列。国学院与众不同的地方,在于一进正门就有神殿,即建立了国学院神社。要说为何没有将契冲放入国学者、国学四大家之列,这并不是因为国学者多是神官,所以轻视和尚。国学不是这般小气。对于契冲的学问,我们虽然心存感激,但他的学问也仅仅是学问,仅仅是知识。然而,契冲是伟大的人,所以他会热爱日本。作为日本人热爱日本是理所应当的。要是无此爱国之心,则称不上是优秀的日本人。契冲是优秀的日本人,因此毫无疑问其有爱国之心。仅以此来看,则国学四大家之外还有很多优秀的人,但这是另外一件事了。总之,在契冲的时代,研究的目的在于和歌。将包含古代和歌的文章完全正确地解释出来,乃是最主要的目的。当时完成了很多了不起的事,而作为和歌学研究,已经做到了极致。作为学者,比契冲更优秀的人并不多见。即使是现代的《万叶集》研究者们所论之事,有很多已然在《万叶代匠记》中就记录了。契冲虽是非常伟大的人物,但仅凭此也算不上国学者,不能称其为国学的老前辈。

一言以蔽之,在国学之后产生了所谓的倭学,契冲乃是此倭学者中的大家。契冲为日本打下了强大稳固的根基,所以其同时代的人乃至后世之人都蒙受其巨大的恩惠。学问上之伟人,其所做的事,乃是为后世之人奠定坚实的基础和更高的出发点，以使后人事半功倍，站在巨人之肩膀上。在这一点上，契冲乃是非常伟大的人物。契冲因为是僧人，所以他通晓印度语言学——悉昙学，① 故而契冲的研究态度可谓非常出色。这一点也影响了后世，使语言学、国语学兴盛起来。因此，国语学看起来貌似国学。国语学中重要的一点，即思想不能单纯作为思想来使用。思想必须融入语言和文字才能流传开来。后人也是依靠语言来继承思想的。没有语言，思想就无法传承。由此可知，要研究日本的古代语言，国语的学问即国语学极其重要。虽不能认为这就是国学，但国学必须通过此国语学进一步产生新的东西。

要研究日本古代的事，就必须知晓从古代流传下来的掌故与仪式。举办祭典也需要与仪式相关的知识。调查这些东西能让我们有机会回顾古代的事。荷田在满②曾在宫中出色地做过关于一代天皇在位时举行的一次大尝祭之调查，但惹祸上身，为此朝臣们顾虑起江户幕府来，故而荷田在满最后不得不终止调查。荷田家的学问是相当有风骨的。这种风骨是极其重要的，故而我先前说过，所谓国学即是气概之学问。这是国学显著的特征。国学从这方面来说，就是气概的学问。从契冲到荷田在满，国学通过他们形成，之后慢慢扩展渗透到社会中。起初，汉学者通过唐土式的政治术或经济学为各地方大名提供支撑。但江户时代的大名为拯救凋敝之现状，开始风行招募通晓政治经济学问的民间学者，提拔而用之，让他们来整顿现状。由此，国学者以国学来行政治，施行广义的经济，世间变得要靠国学者来治理了。一言以蔽之，国学者变得像经济学者了。于是国学者眼界渐宽，国学者的学问有了目的，即必须展开活动、付诸实践。因而，目的是很重要的，没有目的的国学者会被蔑视；只在家中一味咏唱和歌，用和歌与女人及隐居者为伴会被耻笑。如此国学拥有了明晰的目标。最初是从研究平安朝、奈良朝甚至更久之前的书物开始，咏唱和歌、研究语言学，向古典典章制度、仪式，再向政治经济方

---

① 悉昙学：关于梵语、梵字的研究。佛教传到日本以后，为理解经典中的音译语和陀罗尼，悉昙学得以兴起。自空海等平安初期的入唐僧学习传播悉昙后，特别在密教方面获得重要发展，对日本国学的发展也产生了重大影响。日语五十音图的排列据称也受到了悉昙的影响。——译者注

② 荷田在满（1706—1751）：江户时代中期的国学者，荷田春满的侄子，曾著有《国歌八论》（1742）。——译者注

向扩充开来。虽然扩展到了政治经济，但如何去济世救民，古代政治和现今政治并不相同。政治经济之理想乃救民于世，与后世的理想相比，更以伦理感情作为基础。在这一点上，虽非模仿，但与唐土儒者之学问相同。一旦考虑到如何拯救民族这个问题，就自然地会思考道德这一问题，这变得十分重要。而这是所谓国学应该到达之境界。

我认为，必须以日本之伦理道德才能拯救日本。如此来看，很明显，国学四大家荷田春满、贺茂真渊、本居宣长、平田笃胤，这些人的学问正以这种道德为目的而努力求索。

即便在同一时代，其他的国学倾向较弱的人其道德情感也较淡。要看契冲是不是国学者，就看其日本式的道德情感是深还是浅，是否以日本式道德情感的研究为主。国学往前发展，就进入了对日本古代道德的研究。所有的日本国学都会有此道德情感。不过这种道德情感在一般情况和特殊情况下是不一样的。各位当中，如进入预科的同学，若进入大学，肯定有人想研究国文学，或国史学，或国民道德，或者研究哲学、伦理、国史和文学，但这些对国学来说是不够的。必须研究日本伦理和国史、国文学，以及伦理和历史、文学等，并相互融会，在综合各门的基础上，再构筑自己的学问。国学这门学问不积累如此多的功夫是不行的。若仅仅研究历史、文学或伦理，狭隘地去追求目的的话，则会偏离正道。如此，研究国学、践行国学之方法就无法形成。国学院的国史、国文学和道义不单单是国史、国文学和道义。而是在这些科目的基础上所提炼出之物。其若有国史之风，则属于对国史之研究；若有国文学特点，则属于对国文学之研究；若有道义、日本伦理之特点，则构成伦理科。

国学者的国史及历史伦理不只是研究历史、国文。迄今为止的国学者都是综合各种学说，从中产生自己的学说。这方面本居宣长乃是极好的例子。从某点来看，本居宣长乃是语言学者。换个角度看，他又是国史学者、伦理学者，他还可以是历史学家。但因此又不能说他是个杂学家，因为他有一贯之道。故而，并不是说你进了国文科就必须研究国文，进了国史科毕业论文就只能写与国史相关的。我希望诸君能开阔眼界。

我们切不可忘却的是，国学常因某种热情而重生。要用热情来运用知识。这种知识乃是与古代相关的知识，且被日本式的伦理观、道德观中所孕生的激情所运用。这里所说的古代，把最近算入也可以，近世即江户时代也可以，到平安、镰仓时代亦可以。我们能通过这些时代来知晓我们的精神根源。

当世间宁静，我们的热情也平静下来时，国学之目的亦变得平静。神道成为国学之目的、对象，可以说因为神道研究才产生了国学。然而，到了当今之时代，要说国学是以何为目的，则已经不单单在于神道了。

日本人抱有的信仰成为对象，道德习俗决定国学。此国学在如今这种民族奋进之时该如何是好？一言以蔽之，当立足于信仰，即国学可分为三部分。

一、知识性的静止的学问。

二、学问虽必须为知识，但须常含有热情，即不脱离实践之学问。

终极目的在于信仰，就是说国学不能止于静止的知识。它包含一个活动的要素，它必须是饱含激情的学问，必须是信仰式的学问。

三、行动的、实践的学问。

国学讲求以热情融入知识，即通过伦理情感之行使来活动的时机到来了。国学要求平时即或多或少付诸行动，当特殊时期来临，更是必须行动起来。

国学院中所为之国学与一般状态之国学、世俗之国学不一样，即它必须有热情，必须有信仰。然一说到信仰，世人总是将它与迷信简单地相提并论。神道家之信仰常被认为是教派神道，那些宗教家、信仰家之目的乃深化自己的信仰，深化自己对神佛的热情。当其引导者或对象错误时，其信仰亦成为错误。我们常常容易忘却自己的信仰，但处在如今之时世，我们必须再度思考我们的信仰。

从古时开始，当日本遭遇困境时，就会出现将要突破此困境之曙光。灵异——用最近的话来说就是出现奇迹，奇迹发生了好几次。就是最近，在不到一年时间里中我们一直见证着。我第一次从心底觉得这可能是信仰的显现，但我们不能认为这是理所当然的。应当惊异之事则当惊异，应当感谢之物则应心怀感谢。我们的努力有时能带来预想的结果，有时也不遂人愿。当出现未曾预想的结果时，可以说是奇迹的显现。日本的历史乃相信奇迹而不断将生活往前推进，日本人能延续发展至今，乃是强烈的信仰之心在我们遭遇困境时，给予了我们力量。对如今的我们来说，信仰乃是最不可或缺的。这种信仰让国学者来思考的话，则会产生、发挥其正确的意义。这和宗教家思考的信仰是不同的。

如此，我们继承了诸多国学前辈的学问，在这个时节应当发挥作用，解决世间难解之事。诸君首先应该思考为何日本的道德生活拥有深刻信仰，且这种信仰为何会带来奇迹。我们要引导国家诞生这种奇迹，在如今这种紧急时刻，我们要用有别于平时之方式去引导。

神道的新方向
折口信夫 1949，461，463，467—72

昭和二十年（1945），夏。

我从未想过战败这种悲惨的事实会每天每日、每时每刻地逼近。某天，心中好像忽然浮现某种启示，令我自己也十分愕然。这是因为听到了这样的说法："美国的青年可能是使出了收复耶路撒冷那般的劲头，抱着如同他们十字军祖先一般的激情，努力地在打这场战争。"如果真是这样，那我们在这场战争中是否有胜算？我不禁默然反思起来。

虽说我们的热情是平稳的，但曾在那时强烈地沸腾起来。然而，我们有一种强烈的不安——日本的年轻人究竟是否拥有宗教式的热情？

日本年轻人的生活可能拥有崇高的道德性，却缺乏宗教式的热情。若直言不讳，不自我包庇的话，确实可以这么说。我们的国家，最缺乏的就是社会性的礼让。

这从其数倍放大后之表现——战败后之状况即可以知晓，礼仪之丧失，和因礼之缺失引发的秩序混乱，都向我们逼近，使我们痛苦。而这些都是因宗教热情之缺失引起的。我感觉其根源在于我们没有过宗教式的、有秩序的生活。这不仅仅是一种感觉，事实乃是其原因，故而这种缺乏礼让的生活仍在继续着。只有宗教才能够拯救这种情况。曾是佛教徒的我们，虽然会定期去寺庙朝拜——这样的生活一直在重复，但我们对它的热情完全消失了。于是这一惯例中本有的谦让这种内涵消失了。

然而唯一值得庆幸的是，拯救我们的幸福时刻到来了。虽然对我们来说，现在的状态不能称为幸福，但只有追求其中万分之一的幸福，摆脱现在的困境，我们才能真正拥有宗教式的礼让生活，过上有义人①诞生的美好社会生活。

---

① 义人，坚守道义之人；忠于义，舍己而殉义者。《墨子·非命上》："义人在上，天下必治。"——译者注

然而我有时也会忽然想：日本究竟有无过宗教式生活的基础呢？日本人是否拥有宗教式的热情呢？日本式的宗教真的能构建出来吗？

事实上，从佛教徒之行动来看，虽貌似遵循了宗教之惯例，做出了宗教式的行为，抱有宗教式的热情，但其中大多不过是惯例而已，或是喜好启蒙哲学的人，享乐般地思考和践行佛教思想。特别是在神道这里，可以说从根本上缺乏宗教性。

对于神道，人们至今仍有顽固之观念，认为万不可使其宗教化。即若把神道作为宗教来对待，就会失去神道的道德要素。由于人们过于道德化地考量神道，所以即便跨出一小步也会被认为脱离了道德。人们否定神道乃宗教，担心宗教式地对待神道，会变得与那所谓教派神道①一样。出于这种不可思议的洁癖，人们标榜神道的道德观，极力拒斥和阻挠神道向宗教发展。

从离我们较近的经验看——在那个我们还未出生的时代——明治维新前后，日本的教派神道甚嚣尘上。……

……

日本人貌似信仰众多神灵，但在我看来，其神灵观念都归于一个或少数几个神。现今以在殖民地建造神社的经验看，大家都供奉天照大神。这种思路恐怕意味着很多错误——这包括采纳诸多殖民政策的人的错误想法，也包括给出指导意见的神道家之错误指导。不过这些错误的背后，在其根源上存在一个使人们如此统一行事的理由——它使得人们对神的观念不得不归于一神。

于是我们虽然貌似在神社里一直很虔诚，但我们的信仰是否真正带有对神的热情？千年以来，神社教信仰式微的时代一直持续着。若举例来说，我不禁会想起希腊、罗马所谓"诸神之死"的年代已经持续了千年之久了。

由于佛教信仰，日本的神曾一直作为佛的守护神，这好比欧洲古代神以"某某圣"之名习合而存在。

我们必须使日本的诸神在宗教上复活，使其从千年以来的对神的桎梏中解放出来。于此若对着新的信徒，则我们必须一开始就把他们唤醒。若非如

---

① 教派神道：江户时代中期以后，既有的宗教脱离了庶民的宗教要求，在幕末维新期，形成了以教主的宗教体验为基础的神道系新兴宗教。其中，"二战"以前被国家公认为宗教的，乃被称为教派神道，主要有神道大教、神理教、出云大社教、神道修成派、神道大成教、实行教、扶桑教、御岳教、神习教、禊教、黑柱教、金光教、天理教。——译者注

此，则日本现今这般彻底之堕落——失去了所有礼让与所有美好习惯的社会将无法救赎。另外，高谈日本精神的人们，若他们的根本方针存在错误之处的话，则他们的根本错误乃在于这些观念，即不承认神道作为一种宗教丧失了，认为将宗教与神道相联系乃是罪恶，是对神的玷污。因此，无论如何我们都应该饱含激情地期盼神道作为宗教得到新的复活。

但是，仅凭我们的热情是不足以让宗教出现的。要想让宗教出现，最重要的乃是有自觉者①的出现。不出现能感知神者，则即便有千部万部之经典，或建构起与其相当的神学，也没有任何意义。不管我们多么殷切盼望，也不会出现此种人进入此种境界。但我相信，唯有我们长存此种意念，百人、千人或万人，众多人憧憬渴望的话，最终将出现这种能够感应神灵的人，这样的宗教亦可得到实现。

且我感觉在教养深厚之人中，近期可能会诞生神道宗教的自觉者。对此，我们应该怀着深刻自省与强烈的感情，使这样的人带着启示诞生，如同从我们内心，从我们自身肉体中迸发出来一样。极言之，这取决于我们这几万神道教信徒中是否有最符合神之旨意的预言者。

我们应有的态度就是等待这一时刻的来临。就是说，如果我以进入宗教的自觉状态去把握深邃的神之意志，我是否做好了迎接那一时刻的准备？我们想要得到什么样的神？我们曾经拥有过什么样的神？我们必须抱有这样的有待解决的终极性疑问。

然而，到了战争末期，发生了不可思议的事情。诚然可笑，但不禁令人深思。那就是在神道家、官僚之中，发生了天照大神②在上还是天御中主神③在上的争论。有人想把这种争论当作世间的争议，或者用类似世间争议的方

---

① 自觉者：使自己觉悟者。唐释宗密《圆觉经略疏之钞》卷二十二曰："自觉者自心能觉，非谓觉自然。"——译者注
② 天照大神：《古事记》《日本书纪》（记纪神话）中登场的具有太阳神性格的女神。又称为"大日灵贵""天照大日灵尊"，作为日本皇室祖神被祭祀于伊势神宫。据《古事记》，天照大神乃是伊邪那岐命洗左眼时所生之神。——译者注
③ 天御中主神：《古事记》开头记载该神于天地形成之时最早出现于高天原，意为居天之中央进行支配的神。在天照大神出现以前，乃作为高天原的至高神位居《古事记》诸神体系的顶点。《日本书纪》中表记为"天御中主尊"。《延喜式》神名簿中未有此神之名或神社名，可知日本古代没有哪个氏族以此神为祖先神。——译者注

式来解决。当时我们感到非常愤怒。解决关于诸神知识的问题，人们却做出了如此的举动。出于什么缘由，人们竟用这样的方式来解决宗教上的问题？我只感到如同神被玷污了一样，非常遗憾，悲愤之泪涌而欲出。

正因为这样，所以诸神背离了我们。但现在冷静下来想，却觉得今后日本要出现的宗教上的神之实体，已经展示在其中了。它暗示了一种神，这种神混合了弥漫在天照大神或天御中主神这些诸神间的某种宗教性气质。

现在，我持有这样的观点，即日本的信仰，即便或多或少混杂了一些他国的要素，它也拥有着于日本和世界而言皆特殊的、全然独立于宗教的东西。

这就是对高皇产灵神①这样的产灵神之信仰。文字上虽以生产（産む）之"产"、灵魂（たましい）之"灵"配之，却不是对神本身的信仰。古人认为，具有生命力的身体中被注入灵魂，或者说无生命的物质中被注入灵魂，由此随着灵魂之发育，容纳这种灵魂的物质渐渐增长起来。物质增长起来，灵魂孕育起来，物质与灵魂二者皆得到成长。其中最完备者成为神，其次成为人。其不完备的、物质性之显现，其最强力者乃是化为国土或岛屿。这就是日本古代神话中出现的大八洲国②之形成的物语，或者诸神诞生的物语。

就是说，因神而结合在体内的灵魂逐渐形成起来，与此同时，物质、肉体也同时成长起来。施展神术之神乃高皇产灵神、神皇产灵神，亦即产灵神。也就是说，物被赋予灵魂的时候，于肉体和灵魂间产生了生命。对具有此种力量之神的信仰，乃是神道教的基点。因而有一个容易陷入的错误，即日本从古代开始就有不少氏族将此产灵神视为祖先。

基于同样的想法，古书中也将产灵神看作朝廷的祖先。被称为"皇祖"或"祖宗"的神，很多是指高皇产灵神、神皇产灵神。然细细想来，产灵神乃是为万物注入灵魂之神，并不是人类神。但日本人容易把这些神当作祖先，

---

① 高皇产灵神，又称"高御产巢日神""高木神"。《古事记》中在天地形成之时，于天御中主神之后，和"神产巢日神"一同出现，即"造化三神"之一。在"天孙降临"神话中，扮演着重要的司令神的角色。神皇产灵神，又称"神产巢日神"。在日本神话中，于天地形成之际出现于高天原。与天御中主神、高皇产灵神一道被称为"造化三神"。其具有生成之灵力，被兄神杀死的大国主命乃得此神之力而重生。——译者注

② 日本国的异称。《古事记》大倭丰秋津洲（本洲）·伊予二名州（四国）·筑紫（九洲）·淡路·壹岐·对马·隐岐·佐渡这八洲的总称。——译者注

其逻辑也很容易理解。

直到现在，日本人总是容易将与其信仰关系密切的神看作祖先。因为这种想法，所以过去有很多将非祖先的神看作祖先的例子。日本人的祖先乃是人，所以高皇产灵神、神皇产灵神不可能是日本人的祖先。产灵神为人类注入作为生命之源的灵魂，使肉体生长、发育。我们不能再把产灵神当成祖先，把宗教之神当成我们人类的祖先会使神道教误入歧途，而且很容易把与宗教无甚关系的特殊伦理观导入神道教中。所以我认为，开始甚难的一步乃是把这些大神从我们人类的谱系中抽离，把它们当作我们谱系以外的宗教神才是恰当的。蒙这些神灵之恩泽，吾等身心得以此般发展。在我们的神话中，我们居住的这片土地，我们眺望的这些山川草木，都是产灵神赋予了它们相应的灵魂而发育成形的，故而有了国土、草木与山川。我们需要再次从新的角度，去理解人类、动物、地理、地上之物为何皆具备了生命。就是说，我们首先需要使我们的知识再生。

简言之，神道教必须在以高皇产灵神、神皇产灵神为中心的宗教神信仰上进行更深刻的思考。其准备工作已经大体完成。这是长期以来神道学努力的结果。但我们尚缺少使其宗教化的热情。我们要做的，只是静待这样的宗教家出现。

若想恢复这世间的秩序，使世间变好，让世间变成充满礼让的美丽世界的话，我们需要再次祈求隐没了的诸神之复生，再一次找回信仰神灵之心。若非如此，则日本无法实现有秩序的美好社会生活。

直到那一天到来，我们一直会这样努力去组织神道神学，然后平静地等待神道宗教上的神圣启示。

[PEN]

（高伟译）

上田贤治

上田贤治（1927—2003）

当上田贤治在东京的神道系国学院大学，以关于信教之心理学的论文取得宗教研究硕士学位四年后，其进入了哈佛大学，师从保罗·蒂利希（Paul Tillich）。1960年他返回母校，获得了教授神道神学的职位。1973年他接受了在波恩大学担任十八个月客座讲师的职位。1982年他从国学院大学获得博士学位，并被任命为国学院日本文化研究所所长。其在担任了四年的国学院大学校长后退休。在保罗·蒂利希的引导下，上田贤治意识到了神学对于宗教信仰的重要性，于是决心将自己所学应用于神道。战后不论在民间还是在学术界，都倾向于从仪礼方面来定义神道。但上田贤治明确反对这种风潮，主张一种"神道神学"以补充对于信仰和行为的传统式理解。他指出，如果神道要在逐渐世俗化的社会中继续贴近生活，就需要批判性地阐明其教义。只有这样，神职人员才能意识到以宗教的"表白"来展现他们的宗教，同时面对生活于多宗教社会中的挑战，保持自己的宗教认同。在以下节选的篇章中，我们可以看到上田贤治努力肯定神道的地位，以回应他当时内心对于基督教神学的反思。

[JS]

神道中对"罪"的理解与责任问题
上田贤治 1986，140-1

前面已经说过，在考察神道中关于"罪"的观念时，会发现其特色在于，神道不仅仅是将人类的罪恶行为作为"罪"来理解，而是把一切的祸事①都理解为"罪"。这意味着此观念的背后存在这种信仰式的思维，即认为作恶的并非只是人，祸津日神②也是起因之一。而且通过其信仰实修可以很明显发现，神道认为人性在本质上是和神相通的。这意味着神道认为人在道德上原本乃"无记"③。神道肯定人的生命力，即便这种生命力有时会起着破坏力的作用，也承认其中包含走向创造的力量，于是原原本本地接受了它。也就是说，神道罪恶观中所体现的先验性，并不将某种特定行为或某类行为定为罪恶，或认为人性本恶——于是只有靠超越性的神来挽救；而是具有这样的信仰价值与态度——它将人生命力中的创造力看作善，将这种生命力之停滞、破裂、丧失作为次要的、消极的条件，视之为"罪"。因此，需要铭记的是，神道中虽强调罪的意识，但它不是作为自我谴责（self-condemnation），而是对自我所具生命力之责任（responsibility）的质问。④

通过禊祓除去一切罪恶，这种信仰更加确证了神道中这种罪恶观的性格。这就意味着去除否定的、消极的自责感，而褒扬肯定的、积极的自责感。基督教的罪恶观和佛教的烦恼观虽然便于解释现实中人的罪恶行为，但往往容

---

① 祸事（まがごと）：不好的事，不吉利的事，凶事，灾难。《古事记》"雄略天皇登葛城山"中曰："我乃是虽恶事而一言，虽善事而一言，言下即决之神，葛城之一言之主大神是也。"〔"吾は悪事（マカゴト）と雖も一言（ひとこと）、善事（さがごと）と雖も一言、言（い）ひ離（はな）つ神、葛城（かづらき）の一言主大神（ひとことぬしのおほんがみ）といふ"〕。——译者注

② 祸津日（まがつひ），被认为是引起祸害、凶事的神。"记纪神话"中记载：伊邪那岐命（伊奘诺尊）从黄泉国回来进行禊祓时，从其污秽中产生了祸津日神。——译者注

③ 上田贤治在这里使用了"无记"一词，其乃佛教用语，是指非善非恶，无可记别。佛教中认为"无记"乃三性之一，即事物之性体中，不可记为善，亦不可记为恶者；又感善果不可记，感恶果亦不可记者。《俱舍论》卷二曰："无记者，不可记为善不善性，故名无记。有说，不能记异熟果，故名无记。"——译者注

④ 上田贤治这里所讲的善恶观可作这样的理解：不同于儒学传统中常见的性善论或者基督教的原罪说，神道并不预设人性的善恶属性。而是将生命力的充分展开（即展现生命可以创造新事物的潜能）视为"善"，将生命力的萎缩或丧失（即限制生命创造新事物的潜能）视为"恶"。因此，神道中的罪意识要求人们质问自己是否辜负了生命本来具有的创造力。——译者注

易使人增加否定性的自责观。而神道就如同罗杰斯①派精神疗法理论相对于弗洛伊德正统精神分析学②一样，它更积极地促进、容纳人格的自我统一。

当然，这里并非不存在任何问题。比如，因为人的罪恶行为是否定性的自责感，所以它是病态的表现——这种假定之下，罪恶就单单是精神疾病的症状罢了。由此，可能会出现人不对罪恶负责任的情况，即导致主体判定自己不存在责任。将一切罪恶都归之于祸津日神的信仰，也包含同样的危险。③

但关于这个问题，在这里我仅想讲一下结论。罪是生命力的黑暗面，无疑它是来自否定的自责感即罪恶意识的。这种自责感，在自我形成价值创造之自我统一的机能以前，即出于"无记"状态的时候，已经被带有否定性的罪恶意识的父母强加（impose）于自己了。④ 这种关系，与神道中的祸津日神信仰很典型地对应了起来。对于自我的罪恶担负责任，因而正是此种价值性态度的内化——即对于生命力所拥有之创造性的自我觉醒，这个觉醒的自我通过决断进行创造性的活动。由这种理解可以说，神道中的祸津日神信仰才真正象征了个体生命力之成长所要求的自我否定之力量。

神道之理想人格
上田贤治 1991，217-19

神道之信仰，首先承认自然与人存在灵的交流的可能性。这种信仰既表

---

① 罗杰斯（Carl Ransom Rogers，1902—1987），美国人本主义心理学家。他在心理治疗中主张"来访者中心疗法"（Client-Centered Therapy），认为任何人在正常情况下都有着积极的、奋发向上的、自我肯定的无限成长潜力，在很大程度上能够理解自己并解决自己的问题，无需咨询师进行直接干预，人能够通过自我引导而成长。——译者注

② 弗洛伊德（Sigmund Freud，1856—1939），奥地利精神病医师、心理学家、精神分析学派创始人。精神分析主张通过自由联想法、梦的解析法和日常生活的心理分析法来研究潜意识现象。——译者注

③ 《神道的罪与责任》，小野祖教，《宗教研究》第133号。

④ 上田贤治这里的表述比较晦涩，似乎可作如下理解：个体生命在具备价值创造能力之前的阶段，如婴幼儿与少年时期，是无法发挥生命本有的创造潜能的。在这一阶段，父母却通常会期许孩子具有行为能力而对孩子进行责问。这就是父母强加的自责感。当个体觉察到自我应践行生命本有的创造活动时，一个人便实现了成长。亦即对过去自我的否定。——译者注

现在传说中——自然和人皆作为有血缘关系的子孙,由创造国土的祖先神所生;也表现在神道的祭祀上——祭祀时尽可能保持自然的环境,避免过分的人工作为。故而,从神道信仰立场来看,自然绝非与人类完全异质的存在。当然,神道信仰者热爱自然,畏惧自然之力,并且尊敬与感恩自然,认为这种态度是有价值的。可以说,在人应有的姿态中,此种因素占据着重要的位置。

其次,在神道信仰中,祖先并非仅是死去的人。双亲虽非神,但毕竟会作为祖灵成为祭祀之对象。这就产生出一种态度,即我们生之所为,乃是作为神之子的所为,从生之状态中即可见神之意志。生成国土、创造国家之祖先神赐予了我们祝福,保佑我们的子子孙孙生活能更加富饶与和平。因此,作为人之子的我们,必须感谢众神对吾等生命之祝福,感谢先祖代代所传承的生活。使之绽放更多硕果,乃是我们的使命与存在意义。这是对历史之参与,也是积极地对生命之扩充。神道中"宰·司"("みこともち")① 这个词语即表现了这种生存状态。故而,作为人应该把对诸神、祖先、双亲的敬畏和感谢之情以及工作,当成生活之喜悦和参与历史之根本,并要有使吾生存之道传之于子孙的态度。

具备以上两点的人格形象,自然被设想为具有对灵之实在的信仰。但是,这并不意味着它是自然科学层面所探寻的那种实体性存在,而应将其理解为与我们心灵相感应而存在的"机能"。

再次,神道并不将人看作物理性、精神性孤立之存在,或者说是可以孤立的存在。所有的存在,特别是人,乃在历史性、社会性的关系中诞生,因此种关联性,人才能够成为人。故而,在与小到家庭共同体、地区社会、国家共同体,大到与世界共同体的关系中,乃优先考虑共同体整体的生命发展与成长愿望,此与个人的存在价值和意义乃是一致的。可以说,对共同体之责任与奉献,乃根植于作为神之子的人性中,是喜悦之根源。自然,这种信仰绝不以压抑或否定所谓的个人权利为前提。考察八百万神在神灵谱系中之

---

① 该词语在一般词典中的解释,是对律令时代以前,接受天皇之命去往地方主管地方政务的使者的称呼。神道中之意,按照折口信夫的解释,"みこともち"是指传递天皇之言的意思,"神言"的传达者亦称"みこともち"。最高位的"みこともち"乃是天皇,因其传递了天神之言,是天神的"みこともち"。负责地方行政的国司等则是天皇的"みこともち"。即依天神—天皇—臣下,按从上到下之层级展开。——译者注

作用，此种信仰的性格就非常明显了。在理念上，个性之发扬与整体的生命发展密不可分。培养这种富有个性的人格，乃是神道中对于人的理想。

最后，我们必须考虑神道中祭祀传承所具有的重要性，以及它对人格形成的影响。前面我已提到，在神道中，人和自然皆被认为是生成国土的祖先神所生之子。用客观的话来说，即神道乃是向生命力寻求存在本质的信仰。自然，人性乃是以其被赋予的姿态而被肯定性承认与接受的。但这并不是说人本身的存在形态皆是善的。因为生命力本身并不总是朝着推动自己与他人成长的方向在发挥作用。确切地说，它甚至常常往阻碍与破坏生命力自身的方向运动。如果作为个人其达到了心理学上所谓的成熟的话，那么在破坏方向上所消耗的生命力，会在很大程度被自我压抑。但即使是这种情况，抑制力的持续，几乎必然地会使人预想人格根底中恒常的价值意向性之存在，即被有价值地填充的内心能量之存在。一般情况下虽可把这种力量称为基于信仰（对价值之存在的判断）的信念（行动持续力），但在神道中将之理解为"恩赖"（"みたまのふゆ"），即从诸神那里获得的灵之恩泽。诸神的灵之恩泽，换言之即具备恒常的价值意向性的心灵能量，通过严格进行祭祀、参与祭典，确保了其被传承和富有活力。

在神社神道的传统中，天皇乃是"大御祝"，[①] 意味着天皇乃是国家民族共同体的生命主体。国民从天皇的存在中映照出自己作为人的存在状态，并获得活力。

神道与生命伦理
上田贤治 1991，225-7，230-3

对自然之物（自ずからなるもの）的尊重

一般认为，日本人是从道教中最早学到了"自然"这个概念。在最早传

[①] "祝"（はふり），乃是神社的一种神职，其常与神主、祢宜相混同，所以也常用来称呼此三者。若区分来说，则"祝"多接受神主之指挥，而比祢宜更直接地进行祭祀活动。——译者注

入我国的儒教圣典中，没有发现"自然"二字。"自然"在我国最早之古典《古事记》中出现了一次，在《日本书纪》中出现了九次，皆读作"おのずから"。《源氏物语》中出现的"自然"读作佛教式的"じねん"。

另外，在神话中登场的重要神格都是"生成"（なる）之神，这说明它们是所赋予之自然、其生命性本质的显现。这种传统一直延续着，这告诉我们，日本人原本就没有西洋式的"物质"这个观念，而是认为物皆有灵。当然，灵也被认为具有强弱高下之分，但人们并不认为自然的运行乃是一个无生命的、只由因果法则支配的世界。故而，自然之状态（自ずからなる在り方）为人们所尊重，乃当然之事。

自然科学的构想和自然之物

然而，自然科学并不把灵魂的存在作为理解"存在世界"的前提。因此，自然科学把"存在世界"作为冰冷的、存在机能的、因果连锁之世界来处理与说明。神道也将存在理解为机能（働き），把其机能视为有灵之物。因而，通过作为最高的灵之机能的神明与人的机能，各种的存在机能得到了发挥——神道从根本上不否定这一点。当然，这是在与自然之生命的存在状态不相悖的情况下。

但是，自然之物对于生命的存在形态既有正面的作用，也有负面的作用。亦如人之欲求，既有益于生命力之成长与向上发展者，也有与此相反的、起破坏作用者。当然，破坏的一面要尽量避开。但在现实的存在世界中，几乎没有无破坏之成长。故而，选择之结果至少要相对地比选择以前更好——我们被赋予的选择之路必须以此方向为基准。

自然科学（这里以生命科学为主）的研究成果，毫无疑问是价值中立的，换言之，乃无善无恶的。在这个意义上，可以把它看作自然之物。但是，为利用其研究成果，要以改变现实存在形态的方式来使用，比如，即便符合想用此研究成果的人或者个体的直接（眼前）利益，但从生命整体的存在形态来看，这是否有利就往往不甚分明了。这是我们必须思考的问题。

曾经在江户时代，被称为国学者中的很多人都是临床医生，他们学习过汉医或者和医。① 但不久后因为荷兰医学的流入与盛行，他们完全失去了活动舞台。这样的历史事实，在所谓的西洋医学之进步面前，几乎完全被人遗忘。但他们曾思考的内容，我们在今天很有必要进行回顾。

当时的汉方医、国学者和方医家们，认为西洋医学是冰冷的、一味求理的、技术至上主义的医学。解剖尸体、认识身体构造，对把握病因具有决定性的意义，因此不可怀疑处方之有效性。但同时他们认为，由于人是拥有灵魂的存在，身体乃是作为活物而发挥整体作用的，故而，对存在之整体进行治疗才是医学。在西洋医学手法与知识已成为常识的今天，全面恢复他们的医疗方法难免不被人讥讽为脱离时代。但是，他们批判的西方式穷理主义的医学，不正是牺牲了无数被实验动物的生命，有时甚至把人自身作为"物"来对待吗？另外，对于汉方医药，民众至今仍有深厚的感情，我们切不可忘记这一点。

……

神道的基本态度

前面已讲过，神道是相信灵魂永存的信仰。它从一开始就承认和接受此世生命的有限性与相对性。因而，称为"生存价值"者，其无法在作为个体的人那里得到实现。信仰此存在世界的生命意志（神道以其个别性的显现体作为神或灵），感恩自然和社会共同体，与之保持和谐，为推动更富生命力之成长发展贡献己力，把它作为己之职责，并将此种生命之活动传递给下一代，这才是"生存意义"的所在。

人生总是有限的，不可能得到完全的满足。人生之喜悦，乃在于人生的意义与责任得到了一定的实现，或者能够为之奋斗。换言之，被赋予生命而使生命发挥了作用。遗憾当然是有的，有时它会成为人生之痛苦。但那是诸神之意志，是自然世界的自有状态。问题的根本在于我们能否自觉意识到自我存在的责任。这种自觉虽说多是依赖于神之恩典，但作为神之子，我们必

---

① "和医"，即"和方医学"，是与"汉方医学"（汉方）相对的概念。当汉方在古代流入日本之后，日本人为与之区别，将先前日本传统的医疗方法称为"和方"。平安初期编纂的《大同类聚方》就是为了保存"和医"。——译者注

须主动为之。

出生和老去

关于原理性的问题已经大致讲完了,接下来我想用所剩不多的篇幅讲一下大家提出的几个现实问题。

首先关于"出生"。神道中占主流的信仰认为,人的肉体由双亲赐予,灵魂由神授予。这里讲的神不一定是固定的,其可以是"产灵"(生成之神灵)或"产土神"①、"氏神"②,等等。关于灵魂什么时候被授予,尚无定论。从受胎时起,灵魂并非一成不变,其不断得到成长,它与人的社会角色相匹配。七岁以下被当成未成熟的灵魂,即便在佛教葬法普及以后,日本对七岁以下夭折之孩童仍有不同葬法,这一习俗流传了很久。

肉体总归会腐烂,但从灵魂神授这个信仰中,产生了幼灵乃归于神界这种观念。这是很自然的,因为这在幼儿死亡率高的时代,作为其信仰并不难理解。但是这种信仰,却成为民间容许"溺婴"这种令人心痛之事存在的理由之一。大祓词③列举了犯下"国津罪"、"白人"(白癜风)、"胡久美"(长瘤)者,④ 即一般认为是指身体异常者,而这种情况下出现弑婴的可能性很大。这种解释若可取的话,则可见从古代开始——用今天的话说"堕胎"等行为,一直是人们十分关切的事。

在"生国神话"中所说的水蛭子,大祓词中讲到的"白人"(白癜风)、"胡久美"(长瘤),如果是指身体异常的话,那么通过优生保护或修改基因等来排除异常之资质,从神道的信仰立场来看,也是必须积极关注的课题。

---

① 产土神(うぶすながみ),人出生地的守护神,又称镇守神。日本近世以后和"氏神"混同。——译者注

② 氏神(うじがみ),族人所祭祀的与氏族关系密切的神,或氏族的祖先神。——译者注

③ 大祓词(おおはらえのことば),在国家性的驱邪仪式(大祓)上唱诵的祝词,古代由中臣氏宣读。收于《延喜式》。——译者注

④ 国津罪(くにつつみ),日本古代对罪的一种分类,与"天津罪"(あまつつみ)相对。《延喜式》"大祓词"中列举了"生肤断"(伤害活人使之流血)、"死肤断"(损伤尸体)、"白人"(白癜风)、"胡久美"(长瘤),以及近亲相奸、强奸他人、兽奸等罪行。——译者注

因为生就、化育、发展，乃生命之方向，也是吾辈应该努力的方向。但以提高正常个体素质或能力为目的进行的基因调整，从以"自然之物"的独特性为神圣这种信仰原则来看，这种行为乃是对此信仰的重大背离。虽然在学说上还未被验证，但即便是身体的异常，其实也都是"神之选择"的印记——这种观点也存在。

对于人工授精，从神道立场来看，也并无完全排斥的理由。因为与其说它违背了自然法则，不如说它是在一定条件下，依自然应有之形态所进行的一种人工授予。人工授精面临的主要障碍，应该说是社会条件。然而，从日本极看重血统继承的历史来看，事实上它并不只限于直系。在民间，夫妇收养孩子的情况并不少见。面对社会条件，日本人一直展现出随机应变的灵活性。总之，祭祀就是蒙受了先祖恩惠而祭奠之，使祖先之事业发展壮大，这才是对祖先及自我生命意义的实现。

关于"老人"问题，正如我们在武内宿祢①传说中所看到的那样，老人一直被作为智慧的结晶和信奉对象。神以老翁形态来显现，这种例子也表达了类似的观念。律令中也规定要保护老者。弃老风习虽是民间之事，但它是以特殊的经济条件为前提的，不能一般化。不过，即便在那种条件下，老人的尊严死也是值得思考的问题。

关于如何应对老龄化社会，我撰有专题论文。主要问题在于痴呆老人，我们应该根据其程度、种类和家庭情况，在应对方法上有所区别。从文化传承、熏陶的观点来看，理应以家庭护理为原则。但从共同体责任来看，社会设施的完善可以说是当务之急。这个问题从精神医学角度或预防医学角度来看，作为一般社会教育的问题，也还存有很多可研究的空间。

[JS]

（高伟译）

---

① 武内宿祢（たけのうち-の-すくね）：传说中活跃于大和朝廷初期的人物，乃孝元天皇之孙（《古事记》）或曾孙（《日本书纪》）。据《古事记》记载，他在成务、仲哀、应神、仁德朝担任大臣，曾协助神功皇后征讨新罗。他被塑造成理想大臣的形象——十分长寿、极度忠臣，且是神的代言人。但这些在史实上并不可信。——译者注